权威 · 前沿 · 原创

皮书系列为
“十二五”国家重点图书出版规划项目

杭州都市圈蓝皮书

BLUE BOOK OF
HANGZHOU METROPOLITAN CIRCLE

杭州都市圈发展报告（2016）

ANNUAL REPORT ON THE DEVELOPMENT OF HANGZHOU METROPOLITAN CIRCLE (2016)

信息经济与智慧城市发展

主　　编／沈　翔　戚建国
执 行 主 编／潘莫愁　张旭东
常务副主编／方晨光

社会科学文献出版社
SOCIAL SCIENCES ACADEMIC PRESS (CHINA)

图书在版编目（CIP）数据

杭州都市圈发展报告.2016：信息经济与智慧城市发展/沈翔，戚建国主编.—北京：社会科学文献出版社，2016.5
（杭州都市圈蓝皮书）
ISBN 978-7-5097-9098-4

Ⅰ.①杭… Ⅱ.①沈… ②戚… Ⅲ.①区域经济发展-研究报告-杭州市-2016 ②社会发展-研究报告-杭州市-2016 ③现代化城市-城市建设-研究报告-杭州市-2016 Ⅳ.①F127.551

中国版本图书馆CIP数据核字（2016）第089851号

杭州都市圈蓝皮书
杭州都市圈发展报告（2016）
——信息经济与智慧城市发展

主　　编／沈　翔　戚建国
执行主编／潘莫愁　张旭东
常务副主编／方晨光

出 版 人／谢寿光
项目统筹／恽　薇　冯咏梅
责任编辑／冯咏梅

出　　版／社会科学文献出版社·经济与管理出版分社（010）59367226
地址：北京市北三环中路甲29号院华龙大厦　邮编：100029
网址：www.ssap.com.cn
发　　行／市场营销中心（010）59367081　59367018
印　　装／北京季蜂印刷有限公司

规　　格／开　本：787mm×1092mm　1/16
印　张：30.75　字　数：468千字
版　　次／2016年5月第1版　2016年5月第1次印刷
书　　号／ISBN 978-7-5097-9098-4
定　　价／128.00元

皮书序列号／B-2012-275

本书如有印装质量问题，请与读者服务中心（010-59367028）联系

杭州都市圈蓝皮书编委会

主要编撰者简介

沈　翔　杭州市社会科学界联合会党组书记、主席，杭州市社会科学院院长，审计师、注册会计师。长期在县（市）从事基层工作，主要关注县域经济发展、城镇化建设、农业农村工作、政府绩效评估、基层组织建设等。主持或参与有关新农村建设、古村保护开发与旅游发展、政府绩效评估等项目的研究和实践。担任《杭州蓝皮书》编撰委员会主任、《杭州都市圈发展报告（2014）》主编。

戚建国　杭州市人民政府国内经济合作办公室党组书记、主任，杭州都市圈合作发展协调会办公室主任。主要负责以下工作：杭州市国内招商引资和支持浙商创业创新工作；牵头开展接轨上海、参与长三角合作，推进杭州都市圈工作；对口支援和山海协作；国内友好城市的联系和交流，引导和鼓励企业"走出去"；外地来杭投资企业、异地在杭商会和杭州在外商会的联系和服务。

潘莫愁　杭州市人民政府国内经济合作办公室党组成员、副主任，长三角城市经济协调会办公室副主任，杭州都市圈合作发展协调会办公室副主任。分管杭州市人民政府国内经济合作办公室区域合作、组织人事工作。

张旭东　杭州市社会科学界联合会副主席，杭州市社会科学院副院长。军转副师职，两度出国留学，国防指挥和MPA硕士研究生。转业前，曾担任海军驱逐舰支队（师）司令部作战训练参谋，驱护舰副舰长、舰长多年，长期从事南海舰队舰艇作战训练、战备巡逻以及国际海洋法研究与实践，著有海权理论和战训法研究成果多篇。转业后，主要从事中共党史研究和社会管理研究工作。

方晨光　杭州市社会科学院研究员，《杭州学刊》杂志常务副主编，“杭州都市圈蓝皮书”常务副主编。国家“群星奖”（科研成果）银奖获得者。著有《群众文化辅导学》《文艺辅导心理学》《文脉湘湖》《湘湖史》等专著14部。2009年以来，从事长三角、杭州都市圈等区域经济研究工作，先后撰写《构建长江三角洲幸福生活城市圈》《新型城镇化：长三角一体化的新红利——城镇化模式选择与战略创新》《打造杭州都市圈城市生活幸福圈》《杭州都市圈新型城镇化模式选择与战略创新》《基本公共服务均等化：长三角一体化的新跨越》《都市圈经济融入长三角经济研究》《杭州都市圈经济加快融入城市群经济的思考》《智慧城市基础设施建设体制机制研究》等区域发展调研报告，受到《解放日报》《杭州日报》《社会科学报》及杭州电视台等多家媒体的关注，有关区域研究的文章被全国几十家报刊、网络等媒体发表和转载。

摘 要

当今世界已进入信息化时代，信息经济、智慧城市、信息化办公、网络营销、电子商务、工业4.0、移动互联网、云计算、物联网等信息化概念铺天盖地，已经成为人们耳熟能详的概念和语言。《国家“十三五”规划纲要》十分关注区域经济、信息经济的发展建设，“京津冀协同发展”“一带一路”“长江经济带”三大战略的实施将发挥群区耦合和轴带引领的重要作用，“智能制造”“互联网+”行动计划将成为产业转型的有力抓手，产业组织、商业模式、供应链、物流链创新等各类互联网创新将受到更大的关注和重视。推进区域经济协同发展，实施以“互联网+”等为主体的信息经济将是“十三五”时期的内容。

杭州都市圈自2007年正式启动以来，不断探索城市合作发展的路子，经历了创新协调机制、构筑合作平台、开展项目合作、全面融合发展等发展阶段，通过规划共绘、交通共联、市场共构、产业共兴、品牌共推、环境共建、社会共享、体制共创“八共战略”，走出了具有自身特色的深层次联动发展之路。2015年，杭州都市圈区域面积为34585平方公里，占浙江省总面积的33.97%，常住人口为2152.05万人。杭州都市圈GDP为20121.56亿元，占浙江省GDP（42886.5亿元）的47%；都市圈人均GDP为87821.65元，高出浙江省人均GDP（77862.20元）9959.45元。2014年3月，国家发改委正式批复杭州都市圈为国家唯一的转型升级综合改革试点。2015年《杭州都市圈发展规划中期评估报告》显示，杭州都市圈发展规划中各项指标进展顺利，重点项目建设取得重大进展。经过十个年头的推动，杭州都市圈经过“经济先行圈”“生活幸福圈”“绿色生态圈”建设正向“智慧都市圈”的目标迈进。杭州都市圈根据中共浙江省委、省政府打造

“数字浙江”“智慧浙江”的要求重点建设“智慧都市圈”，抓住世界互联网大会会址永久落户乌镇的机遇，在经济贡献度、区域融合度、生活幸福度的共享共建中，实现和提升信息经济与智慧城市高度融合发展。

杭州都市圈信息经济与智慧城市融合发展具有重要意义：是完善杭州都市圈治理体系和提升治理能力的重要举措，是加快杭州都市圈经济转型升级进而促进城市转型升级的必然途径，是推动杭州都市圈工业化、信息化、城镇化、农业现代化、绿色化“五化”协同发展最好的结合点，是推动杭州都市圈城市化和高科技两大主引擎融合最好的结合点，更是推动杭州都市圈四城市全面融合发展的“助推器”与“撒手锏”。

《杭州都市圈发展报告（2016）》由总报告、城市篇和专题篇三个部分组成，主要内容及观点如下。

主报告一《推进“十三五”杭州都市圈信息经济与智慧城市融合发展研究》以信息经济和智慧城市建设为背景，结合杭州都市圈信息经济与智慧城市融合发展的现状，分析了融合发展中存在的问题和难点，结合探索智慧高效区域管理模式，以快速生态的经济发展方式实现信息经济与智慧城市建设融合发展趋势，构建了杭州都市圈信息经济与智慧城市融合发展的基本模型和运营体系，重点对信息经济产业链、智慧城市基础设施建设与要素投入、发展需求、输出内容等方面进行深入分析，最后提出了杭州都市圈信息经济与智慧城市融合发展、形成“智慧都市圈”的对策建议。

主报告二《杭州都市圈智慧城市基础设施建设协作机制研究》结合杭州都市圈智慧城市发展的实际，认为智慧城市基础设施是杭州都市圈信息一体化建设的重要基石，其协作机制建设关系到信息资源共享、信息互联互通、城市公共服务合作等方面。报告根据国家、浙江省信息化建设的要求，分析杭州都市圈智慧城市基础设施建设协作机制的现状，找准发展中存在的问题与原因，研究提出杭州都市圈智慧城市基础设施建设协作机制的重大政策举措，为政府推进都市圈智慧城市建设提供决策参考。

城市篇从杭州都市圈杭州、湖州、嘉兴、绍兴四城市的实际出发，认为信息经济与智慧城市融合是一种发展趋势，两者存在一种互动关系。这种互动关系，是新经济的表现形态，引领着城市新变革，是结构转型升级的驱动力量，是稳定经济发展的最优途径。报告分析了各自城市信息经济与智慧城市融合发展的现状、特色与存在的问题，结合国内外信息经济与智慧城市融合发展的相关经验，从顶层设计、产业发展、体制机制、城市管理与服务、人才与资金保障等方面提出相关策略建议。

杭州都市圈四城市在信息经济与智慧城市融合发展上各具特色。杭州以打造信息经济、推进智慧应用为“一号工程”，坚持智慧产业化、产业智慧化，加快信息化、工业化“两化”深度融合，为杭州争先进位提供新动力。湖州注重“两化”融合试点，开展了百家示范试点企业和百个重点项目建设，围绕高端数字化设计、信息化提升、生产自动控制等重点领域，从区域、企业、行业层次和研发设计、生产制造、管理营销环节出发，推进“两化”深度融合。嘉兴以建设全国新型智慧城市标杆市为目标，以电子元器件、光伏、光电机、通信行业为主导，将重点发展智能终端、装备电子、光伏、LED 照明、新型电子元器件和电子材料、集成电路、物联网、软件和信息技术服务八大领域，成为浙江省信息产业集群发展的重要基地。绍兴以传统经济拥抱“互联网 +”，把高端纺织、先进装备制造、信息经济、生命健康、文化旅游等产业作为重点发展产业，力争在 2020 年形成千亿元级中高端产业集群。

专题篇分别对杭州都市圈信息经济空间集聚、智慧环保、智慧制造、零售业信息化、运用信息技术改造和提升传统产业、新旧媒体融合塑造品牌、县域经济融入都市圈、智慧旅游、地理信息产业中心、智慧经济特色项目、智慧城市建设、基础教育发展、智慧图书馆等方面展开了研究。在杭州都市圈，信息经济成为新经济的增长点。2014 年，杭州都市圈信息产业实现收入 5367.64 亿元，占全省信息产业的 64.72%，比上年增长 9.41%，其中杭州市在浙江省排名第一位。第一届世界互联网大会在乌镇召开，充分显示了杭州都市圈强大的互联网发展实力。杭州抓住“国家自主创新示范区”“中国（杭州）跨境电子商务综合试验区”的机遇，以发展信息经济、推进智慧应用的“一号工程”为抓手，全年实现信息经济增加值 1668.64 亿元，增长 18.3%，占全市 GDP 的比重为 18.1%；全市实现网上零售额 2088.45 亿元，增长 37.0%，占全省的四成，居全省第一位。嘉兴网上零售额增长 37.4%，总量居全省第三位。湖州和绍兴分别增长 57.9%和 65.5%，增速高于全省平均水平 10.3 个和 17.9 个百分点。光网城市、移动互联网、物联网、大数据等技术的应用，推动了杭州都市圈智慧城市基础设施快步向前。在智慧城市的应用上，无论是在全国率先免费开放 WIFI、在医院推行“先诊疗后付费”，还是“智慧政务”“智慧社区”“智慧旅游”等智慧运用，杭州都走在了全国城市智能化的前列。经过三年的努力，杭州的智慧安监、智慧城管，嘉兴的智慧电网、智慧交通，湖州的智慧织里，绍兴的智慧安居等智慧城市试点项目建设卓有成效，形成了以民生领域为都市圈智慧城市建设的突破口拉动智慧产业发展、促进经济转型发展的特色。2014 年，杭州都市圈信息基础设施发展指数为 120.61，高出浙江省平均发展指数（117.98）2.63。

杭州都市圈内各节点县市主动对接，加快发展信息经济和智慧城市。在桐庐，阿里巴巴与桐庐县正式签署电子商务农村发展战略落地合作协议，携手开拓农村市场；在德清，信息产业已经被列为“一号工程”，促进云计算、3D 打印、互联网金融等产业的发展；在安吉，“智慧安吉”建设加快推进；在海宁，海宁皮革城参股“中国皮草在线”平台，实现网上皮革销售。

尤其是网购成为拉动消费的火车头，在杭州的阿里巴巴占据了主导地位，线上成交额和网购用户占全国的比重超过 90%。国家统计局的数据显示，2015 年，全国实物商品网上零售额为 32424 亿元，仅阿里巴巴就达 3 万亿元；全国网购用户规模为 4.13 亿户，阿里巴巴就占据了 4.07 亿户，活跃用户几乎覆盖全部网购人群。与此同时，阿里巴巴移动端成为世界第一移动电商，阿里巴巴月度活跃用户 2016 年第一季度达到了 3.93 亿户，占整个中国手机网民数量的 60%。消费方式已从源头改变，以信息技术驱动消费和服务产业的供应端改革已经成为中国新经济的核心增长点。

总之，以信息技术为创新导向的新经济改革是未来发展的方向，信息经济与智慧城市融合是未来发展的大趋势，杭州都市圈要抓住机遇，在政府的数据将更加开放共享、大数据和云计算发展将更为迅捷、智慧城市的基础设施建设将更加扎实、城市间的信息互联互通将更加频繁、政府对信息经济和智慧城市的发展将更加重视等进程中，加强城市合作，实现都市圈一体化共赢发展。

目　录

Ⅰ　总报告

Ⅱ　城市篇

Ⅲ　专题篇

皮书数据库阅读**使用指南**

总 报 告

General Report

B.1

推进“十三五”杭州都市圈信息经济与智慧城市融合发展研究

杭州都市圈信息经济课题组 *

摘 要： 探索智慧高效的城市管理模式，以快速生态的经济发展方式实现信息经济与智慧城市建设的融合发展，是杭州都市圈未来发展的方向。本报告以信息经济和智慧城市建设为背景，结合杭州都市圈信息经济与智慧城市融合发展的现状，分析了融合发展中存在的问题和难点，结合发展趋势，构建了杭州都市圈信息经济与智慧城市融合发展的基本模型和运营体系，重点对信息经济产业链、智慧城市基础设施建设与要素投入、发展需求、输出内容等方面进行深入分析，最后提出了杭州都市圈信息经济与智慧城市融合发展、打造“智慧都

* 课题组负责人：方晨光，杭州市社会科学院研究员，《杭州学刊》常务副主编。执笔：朱文晶，杭州国际城市学研究中心、浙江省城市治理研究中心助理研究员。

市圈”的对策建议。

关键词： 信息经济 智慧城市 融合发展 “智慧都市圈” 杭州都市圈

当今世界已进入信息化时代，信息经济、智慧城市、信息化办公、网络营销、电子商务、工业4.0、移动互联网、云计算、物联网等信息化概念铺天盖地，已经成为人们耳熟能详的概念和语言。《国家“十三五”规划纲要》十分关注区域经济、信息经济的发展建设，“京津冀协同发展”“一带一路”“长江经济带”三大战略的实施将发挥群区耦合和轴带引领的重要作用，“智能制造”“互联网+”行动计划将成为产业转型的有力抓手，产业组织、商业模式、供应链、物流链创新等各类互联网创新将受到更大的关注和重视。可以说，推进区域经济协同发展，实施以“互联网+”等为主体的信息经济将是“十三五”时期的重要内容。

党的十八大报告提出要走中国特色新型工业化、信息化、城镇化、农业现代化的道路，促进我国经济持续健康发展，并提出到2020年全面建成小康社会的奋斗目标。目前，我国有超过80%的城市在“十二五”期间和“十三五”期间将信息经济和智慧城市建设作为加快新型城镇化和经济转型升级的战略举措。智慧城市终将成为未来城市发展的必然趋势与主导形态。2014年，中共中央、国务院印发的《国家新型城镇化规划（2014～2020年）》对“推进智慧城市建设”做出了重要部署。国家发改委、科技部、工信部等八部委也联合出台《关于促进智慧城市健康发展的指导意见》，明确提出要按照走集约、智能、绿色、低碳的新型城镇化道路的总体要求，促进城镇化发展质量和水平全面提升。①

杭州都市圈于2007年5月召开第一次市长联席会议，正式启动了建设

① 2014年8月，经国务院同意，国家发改委、工信部、科技部、公安部、财政部、国土部、住建部、交通部八部委联合印发《关于促进智慧城市健康发展的指导意见》。

杭州都市圈、打造长三角金南翼的共同行动。八年来，杭州都市圈不断探索融合发展的路子，经历了创新协调机制、构筑合作平台、开展项目合作、全面融合发展等发展阶段，在规划共绘、交通共联、市场共构、产业共兴、品牌共推、环境共建、社会共享、体制共创方面走出了具有自身特色的深层次的联动发展之路。2009 年 12 月，由中国城市发展战略研究院和南京市社会科学院“中国城市创新力”课题组对我国六大都市圈的综合竞争力进行了比较研究，结果表明杭州都市圈的整合力水平、硬实力水平和软实力水平 3 个一级指标均排名第一，列六大都市圈综合竞争力之首。国际都市圈发展论坛发布的“2012 中国都市圈评价指数”显示，杭州都市圈位居中国 18 个都市圈绩效评价前三强。杭州都市圈的建设模式和绩效水平得到了充分肯定。《杭州都市圈发展规划中期评估报告》显示，杭州都市圈发展规划中各项指标进展顺利，重点项目建设取得重大进展。

经过八个年头的推动，杭州都市圈经过“经济先行圈”“生活幸福圈”“绿色生态圈”建设正向“智慧都市圈”的目标迈进。2014 年 3 月，国家发改委正式批复杭州都市圈作为国家唯一的转型升级综合改革试点。可以预见，“智慧都市圈”将作为都市圈转型升级的重头戏被列入“十三五”发展规划。杭州都市圈要根据中共浙江省委、省政府打造“数字浙江”“智慧浙江”的要求重点建设“智慧都市圈”，在经济贡献度、区域融合度、生活幸福度的共享共建中，实现信息经济与智慧城市高度融合发展。

一　杭州都市圈信息经济与智慧城市融合发展的理论与价值

（一）信息经济与智慧城市融合发展的理论阐述

1. 信息经济是一种全新的经济发展形态

国内外专家学者根据研究目的，从不同角度对信息经济进行定义。从社会生产力发展历史角度看，信息经济是信息革命在经济领域的成果，是通过信息技术的产业化和传统产业的信息化发展起来的。信息经济就是以信息通信技术为基础，信息产业起主导作用，基于信息、知识、智力的一种新型经济。① 从信息起源与流动角度看，信息是人与人之间交往沟通的内容，信息是客观世界的第三资源。马克卢普从经济学角度出发，通过对专利、文献等信息含量和信息经济问题的研究，分析生产、流动、分配、消费的经济学特性和经济规律。他认为信息经济就是对信息进行收集、传输、存储、处理和应用的经济。② 从产业部门角度看，汤姆·斯托尼认为，信息资源与传统资本一样可以获取、存储与积累。生产性劳动投入的产业发展必然伴随着信息资源的投入，信息经济是制造业的劳动者人数及其在国民生产总值中所占的比重大于农业但小于由信息工作者组成的服务业的经济形态。③ 浙江省省长李强指出，信息经济是以信息资源为基础，以信息技术为手段，以信息产业为主导，通过研发生产知识密集型的信息技术产品和服务，促进经济增长、社会进步和劳动就业的一种新型经济形态。信息经济是相对于传统农业经济和工业经济而言的，它不仅是指信息技术产业，更是一种经济形态，涵盖了信息技术产业、互联网应用、信息消费以及信息化与工业化深度融合等诸多内容。④

2. 智慧城市是一个全新的城市管理理念

2007 年，欧盟最早提出了打造智慧城市的前瞻性设想。2008 年，美国 IBM 公司又创造性地提出“智慧地球”的新理念，引起了全球的广泛关注。智慧城市概念的普及和发展日新月异，它在国内外各类城市中的应用也经受住了实践的检验。

工信部从以智慧城市促进产业发展的角度，认为智慧城市的建设不仅是多方位的需求，而且是最具备各种条件并且一定能建设成功的重大任务。国

① 乌家培：《谈信息经济与知识经济》，《情报资料工作》1998 年第 4 期，第 3～7 页。

② 唐昌黎：《知识经济·信息经济·物质经济》，《当代经济学》1998 年第 6 期，第 15～19 页。

③ 薛国英：《信息经济与信息经济分析方法》，《中南财经大学学报》1989 年第 3 期，第 101～104 页。

④ 2014 年 8 月 22 日，浙江省省长李强在全省发展信息经济暨“两化”深度融合推进工作视频会议上的讲话。

家发改委强调在智慧城市建设上要加速推进重点，加快制定标准，并将基于新一代信息技术的智慧城市理念归结为立体感知、智能计算、协同服务、绿色体验。国土资源部认为存在一个“数字城市”① 的概念，它是与“物理城市”相对应的一个概念，是一种虚拟的城市对照体。通过以物联网为载体的智慧城市的形式把“数字城市”与“物理城市”联结起来，因此，其本质是物联网与“数字城市”的融合。中国科学院从系统论角度出发，认为智慧城市是一个类生命体的超级大系统，它可以通过拟人化的手段，进行感知、认知、学习、成长等环节的培育发展。作为“智慧地球”这一理念的提出者，IBM 公司认为智慧城市是运用信息通信等技术手段感知、分析并整合城市运营管理核心关键系统的核心信息，对城市管理、建设、运营、民生、环保、公共安全等需求做出智能化的响应。

除了以上国内外不同组织机构对智慧城市表达的概念认识外，众多专家学者也表达了他们对智慧城市的见解。中国工程院院士、中国互联网协会理事长邬贺铨认为智慧城市是一个以物联网为核心标志的网络城市。两院院士、武汉大学教授李德仁认为智慧城市等于数字城市加物联网加云计算。浙江省决策咨询委员会副主任、杭州城市学研究理事会理事长王国平构建了智慧城市建设 3.0 版的理论框架，提出了产业智慧化和智慧产业化的理念，并提出以系统供应商的理念去打造智慧城市经济。全国政协副主席、国际欧亚科学院院士王钦敏认为，智慧城市是在充分高效地挖掘利用信息化的技术，通过监测、分析、整合各类城市的运营信息，完善智慧城市系统的智能响应方式，从而为城市的管理者、企业、民众创造更好的工作与生活环境，进而保障城市的可持续发展。

综合各机构和专家学者对智慧城市的理解与认知，作为一个全新的城市发展理论，智慧城市的实质就在于充分挖掘并利用物联网、云计算等现

① 数字城市，是以计算机技术、多媒体技术和大规模存储技术为基础，以宽带网络为纽带，运用遥感、全球定位系统、地理信息系统、遥测、仿真－虚拟等技术，对城市进行多分辨率、多尺度、多时空和多种类的三维描述，即利用信息技术手段把城市的过去、现在和未来的全部内容在网络上进行数字化虚拟实现。

代通信和信息技术，致力于改善城市的规划、建设、管理、运营、保护，不断优化生活环境，最终实现城市的可持续发展，打造高效的未来城市形态。

3. 信息经济和智慧城市的关系及融合发展

智慧城市的研究往往和信息经济相关。智慧城市建设的产业链条内容丰富，上下游距离较长，宽度较大。作为第二、第三产业的重要内容，其对经济增长的贡献不仅体现在传统第二、第三产业的直接经济贡献，而且包括信息资本自身的价值贡献。关于信息经济的研究，主要聚焦在信息技术和产业经济两个视角。无论从哪个角度进行研究，都强调通过信息要素的投入和信息技术的应用，物质要素不断被节约，信息的增加突破了能量经济中“1 + 1 = 2”的线性现象。[①] 信息经济与智慧城市建设融合发展，其核心是打造一种符合新型城市化发展道路的经济发展与城市转型升级的两轮驱动、两轮互动的创新城市发展模式。而这本质上就是要通过体制机制创新、服务模式创新、商业模式创新等内容，实现城市管理、产业与各种智慧应用体系全面协同发展，进而使城市资源配置与金融、物流、商贸、文化创意等现代服务业形成综合性的整体运营模式，通过信息经济和智慧城市融合创新驱动，推动经济发展方式与城市发展方式全面转型升级。信息经济和智慧城市是紧密联系而又有所区别的一对概念。

首先，信息经济和智慧城市发端于相同的时代背景。始于 20 世纪 60 年代的信息技术革命标志着人类进入了信息时代，电子计算机的普及应用及计算机与现代通信技术的有机结合极大地改变了人类的生活和城市的形态。进入 21 世纪，随着 IBM 出于商业愿景提出了“智慧地球”的理念，智慧城市建设方兴未艾。伴随着信息技术的发展，以信息产业为核心内容的信息经济发展也被众多城市管理者列为头号工程。因此，智慧城市与信息经济都是在信息技术革命的推动下，工业文明向知识文明转变，工业社会向信息社会转变，是人类社会从现代化 1.0 版走向现代化 2.0 版的过程。

---

① 乌家培:《信息经济及其管理》,《经济学家》1998 年第 2 期，第 12 ~ 17 页。

其次，信息经济和智慧城市往往是相伴相生的。当前中国正处于经济飞速发展、信息化进程突飞猛进的阶段，对于中国城市来说，智慧城市建设与信息经济发展一定是相辅相成的。一方面，智慧城市建设为信息经济发展提供了大量的市场空间，会有力地促进信息经济的发展；另一方面，在信息经济发展过程中，科技投入带来的技术进步以及新技术的应用可以更好地助力智慧城市建设，而技术进步的溢出效应、扩散效应等外部性本身就对城市的发展具有重要作用。

最后，信息经济和智慧城市也有着明显的区别。这主要表现在两者的概念内涵以及内容侧重不同。智慧城市建设侧重于利用信息技术改造提升城市信息化和智能化水平，而信息经济是智慧城市建设过程中正面的外部性内容，其发展过程是信息技术发展协同城市管理、信息应用、运营服务等内容，共同推动城市管理方式创新、民众生活方式创新等变革。信息经济侧重于以信息产业为主要内容的产业和经济发展，其过程是信息技术发展与市场化进程协同演变，强调生产方式、商业模式的创新与变革。

（二）都市圈信息经济与智慧城市融合发展的价值

国家“十二五”规划纲要指出要加快建设宽带、融合、安全、泛在的下一代国家信息基础设施，推动信息化和工业化深度融合，推进经济社会各领域信息化。此后，国家陆续出台了《关于大力推进信息化发展和切实保障信息安全的若干意见》《关于推进物联网有序健康发展的指导意见》《关于促进智慧城市健康发展的指导意见》《关于促进信息消费扩大内需的若干意见》《物联网发展专项行动计划（2013～2015年）》等一系列推动信息化和智慧城市发展的重大文件。2014年3月，国家出台的《国家新型城镇化规划（2014～2020年）》明确提出要推进智慧城市建设，要推动物联网、云计算、大数据等新一代信息技术创新应用，统筹城市发展的物质资源、信息资源和智力资源利用，实现与城市经济社会发展深度融合。

1. 信息经济与智慧城市融合发展是完善杭州都市圈治理体系和提升治理能力的重要举措

城市是国家治理体系的关键环节，都市圈是国家治理体系的重要载体，承载着人民群众对“让生活更美好”的期盼。党的十八届三中全会深入分析了今后一个时期全球形势和国内外环境的变化，全面总结了我国 30 多年改革与开放的经验教训，并且明确提出了全面深化改革的总体目标，特别强调要完善和发展中国特色社会主义制度，推进国家治理体系和治理能力现代化。当前，杭州都市圈城市发展和社会治理存在许多困难和挑战。“城市病”大规模集中爆发，网络安全问题日趋严重，城市和社会治理难度日益加大。信息经济与智慧城市融合发展不仅能让信息经济这一全新的产业和经济形态得到大力发展，而且能够利用网络、软件、电子设备和信息技术服务业等媒介，充分调动公众、媒体、政府等群体在城市和社会治理中的积极性，从而在都市圈治理体系和治理能力现代化过程中起到重要作用。

2. 信息经济与智慧城市融合发展是加快杭州都市圈经济转型升级进而促进城市转型升级的必然途径

浙江省委书记夏宝龙曾指出：“杭州不仅是浙江的杭州，而且是中国的杭州、世界的杭州。”① 同样，杭州都市圈不仅仅是长江三角洲城市群的都市圈，更要立足长三角，放眼寰球，努力打造世界级的都市圈。当前杭州都市圈正处于创新转型发展的关键时期，既面临信息经济这种“新经济”全面发展的机遇，也面临环境资源、产业发展、城市交通等方面越来越严峻的挑战。信息经济与智慧城市融合发展，不仅要把智慧城市建设作为杭州都市圈新一轮发展的主要抓手扎实推进，更要使其与信息经济融合发展，成为推动杭州都市圈经济转型升级进而促进城市转型升级的一个突破口。推进信息经济与智慧城市融合发展，有利于精准发力，实现“找准比较优势、打造竞争优势、构筑产业优势”的目标，对推动城市经济发展方式转变、提升

① 2013 年 10 月 8 日，中共浙江省委书记夏宝龙同志在杭州市领导干部会议上的讲话。

可持续发展的城市核心竞争力具有重大意义。

3. 信息经济与智慧城市融合发展是推动杭州都市圈新型工业化、信息化、城镇化、农业现代化、绿色化“五化”协同发展最好的结合点

早在2013年8月，李克强总理就专门邀请中国科学院、中国工程院院士开展城镇化研究座谈会。他指出，兴城首先要兴业，关键是要做到工业化、信息化、新型城镇化和农业现代化“新四化”的融合发展，实现产城相融、互促共进。2015年3月，中央审议通过《关于加快推进生态文明建设的意见》，提出要把生态文明建设融入经济、政治、文化、社会建设各方面和全过程，协同推进新型工业化、信息化、城镇化、农业现代化和绿色化。立足全面推进“五化”协同发展，把握智慧城市发展新机遇，遵循城市发展规律，加快推进智慧城市建设，深化新一轮信息技术在经济社会各领域的应用，大力推动信息经济与智慧城市融合发展，对于破解城市发展难题、增强城市综合竞争力、提升杭州都市圈科学发展水平、实现杭州都市圈战略目标具有十分重要的意义。

4. 信息经济与智慧城市融合发展是推动杭州都市圈城市化和高科技两大主引擎融合最好的结合点

移动互联网、云计算、大数据时代的到来，使智慧城市成为高科技发展的强大推动力。智慧城市建设是推动城市化和以信息技术为代表的高科技耦合发展的良好形式。① 根据当前国内外智慧城市建设的情况，以网络化、智慧化的高科技信息技术为代表的信息技术，已经成为实现现代城市可持续发展的重要手段，能够有效解决城市公共安全、交通拥堵、环境保护等“城市病”。信息经济有其固有的特点，它对土地和劳动等传统要素资源禀赋需求较少，主要依赖以知识与创新为体现形式的各种技术，是国家大力鼓励发展的绿色低碳和环保产业。发展信息经济则是推动产城融合、产业转型升级的有力抓手。因此，信息经济与智慧城市的融合发展无可争议地被称为杭州

① 诺贝尔经济学奖获得者斯蒂格利茨的著名预言：“中国的城市化和以美国为首的新技术革命将成为影响人类21世纪的两件大事”。

都市圈乃至中国城市化与高科技两大发展引擎的最佳结合点。

5. 信息经济与智慧城市融合发展是推动杭州都市圈四城市全面融合发展的“助推器”与“撒手锏”

进入“互联网+”①时代，杭州都市圈的融合发展迎来了千载难逢的契机，各项信息基础设施不断完善，为都市圈融合发展提供了无与伦比的有利条件。信息经济与智慧城市的融合发展，将深度整合现有资源，优化信息基础设施资源与应用体系建设，形成跨部门、跨行业的业务协同机制与资源共享平台。两者的融合发展对促进都市圈整体经济转型升级、产业结构调整具备催化效应，能够充分发挥科技的优势，引领传统制造产业的改造升级，加快经济发展方式的战略转变，培育战略性新兴产业发展，促进传统服务业向现代服务业升级。同时，智慧城市建设将进一步巩固提升并完善都市圈现有的信息基础设施和公共服务平台，它与信息经济的融合发展必将成为杭州都市圈四城市无缝衔接和全面融合发展的“助推器”与“撒手锏”。

二　杭州都市圈信息经济与智慧城市融合发展的城市合作情况

（一）都市圈四城市发展特色

1. 杭州打造政府“一号工程”

杭州是全国较早提出发展信息经济的城市之一，作为杭州的“一号工程”，信息经济在杭州已经具有明显的先发优势。2014 年杭州市 GDP 突破 9000 亿元，较上年增长 8.2%，实现自 2010 年以来经济增速的首次回升。杭州市委十一届七次全体（扩大）会议审议通过了《关于加快发展信息

① 2015 年 3 月，李克强总理在政府工作报告中正式提出“互联网+”的概念；2015 年 10 月，党的十八届五中全会再次提出要实施“互联网+”行动计划。

经济的若干意见》，提出要围绕“一基地四中心”[①] 的杭州城市战略定位以及打造美丽中国先行区的目标要求，以全面深化改革为动力，推进创新驱动发展，紧紧抓住智慧产业化和产业智慧化，围绕基础建设、产业发展、应用服务，大力发展信息经济、智慧经济，全面推动生产美、生态美、生活美的“美丽杭州”建设。

第一，信息经济贡献度逐步提高。自杭州市委、市政府将信息经济和智慧经济发展作为杭州的“一号工程”以来，杭州的经济转型升级出现了喜人的局面。2014 年的上半年、前三季度、全年经济增速分别为 7.7%、8.0%、8.2%，而到了 2015 年，一季度、上半年经济增速分别达到 8.7%、10.3%。2015 年上半年，杭州电子商务、云计算及大数据、数字内容、互联网金融四大产业分别实现产业增加值 381.32 亿元、369.87 亿元、523.5 亿元、157.64 亿元，增速为 15% ~70%。杭州整个信息经济增加值占第三产业增加值的比重达到 39.2%。信息经济对经济增长的贡献可见一斑。

第二，信息经济发展和智慧城市建设日趋融合。杭州在全国具有较强的比较优势，处于全国信息经济发展的第一阵营。杭州信息化和网络基础设施在全国处于领先地位，信息产业规模、结构、效益协调发展，信息化与工业化融合成效明显，公共服务和管理领域信息化深入推进，智慧城市技术研发优势明显，信息化发展环境较好。2014 年以来，杭州市大力发展信息经济和智慧经济，并于 2015 年 8 月成功申报杭州国家自主创新示范区。杭州以前沿的信息技术为支撑，以产业智慧化和智慧产业化为主要内容，特别是信息基础设施建设、智慧应用服务体系、信息产业转型升级发展等城市和经济形态，已经成为都市圈信息经济与智慧城市融合发展的样板。“一号工程”卓有成效。

第三，信息经济发展的科技创新体制机制不断深化。2014 年以来，杭州市秉持“深化科技体制改革”的发展脉络，对科技部门落实经济发展的

① 2010 年 5 月，国务院批复的《长江三角洲地区区域规划》提出，杭州要努力建设高技术产业基地、国际重要旅游休闲中心、全国文化创意中心、电子商务中心、区域性金融服务中心。

责任和任务进行明晰界定，以大力发展信息经济和智慧经济为着眼点，不断深化科技创新的体制机制。杭州市努力争创国家级示范项目，不断完善科技创新管理，推进项目管理改革。大力发展科技服务业，深入推进“雏鹰计划”[①]“青蓝计划”[②]“蒲公英计划”[③]，培育国家重点扶持的高新技术企业。推进协同创新平台建设，强化合作系统创新，促进成果转化。同时，注重企业创新能力提升，特别是以新技术和新产品的研发为核心内容，不断出台政策促进各类资本、人才等创新要素向企业和园区集聚，全面提升企业创新能力。科技创新体制机制的深化与完善有力地支撑了信息经济与智慧城市的融合发展。

2. 湖州注重“两化”融合试点

作为杭州都市圈内一座老牌历史文化名城，湖州的信息经济正在兴起。根据《2014 年浙江省信息化发展指数研究报告》[④]，2014 年湖州市信息化发展指数为 0.871，较 2013 年增长 3.7%，基础设施指数、产业技术指数、应用消费指数、知识支撑指数、发展效果指数较 2013 年均有所上升，总指数名次升至全省第五位。2014 年湖州实现网络零售额 135.01 亿元，同比增长 57.91%。相比杭州、温州、宁波等信息经济发展基础较好的地区，湖州在基础设施、产业发展、人才储备等方面虽然不占优势，但湖州结合自身特点，制订了符合湖州实际的信息经济发展方案，加快了电子信息产业和信息服务业发展，促进了核心信息技术的创新、研发和应用。

---

① 雏鹰计划。从 2010 年开始，用 5 年时间，在杭州市重点培育和扶持 1000 家科技型初创企业，形成技术水平领先、竞争能力强、成长性好的科技型企业群，建立一个“雏鹰企业”培育库。

② 青蓝计划。为鼓励和扶持高校教师与科研院所专家通过带技术、带专利、带项目、带团队等形式在杭创业，实现高校、科研院所与企业，知识与资本，创业与创新的有机融合，推动杭州经济社会又好又快发展，鼓励和扶持高校教师与科研院所专家进行团队式创业的计划。

③ 蒲公英计划。鼓励更多大学生、留学生、专家学者等创办科技型中小微企业，也叫科技型中小微企业成长培育工程。目标是从 2013 年开始，在 5 年内新办 10000 家科技型中小微企业，形成自主创新能力强、成长性好、市场竞争力强的科技型中小微企业群。

④ 2015 年 2 月，浙江省经信委会同浙江省统计局联合发布《2014 年浙江省信息化发展指数研究报告》。

第一，注重多方合作和统筹协调引导信息经济发展。湖州市先后成立信息经济工作领导小组，充分调动各级经信部门、企业、行业协会、科研院所的积极性，多次开展智慧制造、机联网、大数据等专题调研，共同引导全市信息经济发展。

第二，坚持专项行动促进信息产业稳健发展。发展信息经济，产业是基础。湖州市通过多次专项行动，促进核心信息技术创新、研发和应用。大批信息产业重大项目相继实施落地，德清地理信息产业园、“中航国际”合作北斗卫星导航系统产业园、电子信息产业园等中央企业项目均选择落户湖州，为湖州信息经济发展注入活力。

第三，开展试点活动推进重点领域“两化”融合。湖州市开展了百家示范试点企业和百个重点项目建设活动，围绕高端数字化设计、信息化提升、生产自动控制等重点领域，从区域、企业、行业层次和研发设计、生产制造、管理营销环节出发，推进“两化”深度融合。截至 2014 年底，全市共有市级“两化”深度融合试点企业 180 家、重点项目 173 个。

3. 嘉兴建设新型智慧城市标杆市

2014 年首届世界互联网大会在乌镇举行，让嘉兴和乌镇曝光在全球的聚光灯下。2014 年 11 月，嘉兴市出台《关于发展信息经济的若干意见》，标志着嘉兴市正式吹响深化发展信息经济的号角。根据该意见，以发展信息经济为抓手将成为嘉兴未来发展的战略性选择，是嘉兴市深化创新驱动发展战略的必然要求，也是嘉兴打造现代产业体系、推动经济发展方式和城市发展方式“两轮发展”的重要途径。依托工业化与信息化的深度融合，智慧城市建设与智慧经济融合发展，有力地促进了城市信息化、城市社会管理智能化、环境维护自动化和居民生活便捷化。

第一，以信息产业为核心内容的信息经济高速增长。近年来，嘉兴市信息产业年均增速高达 30%，远远高于嘉兴其他产业的发展速度，同时也高于嘉兴整体经济增长水平。嘉兴逐渐形成了电子元器件、光伏、光电机、通信四大主导行业。在信息经济发展的内容上，嘉兴市提出重点打造智能终端、装备电子、新型电子元器件、LED 照明、电子材料、集成电路、物联网、软件和信息技术服务八大领域，致力于成为浙江省信息产业集群发展与信息经济集聚的重要基地。

第二，信息经济发展不断呈现新业态、新模式。嘉兴市电子商务表现突出，2014 年全市实现网络零售额 678.89 亿元，同比增长 37.4%。网络营销和实体销售融合发展的消费模式迅速兴起，多家企业正在积极创建城市信息消费综合体验馆。同时，嘉兴市智慧交通、智慧电网、智慧民生、智慧医疗、智慧农业等领域智慧应用服务体系的建设步伐也在加快。

第三，智慧城市建设效果显著、特色鲜明。2015 年，嘉兴市成为国家确立的三线城市中的“新型智慧城市”建设标杆市，并成功入选国家发改委发布的 2015 年度“宽带中国”示范城市（城市群）名单。经过多年的发展，嘉兴已经建成了较为完善的信息基础设施，信息产业初具规模，智慧应用蓬勃发展，在政务、医疗、教育、交通等智慧城市建设方面取得了良好的成绩，初步形成了“无所不在的惠民服务、高效透明的在线政府、自主可控的安全体系、蓬勃发展的互联网经济和智慧联动的城乡一体化”格局。

4. 绍兴以传统经济拥抱“互联网 +”

绍兴市尤为重视信息经济与实体经济的融合发展，信息经济正在成为绍兴经济的新常态。信息经济与实体经济广泛融合，深刻影响着绍兴传统产业格局。绍兴市把高端纺织、先进装备制造、信息经济、生命健康、文化旅游等产业作为重点发展产业，力争在 2020 年形成千亿级中高端产业集群。在信息经济方面也表现出一定的特点。

第一，传统经济拥抱“互联网 +”促进电子商务发展。绍兴传统产业集群主要用互联网思维改造传统营销模式，主动嫁接电商渠道，为传统产业带来新活力。在“电商换市”政策的推动下，网络零售突飞猛进。2014 年绍兴网络零售额达 164.96 亿元，同比增长 65.49%，远超全省增长速度，增长幅度居全省第六位。居民网络消费总额达 214.21 亿元，同比增长 44.91%，增长速度居全省第三位①。

① 浙江省商务厅电商处：《浙江省 2014 年网络零售发展情况》，浙江省商务厅政务网。

第二，“两化”深度融合促进智慧制造发展。在智慧制造方面，绍兴采取了一系列做法，成效显著。例如，制造业与大数据、云计算、互联网深度融合，引领制造业生产方式创新，用信息化的技术和手段打造信息化和智慧型企业，加快信息技术在产业链条上下游的协同整合与应用，高起点规划与建设现代化的产业集聚区，促进电子商务、工业互联网、互联网金融等新兴业态发展。

第三，公共服务信息消费持续增长。近年来，绍兴市积极探索公共服务领域的信息化建设，深化信息技术在社会公共管理服务领域的应用，不断激发政府公共服务性消费。成功创建国家信息消费试点城市，成为浙江省继杭州、宁波、金华（义乌）、嘉兴之后的第五个国家级信息消费试点城市。

（二）都市圈四城市示范带动项目

2012 年浙江省政府推出《2012 年智慧城市建设试点工作方案》，围绕城市发展中的突出问题，以民生领域为智慧城市建设的突破口，以拉动智慧产业发展、促进经济转型发展、创新社会管理方式、提高群众生活品质、提升区域综合竞争力为主要目标，启动杭州的智慧城管和智慧安监项目、湖州的智慧织里项目、嘉兴的智慧电网和智慧交通项目、绍兴的智慧安居项目等 20 个智慧城市试点。经过三年的发展建设，都市圈内智慧城市建设卓有成效，城市发展呈现鲜明特色。

1. 杭州的智慧城管和智慧安监

杭州智慧城管项目涵盖杭州市政、环卫、公用、河道、固废、亮灯、停车以及执法等各项城市管理职能，在数字城管的基础上进一步加强对数据的分析和研判，为城市管理业务决策和指挥调度提供了有力的保障。智慧城管的发展在为市民带来便利的同时，加速了杭州城市管理部门服务的转型，加强了与市民间的深度互动，大幅提升了城市管理水平。杭州智慧安监包括电梯运行物联网示范网、营运车辆联网监控、建设工地安全监督管理等子项目。电梯行业的龙头企业可以依托华数公司的“三网融合”资源和主平台网络，共同推进电梯物联网的建设。全市运营车辆联网平台可以为交警提供

15000 辆运营车辆的数据。建设工地监督管理平台项目则可以实现工地可视化，对 1440 余个工地的塔吊和混凝土搅拌车辆进行管理，确保了大幅降低工地事故的发生率。

2. 湖州的智慧织里

织里镇是湖州智慧城市的先行者，织里通过打造智慧化小城镇，提高政府对全镇的管控性，保障了生产、生活有序进行，为城镇居民提供了更优质的服务。织里以智慧城市建设为契机，通过建立基础数据库，利用 IC 卡提升居民生活质量、政府治理智能化，推进“两化”深度融合，促进产业信息化发展，加强电子监控助力治安治理等举措，打造了一个集材料、设计、制作、加工、物流、营销于一体的产业生态圈，提升了企业和城镇的竞争力。

3. 嘉兴的智慧电网和智慧交通

嘉兴市智慧电网已初步建成，确保了区域内电力的安全可靠输送，有效地促进了电力在区域内消化，推动了嘉兴智慧城市建设和经济发展。嘉兴市智慧电网建设使智慧城市用电更安全、更可靠、更环保、更节约，提高了能源利用效率，实现了节能减排。智慧电网的发展为传统产业和新兴产业发展带来了机遇，有利于推进节能技术、低碳技术、能源管理技术发展，促进技术升级和产业结构调整，形成核心自主知识产权。嘉兴智慧交通整合交通、公安、建设、城管等部门的交通信息资源，形成了一个跨部门、跨系统信息资源交换和共享的综合信息服务平台，运用数据挖掘等技术，进行综合处理、存储和利用，为社会公众、交通运输业和政府部门提供全方位的综合交通信息服务。

4. 绍兴的智慧安居

绍兴市运用物联网、云计算、移动互联网、大数据等技术，通过市、县两级智慧服务协调指挥中心和智慧管理、智慧服务、智慧应急、智慧安防体系“一中心四体系”的建设，构建智慧创新城市，打造幸福安居之城。截至 2014 年，绍兴市“智慧安居”示范试点项目原方案建设内容已基本完成，并已投入使用或开展试运行。其中，由诸暨市政府统一组织的数据中心建设、市中心政务网络升级和虚拟化平台建设已全部完成，实现了资源的集约化应用和管理。

（三）都市圈信息经济与智慧城市建设合作走在浙江前列

1. 以市民卡为载体的都市圈融合进程不断加快

杭州都市圈市民卡项目是杭州市民卡项目的拓展。杭州市民卡项目是杭州市为民办实事的重点项目，也是杭州智慧城市建设的一项基础性工程项目。经过十多年的建设，项目的核心内容智能卡应用系统建设已经取得了一定的成绩，初步构建了较为完善的服务体系，使用人群广泛。同时，项目的各种综合性应用功能也非常强大，已成为国内最著名的跨部门、跨行业应用智能卡之一。2013 年，杭州市民卡成为全国唯一获得预付卡发行与受理、互联网支付、移动电话支付三张牌照的城市通卡。作为杭州都市圈融合发展的重要的信息化载体，市民卡发挥了举足轻重的作用。

第一，市民卡互通互用，推进一卡通合作方式。2009 年实现杭州、嘉兴两地市民卡（交通卡）互通互用。嘉兴成为杭州都市圈内第一个与杭州互通市民卡（交通卡）的城市。2013 年底，市民卡公司联合湖州市德清县合作发行“杭州通 · 都市圈德清卡”，适用于德清公共自行车租用以及杭州城区地铁、公交车、公共自行车、路面停车等公共交通和杭州通卡特约商户。双方正在研究和商讨其他“一卡通”应用服务合作。此外，市民卡公司已与绍兴、安吉、海宁、桐乡、诸暨等地就杭州市民卡应用服务合作进行了广泛交流，为当地“一卡通”建设提供建议与咨询，共同探讨“一卡通”合作方式。

第二，市民卡应用范围广泛，推动实现多卡合一。市民卡项目将政府各部门的城市居民基础数据通过统一的数据平台进行管理，从而实现城市居民基础信息资源的整合与共享，加强政府部门之间的资源共享和协同服务，为政府制定公共政策提供依据，同时为政府公共政策的执行和管理提供业务与技术支撑，推动电子政务建设，提高政府服务效能。市民卡应用涉及医保、公交等城市服务领域，为社会各机构提供支付清算、客户关系管理、信用服务、信息服务等相关服务，在方便市民生活的同时，也为政府决策提供依据。

第三，市民卡大数据整合，推动都市圈全面融合。市民卡在杭州都市圈的日益普及和运用，积累了大量的基础性数据，这些数据的共享有利于破解都市圈“信息孤岛”难题，促进都市圈全面融合。以市民卡为载体，都市圈内城市间的合作进一步加强。杭州都市圈逐步实现公共交通、医疗健康、公共服务、旅游休闲、小额消费、个人征信等服务的“一卡通”，百姓可以享受更便捷的公共服务和便民服务，政府共享信息化、智能化服务平台。都市圈社会民生共建共享，有力地推动了都市圈全面融合。

2. 以电子商务为重点产业的都市圈信息经济规模不断扩大

电子商务产业是杭州都市圈产业特色之一，近年来随着信息化进程不断加快，杭州都市圈电子商务市场规模进一步扩大，各领域电子商务应用不断普及，电子商务配套支撑服务和行业管理不断健全，电子商务产业链更加健全，发展环境和创业氛围进一步优化。

第一，杭州全球“电商之都”的地位进一步巩固。杭州是全球电子商务龙头企业阿里巴巴发家和成长壮大的城市，随着阿里巴巴的上市，杭州的电子商务影响力进一步向全球扩散并得到巩固，“国际重要的电子商务中心”定位进一步夯实，而杭州跨境电子商务综合试验区的批复也使杭州在国家电子商务发展战略中的地位得以提升。得益于杭州作为电子商务大本营的辐射带动作用，杭州都市圈电子商务整体也呈现良好的发展态势。这种发展态势体现了现代服务业的空间集聚特性，必然对作为产业集聚空间的核心城市起到巩固和提升作用。

第二，传统商贸业与电子商务融合发展优势明显。新的商业模式带来新的业态和新的消费模式，更多的企业借“互联网+”的东风迈入了电子商务领域的大门。因此，浙江的专业市场电子商务应用也得到了稳步的发展。截至2014年，浙江省共有382家专业市场通过自建平台、依托第三方平台等方式开展电子商务，其中都市圈内的杭州和湖州分别有54个和43个，在全省专用电子商务专业市场中排在第一位和第二位。在杭州的辐射带动下，产业集聚效应显著，电子商务集群日益增多，都市圈涌现出一批优秀的电子商务企业和产业园区，如桐乡濮院的“空中濮院”毛衫交易平台、绍兴柯桥的“网上轻纺城”、海宁的“海皮城”网上商城等。

第三，跨境电子商务发展态势良好。2014 年，浙江省跨境电子商务出口销售额约为63.5 亿美元。其中，跨境电子商务服务试点出口统计数约为2.25 亿元，占全国的比重约为32%；跨境电子商务服务试点进口金额约为5.8 亿元，占全国的比重约为78%。[①] 2015 年3 月，中国（杭州）跨境电子商务综合试验区正式获批设立，成为国内首个跨境电子商务综合试验区。杭州跨境贸易电子商务产业园融电子商务、快递、海关于一体，形成了丰富的产业链，利用信息化手段优化业务流程，大大降低了通关成本。依托杭州试验区的主体地位，都市圈城市可以利用一体化的优势，实现借区发展、借势发展。

第四，金融领域电子商务创新不断。金融业是现代产业体系的基础性产业。数据显示，2013 年，仅国内银行业的税前利润总额就达 2920 亿美元。作为传统金融业的升级版，互联网金融前途光明，市场容量巨大。互联网金融产业的发展将大大提高资本的配置效率，降低资金成本。2014 年，杭州都市圈内迅速崛起了一大批互联网金融企业，包括 P2P 网贷公司、支付中介公司、网络投融资平台等。杭州作为国际重要的互联网金融创新中心，诞生了铜板街、挖财、融都、同花顺等一大批优秀的互联网金融企业。其中，依托阿里巴巴和支付宝成立的蚂蚁金服和阿里民营银行在国内互联网金融领域产生了重大影响。互联网金融产业的良好发展，不仅对产业自身，而且对都市圈其他行业的发展都有着极其深远的意义。

第五，网络零售总规模继续扩大。根据浙江省商务厅的统计数据，2014 年浙江省网络零售总额为 5641.57 亿元，同比增长 47.64%。其中，杭州都市圈四城市网络零售总额为 3067.31 亿元，占全省的 54.37%；居

---

① 浙江省商务厅外贸处：《我省跨境电子商务发展势头良好》，浙江省商务厅政务网。

民网络消费总额为1497.32亿元，占全省的46.90%，网络零售顺差进一步扩大，实现顺差1569.99亿元（见表1）。分地市来看，杭州、嘉兴分别居全省网络零售第一位和第三位，杭州市网络零售总额稳居全省第一位，突破2000亿元。对比2013年和2014年的数据，各地市网络零售保持较快增长，特别是绍兴和湖州，网络零售和居民网络消费突飞猛进，增长速度远超浙江省网络零售平均增长速度，地区间规模水平和增长幅度存在明显差异。

表1　2014年杭州都市圈各地市网络零售和居民消费基本情况

单位：亿元，%

地区	网络零售总额	占比	同比增长	居民网络消费总额	占比	同比增长	顺差
杭州	2088.45	37.02	37.03	899.55	28.17	38.46	1188.90
湖州	135.01	2.39	57.91	117.38	3.68	46.95	17.63
嘉兴	678.89	12.03	37.44	266.18	8.34	55.98	412.71
绍兴	164.96	2.92	65.49	214.21	6.71	44.91	-49.25
浙江	5641.57	100	47.64	3192.78	100	41.15	2448.79

资料来源：浙江省商务厅电商处：《浙江省2014年网络零售发展情况》，浙江省商务厅政务网。

3. 以日趋完善的交通设施为基础的都市圈信息经济融合不断深化

交通运输是国民经济和社会发展的基础性、先导性产业和服务性行业。杭州都市圈基础交通设施的日益完善为都市圈信息经济融合发展创造了更加有利的条件。都市圈在公路、水路、轨道等交通网，以及航空港站、城际公交线网、综合交通枢纽等方面积极推进共建共联共通共享。同时，多条高速铁路陆续通车，基本形成了“二纵二横”① 的铁路运输通道网络格局。城际公交一体化基本完成，萧山国际机场、杭州东站综合交通枢纽、杭州公路客运中心、杭州内河港枢纽等主体交通枢纽的点状格局基本形成，

① “二纵二横”是指杭宁高铁、杭长高铁、沪杭高铁、杭甬高铁。

对外联络都市圈各城市的综合性交通枢纽体系逐步完善。2014 年，杭州都市圈 20 分钟交通封闭圈已经形成。此外，正在实施的都市圈城际铁路项目将进一步推动都市圈四城市融合发展。伴随着都市圈交通设施的日趋完善，支撑智慧城市建设和信息经济融合发展的资金、原材料、劳动力、人才等要素流动更加充分，资源配置的效率更高，在都市圈政府的引导下，市场参与都市圈智慧城市建设和信息经济发展的程度进一步深化。

4. 以新型小镇为集聚形态的信息经济园区不断涌现

2014 年召开的第一届世界互联网大会让全球将目光投向了乌镇，一个以典型的江南水乡为景观风貌特色的千年古镇。[①] 实际上，浙江正在通过推进特色小镇建设，将历史与现实、传统与科技有机结合起来，使得科技的概念渗透于传统的城市空间载体。2015 年浙江省政府工作报告要求以新理念、新机制、新载体推进产业集聚、产业创新和产业升级来建设特色小镇。全省各地通过特色小镇的规划与建设不断推进现代产业的集聚。目前，杭州的云栖小镇、梦想小镇、基金小镇和云谷、西溪谷、传感谷“三镇三谷”，已经具有一定的知名度和影响力，并且对信息经济的集聚作用尤为明显。德清的地理信息小镇，代表了地理信息大数据的发展前沿，将会形成一条涵盖芯片研发、装备制造、数据生产、产品开发、软件研制和信息服务的完整地理信息产业链。此外，在都市圈城市特色小镇规划建设上，嘉兴的南湖基金小镇、海盐核电小镇、嘉善巧克力甜蜜小镇、桐乡毛衫时尚小镇、海宁皮革时尚小镇，湖州的丝绸小镇、南浔善琏湖笔小镇，绍兴的东浦黄酒小镇和平水养生小镇等虽然并未与信息化产业直接相关，但是基于互联网、云计算和大数据的集聚区产业转型升级依然是其重要的建设内容。特色小镇已然成为新常态下浙江经济发展的新引擎。

---

① 世界互联网大会由中国国家互联网信息办公室和浙江省人民政府联合主办，位于杭州都市圈的乌镇被确定为永久会址，每年举办一次。首届世界互联网大会于 2014 年 11 月 19 ~ 21 日举行，近 100 个国家和地区的 1000 多名网络精英齐聚乌镇。这是我国首次举办规模最大、层次最高的互联网大会，也是世界互联网领域一次盛况空前的高峰会议。

三　杭州都市圈信息经济与智慧城市融合发展的问题与难点

（一）都市圈信息经济与智慧城市融合发展的问题

在智慧城市与信息经济融合发展过程中，需要坚持自主创新与开放合作相结合的原则，协同创新，突破智能终端系统、海量数据处理和信息产业支撑平台等关键技术。同时，职能部门也要顺应信息经济发展的形势，及时转变城市管理、建设与产业发展的观念，制定智慧城市发展规划，出台智慧产业特别是信息经济发展的扶持政策，形成二者相互促进、相互融合的发展局面。目前来看，都市圈信息经济与智慧城市融合发展还存在一些问题。

1. 理念错位，信息经济与智慧城市是“两张皮”

“两张皮”指的是相互之间原本存在必然联系或依附关系的两种事物发生游离而单独存在的现象。智慧城市和信息经济虽然是两个不同的概念，具有不同的语义分析，但是两者绝对不是各自孤立的。而目前许多城市依然存在人为割裂两者的现象，这就导致了信息经济与智慧城市“两张皮”的产生。人为割裂智慧城市和信息经济的关系，在本质上是对城市发展理念的认识错位。现代城市发展要求城市的转型升级与经济的转型升级实现全面的2.0版本。在信息产业和城市信息化的发展上，就体现在以信息产业为核心的信息经济和以城市信息化为核心的智慧城市的融合发展。只有树立信息经济与智慧城市融合发展的理念，以智慧城市建设带动信息经济发展，以信息经济发展促进智慧城市建设，才能真正做到将城市和经济发展的转型升级融合起来。

2. 微观错位，城市间信息化发展基本各自为政

信息技术的发展将有力地推动数据的采集和存储等应用，海量的数据信息将会创造空前巨大的价值。目前都市圈内各城市均出台了与发展信息经济和智慧城市建设相关的政策性文件。由于顶层规划缺失、对智慧城市认识不够、机制体制不畅等因素，在智慧城市建设过程中出现了各自为政的现象。

地区之间、地区部门之间、上级部门和下级部门之间按照各自的思路和规划进行建设，不利于信息基础设施的优化配置，信息系统互不兼容，不利于信息资源共享，同时也对信息安全造成很大影响。信息的共享严重不足，其本质依然是一种信息的匮乏，业务系统的“信息孤岛”现象进一步加剧。信息化体制机制的多头管理和职能交叉现象造成信息化建设缺乏统一规划和管理。同时，智慧城市建设更多的是地方政府在积极推动，而垂直的业务部门出于各自的考虑，其积极性难以被调动起来。

3. 投入错位，都市圈城市间的信息化发展不平衡

目前，由于财政规模和发展理念的差异，信息基础设施的投入差异导致杭州都市圈地区、行业、企业间的信息化发展程度总体上还不平衡。部分城市化水平较高的城市和城区信息化发展水平较高，如杭州的上城区、西湖区等。而像余杭区、萧山区等区由于受体制机制、产业转型升级等因素的限制，信息化水平还有较大的提升空间。行业和企业信息化应用也不均衡，信息科技、高端装备等高新技术企业普遍采用了信息化的平台和工具进行生产、销售与运营的管理。不少传统行业信息技术的应用水平不高，部分中小企业只满足于财会电算化、办公自动化等基本的信息化功能应用。另外，农村信息化发展水平远远滞后于城市，农业生产信息资源开发利用不足。从表1 可以看出，杭州五个方面的发展指数均远高于全省平均水平和都市圈内其他三市，杭州、湖州、嘉兴、绍兴信息化发展指数分别在全省中排第 1、第 5、第 3、第 4 名。不平衡发展的现象依然比较明显。

表 2　2014 年浙江省信息化发展指数比较（分三类地区）

地区	基础设施指数	产业技术指数	应用消费指数	知识支撑指数	发展效果指数	总指数
杭州	0.853	1.041	0.992	0.961	1.159	0.997
湖州	0.781	0.981	0.861	0.886	0.848	0.871
嘉兴	0.841	1.012	0.892	0.900	0.901	0.909
绍兴	0.793	0.978	0.892	0.918	0.783	0.874
浙江	0.774	1.003	0.874	0.920	0.846	0.883

资料来源：《2014 年浙江省信息化发展指数研究报告》，浙江统计信息网。

4. 标准错位，城市信息化基础设施不配套

智慧城市建设是一项极其复杂的系统工程，完备的标准体系对实施智慧城市和信息经济融合发展战略尤其重要。但是当前中国智慧城市的建设还存在比较严重的标准体系错位问题，导致在城市信息化基础设施层面就已存在难以配套的问题，严重影响了智慧城市建设和信息经济发展。如基础通用标准不统一，不利于应用系统开发和集成。以物联网为例，目前国内物联网没有统一标准，不同传感器设备制造厂商有不同的接口和数据标准，为接口对接和数据处理带来非常大的挑战。基础信息标准不统一，不利于数据交换和共享。智慧城市不同的应用系统建设需要大量的基础信息资源，如地理空间信息、城市人口信息等。政府部门信息资源没有统一遵循的标准，数据不一致，信息资源和数据交换无法得到有效的实施。此外，服务标准不统一，对城市治理也会造成很大影响，不利于智慧城市建设的可持续发展。

5. 技术错位，信息经济发展受到技术壁垒阻挡

智慧城市建设、信息经济发展需要大量的软硬件支持。当前，国内在信息科技核心技术上与发达国家相比仍有较大差距。国内信息系统所需的操作系统、数据库、芯片、服务器、路由器、交换机等关键设施大多依赖微软、英特尔、谷歌、苹果、思科、甲骨文等美国厂商。本土设备生产商、信息系统服务商由于核心技术、专利等方面的限制，与国外厂商仍有较大差距。同时，技术创新所需的人才资源紧缺。杭州都市圈内的高校资源和高科技人才资源与上海、南京、武汉等相比处于劣势，与欧美发达国家相比更显匮乏，随着信息经济与智慧城市不断融合发展，都市圈人才紧缺的困境将进一步凸显，而杭州都市圈发达的社会经济以及较高的房价对外地人才流入也会产生一定的负面作用。

（二）都市圈信息经济与智慧城市融合发展的难点

在智慧城市建设和智慧经济打造的基础导向上，特别要坚持推进网络、终端、内容、平台、产业“五大融合”，而这也是都市圈信息经济与智慧城市融合发展的难点所在。

1. 网络分隔，导致信息不能共享

网络分隔是指广播电视网、电信网、互联网在向数字电视网、宽带通信网以及下一代互联网演进过程中，行业技术标准不一致、运营主体立场不同、业务主管部门不同造成的不同类型网络和数字服务之间不能打通的问题。按照网络融合发展的趋势，三大网络通过技术性改造，其技术功能逐渐趋于统一，业务范围也逐步趋于一致，在网络上更好地实现互联互通与资源共享，为用户提供广播电视、语音和数据等多种服务。杭州都市圈当前要立足现状，充分把握国家新的“四网融合”的战略机遇，加快实现宽带通信网、数字电视网、下一代互联网“三网融合”，有线网络与无线网络“天地合一”。集合射频技术、无线技术、网络安全技术、通信技术等，打破行业间的壁垒，实现三网（IP、HFC、PSTN）或多网合一，构建城市立体化、多维度、虚拟化的融合型传输网络系统，以实现无缝连接的网络融合。

2. 终端分隔，导致不能及时接收和分享信息

进入后互联网时代，“互联网 +”的应用与发展将“无处不终端”的生活方式覆盖到了每一个个体的生存空间。以手机、电脑、电视、城市信息显示屏等内容为代表的终端的多样化导致了终端的分隔与信息接收与分享的低效率。因此，杭州都市圈要充分利用“互联网 +”的契机，在智慧城市建设和信息经济发展中，加快实现以电视机为基础的家庭信息终端、以手机为基础的手持信息终端、以城市电视为基础的城市公共信息终端的融合。包括视频监控、遥感设备、射频采集工具、无线设备和手机等，将感知、采集、传输甚至存储有机结合，采用模块化和高集成度的设计，综合运用智能化处理、有线无线感知、有线无线传输等技术，实现智慧城市终端充分融合，达到全面、透彻、无所不在的感知效果，从而更好地实现信息的传递与分享。

3. 内容分隔，导致各领域信息不对称

杭州都市圈设立以来取得了巨大的成就，都市圈内各城市互惠互利，在资本流动、人才流动、产业升级、技术溢出等方面成效明显。但是，都市圈政府之间，特别是都市圈各城市垂直部门之间在管理内容上的分散性，导致了信息内容的分隔与分散，加上当前政府部门尚未形成统一完善的信息化平

台，各部门自行建设的信息系统主要聚焦于解决各自所在领域的问题，并且系统之间彼此独立存在，信息不对称现象比较严重，难以形成互联互通的内容共享机制，缺乏都市圈全局的信息化体系。同时，各行业还没有形成开放共享的大数据体系。当前，智慧城市建设所需的大量核心大数据资源均掌握在政府各部门中，行政性人为壁垒比较严重，不能实现资源的有效共享，这成为智慧城市建设的最主要的障碍。杭州都市圈要想方设法打破城市间以及部门间的壁垒，实现广播电视类、通信类、互联网类及其他内容的共享。

4. 平台分隔，导致服务与安全不能有效保障

智慧城市建设过程中大量的数据内容往往基于各种数据平台。而杭州都市圈目前在平台融合方面还有所欠缺。即便是都市圈内的四座城市，不同部门和组织也往往搭建了服务于本部门和组织的数据平台。这样不仅存在明显的重复建设，而且不利于信息和数据的共享与利用，特别是多平台的各自运作会提升信息安全的风险，而信息和数据安全是智慧城市建设中最重要的内容。因此，杭州都市圈要致力于加快平台建设规划，统筹建设综合性数据平台，采用海量数据存储、云计算、安全控制等前沿信息技术，应用面向对象、服务、模块的系统架构方法，实现身份认证、隐私保护、系统管理、安全控制等综合性平台管理功能，最终达到智慧城市安全统一与强大可控的系统平台融合要求。

5. 产业分隔，导致设备与服务难以共享共用

信息产业是信息经济的主要内容。以“互联网 +”为纽带，信息产业之间的企业和行业又有着千丝万缕的联系。但这绝不是说信息产业外的产业无法互联互通、信息共享。产业的智慧化和智慧的产业化是信息经济和智慧城市建设融合发展的关键之举和题中应有之义，也是二者融合发展的“撒手锏”。信息技术对传统产业的改造升级同样应当是杭州都市圈信息经济和智慧城市建设的重要内容。杭州都市圈要通过整合来推动电信与广电两大行业携手并进，推动高新技术产业和传统产业信息共享共用。在产业信息平台融合的基础上进行服务模式创新，实现政府管理、城市资源配置与金融、物流、文化创意、商贸等产业的一体化运营服务。同时，通过创新驱动的融合，促进设备与服务共享共用，进而推动信息产业快速发展。

四　杭州都市圈信息经济与智慧城市融合发展的趋势

（一）政府数据更加开放共享

实现城市信息互联互通与数据资源共享是智慧城市建设的根本任务之一，也是衡量智慧城市建设和信息化发展水平的重要标志。搭建数据开放平台、公开政府数据已成为当前的趋势之一。全面开放科技、教育、交通、医疗、旅游、食品、环保等领域的政府公共数据资源，对智慧城市建设和信息经济发展有重要作用。

1. 提高社会运行效率

政府数据库中沉淀了大量的“待唤醒”数据，如果这些数据放到开放平台上，就有可能被深度挖掘，使数据活化，传播更多有效信息，提高社会运行效率。以交通数据为例，杭州市交通局联合阿里云共同打造的杭州交通数据开放平台，吸引了大量科研机构、互联网企业和个人对交通数据进行增值开发，探索交通数据社会化高效应用的新途径。

2. 创造商业活动价值

缩短个人和企业获取数据的周期，深度挖掘数据潜在价值。政府鼓励个人和企业挖掘数据潜在价值，开发应用 APP，推动对社会运行信息循环利用与创造、深度挖掘与应用，通过数据用途的扩展创造新的价值。

3. 为智慧城市建设注入新动力

目前，国内智慧城市建设主要为政府主导、运营商推进和 IT 企业推进模式。更多数据的开放共享，将使个人、家庭、创新研发团队和中小型科技企业更多地参与智慧城市建设活动，为智慧城市建设提供强大动力，有助于大量个体实现对社会运行信息的循环利用与创造、深度挖掘与应用。

（二）大数据和云计算发展更为迅捷

近年来，以云计算、大数据、物联网为主要内容的信息技术的发展打破了线性生产函数的约束条件，呈现指数形态的增长态势。技术能力迅速提升，摩尔定律不断得到验证，即每18个月左右计算性能将会提高一倍、带宽价格下降一半、存储价格下降一半。同时，梅特卡夫定律也在不断得到证实，即伴随着入网用户和终端设备数量的增加，互联网的价值也在日益提升。大数据和云计算等信息技术呈指数级爆发式成长，改变了人们对信息经济的预期。

1. 市场规模扩大迅速

从统计数据来看，2010～2014年，中国云计算市场规模平均以68%的速度增长，2014年中国云计算产业规模已突破千亿元（见表3）。同时，大数据产业预计在2016年将突破百亿元。杭州是国家云服务创新发展试点，对都市圈内云计算产业发展起着引领作用。目前杭州都市圈内阿里云、萤石云、华数云等均已步入国内云计算产业的前列。

表3　中国云计算和大数据市场规模

单位：亿元

类　别	2010年	2011年	2012年	2013年	2014年
云计算	167.3	293.7	472.8	606.8	1174.1
IDC	102.2	170.8	210.8	262.5	372.2
大数据	37.4	47.3	59.0	75.7	98.9

资料来源：中国IDC圈网、中国产业投资决策网。

2. 技术发展趋向成熟

根据技术成熟度曲线①，任何一项技术的发展都会经历上升期、快速发展期、下降期、爬坡期和稳定应用期五个阶段。经过多年的快速发展，云计算和大数据技术趋向成熟并向各行各业渗透，已经成为包含互联网、自动化等众多技术的基石，逐步体现出其推动各行各业颠覆性创新的能力和动力。

① 技术成熟度曲线，又称技术循环曲线、发展规律周期。模型由全球最具权威的IT研究与顾问咨询公司Gartner提出，是一个应用广泛的发展周期预测模型。模型描述了一项技术从诞生到成熟，再到广泛应用的过程。模型概括了一项新技术或新应用随着时间进化发展的趋向，为各领域内人们是否采用新技术提供了一个参考框架。

3. 应用领域更加广泛

云计算和大数据行业应用广泛，在教育、交通、物流、医疗、金融、电子商务、环保等领域均有着广泛的应用。以交通为例，目前杭州已初步建立统一的智能交通网络和数据中心，应用云计算和大数据技术，对交通整体运行状况进行实时监测和分析。数据平台提供的各类道路信息、施工作业信息、交通事故信息，不仅能够为重大决策提供支持，而且能够为湖州、嘉兴、绍兴地区的交通信息提供重要参考。

（三）智慧城市的基础设施建设更加扎实

随着信息化和工业化融合的深入，经济形态正在从工业经济向信息经济加速转变，基础设施也在发生巨大改变。在信息经济时代，叠加于原有农业、工业、服务业等基础设施之上的“网、云、端”成为新的基础设施，成为决定未来经济发展的重要因素。经过多年建设，杭州都市圈发展信息经济和智慧城市的基础设施更加扎实。

1. 网络基础设施日益完善

信息经济时代网络的主体和核心是新一代城域网，表现为广播电视网、互联网、物联网等网络的大融合，在价值传递上体现为凸显利益相关者的增值网络。截至 2013 年，都市圈内宽带用户数达 686.16 万户，农村 100% 实现村村通宽带（见表4）。作为都市圈的“极核”，杭州基本上构建了“无线宽带城域网、移动数字电视、移动多媒体网络”综合性的无线网络架构。广播电视网更是在全国领先，截至 2014 年底，数字电视覆盖率超过 99%。

表 4　2013 年杭州都市圈基本信息基础设施建设情况

地区	年末宽带业务户数(万户)	同比增长(%)	固定电话用户数(万户)	同比增长(%)	移动电话用户数(万户)	同比增长(%)
杭州	338.63	23	334.80	-3	1546.83	7.5
湖州	81.27	35	97.03	-4	366.35	13
嘉兴	131.73	17	152.54	-2	560.65	3
绍兴	134.53	&	179.04	-8	686.04	3

资料来源：《浙江统计年鉴（2014）》。

2. 平台和数据中心设施逐渐丰富

云计算、大数据基础设施为用户提供了便捷、低成本的计算资源，提高了对数据的利用能力。目前都市圈内交通、旅游、医疗、政务、环保等领域均建立了云平台，把大量应用和数据放到云端，基本建成人口基础数据库、法人单位基础数据库、空间地理基础数据库和社会经济统计指标数据库。云计算和大数据已经渗透于都市圈内各行各业。

3. 终端设备更加多元化

终端设备一般是用户直接接触的硬件设施，如智能手机、个人电脑、传感器、可穿戴设备等。另外，也有以软件形式存在的各类应用，它们不仅是服务提供界面，而且是大数据的来源。随着科技的进步，通过各种终端数据和数据中心的联结，能够将更多数据有效地积累起来，服务于经济社会发展和公共决策。

（四）城市间的信息互联互通更加频繁

人才、资金、劳动力、原材料等要素流动对经济的融合发展和产业集聚具有重要作用。在信息经济时代，各种数据等信息是最重要的战略资源，信息的自由流动是决定要素流动的先导条件，是决定城市间融合发展的重要力量。信息经济与智慧城市的融合发展必然使得城市间的信息互通更加频繁。

1. 城市建设层面，智慧城市建设能够推动城市间的信息互通

杭州都市圈作为一体化的城市发展共同体，智慧城市的建设对于都市圈内物的管理迫切需要跨城市间的互联互通。目前政府投入了大量资金用于建设跨城市的高速铁路等快捷交通通道，其实质就是要加快人员、物资在不同城市间的流动速度，促进人与物的跨城市流动。而对于生态环境保护这种没有明显地域界线的城市管理活动，则更需要城市间的深度协作。

2. 经济发展层面，都市圈城市间的大规模协作不可逆转

随着信息经济的发展，大规模协同作业的模式日益成为主流生产和生活

方式。它对原有的企业边界、生产组织体系和劳动关系带来了新的冲击。相对于传统工业经济对价值链分工、科技研发以及资源独占的重视，信息的开放性则使信息经济更多地强调协同、价值链交互、资源共享等。信息经济时代，云计算、大数据为都市圈大规模协同发展提供了可能，特别是当一个企业或者一个城市不具备一定的资源时，共享和协作便成为分工主体协同博弈最佳的选择。

（五）政府对信息经济和智慧城市的发展更加重视

信息革命作为第四次工业革命的最核心内容，已经为世界所公认。各地政府都逐步将信息经济和智慧城市发展放在更高的位置。

1. 国家层面对其给予了高度重视

2014 年 3 月，国家出台的《国家新型城镇化规划（2014 ~ 2020 年）》提出要大力推进智慧城市这种全新的城市发展模式。同年 8 月，国家发改委、工信部、科技部等八部委联合出台《关于促进智慧城市健康发展的指导意见》，提出到 2020 年要建成一批特色鲜明的智慧城市。尤其是李克强总理在政府工作报告中提出要推动移动互联网、云计算、大数据、物联网等与现代制造业结合，制订“互联网 +”行动计划，促进电子商务、工业互联网和互联网金融健康发展。这些都充分体现了国家对信息经济和智慧城市建设给予了高度重视。

2. 杭州作为都市圈的“极核”城市，国家和省、市政府也给予了高度的重视

国务院批准实施《长江三角洲地区区域规划》，明确杭州定位为“一基地四中心”，即“建设高技术产业基地和国际重要的旅游休闲中心、全国文化创意中心、电子商务中心、区域性金融服务中心”，这些都与“互联网 +”有着密切的联系。同时，杭州市委也将智慧经济和信息经济作为当前的“一号工程”在抓。可见，各级政府对信息经济和智慧城市的发展已经提高到了空前的战略高度。

五 构建杭州都市圈信息经济与智慧城市融合发展的目标、原则及运营体系

依据国家“十三五”发展规划，针对杭州都市圈信息经济与智慧城市发展的现状和今后的发展趋势，谋划杭州都市圈“十三五”信息经济与智慧城市融合发展，是未来杭州都市圈打造“智慧都市圈”的根本方向。因此，做好顶层设计，提出“智慧都市圈”的发展目标和建设原则，构建“智慧都市圈”的基本模型具有重要意义。

（一）“智慧都市圈”的发展目标

加快推进以信息经济与智慧城市融合发展的“智慧都市圈”建设，使杭州都市圈成为全国同等规模都市圈中“基础设施最先进、技术水平最高、城市数据最开放、信息服务创新能力最强、智慧城市应用最普及、智慧产业最集聚”的都市圈，从而形成以杭州都市圈为样板的“智慧都市圈”模式。

第一，基础设施更加智能，数据更加开放。能源、交通、水务、环保、应急等公用基础设施的智能化水平大幅提升。宽带、“三网融合”、安全泛在的下一代信息网络基础设施基本建成，城市基础设施实现运行管理精准化、一体化。数据标准化、安全性、开放性得到进一步统筹建设和完善，使杭州都市圈成为全国范围内具备领先的智慧城市基础设施、数据高度共享开放的“智慧都市圈”。

第二，市民的生活品质得到明显提升，公共服务更加便捷。公众在出行、就医、教育、居住、食品药品、文化娱乐等方面得到更好的安全保障，促进人与自然和谐发展。建成包含教育文化、劳动就业、医疗卫生、住房保障、社会保障、交通出行、环境保护、防灾减灾等公共服务领域，覆盖全体城乡居民的信息服务体系，使企业和居民获取公共服务更加便捷高效。

第三，社会管理更加精细，发展机制更加完善。城市资源得到优化配置，市政管理、人口管理、交通管理、治安防控、应急管理、公共安全、食品药品安全、特种设备管理、社会诚信等社会管理领域的智慧应用体系基本形成，信息共享和业务协同能力显著增强，政府行政效能大幅提升。与智慧城市发展相适应的政策、法规、标准、制度等软环境保障日益完善，信息资源共享开放和社会化开发利用机制初步形成，智慧城市信息安全保障体系逐步健全。

第四，经济转型升级取得重大进展，产业体系更加优化，信息经济市场发展取得显著进步。通过“智慧都市圈”建设，“两化”融合更加深入，新技术产业体系进一步形成。信息资源的价值潜能得到有效释放，以网络运营、信息知识加工创新为主的新业态不断发展，信息资源在经济转型升级中的作用更加凸显。以信息经济为主导的发展模式保持全国领先，基本形成全国信息经济发展的示范区。

第五，智慧都市圈建设模式走在全国前列。“智慧都市圈”建设将积极推行云平台化、集约化建设，充分依托云平台建设智慧城市。在政府的指导和监督下，将城市数据“有序地”向社会开放，通过开放数据、市场、示范应用等，引导都市圈企业积极投资于智慧民生项目。引导金融机构扶持本地龙头企业，利用政府贴息、补贴或政府购买服务的方式，鼓励企业参与建设，共同培育智慧城市用户信息消费市场，以先进的建设理念和较高的建设水平将杭州都市圈智慧城市建设成为全国同类都市圈的样板。

（二）“智慧都市圈”的发展原则

1. 在信息经济与智慧城市融合发展的理念上，要坚持体制重于技术、环境重于政策、特色重于禀赋“三个重于”

要将体制、环境和特色放在尤其重要的位置。首先，体制重于技术。体制创新是技术创新的前提，体制创新的突破为技术创新的突破提供了必要的条件。如果没有体制创新，信息经济与智慧城市融合发展所需要的大量技术创新也就难以实现。其次，环境重于政策。环境不仅仅是生产力，环境还代表着竞争力。没有宽松的创业和服务环境，没有优良的知识交换与创新的氛围，就难以吸引和积累高素质的人力资本，也就无法建设智慧城市和发展信息经济。最后，特色重于禀赋。建设智慧城市和发展信息经济，仅有城市信息化与信息产业化的良好基础和天然禀赋是不够的，只有把天然禀赋打造成品牌特色、竞争特色、城市特色，才能确立人无我有、人有我优的优势地位。

2. 在信息经济与智慧城市融合发展的导向上，要坚持推进网络、终端、内容、体制“四大融合”

在推进信息经济与智慧城市融合发展的过程中，要坚持把推进网络、终端、内容、体制“四大融合”作为关键环节和基础条件来抓。一是围绕变“网络分隔”为“网络融合”，要加快实现宽带通信网、数字电视网、下一代互联网“三网融合”，有线网络与无线网络“天地合一”。二是围绕变“终端分隔”为“终端融合”，要打破电脑、手机、电视以及各类城市公共信息显示屏之间的界限，推动以电视机为基础的家庭信息终端、以手机为基础的手持信息终端和以城市显示屏为基础的城市公共信息终端的融合。三是围绕变“内容分隔”为“内容融合”，勇于打破部门之间的壁垒，实现广播电视、通信、互联网及其他相关内容的互联互通与共建共享。四是围绕变“体制分隔”为“体制融合”，通过改革与创新的途径，推动电信和广电两大行业突破体制壁垒，打破行业间隔，实现协同发展。

3. 在信息经济与智慧城市融合发展的产业基础上，要坚持做大做强信息产业“产业链”，为智慧城市建设提供持续的产业动力

一是围绕优化产业结构，一方面，抓紧推进以电子信息为重点的高新技术产业；另一方面，抓紧推进以高新技术和先进适用技术改造提升传统优势产业，推动高新技术产业化发展和传统产业高新化转型升级的良性互动，将高新技术产业培育为区域经济增长的重要引擎。传统产业改造升级成为经济结构调整的重要着力点。二是围绕优化企业结构，坚持一手抓“大公司战略”，加大扶优扶强力度；一手抓“群体战略”，鼓励知识分子和大学生创

业，培育一批“铺天盖地”的信息产业配套中小企业。三是围绕优化空间布局，重点发展具有地方比较优势的信息产业链，打造有特色、有差异性、有竞争力的生产要素集聚地；充分发挥地方高新技术开发区和经济开发区的创新辐射作用，推动国家级、省级开发区和城镇特色工业功能区按照各自的功能定位，发展各具特色和优势的信息产业等高新技术产业，推动地方信息产业优势互补、错位发展、联动共兴。

4. 在信息经济与智慧城市融合发展的重点领域上，要坚持智慧城市基础设施建设、智慧民生应用体系建设、智慧公共服务应用体系建设、智慧公共管理应用体系建设并重

一是智慧城市基础设施建设。要加快网络数据中心基地和基础数据库建设，积极提升互联网交换中心、政府数据中心、数据灾备中心等建设的水平，加快创新资源、人才资源、文化资源等综合数据库建设。加强信息安全基础设施建设，为智慧城市建设提供有力的信息安全保障。二是智慧民生应用体系建设。要重点推进智慧交通建设、智慧健康保障体系建设、智慧社区安居和文化娱乐建设等，充分利用物联网、互联网、移动通信等各种信息技术的融合应用，使居民生活向“智能化”发展。三是智慧公共服务应用体系建设。加强信息技术在住房、教育、就业等公共服务领域的应用，推进相关的公共信息服务系统建设。推进面向企业的行政审批、投资融资、企业信用等公共服务平台建设。以农村综合信息服务站为载体，整合各类涉农资源，构建面向新农村建设的公共服务信息平台。四是智慧公共管理应用体系建设。打造全方位、立体、实时的城市安全保障系统，推进数字城管平台建设，提升城市建设、管理、运营的智能化水平。

5. 在信息经济与智慧城市融合发展的模式上，要坚持政府主导力、企业主体力、市场配置力“三力合一”，推进智慧城市建设运营模式创新

“三力合一”是信息经济与智慧城市融合发展的基础性的作用力量。地方党委、政府要充分发挥在加强立法、制定规划、完善政策、培养人才、营造环境等方面的主导作用，并着力引导和推动企业充分发挥科技创新的主体作用，同时充分运用市场化机制大力优化科技资源配置，以形成推动智慧城市建设和信

息经济发展的强大合力。在政府引导和市场推动下，企业要积极做好科技创新、人才招引等要素投入工作，发挥产业发展促进智慧城市建设的主体作用。

（三）“智慧都市圈”的运营体系

杭州都市圈信息经济与智慧城市融合发展战略模型的总体思路是以基础设施、应用服务、产业发展“三位一体”为整体布局，以党政机关、企事业单位、城乡居民家庭与游客“三位一体”为用户需求，以规划设计、设备供应、解决方案、运营维护、基础建设、管理咨询等整体系统输出为内容，通过杭州都市圈智慧城市建设，按照以用带建、以用促建的原则发展都市圈信息经济。杭州都市圈智慧城市建设和信息经济发展涉及的产业门类齐全，基本实现了全产业链覆盖。同时，整个信息经济相关产业的发展又能够有力地促进都市圈智慧城市的建设。基于杭州都市圈智慧城市建设和信息经济发展现状的分析，我们构建了杭州都市圈信息经济与智慧城市融合发展的概念模型（见图1）。

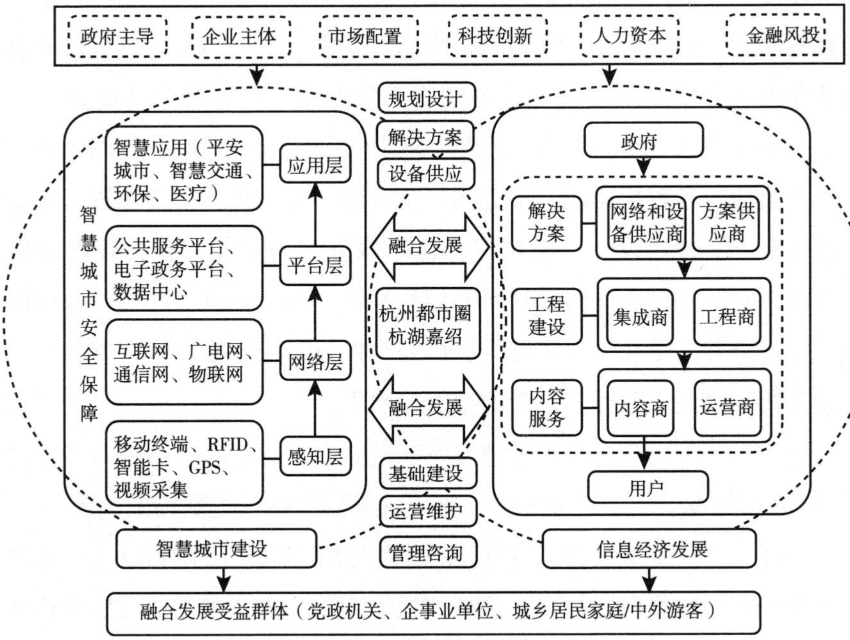

图1　杭州都市圈“智慧都市圈”发展概念模型

1. 杭州都市圈智慧城市建设

杭州都市圈智慧城市建设依然要聚焦于顶层设计。在底层技术内核上，智慧城市建设最终都是要通过信息化的手段，以物联网、云计算、大数据等技术工具实现城市的智慧化治理、人民的安居乐业以及经济的转型升级。基于这样的底层技术体系，智慧城市建设架构一般分成感知层、网络层、平台层和应用层四个层次。感知层侧重于信息的监测和感知，通过广泛覆盖的感知终端网络，如各类光、声、电、湿度、热的感应器以及 RFID 设备、GPS 终端、摄像头视频监控终端等实现对各类信息的全面获取。网络层由全面覆盖整个城市的互联网、广电网、通信网和物联网等组成，实现各类信息的快速畅通传递。平台层具有公共平台数据的集成管理和信息服务两种功能。应用层包含了城市治理、民生生活等各领域的综合应用，是智慧城市建设、管理与运营的核心，它为智慧城市建设提供最直接的服务，主要包括数据处理、服务呈现、信息集成等功能。

此外，安全保障是杭州都市圈智慧城市建设尤为重要的一环。城市的内部信息畅通和安全本就是单个智慧城市建设的难点，上升到城市联合发展这一都市圈形态，信息安全更加重要。城市智能化运行与管理建立在智能平台和数据信息的基础之上，并在此基础上形成融合政府服务、市民生活、企业运营等智能应用体系。智慧城市建设以物联网、云计算等技术体系为基础，数据信息量庞大，涉及政务、生活等方方面面，一旦出现信息安全问题，造成的损失将无法估量。因此，智慧城市建设的信息安全问题不容忽视。同时，这也是我国从网络大国向网络强国转变过程中需要给予高度关注的内容。

2. 杭州都市圈信息经济产业链条

都市圈智慧城市建设的产业链条几乎包含了信息经济发展的全部内容。信息经济产业链条融合发展的关键在于行业的协同与创新，通过资源、信息、技术的渗透、交叉与重组，重新构建城市系统，推动信息经济产业集聚式发展，打造培育智慧城市经济。都市圈智慧城市建设产业链总体包括以下内容。

第一，解决方案供应商和设备供应商。在信息经济发展过程中，产业链上游主要是基础设施供应商以及软件和硬件提供商。解决方案供应商往往具有一定的实力，它们可以利用其优势提供完整的行业应用解决方案。设备供应商包含设备的设计、生产、安装调试等市场主体。大型设备厂商可以提供较为全面的设备设计和生产服务，它们是建构智慧城市的最基本的物质基础。目前，大型设备供应商一般也具备提供大型和个性化整体解决方案的能力，系统集成的特点已经越来越明显。

第二，运营等信息服务供应商。主要包括产业链中游的网络运营提供商和各种信息科技公司。它们提供各类软件与应用开发、大型计算和云计算、信息集成及传输等服务。网络运营提供商主要承担项目投资、运维、承建等功能。打个比方，方案和设备供应商提供的产品构成了智慧城市的“物理骨骼”，而信息服务提供商则构成了智慧城市的“精神脉络”。目前，中游的智慧城市系统集成商呈现一种趋势，它们逐渐从智慧应用领域向智慧城市顶层设计领域转变，从部分应用的小集成向智慧城市大集成转变，试图建立标准和抢占智慧城市整体运营权。

第三，内容及业务供应商。身处信息经济产业链下游，服务提供商直接面对用户，他们主要提供行业化、本地化的内容信息和定制化的业务服务，是智慧城市价值的最终实现者。不同的运营商一般会利用自身的专业优势在所处领域参与运营，但不同业务和区域的运营分散度则比较高。同时，当前还存在运营的盈利及商业模式模糊、数据挖掘和变现能力较差等问题。伴随天堂硅谷和文化创意经济的打造，杭州都市圈近年来培育引进了一批有竞争力的内容和业务服务商。

第四，智慧城市建设过程中信息经济的产业链条不是绝对的。产业融合发展与智慧城市建设的需求推动更多企业拓展其业务领域，特别是沿着产业链向两端延伸的趋势日益显现。这使得很多信息企业，特别是某一领域的龙头企业往往在产业链条上的各个环节都能找到自身的立足之地。例如，杭州的海康威视公司是传统意义上视频监控领域的全球龙头企业，为智慧城市建设提供视频监控等感知层面的整套解决方案。近年来，它也在不断拓展业务领域，逐步利用其行业积累和业务能力涉足智慧城市建设整体解决方案。同时，它根据市场特征，敏锐地捕捉到智慧城市用户层的最大需求必然是城乡居民家庭这一发展态势，适时推出民用智慧城市解决方案品牌“萤石”，并致力于打造基于“萤石云”的智慧城市发展战略。因此，类似海康威视公司这样的市场主体，已经发展成为涉及智慧城市建设全产业链的龙头企业，具备全产业链系统解决方案供应能力。

3. 智慧城市建设和信息经济融合发展的要素投入

智慧城市建设和信息经济融合发展的要素投入主要包括政府主导、企业主体、市场配置、科技创新、人力资本、金融风投等。

第一，政府主导、企业主体、市场配置是都市圈智慧城市建设和信息经济发展的基础性力量。政府主导要求做到规划先行、政策引领。企业主体要求明确企业作为智慧城市建设和信息经济融合发展的主体功能定位，企业既是具体系统解决方案的供应者，也是创新动能的主体，在部分特殊投融资模式的项目中，企业还是投资运营的主体。市场配置要求在坚持政府主导和企业主体的原则下，始终把市场作为配置资源的基础力量，并以市场为依据，为政府主导作用和企业主体作用的功能发挥提供方向性指引。

第二，科技创新、人力资本、金融风投是重要的生产要素。自从熊彼特开创了创新经济学派以来，创新在生产函数中的作用日益受到重视。党的十八届五中全会强调，实现“十三五”时期发展目标，必须牢固树立并切实贯彻创新、协调、绿色、开放、共享的发展理念，鲜明地把创新摆在发展理念的首位。[①] 人力资本一直备受重视，从亚当·斯密第一个提出人力资源是一种“资本”到舒尔茨系统论述人力资本理论，人力资本在生产函数中的作用也被提到空前的高度。金融风投则有利于发挥资本杠杆“四两拨千斤”的作用，提高资本的边际使用效率。

① 党的十八届五中全会于2015年10月26～29日在北京召开，会议研究通过了《中共中央关于制定国民经济和社会发展第十三个五年规划的建议》。

4. 智慧城市建设和信息经济融合发展的需求

党政机关、企事业单位和城乡居民家庭（包括中外游客）是智慧城市建设与信息经济发展最大的需求来源，其本质上也就是明确了“党政机关、企事业单位、城乡居民家庭（包括中外游客）”“三位一体”作为智慧城市建设和信息经济发展的受益群体。现阶段，国内智慧城市建设更多的是政府主导型的建设，最终用户、资金来源甚至是规划方案都是由政府主导的，因此党政机关和企事业单位在现阶段需求很大。但是党政机关、企事业单位的需求最终都必然要转化为城乡居民家庭的需求才能落地和实现盈利。因此，不能忽视智慧城市建设和信息经济发展最大的需求必定是城乡居民家庭这个事实。这也是智慧城市建设和信息经济融合发展商业模式突破的难点所在。党政机关、企事业单位和城乡居民家庭（包括中外游客）这个“三位一体”的用户层解决好了，智慧城市建设和信息经济融合发展的需求问题就解决了，融合发展的商业模式难题也就迎刃而解。包含大量游客在内的城乡居民家庭会产生大量的应用服务需求，会大大减轻智慧城市建设的资金投入和运营成本，可以催生大量的智慧应用服务，从而激发更大的市场活力，拓展信息经济的市场潜力，最终实现商业模式创新的突破。

5. 系统解决方案输出的内容

都市圈智慧城市建设和信息经济融合发展的生态系统应该包括提供整套的智慧城市建设和信息经济发展的全部解决方案内容。从顶层的解决方案和规划设计，到中间层的基础建设和设备供应，再到底层的运营维护和管理咨询，应当都能纳入系统解决方案的内容中。规划设计是顶层思路设计，高起点规划是高标准建设的基础和理论依据。解决方案是具体的实施方案，其质量的好坏直接关系到智慧城市建设的水平。基础建设和设备供应为智慧城市和信息经济发展提供了基础性的硬件支撑。运营维护为智慧城市的整体系统运营和管理提供了保障，也是应用体系的重要支撑。管理咨询涉及应用体系中各种智慧应用的设计、建设和管理，也包括对运营维护内容的管理咨询服务。

六　促进杭州都市圈信息经济与智慧城市融合发展的对策建议

（一）编制都市圈信息经济与智慧城市融合发展规划

智慧城市和信息经济作为具有高度融合互补特性的两个内容，需要在顶层设计上具备高瞻远瞩的视野。信息经济与智慧城市融合发展需要统筹谋划、科学推进。以新一代信息技术为重要支撑的信息经济存在一种马太效应，当一个地方取得先发优势，各种要素资源会迅速向其集聚，这种先发优势进而会演变成排他优势、稳定优势。其他地方要后来者居上就愈加困难。建议立足杭州都市圈智慧城市建设和信息经济融合发展，围绕杭州都市圈智慧城市建设和信息经济发展模型，编制都市圈智慧城市建设和信息经济融合发展规划。旨在指导杭州都市圈智慧城市建设和信息经济融合发展，对以信息产业为主要内容的信息经济对智慧城市建设的推动作用做出明确的引导和规定，对智慧城市建设相关企业参与信息经济发展提出引导性的鼓励和支持政策。

（二）对信息经济与智慧城市产业门类融合进行梳理

按照浙江省政府批复的《杭州都市经济圈发展规划》中的发展定位，以都市圈产业共兴为目标，以构筑一体化、高端化的现代产业体系为区域发展新引擎，改造提升支柱性产业集群，全面发展高新技术产业。立足信息产业优势，大力发展以信息经济为核心的现代服务业，对包括信息产业和互联网经济为主要内容的信息经济产业门类进行全面系统的梳理。既要从硬件设备供应、软件和信息服务、运营服务、系统集成服务等信息经济产业链角度进行分类，也要从智慧城市建设的感知层、网络层、平台层、应用层、用户层的系统框架角度进行分类。同时，要有针对性地制定培育发展和招商引资政策。针对居全国领先地位的产业门类继续加强政策支持，鼓励其打造世界级产业集聚；对于较为薄弱甚至没有很好地融入“互联网+”理念的产业门类，鼓励加大扶持和招商引资力度。力争在现有信息经济产业门类的基础上，打造“强者恒强，弱者变强，无中生有”的信息经济与智慧城市全面融合发展的格局。

（三）制订智慧城市建设整体系统解决方案

当前，在智慧城市建设的热潮中，打造集智慧城市规划、设计、设备、技术、管理、服务、运营于一体的系统供应商，为智慧城市建设提供整套解决方案，是做大做强都市圈信息经济产业链和推动都市圈智慧城市建设最有效的战略模式。它破解了智慧城市建设过程中最核心的商业模式创新和可持续发展的难题。基于智慧城市建设感知层、网络层、平台层、应用层、用户层的系统框架，根据不同城市规模开展相应的顶层设计，编制《智慧城市建设系统供应整体解决方案》。方案既要有智慧城市建设的顶层设计，又要凸显杭州都市圈信息经济的产业内容和都市圈智慧城市建设的特点。相应层次和产业链条的位置要有针对性地展示杭州都市圈相关企业。通过这样一套解决方案，能够对都市圈自身智慧城市建设和信息经济融合发展的宏伟蓝图有更加清晰的认识，同时在面向全国大部分城市特别是中西部城市提供智慧城市建设整体解决方案时能够更加具有说服力。

（四）鼓励城市信息供应平台共享和技术对接

构建面向都市圈各城市间的信息供应共享平台，依托都市圈相对完备的公共技术服务体系，为各城市信息共享提供良好的信息技术服务环境。围绕智慧城市建设和信息经济融合发展的需求，以实现都市圈城市信息平台共享和技术共享为目标，鼓励都市圈城市间创新主体开展关键技术联合研发和自主研发，加强云计算和物联网等重点技术领域的自主研发，重点突破海量数据存储与处理、传感器、智能信息处理、透明计算、超大规模并行计算、音视频智能识别与分析、海量数据智能搜索与分析等关键技术。支持高等院校、科研院所、相关企业在杭州都市圈内设立智能设备研发和检测机构，鼓励其开展联合技术攻关，吸纳国外智慧城市和信息经济领域的机构开展合作，进而获取技术溢出效应。通过重大成果项目带动和市场化的利益共享机制建立技术创新联盟，促进创新优势互补，鼓励掌握共性技术。

（五）进行信息技术产业融合发展孵化器多项目试点

加快实施孵化器战略。进一步扩大创业孵化基地规模，加快创业孵化基地建设的步伐，积极引导社会力量投资兴办创业孵化基地，开展孵化器多项目试点，鼓励创业者自主选择创业，集聚创新创业人才，将杭州都市圈打造成创业活力竞相迸发的创新创业高地。加强都市圈内高新技术开发区的信息经济孵化器建设。充分利用高新技术开发区的技术和产业优势，打造具有较大规模和较高效率的一级孵化基地，抓紧建设各级孵化器。有条件的区、县（市）要抓住全省信息经济发展热潮以及杭州都市圈大力发展信息经济和智慧经济的大好契机，利用本地化优势打造各具特色的信息经济专业性创业孵化基地，为各类创业人才提供良好的发展平台。充分利用现有闲置腾空房产或商务楼宇等资源，建设一批孵化条件好、承载力强、融创业指导和服务于一体、囊括各类创业群体的创业载体。此外，还要鼓励企业积极创办孵化器。

（六）培养都市圈信息技术融合发展的专门人才

技术创新的关键是人才，智慧城市建设就是“人脑 + 电脑 + 文化”。建设智慧城市，发展信息经济，必须牢固树立人力资本是第一资本的观念，把人才工作作为事关全局的重点工作来抓。大力实施智慧城市建设和信息经济融合发展的人才更新工程，尽快集聚一大批掌握核心技术的科技带头人、一大批一流素质的企业家、一大批资本营运和科技管理方面的服务人才、一大批具有成长潜力的创新人才。对特殊人才实行特殊政策，加大政策引才力度，要适应人才竞争国际化的趋势，借鉴国外人力资本开发的有益经验，形成更为灵活的人才管理体制。要完善开放、灵活的人才市场配置机制，打破人才在部门间的流动壁垒，鼓励人才合理流动，培育发展与其他要素市场相贯通的人才市场，建立人才与经济结构调整相协调的动态机制。要认真落实技术、管理等参与分配的政策，建立发展股权、期权激励机制，逐步实现技术资本化、资本人格化，使杭州都市圈成为人才创业有舞台、人才贡献有激励的“创新创业天堂”。

（七）建立信息技术产业融合发展的风险投资和交易平台

风险投资机制有效地加速了企业的成长和科技成果的转化，培育出了一批像 IBM、微软、英特尔、思科那样的世界级高科技企业。随着资金退出机制的完善与套现渠道的不断拓宽，社会资本真正成为科技企业发展与高新科技成果转化的动力源泉，像信息科技这样的高新技术必然成为风险投资追逐的对象。杭州都市圈要更好地发展信息经济和智慧经济，就必须重视建立风险投资和各类交易平台，出台有利于鼓励风险投资发展的政策措施。同时，要加强风险投资人才的培养和引进，建立健全风险投资中介服务体系。在浙江省积极打造“特色小镇”的背景下，鼓励建设各种“基金小镇”，让民间资本更好地对接科技创新。不断完善创业投资体系，开展天使投资业务，积极吸引天使投资人集聚支持信息产业链发展，引导和规范早期创业投资与服务活动。优化创业投资引导基金和股权投资运作机制，重点支持本地区重点智慧产业领域中处于初创期和快速成长期的企业。

（八）加强都市圈智慧城市信用与监督体系建设

新型城镇化的核心要义在于人的城镇化。智慧城市建设要求城市中人的信用水平也不断提高，以适应城镇化的进程。因此，要加快杭州都市圈的信用建设，依托先进的网络平台和大数据应用，推进利用都市圈市民卡开展个人信用征信业务及服务，加快政府联合征信平台与网络信用体系对接，扩大信用体系征信范围和应用领域，不断完善都市圈整体社会信用体系。政府要发挥引导作用，首先要做到率先使用信用信息，实现在审核企业发债、政府财政专项扶持资金中查询和使用信用记录等信息。完善都市圈信息建设的法规体系，做好信用立法工作，为都市圈信息的采集、管理和使用提供法律保障。同时，智慧城市建设过程中涉及大量的部门和资金的流动以及与企业的合作，规范到位的监督是必不可少的。因此，基于完善的信用体系建设，再配套信息化的监督体系，将对智慧城市建设的过程控制和整体水平提升起到良好作用。

参考文献

杭州都市圈合作发展协调会办公室：《2015 年杭州都市圈市长专题工作会议资料》，2015。

杭州报道组：《以发展信息经济和智慧经济为突破口，建设美丽中国先行区》，《杭州》（党政刊）2014 年第 7 期。

肖拥军、王伟玲：《发展信息经济，率先抢占全球战略竞争制高点》，《中国科学院院刊》2015 年第 2 期。

方晨光：《杭州都市圈新型城镇化实践与对策》，《浙江树人大学学报》2014 年第 5 期。

乌家培：《谈信息经济与知识经济》，《情报资料工作》1998 年第 4 期。

唐昌黎：《知识经济 · 信息经济 · 物质经济》，《当代经济学》1998 年第 6 期。

薛国英：《信息经济与信息经济分析方法》，《中南财经大学学报》1989 年第 4 期。

中共杭州市委、杭州市人民政府：《关于加快发展信息经济的若干意见》，2015。

沈翔：《发展智慧经济：大趋势大战略》，《杭州科技》2014 年第 4 期。

杭州市政府研究室政校合作基地课题组：《杭州智慧产业链发展战略研究》，《杭州科技》2014 年第 6 期。

吴胜武：《深耕信息经济》，《今日浙江》2014 年第 32 期。

张慧：《借鉴国外科技创业经验构建新型科技创业生态体系》，《今日科技》2014 年第 10 期。

王国平：《以智慧城市经济为载体，推动杭州智慧城市建设》，《研究通报》2014 年第 5 期。

邬贺铨：《智慧城市、数字城市与智能城市》，《创新视点》2011 年第 5 期。

傅白水：《四个转换助力杭州智慧经济》，《杭州周刊》2015 年第 6 期。

张鸿铭：《乘势而上，抢占先机，以智慧经济引领转型发展》，《杭州科技》2014 年第 4 期。

章剑林：《凸显时代个性，促进产业升级》，《杭州科技》2014 年第 4 期。

詹敏：《做强物联网　打造新优势　实现新发展》，《信息化建设》2014 年第 12 期。

兰建平：《2015 浙江信息经济发展前瞻》，《今日浙江》2015 年第 1 期。

阿里研究院：《信息经济呈现十大浪潮》，《理论参考》2015 年第 3 期。

朱文晶：《杭州智慧经济与智慧城市建设融合发展探析》，《杭州研究》2015 年第 1 期。

李卫忠：《对智慧城市建设的思考》，《中国信息界》2014 年第 2 期。

詹张昊：《“互联网 +”下发展信息经济需实现新突破》，《浙江经济》2015 年第 11 期。

杭州科技编辑部：《信息推动机遇　科技成就智慧——杭州信息经济和智慧经济发展新加速》，《杭州科技》2014 年第 4 期。

杭州都市圈合作发展协调会办公室：《杭州都市圈建设推进情况（2007 ~ 2014）》，2015。

杭州科学技术委员会：《“六个聚焦”助推智慧经济和信息经济创新发展》，《杭州科技》2014 年第 5 期。

熊璋：《智慧城市》，科学出版社，2015。

毛光烈：《智慧城市建设实务研究》，中信出版社，2013。

陈劲：《绿色智慧城市》，浙江大学出版社，2010。

李林：《智慧城市建设规划与思路》，东南大学出版社，2012。

王国平：《城市论》（全三卷），人民出版社，2009。

宁波市智慧城市建设工作领导小组办公室编《宁波市智慧城市发展报告（2012）》，宁波出版社，2013。

B.2
杭州都市圈智慧城市基础设施建设协作机制研究

杭州课题组 *

摘　要：　智慧城市基础设施是杭州都市圈信息一体化建设的重要基石，其协作机制建设关系到信息资源共享、信息互联互通、城市公共服务合作等方面。本文结合杭州都市圈智慧城市发展的实际，根据国家、省信息化建设的要求，分析杭州都市圈智慧城市机制建设的现状，找准发展中存在的问题与原因，研究提出杭州都市圈智慧城市机制建设的重大政策举措，为政府推进都市圈智慧城市建设提供决策参考。

关键词：　智慧城市　基础设施　区域协作　体制机制　杭州都市圈

随着改革开放的深入，杭州都市圈建设逐步完善，功能稳步提升，城市管理不断加强，城镇化持续健康发展。截至 2014 年，杭州都市圈的城镇化率已达 66%，超过全国平均水平 12 个百分点。杭州都市圈建设取得显著成效，已进入提升都市圈发展质量和水平的关键阶段。

城镇化水平的提升，以及国家政策和市场趋势的导向，决定了智慧城市

* 课题组组长：方晨光，杭州市社会科学院研究员、“杭州都市圈蓝皮书”常务副主编。课题组成员：陈钢，杭州市人民政府国内经济合作办公室经济合作处处长；高雁，杭州市人民政府国内经济合作办公室经济合作处副处长；俞宏陵，杭州市人民政府国内经济合作办公室经济合作处办事员；吴爽，杭州市社会科学院经济所助理研究员、经济学硕士。执笔：吴爽、方晨光。

建设将成为未来杭州都市圈建设的重中之重。而基础设施是杭州都市圈智慧城市建设、区域经济整合和协调发展的基础，对区域经济和社会环境有基础性、外部性、先导性的作用，是实现智慧化、信息化发展的必要条件，是决定都市圈智慧城市建设成功与否的关键因素。

本文是浙江省“加快推进杭州都市圈提升发展研究”的子课题。按照2014年8月国家发改委、工信部、科技部等八部委通过的《关于促进智慧城市健康发展的指导意见》和2011年浙江省委、省政府提出的全面升级打造“智慧浙江”的战略，杭州都市圈智慧城市建设是“智慧浙江”的组成部分，是杭州都市圈作为国家转型升级综合改革试点极其重要的抓手，通过都市圈智慧城市建设，逐步破解区域行政管理壁垒，进行都市圈城市间的深度协作。

本文结合“智慧浙江”建设和杭州都市圈转型升级综合改革试点等相关要求，立足杭州都市圈智慧城市基础设施建设的实际，找准阻碍协作的问题，研究提出推进杭州都市圈智慧城市基础设施建设协作发展的体制机制和举措，为杭州市委、市政府乃至浙江省委、省政府在推进杭州都市圈智慧城市建设工作中提供决策参考。

一　杭州都市圈智慧城市基础设施建设协作机制的内容与发展的必要性

中国工程院院士陈鲸认为，智慧城市是通过人与人、物与人、物与物的互联互通能力、全面感知能力、信息利用能力，通过移动互联网、物联网、云计算等新一代信息技术，实现城市高效的政府管理、可持续的产业发展、便捷的民生服务。杭州都市圈智慧城市建设，既要体现智慧城市基础设施建设和运行机制的规律，又要遵循都市圈合作发展的规律。

（一）杭州都市圈智慧城市基础设施建设协作机制的内容

根据智慧城市的理论体系，课题组认为杭州都市圈智慧城市基础设施应包括基础网络、应用支撑平台、大数据平台和公共数据库等几大部分。

智慧城市运行机制是一项庞大而复杂的系统工程，需要政府、企业、非政府组织、市民等各方共同参与，对各项体制、制度进行改革与完善，并在不同方面、不同层次相互呼应、相互补充，整合力量发挥作用。都市圈智慧城市运行机制构建是一项长期而艰巨的任务，要从组织体制、管理体制、伦理体制等方面进行建设，要在运作机制、发展机制、约束机制等方面进行运作。

（二）杭州都市圈智慧城市基础设施建设发展的必要性

智慧化是世界发展的必然选择，是中国内需的最强引擎。智慧城市基础设施建设是杭州都市圈完善治理体系和提升治理能力的重要举措，是加快杭州都市圈经济转型升级进而促进城市转型升级的必然途径。基础设施建设是智慧城市最基础、最重要的建设内容，把基础设施做好了，智慧城市才能发挥有效的作用。

1. 是杭州都市圈转型升级综合改革试点建设的突破口

2014 年出台的《浙江省杭州都市经济圈转型升级综合改革试点三年（2014 ~2016 年）实施计划》（浙发改综体〔2014〕991 号）和 2015 年 6 月出台的《杭州都市经济圈转型升级综合改革试点 2015 年工作要点》（浙杭圈办〔2015〕1 号），明确强调杭州都市圈基础设施共建共享、公共服务互惠互通、产业发展集聚集约、生态环境联保联治、改革创新先行先试五大任务。这些都为推动杭州都市圈智慧城市基础设施协作提供了政策依据和“自上而下”的推动力。

落实《浙江省杭州都市经济圈转型升级综合改革试点三年（2014 ~2016 年）实施计划》的突破口在于都市圈智慧城市一体化建设，而推动圈内智慧城市一体化的突破口就在于基础设施的“同城化”协作建设。一方面，有利于都市圈内各地区智慧城市建设的优势互补、资源共享，形成智慧经济社会一体化发展的新格局，从而减少重复建设和投资，节约智慧经济社会发展资源，扩大区域智慧经济发展的规模效应，保护生态环境，实现圈内城市“共赢”发展；另一方面，有利于形成良好的规模示范效应，扩大对周边地区的辐射影响力，提升综合竞争力，从而形成全国范围内区域智慧城市联合建设、共同实现转型升级的先例。

2. 智慧城市基础设施建设是杭州都市圈合作发展的方向

进入“互联网+”时代，杭州都市圈的融合发展迎来了千载难逢的契机，各项信息基础设施不断完善，为都市圈融合发展提供了无与伦比的有利条件。智慧城市将深度整合现有资源，优化信息基础设施资源与应用体系建设，形成跨部门、跨行业的业务协同机制与资源共享平台，这对于促进都市圈整体经济转型升级、产业结构调整具有催化效应。同时，智慧城市建设将进一步巩固提升并完善都市圈现有的信息基础设施和公共服务平台，它与信息经济的融合发展必将成为杭州都市圈四城市无缝衔接和全面融合发展的“助推器”与“撒手锏”。

3. 智慧城市基础设施建设是杭州都市圈发展瓶颈的突破口

杭州都市圈不仅仅是长江三角洲城市群的都市圈，更要立足长三角，放眼全球，努力打造世界级的都市圈。都市圈经过十年长跑，经济社会发展遇到了前所未有的瓶颈期，正面临新的选择和寻找新的突破口。都市圈处于这样的创新转型发展的关键时期，既面临信息经济这种“新经济”全面发展的机遇，也面临环境资源、产业发展、城市交通等方面的压力，这对经济社会的发展和城市的管理带来了越来越严峻的挑战。智慧城市建设的提出正是迎合了这种发展潮流，这不仅是都市圈四城市经济社会发展突破的关键，而且是都市圈融合发展的机遇。把智慧城市建设作为都市圈新一轮发展的主要抓手扎实推进，对于突破都市圈发展瓶颈、实现都市圈转型升级具有重要的意义。

4. 智慧城市基础设施建设是杭州都市圈领先全省经济发展的“助推器”

移动互联网、云计算、大数据时代的到来，使智慧城市成为高科技发展的强大推动力。智慧城市建设是推动都市圈城市化和以信息技术为代表的高科技相结合的有效形式。从国内智慧城市试点的情况来看，网络化、智慧化的信息技术，可以有效破解城市公共安全、交通拥堵、城市环境治理、食品药品安全等难题，提升城市承载能力。推进智慧城市发展，有利于精准发力，实现“找准比较优势、打造竞争优势、构筑产业优势”的目标，对推动城市经济发展方式转变、提升可持续发展的城市核心竞争力具有重大意义。智慧城市基础设施是智慧经济腾飞的平台，不仅是现代社会经济的依托，而且是区域经济有效运行的前提，具有基础性和先导性。都市圈智慧城市基础设施协作，不仅能促进圈内外智慧经济的交流，带动地区分工与合作，而且能促进引导都市圈智慧经济整体协调发展。例如，在智慧城市基础设施网络基本形成的基础上，实施智慧交通一体化，促进区域道路同网、交通同制、地铁同轨、乘车同卡，消除城市“信息孤岛”，实现都市圈的同城效应。因此，推动都市圈智慧城市基础设施协作，实现智慧城市基础设施一体化，不仅是都市圈智慧城市建设的基础和重点内容，而且是区域智慧经济向纵深发展的“助推器”。

5. 智慧城市基础设施建设是杭州都市圈新型城镇化的重要抓手

早在 2013 年 8 月，李克强总理就专门邀请中国科学院、中国工程院院士开展城镇化研究座谈会。他指出，兴城首先要兴业，关键是要做到工业化、信息化、新型城镇化和农业现代化“四化”融合发展，实现产城相融、互促共进。立足工业化、信息化、新型城镇化和农业现代化“四化”融合，把握智慧城市发展新机遇，遵循城市发展规律，加快智慧城市建设，深化信息技术在经济社会各领域的应用，大力推动信息经济与智慧城市融合发展，对于破解城市发展的难题、进一步提升都市圈科学发展水平、增强城市综合竞争力、实现都市圈战略目标具有十分重要的意义。智慧城市基础设施建设是推动杭州都市圈新型城镇化发展中工业化、信息化、新型城镇化和农业现代化“四化”融合的最好结合点。

6. 智慧城市基础设施建设是杭州都市圈区域综合治理的基础工作

“智慧化是解决世界管理难题的唯一途径。”城市圈智慧城市建设能够降低公共管理成本，提高管理效率；应用到城市运行管理过程中，则是有效治疗“城市病”的良方。杭州都市圈城市发展和社会治理存在许多困难和挑战。“城市病”大规模集中暴发，网络安全问题日趋严重，城市和社会治理难度日益加大。智慧城市建设不仅能够让信息经济这一全新的产业和经济形态得到大力发展，而且能够利用网络、软件、电子设备和信息技术服务业等媒介，打通都市圈合作中体制机制的鸿沟，充分调动公众、媒体、政府等群体在城市和都市圈社会治理中的积极性，从而在都市圈治理体系和治理能力现代化过程中起到重要作用。

二 智慧城市基础设施建设的城市概况与协作情况

为做好智慧城市基础设施建设工作，课题组对杭州、湖州、嘉兴、绍兴四城市智慧城市建设情况进行了调研，对四城市智慧城市建设合作的情况做了分析。

（一）杭州都市圈四城市智慧城市发展情况

杭州都市圈四城市在智慧城市建设方面，均出台了相关政策，以加速推进智慧城市基础设施建设。2015 年 9 月 11 ~ 13 日在宁波召开的第五届中国智慧城市技术与应用产品博览会上，杭州、湖州被评为“2015 中国十大智慧城市”。

根据浙江省信息化工作领导小组办公室《关于公布浙江省智慧城市建设示范试点项目推进工作综合指导组的通知》（浙信办发〔2013〕34 号）文件公布的内容，杭州都市圈各城市在智慧城市建设上先行一步的主要内容为：杭州进行“智慧城管”“智慧安监”、湖州进行“智慧织里”、嘉兴进行“智慧交通”“智慧电网”、绍兴进行“智慧安居”等项目的试点，并取得了相应的成果。

（二）杭州都市圈智慧城市基础设施建设的协作情况

信息经济是杭州都市圈智慧城市建设的先行者。四城市通过电子商务和连锁专卖等流通方式进行合作，淘宝、天猫、中国化工网、中国化纤网、全球纺织网等平台在全国具有较大的影响力，完成了全国 2/3 的电子商务成交额。2014 年，杭州都市圈信息产业实现收入 5367. 64 亿元，占全省信息产业的64.72%，比上年增长9.41%，其中杭州市在浙江省排名第一。

2014年，杭州都市圈电子商务网络零售额为3067.31亿元，占浙江省的54.37%。与2012~2013年相比，都市圈电子商务网络零售额在全省的占比逐年下降，从2012年的61.59%和2013年的57.65%下降至2014年的54.37%。

市民卡互联互通使都市圈智慧城市公共服务更便捷。四城市市民卡发展迅速，截至2015年7月底，杭州共发行910万张卡，发卡范围遍及杭州主城区及下属三区、四县（市）城乡，发卡覆盖率超过90%。服务涉及社会保障卡、基本医疗卡、城市交通（公交、地铁、水上巴士、出租车、公共自行车等）卡、借书证、公园卡、公积金卡、消费卡、理财卡等30余种卡，实现卡、证合一或功能兼容，杭州市民真正实现了“一卡在手、通行杭州”，市民卡已成为杭州市覆盖人群最多、使用范围最广、黏性最强的一张智能卡。与此同时，杭州都市圈市民卡合作稳步推进，在2009年成功实现杭州、嘉兴两地市民卡（交通卡）互通互用的基础上，2013年又合作发行了“杭州通·都市圈德清卡”。这张卡适用于德清公共自行车租用，也适用于杭州城区的地铁、公交车、公共自行车、路面停车等公共交通。这一突破为双方进一步研究和商讨其他城市“一卡通”的应用服务合作拉开了序幕。

杭州都市圈在线（http：//hmc.hz.gov.cn/）为四城市合作交流架起了信息平台。2011年3月，杭州都市圈在线正式开通，主要包括焦点关注、专委会动态、节点县市区、政策与数据、合作等17个栏目，《杭州正迅速成为中国互联网创业创新高地》《数据充满机遇　云端决定未来》《杭州未来科技城：占领信息高地加速推进“智慧城市”建设》等一大批与信息经济、智慧城市相关的文章，以及“云栖小镇”等特色小镇的出现与创设、世界互联网大会永久落户乌镇、杭州未来科技城的迅速崛起等都将为杭州都市圈智慧城市的发展奠定基础。

光网城市、移动互联网、物联网、大数据等技术的应用，推动了杭州都市圈智慧城市基础设施快步向前。在智慧城市的应用上，无论是在全国率先免费开放 WIFI、在医院推行“先诊疗后付费”，还是“智慧政务”“智慧社区”“智慧旅游”等智慧运用，杭州都走在了全国城市智能化的前列。2014年，杭州都市圈信息基础设施发展指数为 120.61，高出浙江省平均发展指数（117.98）2.63。杭州（125.80，排在第三位）与温州（127.00，排在第一位）相比，基础设施发展指数相差 1.20。嘉兴和杭州分别排在第二位和第三位，湖州和绍兴却排在第七位和第八位，处于 11 个地市的中下水平。

表 1　杭州都市圈信息基础设施发展指数及其在全省的排名

地区	2014 年发展指数	排名	2013 年发展指数	排名	2012 年发展指数	排名
杭州	125.80	3	116.94	3	81.15	1
湖州	115.00	7	94.85	8	52.38	7
嘉兴	126.95	2	117.21	2	51.96	9
绍兴	114.70	8	108.33	4	52.85	6
杭州都市圈	120.61	—	109.33	—	59.59	—

三　杭州都市圈智慧城市基础设施协作发展的难点

目前，杭州都市圈内智慧城市建设已全面展开，各市、县（市）都把智慧城市基础设施建设列入智慧城市规划的重点，并投入大量资金积极推进。但是，智慧城市基础设施共建共享的协作案例几乎为零，普遍存在轻规划、重技术，轻整合、重拥有，轻共享、重建设，轻运营、重投入等问题，造成了巨大浪费。围绕推进杭州都市圈一体化发展，深入分析限制都市圈智慧城市基础设施共建共享、融合发展的体制机制障碍就显得尤为重要，亟待解决。

（一）单层管治模式的调控力有限，统筹发展不足

首先，杭州都市圈各市除了杭州以外都是同级行政区划，根据实际经验，对这样一个由多个不同层级行政区划构成的区域进行管理，需要有一个超级协调机构，以克服层级之间难以协调的弊端。目前，杭州都市圈区域内

层次最高的正式综合性治理机构是杭州都市圈市长联席会议，具体协作由杭州市经合办牵头，湖州市发改委、嘉兴市合作办、绍兴市发改委共同组建的杭州都市圈协调会办公室负责。这一联席会议并不具备区域治理功能，而协调会办公室由于三地发改委部门的行政层级和职能属性所限，调控能力有限，统筹发展不足。

因此，在都市圈内以往协作项目中不可避免地存在以下问题：①以往都市圈的协作发展主要是为了实现经济增长和物质性扩张，没有把经济、社会、环境整合起来进行发展与管理；②把都市圈协作理解为政府单一的主体行为，并以建立在传统单层制基础上的行政性行为为主导，使得现有协作实践缺乏整体性思考，部门间缺乏深入互动配合，结果常常是顾此失彼，导致都市圈内部协作形式单一化、被动化；③现有的都市圈协作实践具有强烈的问题倒逼式引领的被动性特征，缺乏主动性、整体性、一体化协作机制。

（二）缺乏统一的政策指导体系和发展规划

目前，智慧城市基础设施建设在全国、全省范围内尚未形成统一的政策框架和标准规范体系，导致都市圈各市、县（市）对智慧城市基础设施的概念理解模糊、定位不清晰。2014 年 8 月，由国家发改委和工信部牵头制定、八部委联合印发的《关于促进智慧城市健康发展的指导意见》，对智慧城市基础设施建设 262 字的指导意见也过于笼统、单薄。都市圈各市、县（市）智慧城市基础设施建设多参照《浙江省人民政府关于务实推进智慧城市建设示范试点工作的指导意见》（浙政发〔2012〕41 号）的相关内容，各自制定智慧城市基础设施发展规划。2015 年 4 月发布的《浙江省智慧城市标准化建设五年行动计划（2015～2019 年）》虽已提出浙江省智慧城市标准化工作的标准制定或修订导向目录，但离标准规范体系落地尚远。

从 20 世纪 90 年代开始，一系列关于杭州都市圈的范围协作研究、规划与建设工作，在区域内各级政府、经济界、学术界展开。而杭州都市圈各地市的数字城市建设和智慧城市建设在全国起步也相对较早。目前，都市圈各地政府部门也相继出台了地方智慧城市发展规划，如《杭州市智慧城市建设总体规划》《嘉兴市“智慧城市”发展规划（2011～2015年）》《绍兴市智慧城市建设规划》等，针对自身情况制定了智慧城市基础设施的一些具体推进落实措施。在省级层面至今还没有出台关于杭州都市圈智慧城市发展的总体规划，从联合治理角度看还缺乏具体操作环节和更高层面的统筹推动。缺乏区域协作发展的顶层规划，三个行政主体规划分治，利益本位导致资源配置和利用效率不高，加上智慧城市基础设施建设成本较高，区域合作交易费用高昂，影响了协作一体化的发展。

（三）智慧城市基础设施市场化程度低，难逃融资困局

目前，杭州都市圈各城市对于“基础设施是建设智慧城市的重中之重”已基本形成共识，但基础设施建设涉及面广，建设周期往往较长，所需的资金数额一般比较大。无论是杭州的“智慧安监”和“智慧城管”，绍兴的“智慧安居”，还是嘉兴的“智慧电网”和“智慧交通”，都是面向大众的民生类、公共服务类项目，而在政府如何调动社会力量投资这些项目的基础设施，以及消费者如何“埋单”等方面还没有形成较好的商业模式。

杭州都市圈智慧城市基础设施建设仍是政府主导的推动，以市场运行为主、政府调控为辅的运行机制尚未有效建立。由于对信息技术发展认识的局限性，因此难免对智慧城市基础设施总体建设有所缺失或偏颇。政府投资本该由企业和社会力量参与投资的智慧应用类基础设施项目，必然会对政府资金造成沉重的负担。加上目前在都市圈各地财政都不约而同地吃紧、政府投资举步维艰的情况下，着实应该走好都市圈域内智慧城市基础设施协作建设和吸引民间资本参与智慧城市基础设施建设这步棋。

（四）数据开放壁垒尚未突破，资源整合不足

智慧城市实际上是包括物联网在内的智慧城市基础设施的具体应用，对于都市圈智慧城市基础设施协作来说，政府的数据开放程度是衡量成败的一个关键因素。但是目前杭州都市圈城市之间甚至同城各部门之间的对外开放和数据共享并不乐观，这涉及多部门的利益和权利。市与市之间分割、部门

与部门之间分割以及条块分割的小数据中心建设，形成了众多的“信息孤岛”。另外，数据采集统计的真实性、有效性难以保证。这些都是阻碍杭州都市圈智慧城市基础设施协作建设的重要原因之一。出于安全考虑方面的原因，在未能建立有效安全机制和技术保障的前提下，想要在都市圈实现数据开放和共享几乎是不可能的。

由于目前基础设施建设标准相对滞后，都市圈各市、县（市）智慧城市基础设施标准不统一，业务操作系统软件难以实现模块化开发。如人、车、路等基本的数据单元，在不同城市、不同领域、不同管理部门各搞一套，基础数据单元标准不一。业务传感与应用装备建设，也是各市、县（市）各部门各搞各的，甚至一个部门内部也各搞各的，造成“有网无联”，无法对接。还有，交警一套探头、公安一套探头、城管一套探头，不仅不相容，各成各的网，而且水平低下。这些都大大增加了都市圈智慧城市基础设施协作的难度。

（五）“分灶”体制强化各自为政，协作度不高

首先是“分灶吃饭”的财政体制。行政区划和经济区划的不重合是都市圈发展的最大障碍，杭州都市圈智慧城市基础设施协作过程中也深受影响。由于区划的不同，即便是同一行政区划也存在“分灶吃饭”的财税体制（如杭州市萧山、余杭区的“省管县”财税体制），都市圈各市、县（市）政府为了保证本地区的正常运转必然要首先考虑自身的经济增长、产业发展、居民就业和财政收入等，在此基础上对智慧城市基础设施进行规划，从而形成了智慧城市基础设施建设“各谋发展”的局面，财政分权体制实际上成为都市圈智慧城市基础设施协作的根本性障碍。

其次是区级层面的“心有余而力不足”。根据《浙江省人民政府关于务实推进智慧城市建设示范试点工作的指导意见》（浙政发〔2012〕41 号），开放地选取智慧城市的试点，不仅有助于城市和城区灵活地运用原有的信息化基础、特色以及相关技术和理念，而且在财政吃紧的情况下可以分阶段、分块建设智慧城市基础设施，并在统一的框架下进行整合。然而在实际操作

过程中，相对于自主权较低的区级政府而言，在试点创建过程中无权随意调动各单位，也难以形成有效合力进行统一协作，更无法达到分块创建的目的。

（六）普遍存在技术障碍，人才交流合作渠道不畅

目前，杭州都市圈智慧城市的信息基础设施存在不同程度的技术障碍。在设施投入、技术采用、技术指标、应用软件等方面，市与市之间、市与县（市）之间都存在不对称。

在人才层面，杭州市作为省会城市和“天堂硅谷”，会聚了来自全国各地的“智慧”优秀人才，人员素质整体较高。但对于都市圈智慧人才培养和交流合作并没有提上日程，对都市圈智慧城市基础设施协作和运维，作用发挥得不充分。

四　杭州都市圈智慧城市基础设施协作发展机制建议

新形势下，杭州都市圈智慧城市基础设施要实现协作建设，必须结合区域特点，战略上高度重视，政策上重点倾斜，规划上合理布局，建设中合作互补，形成集组织机制、运行机制、保障机制于一体的综合跨区域协作机制。在此基础上，重点落实协作的标准化和集约化、大项目带动、设施互联互通、资金支持以及安全保障等内容。

（一）宏观建构杭州都市圈智慧城市基础设施协作发展机制

1. 战略上高度重视，特别注重顶层设计和多方达成共识

杭州都市圈智慧城市基础设施协作是加快杭州都市圈智慧城市建设基本任务的重要结合点，将给都市圈各城市的建设、管理和发展带来全局性、根本性的变化，应当从都市圈全局发展高度给予足够的重视，通过一个强有力的主导部门及相应的支持系统来有序推进智慧城市建设工作。

建议围绕杭州都市圈作为国家转型升级综合改革试点，将杭州都市圈智

慧城市基础设施协作发展提升为省级发展战略，加强省级层面的顶层设计。一是加强浙江省级政府的统筹协调。建立杭州都市圈省级工作领导协调机构，由省政府领导挂帅、省级有关部门和都市圈各市主要领导为成员，成立杭州都市圈智慧城市建设领导小组和基础设施建设协作小组，统筹协调都市圈智慧城市基础设施建设工作。二是组织完善杭州都市圈智慧城市基础设施规划体系。由省级政府牵头，将杭州都市圈智慧城市规划作为省级区域规划，在省发改委的指导下，共同编制《杭州都市圈智慧城市基础设施协作发展规划和实施方案》，明确发展目标、建设规划、设施布局、建设标准以及公共技术服务平台建设计划等，并由省级政府发布实施。三是重点清除制约都市圈政策法规一体化的障碍。如跨区域基础设施建设面临征地政策不一致等问题，探索都市圈智慧城市立法资源的共享、基础设施管理体制的创新、土地管理制度税费政策等的协同、跨区域重大智慧城市基础设施项目的共建等。四是适时调整都市圈行政区划。从北京、上海、安徽、苏州等地进行的一系列市区扩容与城区合并的经验来看，在都市圈智慧城市建设中，中心城市通过行政区划适度调整，可以解决原有的城区辖区面积过小、受众过少、带动力较弱所导致的智慧城市基础设施资源重复建设和空置浪费的问题，可以更好地促进统筹都市圈智慧城市发展。

2. 政策上重点倾斜，特别注重政策执行工具的完善

以杭州都市圈转型升级综合改革试点为契机，积极争取国家、省级财政对都市圈智慧城市基础设施协作建设的支持。推动相关扶持政策向都市圈智慧城市基础设施协作建设倾斜，用于支持都市圈智慧城市基础设施项目的顶层设计研究、实施方案编制、项目建设、专家咨询、服务外包、宣传推动、指导服务、绩效评估等。如优先推动杭州都市圈 4G 网络覆盖，“医食住行文教旅”等智慧化服务设施，云计算、大数据、物联网平台等信息基础设施的共建共享。都市圈各级政府则应在财政、人才、金融、市场、产业基地建设、科技等方面研究制定切实有效的政策措施，并予以优先倾斜保障，优化服务，改善环境，为试点的顺利推进、取得实效创造良好的保障条件。

政策工具是都市圈智慧城市基础设施协作从概念到实践，再到取得实实

在在成效的根本，也是区域协作机制具体化的表现，需要在这方面大力创新和加强。一是工作小组。按都市圈智慧城市基础设施建设所需解决的公共问题，分别设立相应的工作团队，如专家小组、政府工作团队、公众小组等，并按智慧城市基础设施项目协作所需流程设立专门的工作团队，分别负责各阶段的执行、检查、评估、改善等，以保证项目切实落地与长期稳定。二是技术工具。智慧城市基础设施建设中如传感器问题、数据采集问题、设施统筹问题等具有高度的专业性，需要相关专家提供具体的可选方案、成本测算与工作推进程序等，还需要有专门的技术模型、成本分析、信息分享等工具。

3. 规划上合理布局，特别注重目标定位和分段实施

首先，明确与杭州都市圈地位相匹配的智慧城市定位，以及智慧城市基础设施建设的分阶段目标，选准近期突破重点，是推进都市圈智慧城市基础设施建设的基本前提。特别是对于智慧城市基础设施相对较为落后的市、县（市）来说，要先搞好本区域的信息化和数字化建设，再考虑向智慧城市迈进，即首先发展带宽扩展、网络建构、电子文档建设、数据库建设、信息传递、互联网应用开发、电子政务、电子商务等，然后再进行自动监控、信息自动采集、自动分析处理、自动决策反应等智慧城市应用。

其次，整体谋划杭州都市圈智慧城市基础设施网络化布局，立足都市圈整体建设高度，始终坚持以人为本、按需建设来统筹规划引导，以最小的资源和环境代价提高智慧城市效能。各地的云计算设施及数据中心建设，应广泛吸纳社会力量，并结合本地的产业需求，规范云计算数据中心建设模式，可以依托已有云计算基础设施的城市，提高云服务的覆盖力和辐射力，真正发挥云计算技术和数据中心的优势，实现智慧城市基础设施的有效利用和共享。

4. 建设中合作互补，特别注重建立协作的长效机制

首先，应重视建立都市圈智慧城市基础设施协作的长效机制。在杭州都市圈智慧城市基础设施项目协作过程中，不仅要争取建立省级政府自上而下的战略部署，而且要注重加强都市圈市长联席会议制度对都市圈智慧城市基础设施协作的决策和推动作用，还要加强政府秘书长会议和协调会办公室对都市圈智慧城市基础设施协作的日常协调、重点落实协作的主要任务和发挥

监督作用，建立都市圈智慧城市专业委员会制度，具体落实跨区域的智慧城市基础设施项目合作、信息交流、活动开展等任务。在此基础上，积极探索杭州都市圈智慧城市专家委员会制度，开展都市圈智慧城市基础设施协作的决策论证。

其次，构建完善杭州都市圈智慧城市基础设施投入分担、效益分享机制。跨区域重大智慧城市基础设施，应逐步构建完善设施共建、运营共担、效益共享的建设、管理机制。跨区域重大智慧城市基础设施建设，如传感器、宽带网络、光纤网络布局等，由途经地区按比例出资，共同建设和运营。各级政府财政予以优先倾斜保障，充分运用项目融资、政府债券等融资手段，并适度推行市场化经营。在土地要素保障方面，积极争取国家、省级层面专项下达都市圈重大交通设施建设用地指标，并在都市圈层面统筹协调耕地占补平衡。

最后，重视加强都市圈智慧城市基础设施协作的市场主体参与机制建设。都市圈智慧城市基础设施打破行政区壁垒，走向区域一体化建设，离不开都市圈开放、竞争、有序的统一市场体系的形成，需要引导各类市场主体参与智慧城市基础设施建设。可以考虑建立杭州都市圈跨区域智慧城市协会联合会，制定都市圈智慧城市基础设施发展规划和区域共同市场规则，发挥对企业的管理、服务、沟通、协调和促进智慧资源跨行政区流动的作用。

（二）重点落实杭州都市圈智慧城市基础设施建设发展的具体工作

1. 明确杭州都市圈智慧城市基础设施协作的标准化、集约化

一是明确规划目标。杭州都市圈可参照《推进珠江三角洲地区智慧城市群建设和信息化一体化行动计划（2014～2020年）》的发展要求，对光纤接入用户率、电子政务网络互联网出口速率、城市用户固定宽带接入能力、农村用户固定宽带接入能力、互联网数据中心（IDC）机架等有具体的标准和要求。杭州都市圈应抓紧起草编制《杭州都市圈智慧城市发展规划》，立足自身智慧基础，对一段时间内智慧城市基础设施建设的战略目标、主要任

务、关键项目和资金筹措等内容进行总体安排。

二是建构协作标准。依照《浙江省智慧城市标准化建设五年行动计划(2015～2019年)》精神，构建以智慧城市相关国家标准、行业标准为主体，地方标准为补充，与《杭州都市圈智慧城市发展规划》并行、有机结合的具有杭州都市圈特色的智慧城市基础设施标准体系，明确都市圈智慧城市基础设施的技术标准与技术要求，强化协作，加强集约化建设，形成使都市圈各市、县（市）协作建设的规范要求。都市圈智慧城市基础设施的标准化建设要高度重视都市圈智慧城市基础设施的集约化建设和资源共享；要实现信息系统的互联互通，避免“信息孤岛”的产生；要积极推动智慧基础资源的共建共享、信息交换、流程再造、服务协同、信息安全、模式创新等领域的标准创新。

三是制定实施细则。加快研究制定并出台支持杭州都市圈智慧城市基础设施协作的政策意见、项目决策相关审议流程、重大项目评审操作办法、PPP项目推进联审机制及管理办法、PPP项目实施方案规范等，明确通过政策、市场等多种渠道优化资源配置，积极推动杭州都市圈智慧城市基础设施协作。

2. 以大项目提升杭州都市圈智慧城市基础设施协作水平

一是抓好大项目引进。在杭州都市圈智慧城市基础设施协作中，大项目的支撑、集聚效应十分重要。要按照都市圈智慧城市的目标定位与规模质量要求，重点对国际IT 500强企业、国内软件100强企业等，按各产业载体建设进度定向引入，以推动都市圈智慧城市基础设施协作。

二是建立协作项目库。遵循以人为本、因地制宜、先易后难、逐步推进的原则，率先选择都市圈各市、县（市）共同关注并都能从中获益的项目起步，然后逐渐提升项目合作的层次。如都市圈智慧交通基础设施的共建共享、智慧交通信息网络的互联互通、都市圈交通和社会保障“一卡通”等工程。支持和鼓励电信运营商降低资费水平；都市圈内城市区号统一，实现手机同城无漫游；推动信息服务均等化等项目。

三是明确项目筛选机制。选择那些能给杭州都市圈的智慧城市基础设施协作带来较大影响的项目，项目通过市长联席会议协商一致来选出，以确保都市圈各市、县（市）提出的项目建议的平衡。要满足预先设定的标准：项目必须列在各市、县（市）智慧城市基础设施项目的组合中，必须包括可行性研究或已获得政府资金支持，必须服务于整个都市圈互联互通网络（包含跨边界的整合项目），必须与其他协作内容相配套，必须为后续补充行动创造机会和需求，确保有效服务本都市圈智慧城市的可持续发展。

四是强化信息公开和宣传推介。充分发挥各种媒体、平台的作用，定期发布协作项目的供需信息，及时向各投资主体提供相关产业、行业的各种信息，提高市场信息的透明度，以吸引更多的包括民间资本、境外资本在内的投资主体参与其中；动员广大人民群众积极参与智慧城市基础设施建设，为智慧城市协作项目的实施营造良好氛围。成立都市圈智慧城市促进会，调动社会各方的积极性，开展智慧城市基础设施协作项目的交流、宣传、推广工作。

3. 逐步实现杭州都市圈智慧城市基础设施的互联互通

一是完善宽带网络基础设施。按照《关于加快推进无线宽带网络建设的实施意见》（浙政发〔2014〕21 号）的要求，建设杭州都市圈“光网城市”工程，实现“无线都市圈”目标。加快光纤到楼入户，对既有小区加快光纤入户改造，对新建楼宇严格执行光纤入户标准，加强对新建城区通信管道建设的适度超前规划和共建共享统筹协调。支持电信运营商实施 TD－LTE 和 LTE－FDD 发展计划，加快 4G 的全面部署和应用，争取建设 5G 试验网，协同 3G、4G 良好发展。扩大 WIFI 热点覆盖，实现都市圈各市、区（县），乃至镇（乡）火车（汽车）站、机场、地铁、医疗机构、图书馆、博物馆、公园、广场、热点旅游景区、行政服务办事大厅等公共服务场所和公共区域的广泛覆盖，带动和引导大型商场、繁华商业街、专业市场、宾馆、饭店等商业性服务场所实现 WIFI 覆盖。深入推进“三网融合”，加大有线电视网络数字化、双向化改造和业务开发力度；发展 IPTV 用户和通过有线电视网络接入互联网的用户；加快无线电视的数字化、双向化步伐，加快下一代广播电视网络建设。搭建从都市圈各市、区（县）到镇（乡）的纵向政务外网万兆骨干网。

二是构建市政管理立体感知网络。依托杭州都市圈市长联席会议、杭州都市圈市政府秘书长工作会议、杭州都市圈合作发展协调会、杭州都市圈专家委员会，依托专业基地（如杭州钱江传感谷），协同开展交通、给排水、环保、能源、防灾与安全生产等领域的智能感应系统研发和建设，加快短距离无线通信、无线传感器网络的部署建设。加强市政地下管线的实时监控和智能管理。推动RFID（射频识别）、卫星应用、传感器等技术率先在道路、工厂、车站、商店、学校等公共场所部署应用，加强资源、能源、环境实时监控管理。加快智能电网建设和应用，推进机器对机器（M2M）智能终端部署。实施符合SVAC国家标准的城市“慧眼工程”，拓展和提升社会治安视频监控系统。

三是搭建智慧城市基础设施公共支撑平台。统筹杭、湖、嘉、绍四城市云计算数据中心应用，支持中国移动杭州研发中心、阿里云千岛湖数据中心等互联网数据中心发展，推进云栖小镇、云谷、中国电信浙江创新园区、华为湖州云计算数据中心产业园等云计算基地建设，使之成为杭州都市圈重要的信息基础资源，为都市圈各类机构的研究、分析、预测、设计等工作提供有力支撑。加快推进杭州的国家智慧城市试点、信息惠民国家试点城市建设、国家电子商务示范城市和下一代互联网示范城市的创建工作；加快推进嘉兴的信息惠民国家试点城市和中欧绿色智慧城市试点建设等。构建都市圈政务数据中心，提供按需申请、弹性化服务的信息基础设施服务资源。

4. 完善杭州都市圈智慧城市基础设施协作的资金支持体系

一是建立杭州都市圈协作基金。如武汉都市圈、长株潭都市圈的“都市圈协作发展基金”，设立支持都市圈智慧城市基础设施协作的专项基金，专项基金主要用于能产生实质效果的协作项目。通过明确都市圈利益补偿和公共投资等机制，对资金采取无偿、贴息、担保、股权投资等多种方式运作，重点用于解决都市圈智慧城市基础设施示范工程引导、公益性信息化基础设施项目建设、重点信息化工程的贴息等，逐步形成都市圈智慧城市基础设施建设共同分担与受益的良好局面。

二是大力推进政社合作 PPP 模式。尽快建立由都市圈各市、县（市）财政、发改、住建和人民银行各城市支行等部门组建的杭州都市圈智慧城市基础设施 PPP 项目协作小组。在都市圈智慧城市基础设施协作的专项资金中划拨出 PPP 项目投资基金，利用少量财政资金撬动更多民间资本投入都市圈智慧城市基础设施建设中，如日前四川启动的全国第一个市场化运作的 PPP 项目投资基金。PPP 项目协作小组不仅要成为母基金的发起单位，而且要协调项目推进，定期通报项目进展，以便商业银行即时取得项目进展情况和相关信息，以便商业银行与 PPP 项目承接公司的沟通及接洽，更好地在 PPP 项目中发挥融资咨询及信贷服务的作用。在此基础上，PPP 项目协作小组还要设计合理的资金退出渠道，包括项目清算、资产证券化、股权回购或转让等，完善退出机制。

三是积极搭建银团贷款合作平台。在都市圈智慧城市基础设施融资结构中，银行信贷已然是除政府财政以外最主要的融资渠道。鉴于以往都市圈协作项目中已有银团贷款的先例，且能够从中获益，因此更要积极推动都市圈智慧城市基础设施大型项目银团贷款签约，并启动都市圈银团贷款交易系统平台建设。①应积极协调各商业银行提升银团贷款专业化管理水平，提高贷款定价、银团组建、贷款分销、融资文件制作等专业能力，提高银团贷款风险管理水平。②应优化银团贷款业务流程，进一步规范银团贷款业务的操作，提高银团贷款筹组效率，不断提升银团贷款的服务水平。③应充分调动驻都市圈各家实力银行的积极性，提高各家银行对银团贷款和集中度风险的认识，加快产品创新合作，满足客户多样化需求；规范银团贷款交易流程，统一银团贷款合同示范文本。

四是加大外资利用力度。以国际峰会、亚运会在杭州的召开为契机，合理适度地利用外资投资于都市圈智慧城市基础设施建设领域，做足、做好吸引海外投资这篇文章。首先，改善外商投资环境。为外商投资提供更加透明的法律条件和法律规范，使外商能及时了解都市圈智慧城市基础设施融资政策，提升其投资信心。其次，重点把外资引入高定位的都市圈智慧城市基础设施项目当中。把引进先进技术、提高发展起点作为都市圈智慧城市基础设施协作的指导思想，从战略高度引进先进的智慧技术。

5. 落实杭州都市圈智慧城市基础设施协作的保障措施

一是健全推进工作机制。进一步发挥杭州都市圈工作领导小组及办公室的作用，加强在智慧城市基础设施上的领导，及时研究协调解决都市圈智慧城市基础设施协作中的重大问题。进一步完善统筹协调、政策服务、咨询指导、信息联络、培训交流、考核评估等相关工作机制，整合资源，统筹推进智慧城市建设。重大项目牵头单位应发挥好统筹协调作用，组织参与单位、市级相关部门和县（市）通过现场办公、专题协调、定期例会等方式，及时研究、共同解决智慧城市基础设施重大项目涉及的审批、用地、融资等突出问题。

二是加强智力支持与服务。群策群力实现杭州都市圈智慧城市基础设施协作的战略构想，强化杭州都市圈信息化专委会的作用，汇集政府机构、信息化研究院所、试点领域的业务专家、管理专家、合作供应商等多方资源，负责政策、技术、业务和标准建设等方面的咨询与指导，为试点项目提供方案论证、技术指导、成果评价等方面的服务。建立智慧都市圈专家委员会，可同中国电子信息产业发展研究院、台湾信息工业策进会、浙江大学、IBM、同济大学等建立研究中心或者研究院，对智慧城市基础设施建设提供决策咨询。

三是建设三大交流支撑平台。①搭建技术创新服务平台，开展都市圈智慧城市基础设施的公共信息技术研发与应用合作，鼓励自主研发产品在都市圈试点，推进自主研发软硬件产品的规模化应用，以促进形成都市圈智慧城市基础设施技术创新体系。②构筑人才培养平台，发挥高校科研机构资源力量，组织开展多层次智慧城市人才培训，尤其要抓好推进都市圈智慧城市基础设施协作建设领导干部和工作人员的培训，深入学习国内外先进理念和经验，尽快提升领导水平和业务能力，尽快适应都市圈智慧城市基础设施协作的要求。③建立都市圈地理信息平台，共建共享地理、人口、经济、资源、环境、交通等空间信息，以服务于都市圈智慧城市基础设施的规划建设、环境保护、资源利用、防灾减灾、政府决策等。

四是构建网络信息安全防护体系。落实网络信息安全管理制度，建立各方协作、共同参与的杭州都市圈网络信息安全应急处理和协作配合机制，实现网络系统保护与信息资源保护并重、对外防范与对内防范并重。开展都市圈各市、县（市）数字证书交叉认证，强化网络信息安全保障措施，实现信息安全保障和信息资源开发的同步提升。研发适应开放环境的新型信息安全技术，解决都市圈智慧城市基础设施在协作建设过程中开放式、移动化环境下的信息安全保障问题。

城　市　篇

Urban Topic

B.3
杭州市信息经济与智慧城市融合发展路径研究

陈小国*

摘　要：　随着信息时代的到来，信息经济正成为经济增长的强劲动力。与此同时，基于信息技术的智慧城市引领着城市新变革，成为城市未来的发展趋势，二者之间应该形成一种互动关系。本文基于杭州市信息经济和智慧城市发展的现状，提出了二者融合发展的模式与建议。

关键词：　信息经济　智慧城市　融合模式　杭州

有专家指出，从2010年开始，每一年所产生的数据，超过之前人类所有数据的总和，人类和人类城市已经迈入了信息时代。今天的城市，实际上

* 陈小国，杭州市统计局服务业处主任科员，统计师、经济师。

由两个部分构成，物理世界和虚拟世界，城市物理空间和信息世界的互动，为城市的变革创造了新的动力。智慧城市是信息时代的城市未来，物联网、云计算等新一代信息技术赋予城市新的生命力。与此同时，智慧城市形成巨大的市场需求，这些产业横向关联度大，将催生很多新兴产业，形成新的经济增长点，这些产业的规模化也将降低智慧城市的建设成本，因此，智慧城市和信息经济之间应该形成一种良性互动的发展关系。杭州正经历着工业化、信息化、城镇化、农业现代化四重叠加的历史变革，如能把握这一机遇，在信息经济和智慧城市发展中构筑优势，将有望开启新一轮跨越式发展，并实现城市竞争力的重大突破。

一　杭州发展信息经济与智慧城市建设的意义

信息经济是现代信息科技发展的必然趋势。信息经济，是以现代信息技术等高科技为物质基础，以信息产业为主导，基于信息、知识、智力的一种新型经济，也是以大数据的采集、整理、存储、挖掘、共享、分析、反馈、应用为核心的跨界型、网络型、创新型经济。随着云计算、大数据技术的发展，数据的价值正在逐步彰显，信息平台和系统更加完善和开放，并在新技术、新模式的推动下相互对接、聚合、创新出活跃的经济发展模式，信息经济正是在新一轮信息技术革命背景下，在智慧产业基础上孕育而形成的全新的、活跃的、自驱动的经济发展形态，信息经济及其引发的科技创新将在未来经济社会发展中发挥强劲的引擎作用。作为第三次工业革命的标志，发展新一代信息技术以重大技术范式的转变为标准，成为“两化”深度融合发展的新起点。物联网、云计算、大数据、移动互联网等新技术的广泛应用，使“两化”融合发展成为一种内在要求，逐渐形成新的经济形态，信息经济逐步呈现越来越重要的产业形态。

智慧城市将成为未来城市发展的必然选择。智慧城市利用新一代信息技术，并按照新型城市化的发展模式，通过信息全面感知、职能处理和互联互通，从而实现人、财、物以及政府职能部门、城市公共设施和互联网的无缝对接，达到实时监控、智能交通、应急事务处理、社会公共管理、物资保障、市民公共服务等各子系统高效、智能连接，构建可持续发展的新型城市结构，创造更好的工作、生活、休息和娱乐的城市环境。当前，云计算、物联网等新兴技术的广泛应用为智慧城市建设创造了较好的技术条件，而经济新常态的出现和城镇化的不断发展，以及交通拥挤等“城市病”的陆续涌现，使智慧城市成为城市发展的必然选择。西方发达国家已对智慧城市发展的内涵形成了相对一致的认识，并在智慧医疗、智慧康乐、智慧教育等方面做出了实践。2010 年，欧盟明确了 2010～2020 年欧洲智慧城市建设目标；美国多个州启动智慧城市建设，其中哥伦布市 2013 年被全球智慧论坛列入“全球七大智慧城市”之一；英国伦敦开始建设生态社区；日本东京实施医疗信息化建设；而新加坡早在 2006 年就推出了“智慧国 2015”计划。在各部委政策的推动下，我国北京、上海、深圳等城市率先跟进，推进相应的智慧城市规划，而 2013 年以来，南京、扬州等二、三线城市也开始推出智慧城市建设规划，当前提出智慧城市建设的城市共有 400 多个。

（一）杭州发展信息经济与智慧城市的必然性

在信息经济时代，杭州发展信息经济和智慧城市是强化信息化与工业化互动、加快转变经济发展方式、增强自主创新能力、着力保障民生、提升城市生活质量的最佳抓手。

第一，发展信息经济和智慧城市是杭州加快产业转型升级的必要途径。信息经济的发展有利于推进企业生产装备与过程的信息化、自动化和智能化，促进杭州传统企业的转型发展，形成云计算、大数据、移动互联网、物联网等新一代信息产业，进一步推动软件开发、数字内容服务、网络通信、信息集成、信息咨询和监理以及数字加工服务等信息技术的发展，实现产业发展和升级，提升经济发展质量和效益。

第二，发展信息经济和智慧城市是杭州实现“生态文明、环境保护”的有效方法。信息经济以绿色、低碳、节能环保的高科技、高附加值产业为基础，是发挥优势、紧跟趋势、淘汰劣势的最优策略选择。在环保形势日趋严峻的形势下，杭州更需要发展现代信息科技，以高附加值、低碳、节能环保、绿色经济为竞争模式，坚持经济效益与生态效益相结合，尽快打造自己的信息经济体系，实现信息经济的生态化发展。

第三，发展信息经济和智慧城市是杭州在新一轮发展中提升自身城市竞争力的需要。杭州作为历史文化名城，产业结构已呈三、二、一结构，智慧产业方面位居国内第一方阵，产业的智慧化领域具有雄厚的基础。随着国内区域竞争的日趋激烈，杭州亟须建设信息经济体系，培养智慧产业基地和孵化器，推动建立以技术、应用、服务为核心的智慧产业集群，推动产学研协同创新机制建设，促进信息经济的全方位发展，提升杭州的核心竞争力。

第四，发展信息经济和智慧城市是杭州提高公共服务水平的必要途径。信息经济的发展将促进智慧技术应用的发展，推动现代信息技术在政府中的运用，有助于杭州城市治理水平的提高，推动政务数据开放，彻底打破条块分割、各行其是的“信息孤岛”现象；有助于民生服务水平的提升，使公众在出行、就医、教育、居住、文化娱乐等方面得到更好的保障；有助于环境保护水平的提升，推进美丽中国先行区的建设；有助于推动城乡和不同区域基本公共服务均等化，实现城乡一体化发展。

第五，发展信息经济和智慧城市是杭州智慧产业走向全国全球市场的必然要求。杭州的信息经济目标市场不应仅仅局限于杭州，还应当面向全国甚至全球。因为随着信息技术应用在全球的普及，市场的广度和深度也随之发展，杭州发展信息经济拥有了更加广阔的市场机会，杭州发展信息经济是顺应经济全球化的必然选择。

（二）杭州信息经济与智慧城市融合发展的必要性

一方面，信息产业的发展壮大能够为智慧城市建设提供物质保障和技术支撑。智慧城市通过运用信息及通信技术手段感测、分析和整合城市运行核心系统的关键信息，对民生服务、环保监测、公共安全、城市管理、经济活动等各种需求做出智能响应。其本质是利用先进的信息技术对城市进行智慧式管理。在智慧城市建设的背后，需要大量的信息技术支撑，涉及智慧产业的大部分产业链，需要基础设施提供商、硬件提供商和软件提供商，解决方案供应商利用自身的经验优势能够提供完整的行业应用解决方案，提供政府行业咨询和规划，提供项目建设方案和技术支持，同时，他们往往拥有非常丰富的系统集成经验，能够提供本地的定制服务。设备供应商一般包含设备设计者、设备生产者、设备安装者，大型的设备厂商一般能够提供全面的设备设计和生产服务，这些设备是构成智慧城市建设最基本的物质基础，大型的供应商一般具备个性化解决方案供应的能力，系统集成的特征越来越明显，如杭州的华三通信、海康威视等。信息产业的发展能够有力地带动智慧产业的发展，如上海就是在立足信息产业发展的基础上，提出相适宜的智能应用体系建设的。

另一方面，智慧城市建设也为信息经济发展提供了广阔的市场。智慧城市建设推动新兴产业由开发实验走向推广应用。市场是培育和发展战略性新兴产业的先导，如果没有稳定、巨大的需求推动，战略性新兴产业就难以成长和壮大。在智慧城市建设中，首先需要建设大量的智能化基础设施，并广泛地采用物联网、云计算、人工智能、数据挖掘、知识管理等信息技术，提高城市的规划、建设、管理和服务的智能化水平，使城市运行得更为高效、敏捷、低碳、和谐。因此，建设智慧城市是新兴信息技术产业的重要发展契机，其对云计算、物联网的设备制造业所产生的巨大市场需求，将把城市现代服务业规模和质量提升到崭新的水平。随着智慧城市建设的发展和升级，还将进一步推动城市数字化管理、智能交通、医疗信息化、云计算、绿色建筑、城市安防、地理信息、物联网等新兴产业的发展。显而易见，加快智慧城市建设，能够为信息经济相关产业落地提供机会，有助于促进战略性新兴产业发展。

二　杭州市信息经济与智慧城市发展现状

（一）信息经济发展现状

从经济社会结构多维度看，杭州发展已进入工业化后期，三次产业结构已经演化成为更高层次的“三二一”结构。特别是主城区和高新区（滨江）、经济开发区正处在以信息化带动工业化的快速发展阶段，进一步显现了信息经济的时代特征。2014 年，杭州软件产业带动就业 16.5 万人，电子商务产业直接和间接带动就业更加广泛。

1. 政策制度优化完善

早在 20 世纪 90 年代，杭州就提出了打造“天堂硅谷”的愿景，以电子商务、软件、微电子、通信为代表的高新技术产业迅速崛起，逐渐形成了信息产业发展的先发优势。“十二五”时期，杭州在《长三角地区区域规划》中规划定位为“一基地四中心”，即高技术产业基地、国际旅游休闲中心、全国文化创意中心、电子商务中心、区域性金融服务中心，有力地促进了信息及相关产业的发展。2014 年 7 月在杭州市第十一届七次全会上，杭州市提出加快发展信息（智慧）经济的总体部署，将其作为全市发展的“一号工程”大力推进，出台了《关于加快发展信息经济的若干意见》，提出到 2020 年，杭州力争建成国际电子商务中心，基本建成全国云计算和大数据产业中心、全国物联网产业中心、全国互联网金融创新中心、全国智慧物流中心、全国数字内容产业中心六大中心目标。2015 年 4 月，《杭州市发展智慧经济总体规划（2014 ~ 2020 年）》出台，明确了智慧经济发展的目标、任务与方向。2015 年 8 月，《杭州市智慧经济促进条例》审议通过，从智慧经济总体规划、信息基础设施建设、智慧经济发展及应用推广方面提出了全方位促进发展的办法。

2. 信息化基础较高

杭州的信息化基础设施建设走在全国前列，城市全网综合通信能力在全国处于领先地位。杭州拥有大容量的程控交换、光纤通信、数据通信、卫星通信、无线通信等立体化现代通信网络，2010 年被列为“三网融合”首批试点城市，2012 年成为全国首个免费开放 WIFI 的城市，2014 年建成 WLAN 场点 3200 多个，无线路由器数量达 34000 多个，“无线宽带城市”计划初步实现。现代化的广播电视和综合信息覆盖体系已经建立建成，第三代通信网络加快推进建设，自主创新技术 TD – SCDMA

广泛使用，并实现3G网络全覆盖，电信传输网络“光进铜退”工程稳步推进，大大提升了宽带传输和接入的速率与容量，满足了新业务发展的需求。以无线传感网、射频识别、信息技术应用等为基础的物联网技术应用快速推进，建成了一批智能电网、综合交通、安防监控、智能楼宇、工业控制等方面的智慧城市基础设施。特别是在电子商务、物流、安防监控等领域中，运营和运维两大核心管理系统开发取得了重大进展。目前，杭州市光网覆盖超过300万户的企业和家庭，可为企业、家庭提供100M接入。市区近85%的家庭宽带用户已经升级为光宽带，4M以上宽带用户占90%以上，12M以上宽带用户占45%以上，20M宽带用户占30%以上，IP电视接入100万户。2014年共计建成4G宏站3949个、室分RRU（射频拉远单元）设备2827个，覆盖面积达500平方公里，覆盖人口约500万人，基本实现杭州市区、景区、高速路、高铁、县市城区、发达乡镇全覆盖。全市人口、法人单位、城市空间地理信息、社会经济统计指标四大基础数据库已经基本建成，数据容灾集中备份中心、政务信息资源共享和交换平台等重大信息化基础设施运行趋向成熟。

3. 信息产业规模扩大

目前国内外对信息经济还没有统一的边界界定，由于信息经济属于新兴产业，产业链长、渗透性强，而杭州市信息经济发展又走在前列，经营方式和新型业态变化相对更加频繁和复杂，给产业界定带来了较大难度，根据《杭州市发展智慧经济总体规划（2014～2020年）》确定的核心产业以及目前发展空间和潜力较大的信息经济重点领域，杭州市统计的信息经济包括电子商务、云计算与大数据、物联网、互联网金融、智慧物流、数字内容、软件与信息服务、电子信息产品制造、移动互联网、集成电路、信息安全、机器人十二大产业。2014年，全市信息经济实现增加值1668.64亿元，增长18.3%，占GDP的比重达到18.1%，已经成为引领经济增长的新引擎（见表1）。从总量来看，在信息经济十二大子产业中，六大产业增加值占GDP的比重超过5%，推动信息经济总量持续增加。软件与信息服务、数字内容、移动互联网、电子商务产业增加值分别达到919.52亿元、860.84亿元、593.43 亿元和 560.25 亿元。电子商务网络新型消费业态发展迅速，全年实现网络零售额 2088.45 亿元。杭州电子商务产业规模全国领先，中小企业上网比例、行业网址数以及 B2B、C2C 交易平台交易额居全国前列，并已经形成了电子商务网站集群。在全国大中城市中，杭州市软件业务总量居第三位，电子商务服务业居第一位。当前杭州已拥有信息消费试点城市、下一代互联网示范城市、动画产业基地、国家软件产业基地、集成电路设计产业化基地、电子信息产业基地、云计算服务示范城市、数字娱乐业示范基地、中国电子商务之都、服务外包基地示范城市、中国快递示范城市等多个国家级荣誉称号。

表 1　2014 年杭州市信息经济增加值

产　　业	增加值(亿元)	增长(%)
电子商务	560.25	30.1
云计算与大数据	409.65	13.4
物联网	238.97	15.9
互联网金融	172.18	13.6
智慧物流	49.79	11.4
数字内容	860.84	19.2
软件与信息服务	919.52	18.4
电子信息产品制造	484.12	11.2
移动互联网	593.43	28.7
集成电路	36.82	12.0
信息安全	177.00	15.0
机器人	12.90	5.6
剔重合计	1668.64	18.3

从区域看，信息经济前期发展主要集聚在城市新兴核心区块，余杭区、滨江区和西湖区成为杭州市信息经济的前沿阵地，分别实现信息经济增加值（剔重）297.80 亿元、253.90 亿元和 136.56 亿元，增长 31.9%、25.5% 和

34.4%，三大城区增加值合计占全市信息经济的比重达67.4%。

龙头企业带动作用凸显。一大批企业发展成为行业龙头，引领着信息化浪潮。2014年，全市有天猫、淘宝、海康威视、支付宝、华三通信5家信息经济相关企业主营业务收入超百亿元，阿里巴巴中国网络科技、大华科技、浙江广播电视集团等60家企业主营业务收入超十亿元，亿元以上企业达到410家。其中，阿里巴巴是全球企业间（B2B）电子商务的著名品牌，是全球国际贸易领域内最大、最活跃的网上交易市场和商人社区，2014年在纽交所挂牌上市，成为有史以来全球最大的IPO项目；海康威视是业内领先的安防产品及行业解决方案提供商，也是国内最大的综合监控产品供应商，其核心产品在中国的市场占有率为50%以上，连续几年稳居前列，其板卡在金融市场占80%，DVR在金融市场占60%。全市增加值总量超十亿元规模的企业共计10家，其中服务业7家、工业3家，合计增加值超过全市信息经济总量（剔重）的1/3，支撑作用显著。

4. 融合发展不断深化

杭州市作为国家“三网融合”和“云计算”的首批试点城市，城乡信息化水平较高，公共信息服务体系健全，电子商务发展迅猛。在“互联网+”的模式下，企业的技术、产品、管理和商业模式等创新步伐大大加快，产业边界越来越模糊，行业之间的交叉发展越来越频繁，融合发展正成为杭州企业发展的新动力。信息化与工业化融合带动了传统工业化生产、运营和营销模式的转型升级，直接推动了工业的信息化和信息的工业化发展水平。“设计+制造”“设计+工程”“研发+生产”等新模式不断涌现，如万向精工、亿脑智能科技、哲达科技、微巴信息技术、浙大中控、浙江力太科技等企业通过“两化”融合大大拓展了企业的发展空间。服务业跨界经营、多元化发展已成趋势。传统贸易与金融共融发展，企业实体贸易与期货交易对冲风险，使企业在规避风险的同时获取更大的利润空间，如朗闰资产等企业；许多软件设计公司通过互联网延伸了产业链，如数米基金、杭州瑞德设计、百世物流、传化公路港物流、遥望网络等企业。

5. 信息经济人才科技资源较为丰富

杭州市信息技术人才资源丰富，浙江大学、浙江工业大学、杭州电子科技大学、杭州师范大学等部属或省属高校集聚了浙江省重要的信息技术研发力量，杭州市拥有省计算所、中国电子科技集团公司第52研究所、广电所等科研院所，以及阿里巴巴、浙大网新、中控集团等一批创新型企业，在信息技术研发领域实力雄厚。

（二）智慧城市建设的主要成就

1. 与民生相关的智慧应用广泛使用

目前，杭州市市民卡发放量达840万张，加上其他健康卡、杭州通卡等，总量达1500万张，成为全国数量最多、应用范围最广、数据共享最好、商业模式可行的城市一卡通成功案例，已获得国家移动支付、互联网支付牌照。全市12家市属医疗卫生单位、16家县级医院、10家省级医院、2家民营医院及主城区45家社区卫生服务中心和276家社区卫生服务站推广实施了市民卡“诊间结算”，基本实现了全市通用，250万人开通市民卡诊间结算功能，累计使用736万人次（其中2014年为531万人次）。患者可利用自助机完成充值、挂号、预约取号、发卡发证、化验单打印、结算、费用清单和发票打印，实现了“全自助”服务。网上普惠金融建设、农村网购试点等工作逐步推进，村邮站服务内涵不断拓宽；新型报刊亭功能不断优化提升，居民足不出户即可享受缴纳电费、购买车票等服务。教育信息化基础设施建设水平大大提高，初步建成了“教育管理公共服务平台”和“教育资源公共服务平台”两大云平台。积极推动教育教学与信息技术深度融合，加快推进数字校园、未来教室、智慧课堂等教育无边界项目，省级数字校园建设示范校达31所，居全省之首，6所学校为省首批职业教育数字化资源建设基地学校。800余万名市民卡用户免费开通图书借阅功能，在国内率先实现全市人手一张借书卡，目前杭州图书馆用户数据量居全国首位。

2. 智慧产业化基础进一步夯实

加快推进与阿里巴巴、中国工程院、北京大学、中国电信的战略合作以及思科（中国）总部的引进，尤其是与阿里巴巴的战略合作，围绕“五区一体系”（电子商务服务业集聚区、互联网金融产业集聚区、现代智能物流产业集聚区、跨境电子商务产业集聚区、云计算和大数据产业集聚区以及“信用杭州”诚信体系）建设，建立了领导小组，定期协调推进项目。推进网上自由贸易区建设和全国信息消费试点城市创建，中国软件名城创建成功。成功举办阿里云开发者大会和中国（杭州）国际电子商务博览会。抓好项目梳理，编制形成了第一批智慧产业化、产业智慧化项目，共涵盖产业投资、技术创新、平台建设、示范应用四大类364个项目，计划投资318亿元，发起征集智能应用第一批重点推广项目，包括产品智慧化应用、生产管理智慧化应用以及营销智慧化应用三大领域。有25家企业的项目入围，其中有工厂“神经外科”手术专家浙江力太科技有限公司、汽车领域的智能车间改造能手杭州沃镭智能科技股份有限公司等。载体建设有序推进。上城区玉皇山南基金小镇、江干区丁桥智慧小镇、西湖区云栖小镇、余杭区梦想小镇、杭州湾信息港、望江智慧产业园等载体有序推进。国家电子商务产品质量信息服务平台加快推进，成功创建中国软件名城。积极推进智慧农业发展，2014年打造市级智慧农业示范区4个、示范点9个，以农村电子商务为抓手，以杭州市农村电子商务公共服务平台为龙头，临安、桐庐、萧山、建德、淳安、富阳6个区县市共建成7个县级平台，初步形成了市县联动的公共服务格局，为575家农业电商企业提供服务，平台销售额约为1.6亿元。

3. 与城市管理相关的智慧应用加快推进

社会治安动态监控系统、物流公共信息平台、数字校园、文化信息资源共享工程等多领域信息化建设稳步推进。省级试点“智慧安监”和“智慧城管”稳步推进。积极建设智慧城管。加快数字城管转型升级，2014年全市数字城管覆盖面积达500.1平方公里，全年累计解决问题13万余个，强化信息协同，排水地理信息、2.1万路视频、40个雨量站点、400多家企业排污在线数据实现部门共享。杭州交通信息资源云平台建立，实现了从城管、交通、交警、铁路、民航等交通部门和公交车、出租车、地铁、公共自行车、水上巴士等公交体系相关数据的接入与整合，每日交换数据超过1.8

亿条，为杭州城市综合交通的运行监测、行业监督和应急指挥奠定了良好的基础。

4. 基础设施智能化程度提高

2014 年共建设道路治安监控点位 3300 多个，人保、环保和其他企事业单位监控点位 1200 多个，3G/4G 无线视频监控点位 900 多个，在加强城市治安防控体系方面发挥了重要的作用。市区配电自动化覆盖率达到 90% 以上。电网实施配网智能抢修模式，配网抢修人员到达现场的时间缩短至 20 分钟，平均故障修复时间缩短至 102 分钟，同比分别下降 33% 和 27%。

（三）杭州信息经济和智慧城市发展中存在的主要问题

1. 统筹规划标准和运营模式不够明晰

当前国家层面很多部委在进行智慧城市的研究和试点工作，但是由于缺乏统筹，一直难以形成统一的城市信息化标准体系，甚至出现不同部门组织制定的信息化标准不协调的情况。同时，中国的智慧城市建设于 2000 年后开始提出并进入实际建设中，到目前仍缺乏适合不同城市自身实际的建设和运营模式，如物联网覆盖、智慧家庭建设标准等问题还没有得到妥善的解决，影响了杭州在智慧城市建设中智慧应用推广的速度和成效。由于国内还没有成熟的运营模式可借鉴，多种融资模式尚未形成，过于依赖政府投资和推动，也给政府财政带来一定压力。

2. 大数据资源整合推进速度偏慢

智慧城市和信息经济发展都需要大数据做支撑，当前海量的大数据已经在政府、企业以及社会群体中产生，但是政府部门对数据资源的整合和推进缺乏动力，如数据资源由谁牵头、由谁整合、由谁使用，以及保密制度建设等没有明确，导致推进速度偏慢；企业中的大数据采集还存在许多关键性步骤的缺失，如企业数据以何种形式采集和开发、是否能够以政府购买的形式加以推广等问题还没有合理的解决方案。此外，政府在大数据收集、开发、整合上的技术和人才储备等方面还存在不足，网络信息风险防范等能力也有待加强。

3. 区域发展差异较大

杭州市各区、县（市）发展差距相对较大，在信息经济发展基础上尤为明显。全市信息经济相关企业的区域分布较为集中，从2014年规模以上信息经济相关企业数量看，滨江区有627家，西湖区有382家，余杭区有228家，居全市各区、县（市）前三位，而末三位的淳安县仅26家、桐庐县30家、建德市34家；从信息经济总量看，余杭区信息经济增加值达501.01亿元，滨江区为499.63亿元，西湖区为197.21亿元，占全市的比重分别为30.5%、30.4%和12.0%，三大区域合计占比达到72.9%，而淳安、桐庐、建德所占比重均不到1%。

4. 行业发展不平衡

在杭州市信息经济的12个产业中，2014年产业增加值规模超过500亿元的分别为软件与信息服务、数字内容、电子商务、移动互联网四大产业，而智慧物流、集成电路、机器人产业的增加值规模不足50亿元，虽然软件与信息服务等行业是信息经济的核心内容和主流发展方向，但是向配套的智慧物流等配套生产性服务业行业发展不足，将制约整体产业链的扩张。

5. 行政管理体制创新滞后

在信息经济推进过程中，新产业、新业态层出不穷，产业融合发展已成趋势，但管理仍存在产业边界固化，服务市场人为分割，多头管理、重复检查等监管制度，阻碍了新经济的创新、高效、便利需求，新兴服务行业领域标准难以跟进，主要表现在电子商务、私募基金、互联网金融等行业标准缺失，制约了产业的融合与发展。同时，网络社会蕴藏着对现实社会管理的冲击和挑战，随着网络社会影响的日益扩大，信息安全、舆情冲突、网络袭击等风险压力日渐加大，需要切实提高社会管理能力和水平。由于目前我国尚缺乏对网络与信息安全管理的法律法规和统一的安全标准，如果发生重大问题，将难以控制。

（四）杭州信息经济与智慧城市融合发展的趋势

从全国来看，信息经济和智慧城市的推进速度有所加快。为了加强智慧城市建设的顶层设计，2014 年 8 月，国家发改委等八部委联合发布了《关于促进智慧城市健康发展的指导意见》，提出智慧城市建设的五项目标，即促进公共服务便捷化、城市管理精细化、生活环境宜居化、基础设施智能化和网络安全长效化。《中共中央“十三五”规划建议》中提出支持智慧城市建设，发展物联网技术和应用，实施国家大数据战略，加快构建高速、移动、安全、泛在的新一代信息基层设施。

从杭州来看，杭州先后出台了《杭州信息经济智慧应用总体规划（2015～2020 年）》《杭州市智慧城市建设总体规划》等纲领性文件，提出通过 5～10 年的努力，使杭州信息基础设施建立完善，信息技术、网络技术实现广泛应用，智慧化管理、智慧化发展和城市智慧生活水平位居全国前列。具体目标是智慧应用体系和智慧经济发展实现全国领先、新一代信息产业取得突破、先进的信息网络设施基本形成以及智慧城市发展环境建设提升五个方面。在建设模式上，提出了立足产业基础、拓展智慧应用的建设模式，把培育和促进智慧产业作为智慧城市建设的出发点，以智慧应用带动智慧产业，以智慧产业促进智慧应用，这正体现了信息经济与智慧城市融合发展的思路。

综合上述因素，杭州市信息经济与智慧城市融合发展将呈现以下趋势。

一是进一步完善信息基础设施建设，物联网等相关产业取得较快发展。通过杭州市社会信息化水平和新一代信息基础设施提升，对现有电力、燃气、交通、水务、物流等公用基础设施加快进行信息化改造，新建一大批智慧化基础设施，给物联网等相关产业带来更加广泛的市场应用。

二是民生相关领域的智慧应用加速推广，云计算产业有望进一步壮大。杭州市政府在网络问政方面已经迈出实质性步伐，电子政务逐步进入深度应用，云政务等模式也有望在下阶段实施，教育文化、医疗卫生、计划生育、劳动就业、社会保障、住房保障、环境保护、交通出行、防灾减灾、检验检测等与民生相关的公共服务有望通过网络政府进行信息整合，使得公共服务更加便捷、及时和高效，在这样的背景下，云计算等信息经济领域有望获得更大的发展空间。

三是产城融合发展有望加快。在信息经济和智慧城市融合发展的背景下，要素禀赋及其重要性发生了重大变化，自然资源对经济发展的制约作用减弱，而人与城市、产业与城市的联系更加紧密，产业与城市功能融合、空间整合，“以产促城、以城兴产、产城融合”的发展模式有望进一步构建。

四是城市管理趋于精细化，大数据应用领域不断扩张。市政管理、人口管理、交通管理、公共安全、应急管理、社会诚信、市场监管、检验检疫、食品药品安全、饮用水安全等社会管理领域的信息化体系逐步形成，统筹数字化城市管理信息系统、城市地理空间信息及建（构）筑物数据库等资源的需求日益迫切，并推动城市规划和城市基础设施管理的数字化、精准化，大数据应用领域不断扩张。

五是智慧生活水平不断提高，带来市场消费新热点。信息经济和智慧城市发展也将带来生活方式的大变革。随着居民生活数字化水平的显著提高，人与人的社交模式将发生改变，智慧人文和智慧生活方式将不断涌现，新的公民秩序也将产生，在新的生活方式下，市场消费热点发生变化，进一步推动新兴产业的发展。

三　杭州信息经济与智慧城市融合发展的路径

（一）杭州信息经济发展路径

根据杭州市信息经济发展目标及规划，杭州发展信息经济要建设六个中心，根据这六个中心，可以分别设计发展路径。

国际电子商务中心。一是加快“电商换市”，发展移动电子商务，推动企业实现线上、线下融合发展。二是建设电子商务全球化交易平台，打造中国（杭州）国际电子商务博览会品牌，扩大杭州电子商务的影响力。三是大力发展跨境电子商务，发挥好杭州电子商务的服务优势，实现线上跨境贸易和线下供应链一体化服务，构建高效便利的跨境贸易营商体系。

全国云计算和大数据产业中心。一是积极发展云工程与云服务，推动线上、线下融合发展。二是培育大数据和云服务的特色商业模式，支持商业模式创新。三是努力成为全国云计算和云平台提供、运营维护、规划设计等相关服务的输出地，在大数据技术研发及应用等方面形成产业推进效果显著的运营服务能力，构建全国领先的协同创新体系。

全国物联网产业中心。一是加强网络运输及智能分析处理等软硬件开发。二是以市场需求为导向，探索发展新的物联网技术和模式。三是加快物联网平台建设，提升产业园区和基地建设水平，搭建公共技术研发和服务中心，建设完善研发设计、系统集成、生产制造、示范应用、标准推广等物联网全产业链体系，在数字安防领域形成较为完善的全球产业链。

全国互联网金融创新中心。一是加快金融领域的信息技术应用，鼓励金融机构运用信息设备。二是鼓励发展第三方支付、小额信贷、网络支付、网络众筹等互联网金融服务，发展跨境电商支付及结算业务。三是加强互联网金融监管与服务等领域的大数据技术应用，打造具有较大影响力的互联网金融集聚区。

全国智慧物流中心。一是深入建设中国快递示范城市，培育一批行业领军企业。二是加快一批智慧物流示范平台建设，鼓励与国家交通运输物流公共信息平台资源整合，促进跨境电子商务配送平台等物流项目建设。三是建立完善居民区、产业园区、中心镇等网购商品投送公共网点建设。

全国数字内容产业中心。一是大力建设数字内容中心，依托文化创意产业发展基础，建设全国文化创意中心。二是打造全国领先的数字媒体、数字阅读和数字出版基地，鼓励视听服务商业模式创新，建设全国性的新媒体版权内容库，提升新媒体运营服务云平台功能。

（二）智慧城市建设路径

根据智慧城市的发展目标和重点，从基础设施智能化、智慧应用推广和智慧产业化三个方面，实行“三位一体”的发展模式。

基础设施智能化。一是加快建设宽带杭州。大力推进城域网、骨干网、接入网改造升级，提升“三网融合”工程，加快实现全城无线宽带网络的深度全覆盖。二是加快建设云计算服务平台。努力提高大数据计算、存储、智能处理和安全管控能力，推动“下一代互联网+云计算平台”智慧云基础设施建设。三是加快政府信息服务平台建设。整合全市人口、法人单位、城市空间地理信息、社会经济统计指标四大基础数据库，建立全市跨部门综合数据库。推进政府部门信息系统在政务云上部署，拓展政府管理与服务社会所需的信息来源。

智慧应用推广。一是加快推进城乡公共治理智慧化建设。广泛推动电网、水务、交通、建筑、环保、城管、应急、食品安全、安防、防灾等智慧化应用。二是加快推进民生服务智慧应用系统，大力开展智慧教育、智慧政务、智慧医疗、智慧旅游、智慧就业、智慧养老等各类服务应用。三是推进智慧区试点建设。创建一批“美丽杭州建设智慧示范区”，开展智慧城镇（社区、园区等）试点，大力实施“物联网进家庭”。四是支持推动新模式新产品。推进互联网经济与实体店的互动发展。

智慧产业化。一是推动杭州传统制造向智慧制造转型。发展和培育3D打印、机器人等新兴产业，持续推进“机器换人”“亩产倍增”等措施的实施，促进制造业智能化改造。二是促进现代服务业智慧化改造，加快信息技术与现代服务业的创新和融合，促进现代服务业模式创新。不断完善公共平台服务，加大政府购买服务力度，鼓励服务外包和各类服务创新。三是促进农业智慧化改造，推进农业种养过程实现自动化、集成化和网络化，提高农业生产过程中的自动化水平，推广“互联网+现代农业”模式，推动农产品电子商务应用，提升农贸市场的信息化水平，鼓励发展订单农业，推动农产品批发交易市场实行期货交易，提升农产品市场定向分散配送和集中结算服务水平。四是实施项目带动。深化与中国科学院上海微系统所、推进与北京大学、深化与中国电子科技集团公司等的战略合作；制定政府购买服务指导性目录，支持本地企业参与政府主导建设或运营的信息基础设施、重点智慧应用等项目建设；在云计算、大数据、移动互联网、物联网等相关领域培育一批具备国际竞争力的领军型企业；加强区域统筹，支持市区重点龙头企业在五县（市）建立研发、生产基地。

（三）信息经济与智慧城市融合模式

1. 融合内容

智慧城市建设与信息经济发展的融合过程是资源配置、交互与结合的过程，其核心是通过新一代信息技术强大的信息整合能力和管理模式创新实现的。在这个过程中，把传统城市与新兴信息产业的资源进行交叉、渗透或重组，从而开创一种更加适合新兴城市管理、产城融合发展的新型模式。信息经济与智慧产业融合的关键在于行业协同创新，并通过信息交互、资源交叉、渗透重组来重构城市运作系统。从智慧产业演进趋势、城市建设及管理功能需求、信息技术发展要点等关键方面来看，杭州信息经济与智慧城市融合发展应包括以下三个方面内容。

一是要素融合，即资源层融合。城市发展的基础是其所拥有的生产要素。波特按生产要素的特征，把生产要素分为初级生产要素和高级生产要素。初级生产要素是指自然资源、地理位置、气候、人口特征等要素，而高级生产要素则包括交通通信设施、人力资本、科研设施、技术知识等。现阶段的智慧城市建设对高级生产要素的要求更高，诸如科技基础、知识产权和优质资本等。促进信息经济和智慧城市发展需要充分融合这些资源要素，人才、技术、信息的流动相对自由，从而形成高效的资源配置机制。二是平台融合，即网络层融合。智慧城市建设和信息经济发展，都需要大量的智能化网络体系，如宽带网络、大数据平台、应用系统、营销网络、智能化基础设施等，融合企业与政府的平台，能够形成规模化，提升使用效率，降低使用成本，有助于加快智能化建设，完善智慧平台。三是终端融合，即用户层融合。政府公共服务中的信息不仅能够向政府实施部门顺畅地反馈，而且能向企业反馈，以便企业根据用户体验和需求不断开发创新更加优质的商品和服务。同时，企业用户的信息也应进行统计、采集，便于政府在制定政策时，能够清楚理解市民的实际需求。

2. 融合体系

智慧城市建设和信息经济融合发展的主体主要有三个。一是政府。政府的主要职能是制定城市建设和产业发展政策，规划智慧城市建设框架，引导产业发展方向，实施政府采购计划，进行民生领域的智慧应用推广。二是企业。企业是供给方，依据市场需求，以及自身的技术条件和人力资源水平进行产品和服务的生产与提供，在此过程中，企业需要遵守政策法规，也需要进行产品和服务的市场推广活动。三是用户。用户是智慧应用产品和服务的需求方，也是感受方，用户根据自身对产品的体验，选择产品和服务，这一信息同时通过市场价格机制反映到市场需求中。要实现智慧城市和信息经济发展的内容融合就必须形成良性互动的体系，政府主导下要依据城市建设目标导向和产业发展基础从“以人为本”的角度进行考虑，在规划初期就要携手主力企业共同出谋划策，提出具体可行的解决方案，推动市民积极参与并接收用户的信息反馈，而不能完全依靠政府来规划实施。智慧城市建设，需要向泛在化、服务化、低碳化三个方向发展。首先是加强基础设施建设，其次是推广实际应用，最后是实现创造价值的作用。基础设施主要是指智慧交通、智慧环保、数据信息等方面，智慧政务主要是指信息平台、产学研合作平台、大数据平台等。此外，还要从智慧产业、智慧服务、智慧生活、智慧交流更深一层进行考虑。对企业而言，不管是智慧城市建设还是信息经济发展，运营主体都应该是企业。只有依靠企业的市场化运营，智慧城市建设才能形成可持续的良性循环。这里所指的企业不仅仅是电信运营商或城市运营商，还应该是具备设计、建构、服务等方面能力的高精尖人才和具有丰富项目经验的中小型企业。智慧城市建设对创新能力的要求很高，而中小型企业是技术研发和成果转化最活跃的市场主体，因此这些企业应该在智慧城市建设中承担重要的角色并发挥关键性的作用。

3. 融合路径

电子商务、物联网、云计算与大数据、数字内容、智慧物流、互联网金融等杭州市信息经济发展的十二大产业，具备较好的发展基础，以及较大的发展空间和潜力，因此可以将这些具体的产业与智慧城市的重点方向相结合，从而逐步实现产业与城市的融合发展。

建设智慧商都。融合电子商务、云计算与大数据等产业发展，加快推进商贸流通领域的电子商务应用，利用信息技术改造传统商贸市场，促进批发市场转型升级，提升居民消费大数据资源的整合和开发利用能力，以“智慧的设施”“智慧的治理”“智慧的服务”“智慧的生活”为目标，提升业态，打造新型电商平台，构筑现货与网上交易的“智慧市场”建设，提升传统商贸业的网络化水平，推动新型线上、线下一体化发展，打造智慧商都。由于杭州电子商务具有雄厚的发展基础，借力新的智慧商贸平台，提升传统商贸业，既能实现城市产业基础环境的改善，也能直接带动商贸业的快速发展，间接对制造业、物流业、工业设计等产业链相关行业产生带动和促进作用。

深化智慧应用。鼓励各类技术创新、模式创新、业态创新，促进信息技术与各行业跨界融合，培育信息化环境下的新产业。以创新促应用，不断拓展信息技术应用的广度和深度，丰富各领域应用服务的技术手段和服务模式，形成智能应用与产业发展良性互动的智慧城市建设格局。当前，杭州市已经集聚了一批具有技术领先优势的企业，如银江股份、浙江中控、海康威视、华为、聚光科技等，在智慧交通、智能停车、环境监测等多个方面具有较为前沿的应用技术，杭州市应加快推进智慧应用，在交通、社保、医疗、教育、养老、健康、文化、旅游、就业、气象等多领域利用和推广智慧应用，在营造普惠化的智慧生活的同时，还能与文化创意产业、科研、教育等知识性产业融合发展，衍生出新兴数字媒体、网络金融、智慧教育、网络动漫、智慧健康等大量信息相关产业，形成智慧城市和智慧产业相互促进的格局。

打造智慧政府。融合云计算与大数据、软件与信息服务、物联网等产业，打造智慧政府，建设智能城市管理系统。通过使用云计算、物联网、人工智能、移动互联网、数据挖掘等技术，提高政府办公、服务、监管的智能化水平，打造高效、便民、敏捷的新型政府，从而实现政府服务透彻感知、快速反应、主动服务、科学决策、以人为本的新优势。全面推进杭州政府及其职能部门向网络化和智慧化转变，推广电子政府，通过网络平台进行信息发布、政府处理、网上办公以及政民互动。在智慧政府的建设过程中，与企业的合力规划和设计，能够给本土企业带来运用经验，便于发现市场空白；而智慧政府建设过程中的大量财政支出，可以有效地提供给本土企业，以满足产品供给的需求，使企业的产能得到释放，刺激新兴产业的投资和创新；智慧政府能够更好地实现高效的城市管理，制定产业政策，也能使企业和市民受益。完善城市智管。充分利用杭州市信息产业的优势，不断完善城市智能化管理，加大对本土企业核心优势产品的定向政府采购。

推广智慧社区。“智慧社区”是“智慧城市”的一个“细胞”，通过物联网、云计算、移动互联网等新一代信息技术的集成应用，实现社区物业管理、电子商务服务、养老服务、家居的智慧应用，营造一个安全、舒适、便利的现代化、智慧化社区生活环境，形成依托信息化、智能化管理与服务的新型管理形态社区。智慧社区可以平衡社会、商业和环境需求，带动智慧产业需求，同时优化可用资源，也能作为智慧城市建设的一个缩影，发现先导性的问题并加以改善。在城市化推进过程中，政府可以制定一定的补助政策，并在新设社区推广智慧应用，同时智慧社区所产生的大数据反馈给企业和政府，能够形成政府、企业、用户的紧密联系。

四　推动杭州信息经济与智慧城市发展的政策建议

（一）强化顶层设计与规划

实现智慧城市建设和信息经济发展，需要政府的强势推动和引导，相关的投融资模式、运营模式、产业政策也离不开政府的顶层设计与规划。

1. 立足自身特色进行长远规划

智慧城市建设是一个系统工程，建设内容广泛，而不同城市的信息化基础、经济实力、建设目标等具有差异性，立足自身实际的长远规划必不可少。2014年，国家发改委、工信部、科技部、公安部、财政部、国土部、住建部、交通部八部委联合发布了《关于促进智慧城市健康发展的指导意见》，明确提出要科学进行智慧城市顶层设计。2015年杭州已经出台了规划，要遵循全面系统和前瞻性原则，不断完善。

2. 建立统筹机制

智慧城市顶层设计需要充分考虑城市居民、企业等建设主体的意愿，充分了解其发展需求、生活规律，科学制定城市发展各个方面的解决目标和方案，最终通过“智慧化”的空间资源分配和安排来提高城市居民的满意度。促进智慧城市建设与信息经济的融合发展，还需要跳出信息化建设的框架，重新思考政府、商业、社区的关系，以城市问题为导向，在建设中与国家或区域宏观发展方向和政策相结合，在战略制定和计划实施中要充分发挥政府的主导和协调作用，把城市建设和产业发展置于统一领导、统一规划与统一行动下，从而避免部门之间各自为政与重复建设，提高社会资源利用效率。

3. 实施重点突破和联动推进相结合

在软件与信息服务、电子商务等杭州的优势产业方面，要进一步实现重点突破，推广产业先进技术在智慧城市中的应用。同时，政府各部门要进行全面推进，以《杭州信息经济智慧应用总体规划（2015～2020年）》为依据，由政府相关部门进行规划，与其接轨的部门推进路径与目标，充分凝聚力量，实现部门之间的互动和联动。

（二）建立开放的大数据平台

实施城市数据开放策略，建设信息共享平台，能够有效地激发智慧应用创新，也是促进信息相关产业发展的重要动力。

1. 加快部门数据共享和业务协同

加快部门间的数据交流与共享的制度规范建设，打破“信息孤岛”，建设政务云，在政务云中建立综合数据库，实现部门数据资源的整合，构建依托云计算技术的政务大数据云平台，打破条块分割的“信息孤岛”现象，构建跨层级、跨部门的信息共享和业务协同体系。

2. 加强数据采集

未来的新经济也可称之为“数据经济”，数据是未来新经济的基础，在智慧城市建设之初，就要充分认识到数据在智慧城市建设和信息经济发展中的重要性，对在智慧城市建设过程中产生的大量数据信息进行采集。首先，要明确政府部门数据采集的职能。如城建部门在城建过程中，利用传感设备进行数据采集。其次，要逐步规划和完善政府购买大数据。企业中产生的一些对经济社会发展较为重要的数据，通过政府购买的形式保存下来，一方面能够降低政府采集成本，另一方面也能够推动企业的信息化改造，从而服务于整个信息产业的发展，形成杭州特有的数据资源优势。

3. 统一技术标准

大数据构建和使用的基础建立在技术标准的统一上，如果标准不统一，则无法纳入统一管理，也难以使得各个平台数据实现共享，对产业规范化发展也形成了极大的制约。在缺乏统一标准的情况下，部门之间的平台建设会造成浪费和重复建设，这将严重影响这些机构使用新技术的积极性，从而影响产业发展。尤其是涉及物联网的项目建设更需要加强顶层设计，进行科学的统一规划。以智能农业为例，由于其涉及农业、气象、质检等部门，需要部门使用同样的标准，并联动推进。因此，智慧城市建设要实现良性发展，必须统一规划、联动推进，这样产业才能实现规模化，这是影响大数据平台使用效率的关键问题。

4. 做好数据挖掘与分析

充分利用大数据，增加数据应用。数据挖掘就是从大量繁杂的数据中获取隐含其中的信息，如对顾客分类、聚类，欺诈甄别，潜在顾客识别等，现在政府部门、企业对数据挖掘的需求领域十分广泛，如数据统计分析、预测预警模型、数据信息阐释、数据采集评估、数据加工仓库、品类数据分析、销售数据分析、网络数据分析、流量数据分析、交易数据分析、媒体数据分析、情报数据分析、金融产品设计、日常数据分析、总裁万事通、数据变化趋势、预测预警模型、运营数据分析、商业机遇挖掘、风险数据分析、缺陷信息挖掘、决策数据支持、运营优化与成本控制、质量控制与预测预警、系统工程数学技术、用户行为分析、产品销售预测（热销特征）、商场整体利润最大化系统设计等，强化数据分析和挖掘将有力推动这些需求的产业化。

5. 加强信息安全建设

在信息经济发展过程中，一个关键问题是信息安全管理。在企业调研中，很多机构和企业有采用信息技术的意向，但是因为担心信息的安全性而踌躇不前。当前信息经济安全问题主要来自三个方面：一是我国在信息产业链上的一些关键环节尚未掌握核心技术，如管段传感器制造、射频识别芯片等，数据在通过网络传输时，企业会担心信息泄密；二是信息产业的蓬勃发展使得政府和企业的管理理念发生变化，越来越多的服务将实行外包，而这些承担外包的公司在采用信息技术中对信息安全的管理能力尚需考验；三是信息产业的一些应用领域，如智能金融、智能家居等，若出现安全问题，将对用户造成极大的影响。基于这些原因，信息安全问题是开发大数据平台必须面对的重大问题。在国际上，当前智慧产业的很多技术标准也尚未统一或仍缺失，而技术标准对智慧应用及产业化形成了一种制约，杭州市要成为信息经济和智慧城市建设的典范，就要在内部统一技术标准，在国家智慧产业的标准制定中争取话语权，并鼓励企业和专家参与国际标准制定，推动杭州市政府部门和企业采用的技术标准的推广，从而赢得产业发展主动权。

（三）推动市民参与和共同建设

智慧城市不仅是信息化的高级化，而且要体现以人为本的思想，不仅要实现智能化，而且要更加注重融入多元的文化元素，注重网络人文，体现人文特色。

1. 推动人人参与

展望未来，人类不仅将生活在城市，而且将生活在智慧城市。智慧城市之所以美好，并值得我们为之努力，关键在于它为市民带来了更多的参与机会和更加公平的环境，以及更多的便利和政府服务，同时也带来了更多的幸福感，并推动经济的可持续繁荣与发展。建设智慧城市，每个市民有义务和责任参与其中。因此，美国智慧城市学者安东尼·汤森在其著作《智慧城市》中强调了草根市民的力量，并将其称为改变城市的主要力量。

2. 坚持以民生改善为主要内容

当前阶段，对于我国智慧城市具体可以做什么，经过近年来一些城市的试点和实践，已经形成了基本共识，那便是以人的需求为根本出发点，以民生服务为抓手，以改善民生为核心，从市民的生活需要出发，方便市民的日常生活，让市民体会到信息技术带给生活的便利，以智慧城市推动社会进步和人的发展，实现面向未来的数字包容，让城市中的人类生活更美好。

3. 促进社会公共服务均等化

提升县域、农村及基层地区公共服务信息化水平，促进社会公共服务推动基本公共服务在不同区域、不同层级和不同群体间的全覆盖、智能化和均等化，营造一个“公正、公开、公平”的市场环境。

（四）坚持创新驱动

信息经济是一种典型的知识技术密集型产业，掌握核心技术、获得创新能力是取得竞争优势的关键。同时，建设“智慧杭州”，也需要大量的高层次人力资本。创新，是发展信息经济和建设智慧城市的关键动力。

1. 搭建支持创新的智慧平台

创新平台要面向全社会，有效支撑并服务于创新活动，要充分发挥政府引导资源配置的作用，将高等院校、科研院所、大型企业的技术研发中心等纳入城市创新体系中，要建立以企业为主体、以市场为导向、产学研相结合的创新体系，让企业加大研发投入、加快创新活动、推广成果应用，并推动高等院校和研究机构创新成果的转化。要大力培训创新中介机构，通过组织专业的技术服务，推动创新成果的转化、转移和扩散，提高创新成果的经济效益，提升创新对产业的辐射力和影响力，从而带动产业结构调整和升级。加快政府组织创新和管理组织创新，使政府机构职责进一步明晰化和信息化，精简机构，实行扁平化与网络化组织结构，实现政府主体电子化与数字化，使政府运行程序规范化，建立更加高效、透明的服务型政府。

2. 完善“创新链”

营造良好的创新生态环境，促进技术创新、业态创新、内容创新、模式创新和管理创新，增强创新驱动力。发展人才市场、经理人市场、技术产权交易市场、电子配套市场等创新要素市场，完善以担保、风险投资、技术成果交易、评估、咨询为主要内容的综合服务业体系，发展创业投资机构，促进创新资源的流动和市场化配置，强化“人才、科技、资本”联动。

3. 重视人才引进与培育

落实好《杭州市高层次人才、创新创业人才及团队引进培养工作的若干意见》精神，破除阻碍科技、创新人才引进的各种壁垒，在个人所得税、子女教育等方面给予一定的倾斜政策，让高校、科研院所和企业能顺畅地吸纳高端人才，努力使杭州成为聚天下英才而用之的人才高地。持续改善人居环境，巩固美丽杭州建设成果，解决交通拥堵等民生反映强烈的问题，建设更加宜居宜业的城市。

参考文献

〔美〕安东尼·汤森：《智慧城市：大数据、互联网时代的城市未来》，中信出版社，2015。

陈飞：《大数据时代信息经济发展趋势及对策建议》，《宏观经济管理》2014 年第 3 期。

刘佩：《智慧城市建设背景下我国智慧产业发展策略研究》，《产业经济》2013 年第 8 期。

兰建平：《迎接信息经济时代——从两化融合到第三次工业革命》，《浙江经济》2014 年第 18 期。

陈籽月、张强：《英国信息经济发展概况》，《物联网技术》2014 年第 2 期。

杜杨芳、刘欢：《信息经济综述》，《图书馆学研究》2014 年第 6 期。

张向阳、袁泽沛：《广州智慧城市与智慧产业融合发展路径研究》，《科技进步与对策》2013 年第 12 期。

巫细波、杨再高：《智慧城市理念与未来城市发展》，《城市发展研究》2010 年第 11 期。

吴淼：《智慧城市的内涵及外延浅析》，《电子政务》2013 年第 12 期。

B.4
湖州市信息经济与智慧城市融合发展研究

湖州课题组*

摘　要：　信息经济作为一种新的经济形态，正逐渐成为结构转型升级的驱动力量和稳定经济发展前景的最优途径，而智慧城市建设又与信息经济发展密切相关。本文从信息经济与智慧城市融合辨析入手，简要分析了湖州市信息经济与智慧城市融合发展的现状和存在的主要问题，并就下一步推进湖州市信息经济与智慧城市融合发展提出若干对策。

关键词：　信息经济　智慧城市　杭州都市圈　融合发展

信息经济是以信息资源为基础、以信息技术为手段，通过研发生产知识密集型的信息技术产品和提供信息技术服务，以促进经济增长、社会进步和劳动就业的一种经济形态。智慧城市是充分利用现代信息通信技术，汇聚人的智慧，赋予物以智能，使汇集智慧的人和具备智能的物互存互动、互补互促，以实现经济社会活动最优化的城市发展新模式和新形态，其实质是利用先进的信息技术，实现城市智慧式管理和运行，进而为城市中的人创造更美好的生活，促进城市的和谐、可持续成长。智慧城市既是信息经济时代现代

---

* 课题组负责人：徐育雄，湖州市经济合作交流办公室副主任；方安明，湖州市经济和信息化委员会副主任。课题组成员：张煜，湖州市经济合作交流办公室合作交流处处长。执笔：汪国庆，湖州市经济和信息化委员会信息化推进与管理处处长。

城市发展的新目标，又是实现城市科学发展的新模式。智慧城市与信息经济发展的深度融合，是解决新时期城市发展问题的可行路径，也是加快推进信息经济发展的有力手段。因此，大力推广新一代信息技术应用，深入推进信息经济与智慧城市融合发展，对于湖州市加快转变经济发展方式、建立现代产业体系、打造湖州经济升级版、促进城市创新发展和社会全面进步具有极其重要的战略意义。

一 信息经济与智慧城市融合辨析

智慧城市建设结合先进的信息技术和先进的城市经营服务理念，是提升城市综合竞争实力、促进城市“创新、协调、绿色、开放、共享”发展的重要途径。信息经济将新一代信息技术和产业发展相融合，对经济和社会发展具有重大意义，是抢占未来发展制高点的战略选择。信息经济是一种新型的经济形态，不仅指信息技术产业，而且包含了信息化和工业化深度融合、互联网应用、信息消费等诸多内容，渗透于经济和社会的方方面面。因此，智慧城市与信息经济，分别代表着未来城市建设和产业发展的主要方向，是我们需要不断探索与推进的工作重心。

（一）信息经济发展是智慧城市建设的物质保障和技术支撑

智慧城市结合先进的信息技术和先进的城市经营服务理念，通过多种高新技术应用，对城市的基础设施和环境，以及与生产生活相关的产业和设施进行全方位的数字化和信息化处理，以有效提高城市现代管理服务水平。在当前新一轮信息技术革命和产业变革风起云涌的背景下，移动互联网、物联网、云计算、大数据等新一代信息技术的不断革新与融合，为智慧城市的建设提供了有力的支撑，推动信息化与工业化和城市化深度融合，并向更高阶段发展。

（二）智慧城市建设是信息经济深入应用的重要市场

信息经济作为一种新型的经济形态，市场需求是其能否迅速发展的关键。智慧城市的建设是建立在信息基础设施建设不断完善的基础之上的，必须依靠新一代信息技术开展大规模的信息基础设施投入建设。因此，随着智慧城市建设的不断深入，智慧医疗、智慧交通、智慧旅游、智慧农业等经济社会方方面面的智慧建设全面开展，为移动互联网、物联网、云计算、大数据等新一代信息技术发展带来重大机遇，也对“中国制造 2025”“互联网 + 行动”“大数据计划”等战略部署的落地实施大有裨益。

（三）信息经济与智慧城市密切相关、相互促进

当前，新一代信息技术瞬息万变，我们迈进了“互联网 +”时代，经济社会发展对信息技术的依赖程度日益加深，农业、制造业和服务业都受到了网络信息技术的融合和渗入。信息经济的根本落脚点是民生领域，根本目的是通过信息化应用提升城市管理水平，信息领域的新技术、新产品、新模式层出不穷，特别是颠覆性的技术和商业模式的加速更迭，引领着智慧城市建设向更广、更深的领域推进。智慧城市建设是工业化、信息化、城镇化、农业现代化交汇的平台，智慧城市的深入推进，促使一大批新兴的信息技术和信息产业得以迅速推广和应用，推动信息技术和信息产业加速发展。

二　湖州市信息经济与智慧城市融合发展的现状

（一）信息产业培育成效逐步显现

近年来，在建设智慧城市、加快“两化”融合等战略的引导下，全市信息经济加快发展。电子信息产业在新常态下运行平稳，生产稳步向上。截至 2015 年底，湖州市电子信息制造业规模以上企业有 213 家，实现工业总产值 650.2 亿元，规模居全省第 4 位，增长 9.53%；实现利润总额 29.8 亿元，在全省排名第 3，增长 36.15%。湖州信息产业有一定的先发优势，在产业发展平台方面形成了如南太湖高新技术产业园、德清地理信息产业园、吴兴区物流装备产业园、长兴新能源高新园、开发区北斗导航产业园等各类

特色园区平台。平台的完善促进了特色产业的集聚发展，如新能源电池、电磁线等产业进一步做大做强，享誉全国；地理信息产业集聚发展初见成效，长三角地区最具规模的地理信息产业园已经初见端倪；“中国物流谷”、浙江省长三角金融数据产业等区域品牌享有一定知名度。

（二）信息技术加快推广应用

城市管理服务的信息化水平明显提高，多个城市的公共管理和服务领域的信息系统逐步建成使用（如湖州数字档案馆和网上图书馆开通运行，湖州教育网和基础教育资源库建成使用，国家电网生产与调度系统初步实现智能化），全面实施公交“一卡通”工程。工业领域的信息化应用成效明显，全市“两化”深度融合水平稳步提升。《2014 年浙江省区域“两化”融合发展水平评估报告》显示，湖州市“两化”融合总指数为 66.68，与上年（63.30）相比提高 5.34%，列全省第 5 位，其中基础环境指数为 23.00，工业应用指数为 31.87，应用效益指数为 11.81，居省内“两化”融合第二梯队。服务业信息化步伐加快，商贸、旅游、金融等行业普及推广信息技术，通过创新服务形态，不断提升竞争能力。社区信息化不断深入，对促进公众服务信息化和电子商务普及应用，以及促进社区管理水平的提高具有重要意义。

（三）智慧城市信息基础设施整体水平明显提升

湖州市已累计铺设光缆 10118 皮长公里，互联网出口宽带达到 880G，已基本实现城镇和农村全覆盖。截至目前，湖州地区城镇区域宽带网络 100M 以上覆盖率达到 99% 以上；农村区域宽带网络 100% 达到 4M 以上，其中约 80% 以上可以达到 100M 以上，网络能力比“十二五”时期提升约 80%。着力加强湖州市第四代移动通信（4G）基础设施建设，扩大 4G 网络覆盖，全面打造高品质 4G 网络，已新增并开通 4G 基站 1200 多个，基本实现了城区的深度覆盖和农村的广度覆盖，实现行政村覆盖率达 100%。2015 年电信业务收入为 31.30 亿元，宽带用户数达到 104.33 万户，移动用户数达到450.27万户，并逐步开展5G网络试点建设。有线数字广播电视网实现市区和行政村全覆盖，市区和行政村有线数字广播电视网覆盖率和普及率均达到100%。基础设施的加快升级和信息消费的持续扩大既带动了通信产业的整体发展，也为“十三五”期间信息经济各领域的加快发展提供了必要的保障。抢先布局覆盖全市、辐射全省的大数据和云服务基地，创博国际数据中心、省长三角金融后台基地、中国联通（德清）数据中心等大数据和云服务重大项目加快建设，如华为湖州云计算数据中心产业园项目中规划的新机房单体建筑正在稳步建设中，预计到2017年新机房将全面投入使用，目前已租用机柜开展前期业务；投资高达90亿元的中国联通（德清）数据中心与云计算基地目前已完成各级审批，预计2016年底可以进入施工阶段。这批重大项目的实施为加快全市大数据应用和产业化发展打下了良好的基础。

（四）智慧城市多层推进，管理服务水平明显提升

以“智慧湖州”为载体，湖州积极推进智慧政府、智慧民生、智慧产业三大领域信息化应用，在政务办公、城市管理、视频监控、农业生产、医疗服务等方面开展了卓有成效的工作，入选“2015中国十大智慧城市”。尤其是“智慧织里”作为省级智慧城市试点示范项目，聚焦织里特色产业转型升级，以“智慧城市”的创新理念与新型城镇化建设相结合，重点建设新居民服务平台、社会综合管理平台、“智慧党建”平台、云服务中心等平台项目，在政府管理、公共服务、产业发展以及基础设施建设等方面成效明显。如在智慧医疗方面，湖州已建立城乡居民电子健康档案，累计完成电子健康档案41.8万份，并在县中医院开展远程会诊，建立了疫情网络直报、计划免疫、卫生监督、妇幼保健、新型农村合作医疗等信息系统，推进了“湖州健康服务平台”建设。

（五）“互联网+”新兴业态不断涌现

2016年以来，湖州市不断促进互联网跨界融合渗透，积极培育“互联

网+”新业态，促进信息消费快速增长，“互联网+”经济已经呈现引领发展的格局。一是“互联网+商务”。近年来，全市上下高度重视电子商务发展，农村电商、行业电商和跨境电商发展取得了积极成效。2015年湖州市电子商务交易依然保持强劲势头，浙江省电子商务促进中心发布的《浙江省2015年1~9月网络零售统计数据》显示，湖州市2015年前三季度电子商务发展成绩喜人，网络零售及网络消费增幅均居全省首位。2015年1~9月，湖州市共实现网络零售额138.40亿元，同比增长76.98%，高于全省平均增幅30.69个百分点，占全省总量的2.93%；市内居民网络消费额为104.59亿元，同比增长49.76%，高于全省平均增幅16.1个百分点，占全省总量的3.98%；实现网络零售顺差33.81亿元。“一馆一带两圈”建设成效显著，其中“湖州特色馆”自2014年9月启动后，共入驻商家218家，商品类别为420个，截至2015年9月，入驻商家成交金额超8000万元。“浙江织里产业带”（2012年9月上线）为全国首家入驻阿里巴巴的产业带，2014年交易额达65亿元，现有入驻商户3500家，2015年前三季度交易额超30亿元。“浙江安吉产业带”（2015年7月上线）现有入驻商户380家，目前成交额超4000万元。另建有“织里童装批发商圈”“浙江南浔建材市场”“湖州金牌商家”“长兴轻纺城纺织品交易商圈”四个阿里巴巴特色站点。此外，湖州市目前已建成多个垂直电商平台，据不完全统计有20余家，且发展态势良好，各种垂直电商平台运营模式层出不穷。有利用第三方平台的垂直电商运营模式，如湖州的“地方馆”和“产业带”；也有利用移动互联技术搭建移动电商平台的运营模式，如南浔的“幸福南西街”等。二是“互联网+物流”。湖州物流装备产业经历了制造从无到有、规模从小到大、布局从分散到相对区域集聚的上升过程，现已具备物流机械、电梯及配件、新型动力电池、驱动电机四大行业基础，形成装备制造、研发设计、智能配套、集成服务四大产业体系。三是“互联网+农业”。湖州市围绕“智慧农业”积极推进农业电子政务内网、12316云服务平台和农业应急指挥视频系统、现代农业地理信息系统等一批与“智慧农业”相关的重大信息系统项目。

三　湖州市信息经济与智慧城市融合发展的主要问题

面对新的历史机遇，湖州市信息经济与智慧城市融合发展呈现快速发展态势，但制约湖州市信息经济与智慧城市融合发展的问题依然存在。

（一）信息产业发展水平不高

全市电子信息产业的行业结构不合理，低质量、低效益行业占比过大，以蓄电池、线缆、通用低端电子元器件等为代表的电子信息制造业产业链过短，处于价值链制造环节末端。近年来，湖州市信息产业规模呈现波动状态，利润率呈下降趋势。2014 年湖州电子信息制造业实现利润总额 22.11 亿元，利润率仅为 3.92%，远低于全市规模以上工业 5.92% 的平均利润率，部分蓄电池、线缆企业的利润甚至低至 1%，产业大而不强、新而不高的问题凸显。软件及信息服务产业结构同样不合理，处于信息服务业中上游的通信及基础服务所占比重过高，超过 90%，软件、电子商务、数字内容等产业比重过低，特别是支撑智慧城市发展的移动互联网、物联网、云计算、大数据等新一代信息技术产业的发展严重滞后。可见，信息产业虽有较大发展，但总体发展水平有待提高，后劲有待增强。

（二）智慧应用程度不深

湖州市各领域的信息化发展和信息化应用方面也存在层次较浅、模式不新等问题。从智慧城市的建设来看，存在各部门建设分散、参差不齐的问题，分散建设进一步带来了数据标准不同、系统难以打通、“信息孤岛”现象严重等问题。从“两化”融合来看，企业管理者对互联网新思维、新模式的接受速度较慢，主观上融合发展动力不足，导致出现信息化建设深度不足、单项应用集成不足、重设备投入轻管理体系建设等问题，使“两化”融合难以达到最佳效果。从新业态来看，尽管电子商务普及较快，但对 O2O、C2B 等新模式在农业、服务业等领域的探索应用不足，传统行业与信息技术的融合仅停留在“＋互联网”的初级阶段，远未达到“互联网＋”。

（三）网络基础设施建设不完善

湖州市网络基础设施和感知网络建设水平较低，处于全省中下游水平。《2014年浙江省信息化发展指数研究报告》评估数据显示，2014年湖州市基础设施指数为0.781，仅列全省第8位。分项看，湖州实际出口带宽826Gbps，列全省第10位，仅为杭州（4220Gbps）、温州（4114Gbps）的1/5左右；固定宽带普及率为0.32个/人，列全省第7位；固定宽带端口速率为7.38Mbps，列全省第10位；移动电话普及率达到133.92部/百人，列全省第8位；市区公共场所的WIFI大多以商业化为主，免费WIFI建设相对滞后。总体来说，较为落后的信息基础设施难以支撑信息经济的快速发展和智慧应用的加快普及。

（四）创新要素支撑不足

湖州信息经济创新发展的环境氛围、要素支撑仍相对不足，亟待改善。湖州信息技术领域的科技创新体系相对落后，缺少高等院校和科研机构，科技创新体系有待优化；市级层面还没有设立并落实产业基金，对信息经济项目的招商引资力度不够；对于人才的吸引力仍显不足，人才政策还停留在传统方式上，对高层次人才全方位需求的满足能力不强，人才留用问题突出；在创业创新环境方面，湖州市对发展信息经济的舆论宣传力度不够，且缺乏总体发展愿景，难以成为创新创业的首选地。

四　加快推进湖州市信息经济与智慧城市融合发展的若干对策

（一）优化基础设施，夯实信息经济与智慧城市融合发展的基础

1. 提升宽带网络

以创建“宽带中国”示范城市为抓手，加快城市光纤宽带网络发展，

积极组织实施一批信息基础设施建设重大项目，持续增强面向核心区域的光纤接入能力，深化无线宽带网络覆盖，实现湖州无线宽带网络全覆盖、城市重点公共区域的无线局域网深度覆盖，为公众提供更广泛的免费无线网络接入服务，力争使“宽带湖州”建设进入全国先进行列。

2. 推进“三网融合”

统筹构建基于云平台技术架构的新一代移动通信网，着力加强湖州市第四代移动通信（4G）基础设施建设，扩大 4G 网络覆盖，全面打造高品质 4G 网络，大力支持交互式网络电视、有线电视宽带服务以及手机电视“三网融合”业务，推动“三网融合”产业链协同发展，促进“三网融合”发展。

3. 加强应用支撑

围绕湖州现代物流装备、智能电梯、蓄电池等重点行业创新发展需求，加快行业云平台建设，引导企业数据向云计算平台迁移，促进大数据、云计算、物联网等在行业内的深度应用，加快推进华为云计算项目、创博数据中心、长三角金融后台基地等项目的建设，为全市信息经济发展提供平台支撑。

（二）强化信息引领，优先构建信息经济核心产业体系

1. 加快电子信息产业的发展提升

以长兴电子信息产业园、南浔电磁线集聚区、德清电子元器件集聚区等重点园区为载体，以实施省级电子信息制造业重点项目建设为抓手，积极组织推动集成电路、关键电子元器件、基础软件、新型显示等核心信息技术创新、研发和应用，提升产业创新发展水平，提高高端电子线、光纤光缆、光电晶体等智能信息材料的附加值和市场占有率。

2. 积极培育云服务、大数据产业

以湖州多媒体产业园、华东经济产业园区为载体，加速集聚云计算相关产业及项目资源，整体推进云计算产业发展，鼓励国内外相关机构在园区建设面向云计算领域的专业孵化器，发展政务云以及工业云、物流云等行业专

有云，加快开发基于云的应用服务，着力打造云产业生态系统。围绕大数据全生命周期，构筑数据存储、数据备份、数据传输、数据挖掘、数据分析和数据服务的大数据产业链，加快引进和培育一批具有竞争力的大数据龙头骨干企业，促进大数据关键技术的研发和大数据产业的快速发展。

3. 全力推进地理信息产业发展

以地理信息产业小镇为载体，围绕地理信息的数据处理和应用两大环节，以地理信息产品开发利用、关键技术突破、产业集聚发展、体制机制创新为重点，着力引进一批软件研发、信息导航等方面的高端项目，推动地理信息企业的集聚发展和创新发展。积极推进智能终端产业发展。以南太湖科技城为核心，积极协调推动开发区北斗卫星导航系统产业园项目的落地，加快北斗移动智能终端（手机）应用信息系统平台、芯片（手机）研发实验室等建设，加快北斗系统终端产品研发，推进北斗系统在重要行业领域和其他民用行业的规模化应用推广。

（三）深化智慧应用，打造信息经济发展新引擎

1. 促进电子政务智慧化转型

加快建立全市统一的电子政务云平台，统一应用云计算服务，实现对各个业务系统数据的集中，促进电子政务的集约化建设。全面整合人口、法人、宏观经济和地理信息四大基础数据库，建成统一的政务信息资源共享交换平台。

2. 全面提升城市管理的智能化水平

以建设国家级生态文明先行示范区为契机，进一步完善环境监管、环保政务、公共服务和环保应急联动指挥等方面的应用系统建设，实现对湖州生态环境的全方位监管和保护。紧抓“五水共治”战略新机遇，以织里镇特色童装、新型纺织、羊绒羊毛、铝型特材、微特电机等主导产业整治为重点，对重点城区和重点生产单位实施智能化、网络化、精细化管理，营造清洁、集约、绿色的城市生活环境。

3. 大力推进民生领域的智慧化应用

着力推进养老信息服务、居民健康信息共享、教育信息惠民、物联网治安防控、交通信息服务等民生领域的信息化项目建设，提升城市智慧化管理和服务水平，打造“平安、兴业、宜居”的现代化智慧型小城市。

（四）破解“信息孤岛”，加快发展“互联网 +”新业态

1. 推进“云化湖州”建设

加强云设施的规划建设，实行基础设施与安全保密设施同步规划、同步建设、同步使用。科学规划云数据中心选址布局，按照国家规定的数据中心能耗标准，加快推进华为云计算项目、创博数据中心、海瑞数据中心、联通金融数据中心、长三角金融后台基地等项目的建设，为全市信息化发展提供平台支撑。统筹全市云计算数据中心发展，积极探索跨区域共建共享机制和模式，布局建设一批公共服务、互联网应用服务、重点行业和大型企业云计算数据中心及远程灾备中心。加快各类云计算和虚拟存储设施平台规划布局，着力推动应用发展。

2. 积极推进“互联网 +”试点示范

在农业、制造业、服务业、社会民生等重点领域，加大资金投入力度，引导更多社会资本进入。大力促进以移动互联网、物联网、云计算、大数据为代表的新一代信息技术与各个领域的不断融合创新，分步骤组织实施一批“互联网 +”电子商务、“互联网 +”创业创新、“互联网 +”协同制造、“互联网 +”现代农业、“互联网 +”高效物流、“互联网 +”普惠金融、“互联网 +”绿色生态、“互联网 +”交通、“互联网 +”医疗等应用示范。

（五）完善要素保障，提升信息经济与智慧城市融合发展支撑力

1. 建立人才引育新机制

完善人才政策，引进和培养一批信息经济高端人才，创新合作方式，利用全球互联网的人才资源，不断吸引信息经济领域的领军型人才、特殊型人才、紧缺型人才来湖州创业创新。积极鼓励湖州市各类高等院校设置电子商

务、集成电路、工业设计、云计算、大数据、物联网等专业，建立信息经济研究机构，通过联合制订培养计划、优化专业课程和建立实训基地等形式，建立信息经济骨干企业与高等院校联合培养人才机制。积极引进国内外有实力的信息经济人才教育培训机构，强化信息经济领域继续教育和在职培训。

2. 健全完善投融资体系

加快推行 PPP 模式。智慧城市建设是一个长期过程，投入成本高，跨多个利益相关方，而且收益会更多地体现在长期社会效益而不是短期经济效益上。所以，必须找到健康长效的商业模式。建议湖州市有关部门在现有相关规定的基础上，研究先进实践经验，出台智慧城市领域推行 PPP 模式的规范和指导意见，以融合政府和社会资本。加大产业基金支持力度。设立湖州工业和信息产业基金，重点支持信息经济重大生产力布局项目、关键环节产业链项目和高成长信息经济企业，鼓励社会资本投资信息经济重大项目，鼓励民间资本发起设立各类信息经济产业基金。优先支持信息经济企业发行债券和上市，支持信息经济基础设施建设项目开展股权和债券融资。鼓励引进国内外战略投资、风险投资、私募股权投资等机构在湖州市设立独立法人机构，对参与湖州市信息经济企业战略投资的机构给予支持。鼓励引导有实力的传统企业通过各种方式投资发展信息经济，对投资活跃的企业主体在要素资源市场化配置和各类评选表彰等方面给予重点倾斜。

3. 多举措保障项目用地

积极争取信息经济重大项目用地指标，健全土地的市场配置机制以及土地的价格形成机制，推进城市土地资源的不断优化和集约。通过盘活土地存量的方式利用好土地资源。提高信息经济企业用地比例，增加信息经济用地储备，优先安排信息产业集聚区、特色小镇等重点领域的用地。

（六）健全管理机制，增强信息经济与智慧城市融合发展推力

建立市信息经济与智慧城市融合发展工作领导小组，与市信息化建设工作领导小组合一，由市政府主要领导担任组长，相关市领导任副组长，统筹协调信息经济与智慧城市融合发展工作，领导小组下设办公室在市经信委，

进一步强化工作职能，优化机构设置，配强力量，加大工作推进力度。加强市经信委有关信息经济与智慧城市融合发展的内设机构建设，抓好有关融合发展的政策制定、专项规划、统筹协调、督促检查、考核指导等工作。各县（市、区）要加强融合发展的工作力量配备，并制订相应实施方案。市级有关部门要根据相应职责，制订具体工作方案，明确分工，落实责任，形成上下联动、分工协作的工作网络体系，合力推进融合发展工作。发挥行业协会（商会）作用，促进行业间、上下游产业间的技术、经济合作和交流。建立信息经济与智慧城市融合专家咨询委员会和重点领域专家指导组，为全市信息经济与智慧城市融合发展提供技术咨询和专业指导。

B.5

嘉兴市信息经济与智慧城市发展研究

嘉兴市社会科学界联合会课题组 *

摘　要：　本文从嘉兴市信息经济与智慧城市发展调查出发，阐述了二者融合发展的基本情况和存在的问题，对嘉兴市信息经济与智慧城市的发展趋势做了分析，并就发展重点领域和发展格局进行了分析，最后提出了嘉兴市信息经济与智慧城市的发展路径和保障措施。

关键词：　信息经济　智慧城市　发展预测　嘉兴

信息经济是以信息技术为先导、以信息产业为基础、以信息资源为支撑、以提供信息技术产品与信息技术服务为主要内容，促进经济社会可持续发展的一种新型经济形态。当前，信息经济浪潮席卷全球，正成为各国抢占未来科技经济发展制高点的战略选择。为抢抓新一轮信息技术革命机遇，浙江省委、省政府相继出台了《关于加快发展信息经济的指导意见》《关于建设信息化和工业化深度融合国家示范区的实施意见》《关于促进信息消费扩大内需的实施意见》等一系列政策文件，把发展信息经济作为拉动全省经济转型升级的重中之重加以推进。围绕国家级信息惠民城市、国家级信息消费城市、全国"新型智慧城市"标杆市等试点，以及乌镇世界互联网大会永久会址，加快发展信息经济和智慧城市，是嘉兴市深入贯彻落实省委、省政府的战略决

* 课题组组长：黄允钰，嘉兴市社会科学界联合会副主席；唐铁球，嘉兴学院商学院副教授、博士。

策和部署，顺应新一轮科技革命与产业变革趋势的必然要求，也是嘉兴市主动适应新常态，加快构建现代产业体系、推进经济社会转型升级的重要途径。

一　嘉兴市信息经济与智慧城市发展的基本情况

（一）信息基础设施渐趋完善

近年来，嘉兴市紧抓作为电信联通4G国家试点城市和乌镇世界互联网大会永久会址的机遇，着力加强宽带网络改造，推进信息基础设施建设，基本构建起立体化现代通信基础网络体系。一是“光网城市”建设深入推进。截至2014年底，全市固定宽带家庭普及率达67.4%，光纤到户覆盖家庭172.9万户，光纤网络在全国率先实现所有自然村全覆盖，4M及以上宽带用户渗透率达88.4%。二是公用移动通信基站建设成效突出。电信、移动、联通三家主要电信运营商累计建设2G、3G、4G基站13950座，其中3G基站逾2300座，3G网络基本实现全市覆盖；4G基站逾6000座，4G网络基本覆盖乡镇与行政村，人口、面积覆盖率均达98%以上。三是“三网融合”进展顺利。移动电话、有线电视数字化、固定互联网用户整体转换率等指标均居浙江省前列，实现了由模拟电视向数字电视的整体转换，城乡之间“数字鸿沟”明显缩小，通信能力不断增强。2014年，嘉兴市信息化发展指数达0.909，列浙江省第1位。其中，基础设施分类指数为0.841，列全省第2位。

（二）电子信息产业稳步提升

信息产业按产业结构可分为电子信息制造业、软件和信息技术服务业两大类；按产业发展的历史阶段可分为传统信息产业和新兴信息产业两大领域。其中，新兴信息产业包括下一代通信网络、“三网融合”、物联网、高性能集成电路、新型平板显示等。经过多年的快速发展，信息产业已成为嘉兴市工业经济的支柱产业之一，总量居全省前列，仅次于杭州和宁波，在通信电子、新型元器件、光伏、光机电及软件等领域都有较强的规模优势。

2014 年，全市电子信息制造业拥有规模以上企业 349 家，完成工业总产值 786.9 亿元，同比增长 11.6%；实现利润总额 44.3 亿元，同比增长 25.5%。电子信息制造业产值占全市工业总产值的 11%，利润占 12.1%。软件和信息技术服务业实现业务收入 25.1 亿元，同比增长 11%，成为嘉兴市信息产业新的增长点。2015 年，全市入选全国电子信息百强企业 2 家（晶科能源、闻泰通讯），入围中国电子元件百强企业 3 家（天通控股、佳利电子、嘉康电子）；入围浙江省电子信息制造业重点企业、信息出口重点企业、成长性特色企业数量分别达到 5 家、2 家、10 家。

（三）电子商务健康快速发展

作为一种新的商业模式，电子商务通过提供新的服务、市场与经济组织方式，有力地促进了传统产业的转型升级，成为中国战略性新兴产业的重要组成部分。近年来，嘉兴市电子商务保持了良好的发展势头，规模不断扩大，质量水平逐渐提高。2014 年，全市实现网络零售总额 678.89 亿元，同比增长 37.44%；网络零售总额占全省的比重为 12.03%，列全省第 3 位。一方面，网络零售主体平稳增长。截至 2014 年底，全市拥有电商规模企业 60 多家、淘宝店铺 13.6 万家、天猫店铺 2000 多家，店铺数量列全省第 4 位。五芳斋、洁阳家居、嘉欣丝绸、成泰镜业等企业的单品销售在天猫商城占据龙头地位。另一方面，电商产业园建设发展迅速。目前全市已建立了 10 余个电商产业园，实现了电商企业集成、集群、集聚发展，建设成效显著。如嘉兴电子商务产业园被评为浙江省电子商务十大产业基地、省级电子商务示范园区。截至 2015 年 8 月 31 日，园区已集聚引进麦包包、佐斯登、健一网医药电子商务平台、赛贝斯移动云计算技术中心等电商及电商服务企业 200 余家。2015 年 1 ~ 8 月，园区已实现网上销售额 15.7 亿元。

（四）信息消费规模持续扩大

信息消费是一种直接或间接以信息产品和信息服务为消费对象的经济活动，主要包括居民生活性消费、企业生产性消费与政府公共服务性消费。近年来，嘉兴市通过深化信息技术在社会公共管理服务领域的应用，不断激发居民、企业与政府的信息消费需求。一是成功创建信息消费与信息惠民国家试点城市。由于拥有较为完备的信息基础设施、兴旺发达的信息产业和初具雏形的智慧城市三大优势，2014 年嘉兴市被列为全国首批国家信息消费试点城市和首批国家信息惠民试点城市。二是居民信息消费稳步增长。2015 年上半年，全市居民网络消费总额达 99.94 亿元，同比增长 53.05%，消费总额占全省的比重为 7.27%。2015 年上半年嘉兴市城镇居民人均可支配收入在全省总量中排在第 8 位，增速排在第 7 位，网络消费额增速居省内前列，仅次于宁波和衢州，高于全省平均增速 4.65 个百分点。三是城市信息消费体验工程建设取得明显成效。电信、移动、联通三大运营商的数字体验中心初步建成，卡森、雅莹等企业创建了城市信息消费综合体验馆，逐步建立起网络营销和实体销售体验融合发展的消费模式。嘉欣丝绸也已投资 130 万元建成 100 平方米的产品体验馆。

（五）“两化”融合深度推进

近年来，嘉兴市按照“市场导向、企业主体、政府主推”的原则，探索形成了具有嘉兴市特色的“两化”深度融合新路径，工作成效显著。2014 年，嘉兴市“两化”融合发展总指数为 68.06，列全省第 4 位。其中，基础环境指数、应用效益指数、工业应用指数分别列全省第 1、第 3、第 5 位。一是政策支持体系逐渐完善。近年来，制定了《嘉兴市信息化和工业化深度融合实施方案（五大专项行动计划）（2014～2017 年）》，组建了嘉兴市第一批 6 家“两化”深度融合技术服务指导组；制定了《嘉兴市企业首席信息官管理办法》，开展了首批 50 家企业首席信息官试点。二是创建示范试点成效显著。海宁市被列为浙江省“两化”深度融合国家示范区，桐乡市被列为省“两化”深度融合综合试点市，嘉兴市南湖区被列为省“两化”深度融合国家示范区装备电子产业基地，嘉兴市港区化工新材料、海宁皮革和平湖光机电产业被列入省产业集群“两化”深度融合试验区，雅莹和巨石被列为国家级“两化”融合示范企业，等等。三是区域发展水平呈现一定差距。嘉兴市区、县（市）“两化”融合发展水平由高到低可分为三个梯队：第一梯队是海宁市，总指数达 70 以上；第二梯队是桐乡市、平湖市、海盐县、秀洲区，总指数为 60～70；第三梯队是经开区、南湖区、港区、嘉善县，总指数为 59 左右。

（六）智慧城市试点建设不断加快

“智慧城市”是信息化和城市化深度融合的必然结果，是以智慧产业、智慧服务、智慧管理、智慧生活等为重要内容的城市科学发展新模式。近年来，嘉兴市加快推进省首批智慧城市试点项目和中欧绿色智慧城市合作试点城市建设，取得了一定的发展成效。一方面，成功创建了国家“新型智慧城市”建设标杆市。2015 年，依托较为完备的信息基础设施、兴旺发达的信息产业、初具雏形的智慧城市，以及乌镇世界互联网大会永久会址等优势，嘉兴市被列为全国三线城市中的“新型智慧城市”建设标杆市。另一方面，深入推进重点领域智慧化应用。2011 年，嘉兴市在全省率先制定了智慧城市发展规划，有序推进智慧政务、智慧健康、智慧教育等领域的建设。在智慧政务方面，开设了网上政务大厅，实现了行政审批等政务服务“一站式”网上办理；完成了市政务云平台建设，实现了远程系统访问操作和资源申请部署等。在智慧健康方面，开通了“嘉兴市掌上医院”，为市民提供了专家查询、预约挂号、报告查阅等服务；启动了“银医通”，实现了门诊自助挂号、诊间自助结算等。在智慧教育方面，开启了智慧教育“在线课堂”，为全市中小学生打造了一个高效、高质的在线学习平台；开通了嘉兴市“微教育手机报”，以彩信形式及时为家长提供政策解读、教讯快播等。

二　嘉兴市信息经济与智慧城市发展存在的主要问题

（一）信息技术人才匮乏

信息经济与智慧城市建设的核心资源是人才，但嘉兴市人才培养和引进长期陷入“内忧外困”窘境。《2014年浙江省信息社会发展水平评估》报告显示，在全省11个地市中，嘉兴市信息社会发展水平居全省第5位，其中文化教育指数居全省第7位，发展水平低于全省平均水平。一方面，信息技术人才培养体系尚未形成。嘉兴学院开设的与信息经济相关的专业仅计算机、网络工程、电子信息工程、机电一体化、电气工程5个专业，每年信息技术专业的毕业生达400余人，远不能满足嘉兴市信息经济与智慧城市的发展需求。同时，嘉兴市缺乏市场化的信息技术人才培养机构和培养机制，亟待建立本地化的人才培养体系。另一方面，人才“引不进、留不住”的现象十分突出。在与周边城市的人才争夺战中，受产业结构、城市能级、发展空间等因素影响，嘉兴市一直处于劣势，对中、高端管理和技术人才缺乏吸引力，已落户的企业中技术人才流失严重，即便是嘉兴学院的毕业生也仅有1/3长期留在嘉兴市，人才问题成为嘉兴市发展信息经济与智慧城市的首要难题。人才短缺导致信息化与工业化、城镇化、农业现代化的融合难以深入。同时，高端人才的缺乏，也在一定程度上影响了嘉兴市信息消费的力度。

（二）产业体系尚待完善

电子信息产业，特别是新一代信息技术产业从培育到应用是一个相互联系的产业生态整体，虽然近年来嘉兴市电子信息产业得到了较快的发展，但总体上技术水平还不高，产业体系尚不完善。一是自主创新能力不强。总体来看，嘉兴市电子信息产业企业整体规模偏小，科技创新投入不足，在核心芯片、基础软件和关键器件上自主创新能力偏弱，核心竞争力较为缺乏。目前嘉兴市电子信息产业还没有一家企业建有国家级企业技术中心，参与制定国家标准、行业标准的企业不多，大部分企业对研发设计和品牌建设等投入不足，缺乏自主知识产权和知名品牌。二是产业层次有待提升。嘉兴市电子信息产品主要集中于电子元器件、LED等相对较为传统的制造业领域，且多为组装加工，总体处于传统领域价值链的末端。虽然形成了物联网、移动互联网、云计算、大数据等新兴电子信息产业，但其产业规模、集聚水平、技术层次、应用的深度和广度均有待提升。三是公共服务亟待完善。当前嘉兴市公共服务体系与杭州、苏州、宁波等地还有较大差距，城市基础设施、医疗水平、教育水平、文化娱乐设施、公共活动空间等公共设施相对落后，商务服务、金融服务、信用评级、技术评估、人才服务等第三方服务机构较为缺乏，尚不能有效支撑嘉兴市信息经济与智慧城市的发展。

（三）市场应用带动不强

本地市场的应用带动是培育信息产业，特别是新一代信息技术产业的重要力量。嘉兴市作为全国首批信息消费试点城市，具备良好的信息消费基础，但当前信息技术在嘉兴市各领域中的整体应用水平不高。一方面，政府、医院、学校等公用领域的市场带动作用不明显，尤其是政府部门在信息产业，特别是新一代信息技术产业培育中尚未形成应用带动的格局，在政府采购中对本地企业创新产品倾斜力度不足，同时缺乏强有力的市场推动政策，以鼓励公用部门与本地信息经济新业态企业的供需对接；另一方面，由于缺乏有效宣传与市场对接平台，嘉兴市个人和企业消费者对信息技术产品与服务缺乏深入了解、应用体验和消费习惯，私有部门的信息消费市场尚待培育，也使得嘉兴市本地市场对信息技术产业的应用带动作用不强。

（四）智慧城市统筹欠佳

智慧城市建设是一个综合性的复杂的巨系统，具有要素复杂、相互作用、应用多样、不断演进的基本特征。近年来，嘉兴市智慧城市建设取得了积极进展，但也暴露出缺乏顶层设计和统筹规划、信息碎片化现象突出、空心化风险较大等问题。一是规划统筹不足与技术标准缺乏。嘉兴市部分部门虽然制定了各自领域智慧经济的发展规划，但由于市级层面的统筹不够，部门间协调不足，使得“智慧孤岛”现象在一定程度上依然存在。而且因为缺乏统一的智慧城市建设标准，各系统之间的互通、互联、互操作也难以得到有效保证。二是信息碎片化现象突出。智慧城市的建设亟须实现各类信息的开放、交换、共享与融合，但受地域、类别、部门、行业等因素的影响，嘉兴市相关行业、部门、系统、群体之间数据开放、交换和信息共享程度较低，信息服务的产业化、智能化、便捷化、高效化水平不高。三是空心化风险较大。近年来，在推动智慧城市建设的过程中，嘉兴市过于关注物联网、云计算等先进软硬件设施的购置，而相对忽视了智慧城市建设的战略目标与实际效果，投入产出比较低，缺乏应用实效，建设空心化风险较大。

三　嘉兴市信息经济与智慧城市发展的趋势分析

（一）新一代信息网络持续升级，将助推信息消费快速扩张

随着“宽带中国”战略的深入实施，新一代宽带信息网络持续升级，将激发全社会巨大的信息消费潜力，从而成为经济增长的有效驱动力。根据“宽带中国”战略发展目标与发展时间表，到2020年，全国固定宽带用户达4亿户，家庭普及率为70%，光纤网络覆盖城市家庭；3G/LTE用户达12亿户以上，用户普及率为85%。行政村通宽带比例达98%以上；城市和农村家庭宽带接入能力分别达50Mbps和12Mbps，50%的城市家庭用户达100Mbps，发达城市部分家庭用户可达1Gbps，LTE基本覆盖城乡；互联网网民规模达11亿人，宽带应用服务水平和能力大幅提升。新一代信息网络的持续升级，将加快信息技术应用和服务新业态的竞相迸发，促进居民生活性信息消费、企业生产性信息消费和政府公共服务性信息消费的快速扩张，从而有效地提升生产效率和促进经济增长。研究表明，宽带普及率每提高10个百分点，GDP可提高1.3%，制造业生产效率提升5个百分点，服务业生产效率提升10个百分点；宽带速率每提高1倍，GDP可提升0.3%。因此，嘉兴市需要充分利用作为“宽带中国”示范城市、电信联通4G国家试点城市与世界互联网大会永久会址的机遇，着力加大信息基础设施建设力度，加快宽带网络改造，推动新一代宽带信息网络的覆盖面持续扩大，速率不断提高。

（二）互联网新业态不断涌现，将助推信息经济大发展

随着信息技术的发展，以智能化、数字化、信息化、融合化为特征的第

三次工业革命方兴未艾，社会发展进入了互联网经济时代。在互联网经济时代，经济主体的生产、消费等经济活动，以及政府职能部门与金融机构等主体的经济行为与信息网络的关系越来越紧密，从而带动产业形态、生产方式、运营模式、技术创新模式等发生深刻变革，催生了电子商务、移动互联网、互联网金融、大数据、云计算等一批新业态。互联网经济新业态是信息经济的重要组成部分，并能为“两化”深度融合提供强大的技术支撑，提高工业各领域的信息化、智能化水平，也能促进企业信息化从单项应用向局部集成应用、全面集成应用发展。其中，高效的互联网金融还能为信息经济的创新与发展提供便捷有效的资金保障。通过相关产业技术与内容的创新应用，能有效提高嘉兴市信息产品的供给能力，拓展信息消费领域，丰富信息消费内容，提升信息产品与服务的便捷性和安全性，加快促进信息消费。互联网经济新业态将成为推动嘉兴市信息经济大发展的重要力量。嘉兴市应把握产业变革的历史机遇，大力培育发展互联网经济新业态，积极打造发展新引擎，促进产业发展、技术融合与转型升级。

（三）“互联网+”模式全面渗透，将助推经济提质增效

当前，世界互联网发展正进入引领转型、变革创新、泛在普及、深度融合的发展新阶段，对各国生产生活方式、经济社会运行、公共服务模式将产生全局性、根本性影响。李克强总理在2015年政府工作报告中首次提出制定与实施“互联网+”行动计划。“互联网+”是将互联网创新成果深度融入经济社会的各个领域，形成以互联网为创新要素与基础设施的经济社会发展新形态，已经成为推动跨界融合、培育新兴业态、优化公共服务、提升实体经济创新力和生产力的重要力量。根据国务院《关于积极推进“互联网+”行动的指导意见》，到2025年，网络化、智能化、服务化、协同化的“互联网+”产业生态体系基本完善，“互联网+”新经济形态初步形成，“互联网+”成为经济社会创新发展的重要驱动力量。嘉兴市作为信息消费国家试点城市、信息惠民国家试点城市、“宽带中国”示范城市、国家“新型智慧城市”建设标杆市与世界互联网大会永久会址，在信息基础设

施、信息产业、信息技术应用等方面具备一定的先发优势，为“互联网+”奠定了良好的发展基础。嘉兴市应把握好“互联网+”的重要历史机遇，增强认识、找准方向，推动移动互联网、云计算、大数据、物联网在制造业、服务业、农业、公共服务等领域的全面渗透与深度融合，打造发展新优势，加快经济提质增效升级。

（四）信息化重塑城市空间，将助推智慧城市试点建设

信息经济时代将重新定义城市居民基于物理空间的传统生活、工作、交流方式，代之以基于新一代信息技术的以网络空间为载体的新模式。网络空间为城市建设、运行、管理与公共服务等领域的智慧化发展提供了新的映射维度。国家对城市智慧化发展给予了高度重视，从2013年开始分三批确立了近300个国家的智慧城市试点。部分地区的智慧城市建设已经取得了初步成效。例如，无锡市利用物联网技术为社区居民电动车安置“车卫士”，实现电动车报警信息、控制信息与车主手机实时联动；实时提供停车泊位使用状况、停车场位置和诱导路径，以及出入自动收费服务，极大地提升了停车效率。2015年，嘉兴市被国家网信办列为全国三线城市中的“新型智慧城市”建设标杆市。嘉兴市智慧城市建设在经历了初期信息基础设施大规模建设部署后，未来将呈现以下三方面的发展趋势：一是绿色、低碳的城市建设成为主旋律，市场配置资源的效率将大幅提升；二是以提升公共服务质量、满足城市居民需求为根本出发点，城市公共服务水平将显著提升；三是现代信息技术应用创新全面渗透于政务信息化管理领域，政府治理现代化水平将明显提升。

四　嘉兴市信息经济与智慧城市发展的重点领域和格局

（一）嘉兴市信息经济与智慧城市发展的重点领域

1. 优先发展信息产业

立足嘉兴市现有信息产业基础，充分发挥国家级、省级科研机构和科技

创新平台优势，重点发展智能终端、装备电子、光伏、集成电路与新型元器件、物联网、云计算、软件和信息服务七大领域，使嘉兴市成为浙江省信息产业集群发展的重要基地。

智能终端。依托德景电子、闻泰通讯等大型通信设备制造商，重点发展基于移动互联网的手机智能终端、移动通信产品、应用类通信产品、光通信及配套产品、智能家电产品，推动手机制造逐步向品牌智能终端发展。依托佳利电子等通信元器件制造商，加快北斗系统芯片和终端产品研发，在国民经济关键领域、行业以及公共服务和大众市场实现规模化应用推广。培育发展平板电脑、多功能助听器、智能家居控制、可规模商用的多类型可穿戴设备等智能终端产品。夯实智能终端制造产业集群各细分产业协作凝聚性与模式创新性，推动产业链各环节相互带动、相互促进，加快共性关键技术创新突破，实现产业链全线升级，打造国内一流智能终端制造产业集聚区。

装备电子。重点发展微电子设备、微加工设备、环境监测、声学仪器、海洋仪器、光伏装备、LED 装备、电子材料装备、医疗电子仪器等。培育发展自动化控制整机及成套设备制造。依托浙江中科院应用技术研究院物理所、微电子所，重点研制光伏、LED 封装成套等离子装备高、精、尖、特装备，大规模应用嵌入式软件、数据总线等技术实现装备的智能化和一体化。依托浙江清华长三角研究院先进制造研究所，紧抓“机器换人”战略机遇，培育工业机器人龙头企业，加快研制焊接机器人、智能立体搬运机器人、高精度伺服电机等。依托“两院”的技术研发团队，围绕重大智能制造成套装备研发和智能制造技术的推广应用，重点突破智能仪表、智能机器人、智能控制等领域的共性关键技术。

光伏。加强晶科能源、昱辉阳光等大型光伏制造商与上海交通大学、浙江大学等光伏技术研发实力较强的科研院校合作，重点发展长寿命、高转换率、高性价比电池片，加强新型聚光太阳能、薄膜太阳能、黑硅太阳能等新一代太阳能电池及组件的开发，提高电池转换效率方面的技术水平。重点研发光伏控制器、逆变器、离网控制逆变器一体机等光伏发电和集成关键产品，培育发展双向电表、储能装置等应用产品；加快建设多晶硅、电池片和组件、薄膜电池领域的光伏应用系统检测、认证等公共服务平台，逐步形成完整的产业链。加强低反射率的绒面制备技术、选择性发射极技术及电极对准技术、等离子体钝化技术、低温电极技术等的开发应用。

集成电路与新型元器件。充分利用长三角地区集成电路的区域优势和产业转移趋势，以现有的集成电路设计基础为突破点，大力发展音频功放芯片、北斗卫星导航射频芯片、光通信芯片、绝缘栅双极型晶体管（IGBT）芯片和模块等。依托中国科学院 EDA 中心，促进 AB 类、D 类音频功率放大器、模数转换器芯片、无线通信系统、锂电充电芯片、LED 驱动芯片等方面形成全方位产业能力，与嘉兴本土企业合作建立生产基地。配套通信制造业的发展，大力发展电子设计自动化（EDA）、可编程逻辑控制器（PLC）、大规模集成电路等相关行业。运用新一代信息技术发展新型、关键电子元器件，大力发展新型片式化、集成化、小型化高端电子元件，重点发展电力电子器件（IGBT）、新型电声元件、新型频率元器件，以及半导体发光二极管（LED）外延片、芯片和照明器件等。

物联网。依托嘉兴科技城“中国科学院嘉兴无线传感网工程中心”和浙江清华长三角研究院信息技术研究所的科研力量，以万科思、西谷数字等行业龙头企业为骨干，重点发展各种应用领域的传感器关键技术及产品，结合芯片和软件等关键技术形成各种应用体系，以无线传感网为核心研制物联网产品和整体解决方案。抓住实施“厂联网”“机联网”工程和国家“新型智慧城市”建设标杆市试点契机，在智慧安防、智慧环保、智慧安监、智慧交通、智慧城管等项目中积极推广应用，以应用带动产业化发展。重点培育万科思、西谷数字等行业龙头企业，在安防和智能楼宇等领域达到国内先进水平。配合信息化与工业化融合推进，着力研发工业生产环境领域的传感网络，开展“工厂物联网”改造行动，加快提升企业生产设备的智能化水平。

云计算。紧紧抓住嘉兴泰格数据管理中心项目、中国航信中央企业（嘉兴）共用信息（灾备）服务中心项目、嘉善浪新微软大数据产业港项目建设的机遇，积极寻求与阿里巴巴、亚马逊、谷歌等合作的机会。依托浙江清华长三角研究院、浙江中科院应用技术研究院重点突破虚拟化技术、云数据库和中间件技术、云数据中心绿色节能技术、云应用软件开发技术、云安全技术等核心技术。重点研发基于云计算的传感器、服务器、存储系统、操作系统、网络装备、大数据智能信息处理系统以及相关核心软件。支持公共云计算服务平台建设，吸引国内外云工程与云服务企业在嘉兴市设立区域总部，围绕“两化”融合和信息消费，培育一批云服务中小企业。

软件和信息服务。围绕“两化”深度融合，加快推动传统产业转型升级，大力研发面向工业控制、纺织机械、仪器仪表、数控设备、汽车电子等的嵌入式软件产品。在物流交通、文化教育、医疗卫生、环保监测、旅游餐饮、电子政务等领域，积极发展面向下一代互联网、“三网融合”、物联网的嵌入式软件、行业应用软件，开发基于移动智能终端的 APP 应用软件。培育和引进与工业控制、智能芯片应用设计、嵌入式可编程控制系统、新兴产业领域专用控制系统等自动化控制应用相关的研发企业。着力发展金融信息服务、电子商务服务、数字内容服务、信息技术增值服务等。

2. 深入推进信息技术应用

围绕电子商务、“两化”深度融合、智慧城市和信息消费发展，深入推广信息技术在嘉兴市经济社会各个领域、各个层次的应用，加快健全电子商务服务体系，不断深化电子商务应用；推进企业、行业与区域三个层面的“两化”深度融合；完成“智慧城市”顶层设计，加快推进重点领域的智慧应用，激发信息消费新需求，使嘉兴市成为信息技术应用的特色高地。

（1）提升发展电子商务

深化电子商务应用。全面推动电子商务的深化发展与普及应用，重点提升纺织、服装、化纤、皮革、箱包等传统行业电子商务应用。加快传统品牌企业电商化转型步伐，实施品牌电商化和电商品牌化战略。推进企业间基于电子商务的供应链协作，实现信息系统和业务流程互联互通。支持企业在第三方平台开设专营店、旗舰店，通过线上线下融合发展扩大市场份额。推进实体市场依托第三方平台或自建平台，建立工业品网上批发和分销体系，通过网络市场互动发展拓展销售。鼓励发展跨境电子商务，建立跨境电子商务产业园及网购网税等新兴通关模式，推进跨境电子商务与上海自贸区接轨。

健全电子商务服务体系。依托皮革、纺织、服装、机械制造等传统产业集聚区，以及濮院洪合毛衫城、海宁皮革城等专业市场，引导龙头企业、行业协会等主体，打造电子商务联盟等公共服务平台。构建城市电子商务物流配送体系，完善分级分层的城乡物流配送网络，促进物流配送集聚集约发展，提高物流配送效率与质量。打造本地化生活服务电子商务平台，结合传统生活服务行业，运用网络渠道实现生活服务行业的电子商务化。推动重点商圈、重点企业应用移动电子商务，推动智能移动终端作为电子商务新的购物、支付终端的应用，营造安全、高效、便捷的移动支付购物环境。

（2）深入实施“两化”深度融合

大力推进工业企业“两化”深度融合。依托雅莹服装、巨石集团、嘉欣丝绸、加西贝拉等行业龙头企业，积极开展省级、国家级“两化”融合管理体系贯标试点，加快形成信息化环境下能够增强企业可持续竞争优势的新型能力。依托巨石集团、桐昆集团等省总部型企业“两化”深度融合试点企业，推进总部型企业“两化”深度融合，加快建立智慧型企业总部。依托产值超亿元工业企业，推行企业信息化“登高”工程，实施首席信息官（CIO）制度，开展企业“两化”融合水平评估和提升服务，引导企业信息化逐级登高发展。依托每年列入“小升规”计划的小微企业，实施中小微企业信息化水平提升计划，鼓励中小微企业在研发设计、制造加工、市场营销等关键环节的信息化应用，引导第三方服务机构建立面向行业企业的信息服务平台，为中小微企业提供技术创新、电子商务、信息咨询等全方位信息化服务。

扎实推进重点行业“两化”深度融合。在纺织、服装、化纤、皮革、箱包等传统行业推广应用虚拟化、数字化设计技术，引进电脑控制自动化设备，推动设计与设备集成控制、协同生产，实现产品的柔性制造。针对装备制造、电子信息等优势行业，推广应用数字化控制技术，集成应用一批数控装备，实现生产过程和制造工艺装备性能、功能的升级换代。针对造纸、化工、电镀、印染等高污染行业，建立能耗在线监测平台，实现工业主要污染物排放监测和工业固体废弃物综合利用信息管理，提高能源综合利用、污染源（物）监控和清洁生产的水平。针对电力、化工、建材、黑色金属冶炼等高能耗行业，推广生产过程的在线检测、优化控制、新型混合与分离等技术，实现精益化、清洁生产和绿色安全生产。

积极推进区域“两化”深度融合。积极推进海宁市省“两化”深度融合国家综合示范区、桐乡市省“两化”深度融合试点区和南湖区省“两化”深度融合国家示范区装备电子基地建设，逐渐缩小五县两区“两化”融合发展水平的差距。针对部分信息化基础设施较完善、信息化应用程度较高、应用效益较明显的镇（街道）先行开展市级“两化”深度融合示范镇（街道）建设工作，在总结经验的基础上逐步在全市推广。充分发挥嘉兴市港区化工新材料、海宁皮革和平湖光机电等省级产业集群（工业园区）“两化”深度融合试验区的引领示范作用，积极开展信息化公共服务平台完善、重点企业信息化应用水平较高、小微企业信息化应用较普及的市级“两化”深度融合示范工业园区（产业集群）创建工作。

（3）积极推进智慧城市建设

加快“新型智慧城市”标杆市建设。推进国家“新型智慧城市”标杆市和国家信息惠民试点城市建设，以大系统观、大安全观全力打造智慧新嘉兴，提升嘉兴的城市品质和知名度。抓住国家新型城镇化综合试点城市建设的机遇，以嘉兴、桐乡、乌镇为试点，创建市、县（市、区）、乡镇三级智慧城市建设联动机制，加快形成城乡区域一体化发展新格局。通过数据直接采集和共享交换等方式，建设集数据采集、管理、服务、支撑于一体的城市综合治理大数据中心，打造“智慧嘉兴”的数据心脏。通过视频等感知设备全面感知整个城市交通、公共安全、安全生产、精准人口、城市生命线、食品安全等城市综合运行状况，实现“精细精准”的智慧城市管理。将网络安全贯穿于新型智慧城市建设的全过程，创建集技术、管理和法律于一体的安全纵深防御体系，保证智慧城市的正常运行。

推进省级智慧城市试点工作。围绕省智慧交通试点项目建设，重点发展交通信息共用主平台、公共交通管理系统、公众出行信息服务系统、物流信息平台、路面交通状况监视与监测系统、静态交通管理系统等智慧交通系统。发展交通数据挖掘与市场化应用，鼓励企业创新商业模式与盈利模式，为市场提供智慧交通相关服务。围绕省智慧交通试点项目建设，依托国网嘉兴供电公司，结合嘉兴市光伏产业发展优势，集聚一批智慧电网产业企业，培育提供分布式光伏发电项目接入系统设计、居民光伏接入系统设计、全方位服务分布式光伏发电并网的市场化企业，创新运营模式，推广居民光伏发电并网和企业光伏发电并网。

推进重点领域智慧化应用。推进“智慧惠民”建设，通过城市治理大数据中心，发挥“互联网+”的动力引擎作用，整合“一卡、一号、一页、一窗、一屏”，为不同类型的服务对象提供均等化、优质化、个性化的公众服务，实现全程全时式服务。推进“智慧政务”建设，以市、县审批层级一体化改革试点为契机，通过统一的政务云服务平台逐步完成全市150多个部门和单位的公共权力和公共服务事项一张网运行，为公众提供线上线下、同城通办、一证通办、就近办理、主动服务等高效便捷的服务。推进“智慧环保”建设，借助物联网技术，以“海绵城市”试点为契机，提供智慧电力、节能减排、环境监测、水资源管理、园林绿化、质量检验等生态智能服务，创建“绿色生态”新型城市。推进智慧物流建设，紧抓浙江建设智慧物流中心的契机，重点支持嘉兴综合物流园、嘉兴现代物流园、嘉兴港区综合物流园、中国智能骨干网浙江嘉兴项目（菜鸟网络）、平湖独山港区综合物流园等信息化建设，大力建设智慧物流产业基地，打造长三角智慧物流产业中心。

促进信息消费升级。加快信息消费与信息惠民国家试点城市建设，促进电子商务、移动互联网、互联网金融在中小企业中的应用，联合相关企业、三大运营商和嘉兴华数，重点在医疗健康、数字内容、交通、购物、文教、环保、旅游等与居民生活密切相关的领域加大应用，推广在线医疗、移动医疗、移动商务、O2O、移动支付、在线教育、数字内容、地理信息服务等相关业务。以规范信息消费市场秩序为导向，依法加强个人信息保护，推进安全可信的信息消费环境建设。培养居民信息消费习惯，推进实施城市信息消费体验工程，健全三大运营商的数字体验中心，鼓励政企联合建设城市信息消费综合体验中心，打造全国信息消费示范城市。

（二）嘉兴市信息经济与智慧城市发展格局

按照新型城镇化发展的要求，依托现实机遇、经济基础、资源禀赋、区域特色优势，整合空间资源和发展要素，以嘉兴市南湖区、秀洲区、经开区、桐乡乌镇为重点，以嘉善县、平湖市为融入大上海的先导区，以海宁市、海盐县为特色产业发展区，布局四大产业基地、四个创业创新平台、三类特色载体，构筑覆盖城乡、产业链完备、特色鲜明、辐射强劲的信息经济与智慧城市发展空间新格局。

1. 四大产业基地

南湖电子信息产业基地。重点以嘉兴科技城、嘉兴工业园区、嘉兴国际创意产业园为载体，整合浙江中科院应用技术研究院、浙江清华长三角研究院等科研机构及入驻企业的资源，建设以移动智能终端、芯片设计、智能家居、物联网、车联网、云计算等产品为主的电子信息产业基地。同时，加快国际检验检测高技术服务业（嘉兴市）集聚区建设，打造集聚区综合性智能检验检测服务平台，推动智能检验检测高技术服务产业化、规模化发展。

中国（乌镇）互联网产业基地。以“一核一带多点”为布局，以大乌镇（含乌镇、龙翔）为互联网发展的引擎与核心，打造“乌镇街”“创客村”等众创平台，以从高桥到乌镇贯穿南北的“乌镇大道”产业融合发展带承接大乌镇支撑核的辐射，遵循错位竞争、差异化发展的原则，突出桐乡经济开发区、高桥科创园、高桥互联网产业孵化中心等重要节点，着力发展网络会展、智慧旅游、互联网教育、电商服务、特色电子信息制造（智能装备）、车联网、互联网金融等产业。

秀洲互联网应用示范基地。以秀洲光伏高新科技园为基础，努力构建光伏产业研发创新基地、光伏装备制造业基地、光伏云服务基地，重点培育光伏新能源、LED、电子信息等高新技术产业；以上海交大（嘉兴）科技园、中电科信息产业园为基础，集聚电子标签、网络出版、智能设计等互联网应用和服务企业；以智能家居产业园为载体，重点发展应用互联网技术的智能产品、解决方案，探索建设智能家居云服务平台；以嘉兴现代物流园区为载体，集聚发展基于互联网的智慧物流新业态。

嘉兴市经开智能制造基地。以嘉兴先进制造基地、嘉兴智慧产业创新园、阿里巴巴华东物流中心、富士康创新型云服务物流园为载体，着力发展以智能装备制造为核心的工业互联网以及北斗导航服务、跨境电子商务、智慧物流等，并依托嘉兴科技创业中心，重点培育软件及信息服务外包、电子信息、光机电一体化、新能源等高新技术企业。

2. 四个创业创新平台

海宁信息经济创业创新平台。依托海宁省级磁性材料电子信息产业基地，以海宁高新区和海宁科创中心等为载体，加快实现食品加工、机械装备、印刷包装三大传统产业互联网化，培育发展互联网嵌入式软件、硬件设备等战略性新兴产业及配套现代服务业；依托海宁省级跨境电子商务园区试点建设，整合海宁经开区、斜桥、丁桥等优势特色产业园功能，依托全产业链网络发展优势，加快发展皮革、家纺、经编等跨境电商产业。

嘉善信息经济创业创新平台。依托嘉善省级电子信息产业基地，以西塘智能终端制造园、嘉善科创中心、上海自贸区嘉善项目协作区等为载体，加强与上海自贸区外高桥保税区、虹桥商务区、张江高科技园区、浦东软件园区，以及上海交通大学国家技术转移中心等高校科研院所的对接与合作，重点培育发展数控机床、智能电视机、平板电脑零配件及整机，光纤、光缆及其原辅配套材料，以及电子信息、软件开发、3D 视频等高科技产业。

平湖信息经济创业创新平台。依托平湖省级光机电电子信息产业基地，以平湖临沪产业园区、张江长三角科技城、平湖孵化创业中心等为载体，加强与上海张江高新技术园区、上海交通大学先进产业技术研究院等高校科研院所的对接与合作，加快培育发展电子与信息技术、新材料、智能制造、互联网服务和应用等产业。

海盐信息经济创业创新平台。以海盐核电智能装备制造园和海盐科技创新园等为载体，重点发展核电阀门、机械设备、核岛模块、仪表控制、通用设备及材料等制造业，以及电子信息、光机电一体化、节能与环境保护等产业。

3. 三类特色载体

一批特色小镇。率先着力打造南湖互联网金融（基地）小镇、南湖大数据小镇、秀洲光伏新能源小镇、嘉兴市经开亚马逊小镇、桐乡乌镇智慧小镇、海宁时尚创意小镇等一批基于互联网且具有明确产业定位与特色旅游功能的特色小镇。在此基础上，基于各县（市、区）现有的经济基础与区位条件，广泛应用互联网技术，培育一批风格突出、标签明显的特色小镇，力争一镇一风格，不重复、不趋同，确保特色的唯一性。

一批特色众创空间。依托嘉兴科技城及浙江省电子信息（南湖）示范园等载体，打造南湖区电子信息众创空间；依托秀洲光伏高新科技园、秀洲北科建创新园等载体，打造秀洲互联网众创空间；依托乌镇的旅游资源与世界互联网大会永久会址的优势，打造乌镇文化创意众创空间；依托西塘的旅游资源和富士康科技集团（嘉善）园区等载体，打造嘉善西塘智能终端和数字影视众创空间；依托海宁长安镇的旅游资源，以及邻近杭州下沙高教园区与杭州经济技术开发区的优势，打造海宁长安综合性大学生众创空间。

一批特色楼宇。重点在市、县（市）主城区，搭建楼宇经济产业平台，走专业化、特色化、品牌化发展道路，依照“一楼一品”的原则，加快建设一批商务楼宇，促进同类业态相对集聚，打造智慧楼宇经济集群，形成规模效应，加快创业创新，着力发展网络商务、网络媒体、网络文化、信息安全、互联网运营与技术服务等互联网特色应用类产业。

五　推进嘉兴市信息经济与智慧城市发展的路径

（一）夯实基础设施：加快建设功能完善的信息基础设施

1. 加强新一代网络信息的基础设施建设

紧抓嘉兴作为“宽带中国”示范城市、电信联通4G国家试点城市和乌镇世界互联网大会永久会址的机遇，深化“宽带嘉兴”建设，争创国家下一代互联网商用试点城市，加快构建多元化、立体化、高性能的网络接入条件，推进覆盖全市的宽带、融合、安全、泛在的新一代信息网络基础设施建设。鼓励和引导电信运营商利用光纤和新一代移动通信技术、下一代广播电视网技术，提升宽带网络普及率和接入带宽。大力推进“无线嘉兴”建设，广泛部署 WIFI 接入热点，实现全市无线宽带网络全覆盖、公共服务场所等重点区域无线局域网深度覆盖。加快第四代移动通信（4G）网络建设，提高无线网络服务质量，实现全市 4G 网络信号全覆盖。部署基于 IPv6 的下一代互联网，推进城域网优化和扩容，大幅提高城域网带宽和出口速率，满足互联网企业大容量业务数据进出的需要。

2. 全面实现“三网融合”

全面推进“三网融合”工程，统筹建设新一代移动通信网、下一代广播电视网与下一代互联网，鼓励各类资本投入“三网融合”建设之中，加快“三网融合”产业链协同发展。促进共建共享、互联互通，实现网络的高效利用。支持交互式手机电视、网络电视与基于有线电视网络的互联网数据传送增值等业务发展。创新业务模式，在全国率先实现“三网融合”。

3. 优化云数据中心建设

采用标准化、模块化的机房设计架构，从高端服务器、高密度低成本服务器、海量存储设备和高性能计算设备等基础设施领域提高云计算数据中心的数据处理能力，建设具有良好的弹性、扩展性、自动化、数据移动、多租户、空间效率和对虚拟化支持的基础设施，提高数据计算、存储、智能处理和安全管控能力，结合嘉兴市智慧电网建设，优化云数据中心布局，推动传统数据中心升级为云数据中心。

（二）构建产业生态：打造协同配套的信息产业生态圈

1. 完善科技创新平台体系

加快推进大科技城建设，创新科技城管理体制和模式，发挥嘉兴科技城在信息经济与智慧城市领域科技研发、科技孵化、成果转化中的龙头带动作用。联合“两院一所”（浙江清华长三角研究院、浙江中科院应用技术研究院、中国电子科技集团公司第三十六研究所）和国内知名互联网公司共同筹建“中国网络空间研究院嘉兴分院”，开展国内外互联网前沿技术重大项目研究，并加快技术成果研发与产业化。继续以“两院一所”为核心载体，加快引进和设立“两院一所”下属科研机构，深化共建合作，推进工程中心建设。加强嘉兴本地企业与“两院一所”等科研机构的产学研合作，通过难题招标、委托开发等多种方式，解决企业的技术难题，促进科研机构的科技成果转化与产业化。有重点地选择一些行业龙头骨干企业，培育建设一批以装备电子、通信电子、光伏装备、云计算、LED 等重点领域为主要研究方向的省、市级重点企业研究院。努力打造“众创空间”，因地制宜地扶持建立一批市场化、专业化、集成化、网络化的“众创空间”，为信息产业小微创新企业成长和个人创业提供低成本、便利化、全要素的开放式综合服务平台。

2. 加快培育行业龙头企业

在全市范围内择优培育一批技术领先、模式创新、应用突出的龙头骨干企业，深入实施“大企业倍增计划”。如通信电子行业的闻泰通讯、嘉科电子、佳利电子等；电子装备行业的海利普、中科声学、华岑电机等；光伏产业的昱辉阳光、晶科能源、鸿禧光伏等；LED 产业的浙江生辉照明、天通控股、行家光电等；集成电路与新型元器件行业的斯达半导体、禾润电子博创科技、嘉康电子等；软件与信息服务行业的中航信、信达电子、电腾云等；物联网与关联行业的中国科学院嘉兴无线传感网工程中心、万科思自控信息、和达电子科技等。通过一系列配套扶持政策，加快培育形成以龙头企业为核心的企业网络组织，积极鼓励企业通过兼并收购、联合重组、境内外上市等方式，进一步做大做强。推进实施总部经济战略，引导龙头骨干企业通过资源整合和经营模式创新向总部经济转变。以龙头企业为引领，建立通信电子、装备电子、物联网、集成电路、软件和信息服务等领域的产业联盟，以各领域产业联盟为主导，与科研机构建立联合实验室，推动核心关键技术联合攻关，提升产业竞争力。

3. 推进产业链延伸拓展

鼓励闻泰通讯、天通控股、中航信等龙头企业通过收购、兼并、控股、联合等多种方式迅速扩大规模，快速整合电子信息产业链上下游，打造产业生态圈；不断完善专业化分工协作，扩大业务外包，构建协作网络；探索推行产业内部的供应链管理，逐步形成产业聚合优势。围绕智能终端、装备电子、光伏、集成电路与新型元器件、物联网、云计算、软件和信息服务等领域的产业链核心环节，采用点（项目）、线（产业链）、面（产业集群）招商策略，加大招商引资力度，紧盯产业发展前沿，着力引进高端机构、跨国公司、知名企业、领军人物和优质项目，形成集聚效应。抓住世界互联网大会永久会址的良好机遇，常设大会招商团队，在大会举办和筹备期间，以“菜单式”招商和精准招商为主要形式，对接世界互联网大会潜在项目。在京、沪以及珠三角等电子信息产业发达的地区进行驻点招商，对周边杭州、苏州、无锡等电子信息产业优势集中地区采取小分队招商，加大定向招商与产业链招商力度。大力引进大企业云数据中心、物流仓储中心、电子商务中心、云呼叫中心、云服务中心，以智慧城市重大项目吸引国内领先智慧应用产业企业落户嘉兴。

（三）推动转型升级：推进“互联网+”向三次产业全面渗透

1. 积极发展“互联网+”现代农业

以粮油、蔬菜、水果、畜牧、水产、蚕桑、食用菌、花卉苗木等农产品为重点，依托现代农业综合区、特色农业精品园，大力推广农业物联网应用，建设智慧农业示范园区。发展“互联网+”休闲观光旅游农业，加快物联网、移动互联网、三维场景交互技术等在休闲观光农业示范基地、农家乐特色村（点）的应用，打造一批嘉兴特色“网络农场”。建设统一的农产品质量安全追溯系统，推进农产品质量安全监管全程信息化，实现农产品“从农田到餐桌”全程可追溯。构建涵盖农产品供求、农资供求、农业知识、农技指导、农业投融资、农产品市场动态监测等信息的智慧农业综合信息服务平台，实现农业资源的有效整合。

2. 深入推进“互联网 +”智能制造

在装备制造、电子信息、光伏、化工等优势产业加快高档数控机床、工业机器人、智能控制系统应用，促进制造信息实时监测、智能化控制和工艺的仿真优化。加快建设智能制造示范试点，在禾欣可乐丽、浙江金达等龙头企业开展智慧工厂试点；在嘉善精密机械产业园、海盐核电装备产业园、平湖光机电产业园、海宁特种设备产业园等特色产业园实施生产设备的智能化改造和园区智能化升级，推广智能监测、远程诊断管理、全产业链追溯等工业互联网新应用。发展云制造、云设计等新模式，以毛衫、皮革、光伏、家纺等特色产业为依托，建立重点行业云制造平台，推动设计资源、制造资源的开放共享。发展基于互联网的个性化定制、研发众包等网络化制造方式。依托上海交通大学浙江“机器换人”研究院、杭州湾智能制造装备产业基地，研发生产智能制造装备与软硬件产品，提高智能制造服务水平。

3. 创新发展“互联网 +”现代服务

推动互联网向服务业全面渗透，依托嘉兴国际商务集聚区、海宁皮革省级工业设计基地、桐乡濮院羊毛衫320创意广场等，加快发展基于互联网的研发设计、检测认证、品牌建设、法律咨询、人力资源培训等生产性服务，着力打造智能化的时尚、设计产业。培育一批信息技术专业服务商，为企业提供个性化的互联网解决方案，提供数据分析挖掘、网络策划、运营管理等服务。积极发展基于互联网的分享经济，推广出行工具在线租赁、住房在线租赁、个人用品在线租赁等新业态，推动碎片化社会资源整合和高效利用。发展网络化本地生活，加快移动互联网与生活服务的结合，在餐饮、娱乐、健身、家政等生活服务领域培育线上与线下相结合的生活服务新模式。

（四）完善平台服务：优化信息经济发展平台服务体系

1. 打造信息经济重点服务平台

按照摸清自身优势、找准市场空隙的原则，通过引进优势信息经济企业，加强信息经济服务平台建设。重点以乌镇及周边地区丰富的旅游资源为依托，打造“大乌镇”智慧旅游电子商务服务平台，实现酒店预订、餐厅点餐、旅游购物、休闲娱乐、宣传推广、旅游招商等服务功能；以嘉兴学院为基础，依托清华大学、中国科学院、浙江大学联合建立中国互联网大学，建设互联网教育服务平台，推广开放式网络教育服务；依托嘉兴块状经济发达、专业批发市场众多等优势，鼓励入驻企业建设针织毛衫、家纺布艺、皮草皮革、蚕丝被、服装鞋帽等领域的B2C行业电子商务平台，推进专业批发市场上网；鼓励互联网企业、"两化"融合信息服务企业根据传统产业互联网化转型的需要，建设区域工业云平台服务，提供设施租赁、平台支撑、应用提供等专业性信息服务；鼓励入驻信息经济企业充分利用大数据技术，与银行、保险、证券等金融机构展开多层次合作，建设互联网金融运营服务平台，满足中小企业产业转型升级和融资需求。

2. 营造产城融合的生活软硬环境

根据全市商业用地、住宅用地和产业用地布局要求，围绕信息经济与智慧城市布局的四大产业基地、四个创业创新平台、三类特色载体，建设高品质、低密度的绿色生态住宅区，提供社区安防监控、车位调度、社区服务等智慧物业管理服务，满足信息经济与智慧城市从业人员对高端安居环境的需要。推进医院、体育馆、图书馆、学校、幼儿园、公交站、停车场等公共生活服务设施建设，全面提高对从业人员生活公共服务配套水平。完善零售、餐饮、购物、休闲娱乐等生活便利服务配套，建设集高端商务酒店、高档公寓、风情商业街、美食购物广场于一体的商业圈，提高休闲娱乐配套服务水平。针对信息经济与城市从业人员工作节奏快、消费层次高、闲暇需求强的消费特点，引导发展家政服务业，切实满足其实际生活需求。

六　推进嘉兴市信息经济与智慧城市发展的保障措施

（一）加强组织保障，形成发展合力

加强信息经济与智慧城市管理机构的力量，充实人员，优化机构设置，

强化信息经济与智慧城市工作职能，形成上下联动、分工协作的工作网络体系。建立健全信息经济与智慧城市发展的工作推进机制，制订相应的发展规划和工作实施方案，明确分工、落实责任。建立市信息经济与智慧城市专家咨询委员会和专家指导组，为各县（市、区）信息经济与智慧城市发展提供技术支持。充分发挥行业协会、联盟的作用，促进行业间、上下游产业间的技术交流与合作。

（二）加大政策扶持，优化发展环境

全面实施“空间换地”，统筹规划腾退的存量土地，优先保障信息经济与智慧城市项目用地。出台对信息经济与智慧城市的资金扶持政策，在信息经济与智慧城市专项资金中，重点支持信息经济与智慧城市重大项目的引进、培育及推广应用。进一步加大对信息经济与智慧城市相关企业的扶持力度，重点在企业技术改造、产业项目投资、公共平台建设、高端人才引育和推进企业上市等方面给予资金支持，重点加强对创新型、创业型企业的扶持和孵化。鼓励企业积极开展“两化”深度融合，加大对中小信息企业的信贷支持力度。

（三）突出人才工作，构筑人才高地

充分利用高等院校和科研机构力量，着力培养高水平的信息技术研发与应用型人才。大力推进嘉兴学院计算机、网络工程、电子信息工程、机电一体化、电气工程等与信息经济相关专业的建设。以嘉兴学院为基础，联合清华大学、中国科学院、浙江大学和国内外知名互联网企业创建中国互联网大学。以浙江清华长三角研究院为主体，联合清华大学、浙江中科院应用技术研究院、中国电子科技集团公司第三十六所、浙江大学、北京邮电大学、嘉兴学院以及 BAT、中兴、华为等国内通信与网络领域的知名高校、院所和企业，共同组建“中国网络空间研究院”。大力扶持“甲骨文”（嘉兴市）等市场化人才培训机构，培育应用型人才。创新人才激励政策，制定并落实差异化优惠政策，进一步加大对信息经济与智慧城市人才的引进。

（四）鼓励金融创新，强化发展动力

以政府引导和市场化发展相结合为原则，引进各类信息经济与智慧城市投资基金，促进相关产业转型升级。创新商业模式，鼓励金融机构针对信息产业企业特点开展知识产权质押融资，对中小微企业予以优先支持。拓宽融资渠道，试点设立由财政支持和引导的信息经济与智慧城市股权投资基金、创业投资基金和风险投资基金，引导社会资本投资智能终端、装备电子、光伏、集成电路与新型元器件、物联网、云计算、电子商务、软件和信息服务等重点领域。鼓励符合条件的新兴产业企业开展上市工作，通过资本运作，整合产业资源，扩张发展。加快推进南湖区、嘉善县省级金融创新示范县（市、区）建设，率先在互联网金融领域进行产品创新、技术创新、服务创新、管理创新和模式创新，为培育发展信息经济与智慧城市提供有力的支撑和保障。

（五）跟踪发展动态，营造发展氛围

按照满足全市全面推进信息经济与智慧城市工作的要求，利用各种社会资源和多种统计信息渠道，积极获取重点行业、领域与企业的相关统计资料与数据，定期公布全市统计公报，提高统计数据的准确性和时效性。充分发挥嘉兴智慧城市研究院的资源整合作用，构建前瞻性研究团队，及时为企业提供技术动态、行业咨询、战略指导和发展规划。成立信息经济与智慧城市相关产业创新创业联盟，定期举办论坛沙龙、创业大赛等活动，加大创新创业政策宣传力度，营造共同推进信息经济与智慧城市发展的良好氛围。

B.6 绍兴市信息经济与智慧城市融合发展研究

陈杨军*

摘　要：通过对“十二五”期间绍兴市信息经济与智慧城市发展情况和存在问题进行回顾总结，对“十三五”时期绍兴市信息经济与智慧城市融合发展趋势进行预测，并结合国内外信息经济与智慧城市融合发展的相关经验，从顶层设计、产业发展、城市管理与服务、人才与资金保障四个方面提出相关策略建议。

关键词：信息经济　智慧城市　融合发展　绍兴

“十二五”期间，面对复杂多变的宏观环境和繁重艰巨的转型任务，绍兴市城市化进程不断加快，产业升级不断深化，区域创新能力不断增强。“十三五”期间，绍兴市在环境资源、产业发展、城市管理、居民就业等方面面临更为严峻的挑战。如何把握新一代信息技术变革的机遇，实现信息经济与智慧城市融合发展，对于绍兴市加快产业转型升级、推动创新型城市建设具有重大意义。

一　绍兴市信息经济发展情况与存在问题

信息经济是以信息资源为基础，以信息技术为手段，以信息产业为

---

* 陈杨军，绍兴市社会科学院副院长。

支撑，以提供信息技术产品和服务为主要内容的一种新型经济形态。信息经济主要包括信息基础设施建设、信息化与工业化深度融合、信息产业、电子商务、信息消费等十个方面。[①]“十二五”以来，绍兴市大力推进国民经济和社会信息化发展，以深化“两化”深度融合、建设智慧城市、创建国家信息消费试点城市等重点项目实施为契机，信息经济实现新发展。

（一）发展情况

1. 基础设施不断完善

“十二五”期间，绍兴市以光网城市和无线城市等重点项目为抓手，加快宽带网络改造，加大信息基础设施建设，搭建立体化现代通信基础网络体系。目前，绍兴市城区基本实现光纤到户，乡镇与行政村全部实现光纤通达，光纤到户接入覆盖能力从“十一五”末的15万户增加到目前的200万户。市区以及95%以上乡镇宽带用户接入能力已基本达到100M，预计2016年底前可实现乡镇百兆光宽带全覆盖。全市宽带接入用户达152万户，其中光宽带用户达117万户。4G网络快速发展，自2013年12月正式商用以来，已建有4G基站4800余个，实现了行政村全覆盖。4G用户累计达151万户，移动电话用户累计达631万户，4G用户占移动电话用户的比重已近24%。城域网互联网出口带宽从“十一五”末的200G提升至目前的1000G。绍兴电信IDC数据中心（云中心）出口带宽已达到320G，建于柯桥的机房面积为3万多平方米的绍兴地区省级云计算中心和运营基地也已建成并验收通过，开始投入运营。

2. “两化”融合深入推进

“十二五”期间，绍兴市按照“市场主导、企业主体、政府主推”的原则，以《绍兴市“两化”深度融合示范试点工作实施方案》为统领，以创建示范试点为抓手，深入推进“两化”深度融合，工作成效显著。

---

① 厉敏：《打造信息经济大省》，《浙江日报》2014年8月29日。

柯桥区、上虞区分别被列入全省“两化”融合综合性示范区和绿色安全制造信息化示范区，诸暨市、新昌县分别被列为全省“两化”融合综合性试点区和绿色安全制造信息化试点区。4 家企业被列入工信部首批 502 家“两化”融合管理体系贯标试点，1 家企业被列入国家级信息化和工业化深度融合示范企业；7 家企业被列入第一批省工业企业信息化试点名单，1 家企业被列入省总部型企业“两化”融合示范试点培育名单。同时，积极开展市级“两化”融合示范项目评选，已认定市级示范企业 23 家。2014 年，“两化”融合发展水平总指数达 70.09，全省排名从 2012 年的第 5 位上升到 2014 年的第 3 位，仅处于杭州、宁波之后。其中，工业应用指数在全省列第 1 位（见表 1），信息技术在工业领域各个环节广泛覆盖、深入渗透，工业企业智能制造水平在全省领先。

表 1　2014 年浙江省各地市“两化”融合发展水平评估结果

地区	2014 年总指数	工业应用指数	基础环境指数	应用效益指数
杭州	78.93①	29.88⑥	25.16②	23.89①
宁波	76.16②	32.70②	24.78④	18.68②
绍兴	70.09③	35.70①	22.94⑧	11.45⑤
嘉兴	68.06④	30.33⑤	25.39①	12.34③
湖州	66.68⑤	31.87③	23.00⑦	11.81④
温州	66.65⑥	31.38④	24.30⑥	10.97⑦
金华	63.11⑦	28.00⑦	25.05③	10.06⑩
台州	62.85⑧	27.84⑧	24.58⑤	10.43⑨
衢州	58.13⑨	27.34⑨	19.51⑪	11.28⑥
舟山	55.49⑩	24.22⑩	22.52⑨	8.75⑪
丽水	51.89⑪	20.21⑪	21.22⑩	10.46⑧

注：数据后圆圈中的数值表示 11 个地市在相应项目中的排名。
资料来源：《2014 年浙江省区域“两化”融合发展水平评估报告》。

3. 信息产业稳步发展

“十二五”期间，绍兴市信息产业稳步发展，产业已涉足多个领域，集成电路、液晶电视机、电子元器件、LED、光伏等产品具有一定的规模优势。2014 年，全市信息产业实现主营业务收入 288.5 亿元，利润总额为 10.2 亿元，产业规模列全省第 7 位。其中，电子信息制造业实现主营业务收入 280.9 亿元，利润总额为 9.2 亿元；软件产业实现主营业务收入 7.6 亿元，利润总额为 1.0 亿元。2015 年 1 ~8 月，全市电子信息制造业实现主营业务收入 176.0 亿元，利润总额为 3.5 亿元；软件产业实现主营业务收入 3.6 亿元，利润总额为 1.0 亿元。拥有天乐集团、向日葵光能科技、阳光照明等电子信息制造业龙头企业，以及卧龙控股集团（嵌入式软件）、芯谷科技有限公司（集成电路设计）等软件产业骨干企业。从各区、县（市）信息产业规模看，上虞区占全市的比重最高，约为全市的 1/3。其中，在软件和信息技术服务业方面，越城区占全市的比重最大，近 50%。

4. 电子商务加快发展

“十二五”期间，绍兴市依托优势轻工产业，积极推进传统产业与电子商务融合发展，电子商务经济，特别是网络零售经济保持较快发展。2014 年，绍兴市网络零售总额为 164.01 亿元，同比增长 64.54%；居民网络消费总额为 213.78 亿元，同比增长 44.62%（见表 2）。一是重点领域电子商务逐步实现应用。部分适合网络零售的地方特色产品（如黄酒、茶叶、袜业、童装、领带绸巾、珍珠、伞业等）制造企业借力电子商务，打造新型产业供应链，获得发展新动力。农村电商发展较快，绍兴市目前通过电子商务平台营销农产品的农业企业或合作社已达 550 家。二是网上交易平台加快发展。目前，绍兴市 60 多家传统零售企业建立零售网站，80 多个专业市场使用网上交易方式，出现了以网上轻纺城、正大 e 购等一批平台型企业。三是电商园区建设成绩突出。全市建立了 26 个电商园区，各园区依托绍兴特色产业和专业市场的优势，有效地推动了电子商务企业的集聚化发展。如诸暨天利电子商务园区已入驻企业 50 多家，实现网上销售额累计超 6 亿元。四是服务支撑能力快速提升。快递物流支撑服务日益完善，全市共有 80 多家快递企业，“三通一达”已完成对乡镇网点的布局，邮政快递实现全市农村网点的全覆盖。在金融服务方面，绍兴政府已与阿里巴巴支付宝公司建立战略合作关系，将支付宝全面引进绍兴专业市场。

表 2　2014 年浙江省各地市网络零售总额与居民网络消费总额

单位：亿元，%

地区	网络零售总额	占比	同比增长	居民网络消费总额	占比	同比增长
杭州	2085.57	36.97①	36.84⑩	899.21	28.16①	38.41⑨
宁波	488.91	8.67⑤	81.76①	488.08	15.29②	39.83⑧
温州	657.35	11.65④	68.21⑤	438.17	13.72③	37.61⑩
嘉兴	675.32	11.97③	36.72⑪	265.89	8.33⑤	55.81①
湖州	134.73	2.39⑧	57.58⑦	117.07	3.67⑧	46.56②
绍兴	164.01	2.91⑦	64.54⑥	213.78	6.70⑦	44.62③
金华	938.23	16.63②	40.31⑨	326.58	10.23④	43.56④
衢州	38.76	0.69⑩	76.58④	56.02	1.75⑪	42.76⑥
舟山	7.02	0.12⑪	77.27③	58.77	1.84⑩	23.78⑪
台州	375.69	6.66⑥	79.64②	252.50	7.91⑥	42.96⑤
丽水	75.98	1.35⑨	52.20⑧	76.71	2.40⑨	40.03⑦
浙江	5641.57	100	47.64	3192.78	100	41.15

注：数据后圆圈中的数值表示 11 个地市在相应项目中的排名。

资料来源：《2014 年浙江省网络零售业发展报告》。

5. 信息消费持续提高

信息消费需求主要包括政府公共服务性消费、居民信息消费等方面。近年来，绍兴市积极探索公共服务领域的信息化建设，深化信息技术在社会公共管理服务领域的应用，不断激发政府公共服务性消费。一是成功创建国家级信息消费试点城市。继宁波、杭州、金华（义乌）、嘉兴之后，绍兴成为浙江省第 5 个国家信息消费试点城市。二是稳步推进智慧城市建设。绍兴市率先开展智慧城市顶层设计，诸暨“智慧安居”试点成为浙江省 20 个智慧城市试点项目之一。2013 年，诸暨市被列为国家级智慧城市试点。三是扎实推进农村信息化建设。自 2008 年开展农村信息化建设以来，全市已累计创建市级农村信息化示范乡镇（街道）58 个、示范村（或达标村）1307

个，分别占全市乡镇、村庄总数的61%和60%。四是居民信息消费稳步增长。2014年，绍兴居民网络消费支出为213.78亿元，同比增长44.62%，增速在全省排名第3。

（二）存在问题

绍兴市信息经济发展虽取得了一定成绩，但总体存在推进力度不够、产业发展水平不高、应用消费指数相对较低、人才普遍缺乏等较为突出的问题。

1. 推进力度不够

发展信息经济已逐渐成为各地构建现代产业体系、调整经济增长结构、抢占未来发展制高点的战略选择。如杭州将信息经济发展作为市委、市政府“一号工程”大力推进，于2014年6月出台文件，成立了市及区、县（市）均由党政主要领导担任双组长的信息经济发展领导小组，并专门设立办公室，负责工作推进。湖州、嘉兴、宁波等多地不仅出台加快发展信息经济的实施意见，成立了由市政府主要领导任组长的信息经济工作领导小组，并设立专项资金，促进信息经济发展。相对而言，绍兴市的推进力度，特别是在政策扶持和资金投入方面还有待加大。

2. 产业发展水平不高

信息产业是绍兴信息经济相对薄弱的领域，产业规模小、层次低，对整个经济的贡献和带动作用不强。根据《2014年浙江省区域“两化”融合发展水平评估报告》，绍兴市电子信息制造业主营业务收入和软件业务收入均居全省中游，与杭州、宁波等城市的差距较大（见表3），制约着绍兴市信息经济的总体发展。从产业层次看，绍兴市信息产品主要集中于液晶电视、电子元器件、LED等相对较为传统的制造业领域，且多为组装加工，缺乏自主品牌和知识产权，技术含量不高，总体处于传统领域产业链和价值链的末端。新一代信息技术产业特别是软件和信息技术服务业规模较小，云计算、大数据、移动互联网等高端服务和新业态发展基本处于空白状态。

表 3　2014 年各地市“两化”融合应用效益指数比较

地区	2014 年应用效益指数	电子信息制造业主营业务收入（亿元）	软件业务收入（亿元）
杭州	23.89①	3.08①	10.14①
宁波	18.68②	2.86②	6.08②
嘉兴	12.34③	1.75④	1.72③
湖州	11.81④	1.81③	0.15⑨
绍兴	11.45⑤	1.12⑥	0.68⑤
衢州	11.28⑥	0.48⑨	1.61④
温州	10.97⑦	1.16⑤	0.68⑤
丽水	10.46⑧	0.27⑩	0.42⑦
台州	10.43⑨	0.64⑧	0.32⑧
金华	10.06⑩	0.95⑦	0.04⑪
舟山	8.75⑪	0.11⑪	0.11⑩

注：数据后圆圈中的数值表示 11 个地市在相应项目中的排名。
资料来源：《2014 年浙江省区域“两化”融合发展水平评估报告》。

3. 应用消费指数相对较低

信息技术在社会经济领域应用的广度和深度不够，信息应用指数相对落后，社会信息化程度较低。一是电子商务发展步伐有待加快。虽然“十二五”期间绍兴市电子商务发展迅速，但在全省各地提速发展的浪潮中，其发展速度较其他地市并不具备明显优势。2014 年，绍兴市网络零售额在全省排在第 7 位，占全省的比重尚不足 3%，与杭州、金华等地在经营规模和业态模式上也存在较大差距，电子商务发展仍处于起步阶段。而互联网金融、网络银行等电子商务外延领域基本处于空白。二是居民信息消费能力有待提升。居民对前沿的信息消费习惯并不太热衷，2014 年，绍兴居民网络消费支出列全省第 7 位，处于中等偏下水平。三是信息基础设施在居民应用中普及速度较慢。2014 年，绍兴市固定宽带普及率居第 6 位，固定宽带端口平均速率、移动电话普及率皆居全省第 9 位。在宽带用户中，20M 及以上的宽带用户比例不高，90% 以上集中在 6M 及以下；光宽带的覆盖能力与用户数不匹配，实际光宽带用户约33万户，仅占覆盖用户的25%；全市共有手机用户582万户，其中手机宽带用户为283万户，手机宽带用户占手机用户总数的比例不足50%。

4. 人才普遍缺乏

人才引进和培养基本处于“内忧外困”的窘境，内培难，外引更难。《2014年浙江省信息化发展指数研究报告》显示，在全省11个地市中，绍兴市信息社会发展水平虽居全省第5位，但发展水平依然低于全省平均水平（见表4），在一定程度上可以解释绍兴市产业技术指数、发展效果指数和信息化总指数低于全省平均数的结果。另外，受产业结构、城市能级、发展空间等因素影响，绍兴市信息产业企业在外地引进信息技术人才的过程中，也难以与省内外一、二线城市企业竞争。企业普遍缺乏中高级研发和经营人才，使得绍兴市信息化与工业化、城镇化、农业现代化的融合难以深入。

表4　2014年浙江省各地市信息化发展指数比较

地区	基础设施指数	产业技术指数	应用消费指数	知识支撑指数	发展效果指数	总指数
杭州	0.853①	1.041②	0.992②	0.961①	1.159①	0.997①
宁波	0.816③	1.059①	1.005①	0.960②	1.042②	0.974②
嘉兴	0.841②	1.012③	0.892⑤	0.900⑤	0.901③	0.909③
绍兴	0.793⑦	0.978⑥	0.892⑤	0.918④	0.783⑤	0.874④
湖州	0.781⑧	0.981⑤	0.861⑧	0.886⑧	0.848④	0.871⑤
舟山	0.811⑥	0.942⑨	0.954③	0.870⑨	0.690⑦	0.857⑥
金华	0.744⑨	0.986④	0.875⑦	0.939③	0.718⑥	0.854⑦
温州	0.815④	0.977⑦	0.904④	0.891⑥	0.592⑨	0.841⑧
台州	0.813⑤	0.956⑧	0.825⑨	0.890⑦	0.609⑧	0.823⑨
丽水	0.689⑩	0.935⑩	0.690⑩	0.870⑨	0.503⑪	0.741⑩
衢州	0.661⑪	0.907⑪	0.687⑪	0.860⑪	0.541⑩	0.734⑪
浙江	0.774	1.003	0.874	0.920	0.846	0.883

注：数据后圆圈中的数值表示11个地市在相应项目中的排名。

资料来源：《2014年浙江省信息化发展指数研究报告》。

二 绍兴市智慧城市发展现状与存在问题

智慧城市作为一种新型城市形态，通过物联网、云计算等新一代信息技术以及社交网络、LivingLab、FabLab、综合集成法等工具和方法的应用，实现了全面感知、泛在互联、智能融合的应用以及以用户创新、大众创新、协同创新、开放创新为特征的可持续创新。[①] 建设智慧城市，是抓住信息经济机遇、破解城市发展难题、赢得先发优势的重大战略决策。[②] 2012 年 6 月，绍兴市成立由市长任组长，分管副市长任副组长，市发改委、市经信委、市公安局、市财政局等 26 个单位主要领导为成员的绍兴市智慧城市建设试点工作领导小组，并成立智慧城市建设试点专家组和标准组，负责试点项目的咨询、指导和标准体系建设。经过三年多的努力，绍兴市在“智慧安居”试点工作、重点领域信息化应用和“两化”深度融合等方面取得了一定实效。

（一）发展现状

1. “智慧安居”试点顺利推进

绍兴市从城市的发展目标和自身特色出发，推进“智慧安居”试点工作。2011 年，绍兴市积极响应省政府智慧城市试点工作，把“智慧安居”作为首个智慧城市建设示范试点项目，成为浙江省首批 13 个智慧城市试点项目之一。2012 年 5 月 14 日，绍兴市与中国航天科工集团第二研究院正式签订了共同开展智慧安居试点建设合作协议，智慧安居试点建设进入实施阶段。在推进智慧安居项目建设的同时，依托航天科工集团的科技优势，就智慧安居的应用、高端技术的研发和产业基地建设开展全面合作。2013 年 3 月，浙江航天长峰科技有限公司（智慧安居研发中心）在袍江经济技术开

① IBM:《智慧城市白皮书》，2009 年 8 月。IBM:《智慧城市红皮书》，2015 年 9 月。

② 《浙江省人民政府办公厅关于开展智慧城市建设试点工作的通知》，2011 年 10 月；《浙江省人民政府关于务实推进智慧城市建设示范试点工作的指导意见》，2012 年 5 月。

发区正式成立，注册资金为3600万元。该公司与浙江大学、杭州电子科技大学、美国北卡罗来纳大学开展项目合作，在人才培养上也实现了对接。同时，该公司开发的“基于海量视频轨迹快速检索平台”和“超高清大屏可视化系统”项目被列为浙江省智慧城市大型专用软件产业技术创新综合试点，并得到了省政府500万元的资金支持，为绍兴市软件和信息服务业发展搭建了广阔的平台。

在绍兴市和诸暨市两级政府的高度重视下，“智慧安居”试点工作探索出一条具有绍兴特色的路径。该系统运用云计算、物联网、大数据等现代科技手段，整合信息资源，优化业务应用，建立和完善科学的管理运行体系、先进的信息化应用体系、健全的基础支撑体系，并以三大体系的创新和融合为载体，着力构建智慧主导、智慧服务、智慧管理、智慧防控、智慧应急“五位一体”的社会服务管理工作新格局。目前，枫桥试点项目已通过验收，诸暨市区、大唐镇和店口镇试点项目正加快推进，为在全市进一步推广奠定基础。

2. 智慧城市建设规划确定

前期规划和顶层设计是智慧城市建设的关键环节，决定着智慧城市的建设方向和特色打造。从2014年9月开始，绍兴市启动《绍兴市智慧城市建设规划纲要》（以下简称《纲要》）的编制工作。2015年7月正式由市政府发布，确立了绍兴市智慧城市建设的总方向、总目标和总任务。

《纲要》明确了到“十三五”中期，绍兴市将完成智慧城市一体化框架建设，实现所有数据共享需求、公开信息在线可查率达100%、服务信息主动推送等阶段性目标，实现市民和企业享受公共服务的方便程度、城市运行协同能力和监测能力、行政管理水平明显提高。进而，《纲要》提出了以“1349工程”为核心的绍兴智慧城市框架蓝图，包括“一个云平台、三大功能中心、四大云服务、九个专项智慧应用”等具体任务（见图1）。“十三五”末，努力在应用实效、产业转型与模式创新等方面取得突破，将绍兴建设成为全国智慧城市典范。

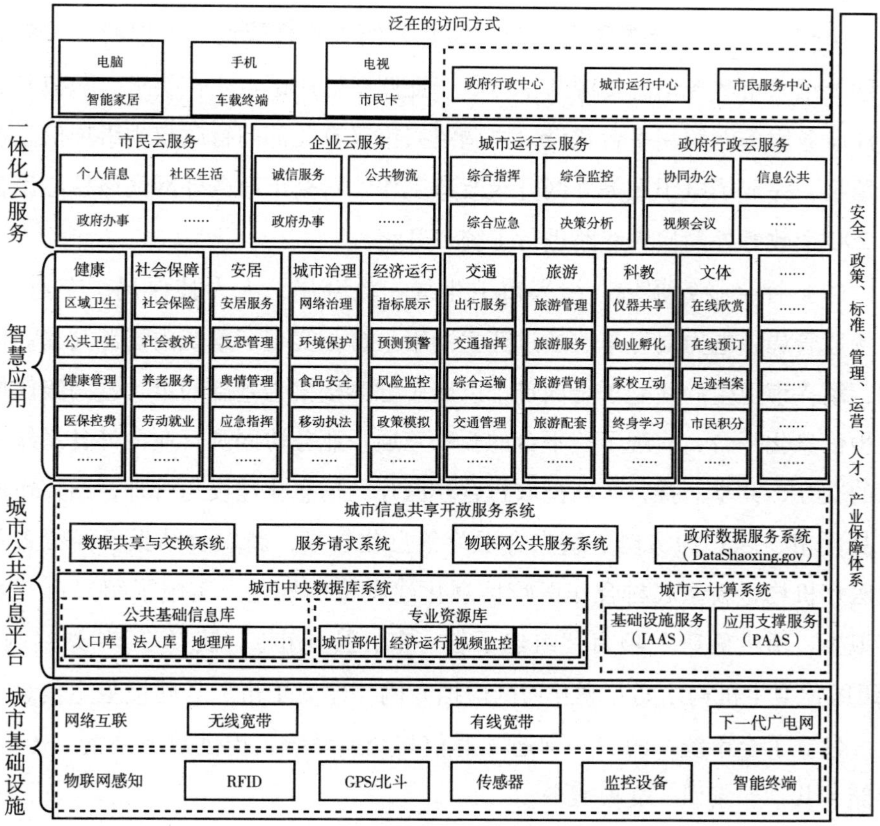

图 1　绍兴市智慧城市框架蓝图

3. 以项目推动重点领域信息化应用

绍兴市智慧城市建设主要是利用物联网、云计算、人工智能、数据挖掘、知识管理等技术，优先安排电子政务、城市公共信息平台、智慧健康、智慧交通等社会服务领域的工程建设。

（1）电子政务建设方面。一是积极推进绍兴市政务信息资源共享和交换。截至 2015 年 9 月，已有接入部门 21 个，共产生交换量 124468777 条，实际业务量为 19567424 条。目前共有表资源 71 张，表字段 1000 多个。二是积极推进绍兴市协同办公系统和政务通应用推广。到目前为止，使用协同系统进行内部文件流转的单位达到了 69 家，进行公文交换的单位达到了

240 家，使用协同办公系统的用户达到了 6500 余人，使用政务通的用户达到了 7000 余人。三是推进浙江政务服务网绍兴平台建设。根据浙江政务服务网及绍兴市政务信息资源共享与电子证照库应用试点工作要求，积极开展浙江政务服务网绍兴平台建设。协调绍兴市级有关部门行政权力事项信息梳理填报，完成了电子政务外网升级改造工作，对全市政务外网网络核心设备和 290 个政务外网接入线路进行了统一升级。

（2）社会服务领域。绍兴市卫生局、教育局、人力社保局、交通局、市场监管局、电力局等单位通过建立网络平台，实现了系统内资源共享。例如，绍兴市卫生局建立了全国首个以居民健康档案为基础的市、县两级区域卫生信息化平台，实现了跨平台的互联互通、业务协同及行业内外各系统信息的交互、共享。推行了新型农村合作医疗的信息化建设与管理，绍兴市所有县（市、区）均实现了新农合医疗信息化管理，新农合结报已经覆盖各级医疗机构，新型农村合作医疗信息化建设稳步推进。实施了绍兴市“数字卫生、增进健康”项目，组建了省、市、县（市）、镇（乡）、站（村）5 级医疗卫生机构之间互联互通的虚拟专网，建立了市、县两级卫生信息平台。建立了全市统一的“一卡通”通信与交换系统，提供数据采集、传送、存储、共享、索引、交换服务。

目前，绍兴智慧城市建设多项成果使市民生活更便捷文明。2012 年 8 月，绍兴市启动交通智能化建设，投资 1.49 亿元，建设范围覆盖中心区域 81 平方公里，主要实施老城区及镜湖新区范围内路面智能交通设施的建设及后端软硬件的开发。同时，新增视频事件检测系统、微波检测器，实现交警后台机房建设与整合、无人驾驶系统建设以及软件建设。智能交通建设不仅提高了城市道路交通管理水平，而且规范了市民交通行为。通过第三方机构测评，2014 年绍兴市城区治堵重点道路机动车守法率达到 98.9%，非机动车、行人守法率达到 93.0%，综合守法率居全省领先水平。2015 年 7 月，绍兴市市民卡系统正式上线运行。该卡实现了一卡多用，市民可持卡完成公交和出租车费用支付、公共自行车租借、诊间结算、旅游一卡通等事宜。此外，教育、民政、文化等领域的功能也将逐步拓展。

（二）存在问题

整体上看，绍兴市智慧城市建设还处于起步阶段，存在着一些问题。

1. 思想认识尚未统一

绍兴的传统产业比重大，信息产业比重小，信息技术发展与应用的氛围相对不够浓厚。而智慧城市的建设需要协调资金投入、技术标准规范、网点布局、利益分成等问题，责任主体是政府，运营商、政府部门、广大企业、公民都是参与者。但现在智慧城市建设主要停留在政府部门层面，社会参与程度较低，信息化宣传、推广的力度相应较小，全社会对推进智慧城市建设的重要性、紧迫性认识还不足。

特别是和宁波、杭州等城市相比，还存在较大差距，也影响着绍兴的竞争力整体格局。作为全国第一个提出建设智慧城市的城市，宁波在智慧城市项目建设方面的成绩有目共睹，杭州作为浙江省省会城市，其信息化与智能化应用建设一直保持国内领先，良好的产业发展基础与得天独厚的自然旅游条件让杭州建设智慧城市更具优势。

2. 资源有待协调整合

智慧城市建设是一项长期的系统性工程，需要进行多种信息的资源整合，需要城市管理和服务部门之间协调配合。在技术要点上，物联网、云计算是核心技术，而核心战略是数据融合，但其涉及部门多、建设周期长，各职能部门对智慧城市的认识不统一，对数据共享、资源共享的积极性不高，整合难度较大。因此，目前虽然绍兴市各部门、各行业都在实行信息化，但仍然存在各自为政的问题，重复建设现象依然严重，造成人力、财力和物力的巨大浪费。同时，“信息孤岛”现象难以避免，也使得智慧城市建设难以有效发挥综合效应。

3. 管理和服务水平有待提高

智慧城市建设应在与城市居民生活息息相关、社会高度关注的领域实现率先突破，从而提高民众幸福指数。例如，交通智能化建设不仅运用于政府对城市的管理中，而且可以更广泛地被市民所用，便于市民出行。再如，在工业化中后期，城市应为居民提供教育与学习服务，实现城市人力资源的智能化发展，为居民的知识、能力和素质的提高营造良好环境，最大限度地开发、利用知识红利和人才红利。

另外，绍兴信息技术行业的人才较为匮乏，大量技术和管理人才都向北、上、广、深以及周边宁波、杭州等城市集聚，使绍兴并不完全具备吸引人才的优势，这在一定程度上也制约着绍兴智慧城市的发展。

三　绍兴市信息经济与智慧城市融合发展的趋势分析

（一）新一代信息技术为绍兴智慧城市发展提供新机遇

发达国家目前正在研究如何创造性地采用新一代信息技术和智能手段来重新认识城市的本质，进一步优化城市发展目标和定位，在城市功能培育、城市结构调整、城市形象塑造等方面实现现代城市新发展。其中，核心技术应用包括物联网、云计算和移动互联网。其一，物联网技术可以使获取智慧城市各种信息实时化。在城市中，把感应器嵌入或装备到电网、铁路、公路、隧道、桥梁、建筑、大坝、供水系统等各种实体中，并且实现普遍连接，形成物联网，并与互联网整合，就实现了各种物理系统与人类社会的协调。其二，云计算技术也是实现智慧城市公共服务的有力手段。处理物联网产生的海量数据，并因此预定规则进行处理是通过运用云计算技术实现的。建设云计算平台，城市即使没有巨大的信息化基础设施和后续维护投入，也可以有效地满足智慧城市建设所需的信息化环境要求。其三，移动互联网为智慧城市的应用拓展了空间。智慧城市将为企业和居民提供丰富的信息服务，而移动互联网则可以进一步拓展企业和居民信息化应用的空间范围，从根本上实现无缝服务。

智慧城市是以新一代信息技术为支撑发展起来的，智慧城市的本质在于城市化与信息化的高度融合，包括人与人、人与技术，以及技术与技术之间的相互融合。可以说，智慧城市是在数字化和网络化的基础上，信息化进一步向高端化发展（智能化）的表现。

因此，“十三五”绍兴智慧城市建设必然以信息技术应用为主线，突出表现为以物联网、云计算和移动互联网等新兴热点技术为核心的应用创新。

（二）智慧城市建设将成为绍兴信息经济发展的新动力

智慧城市是城市信息化向智能化发展的必经阶段。在建设智慧城市过程中，必然会带动城市相关产业，特别是信息产业的整体发展。因此，智慧城市建设在“十三五”必将成为绍兴经济转型、产业升级、城市提升的新动力。

从智慧城市的体系结构看，由于智慧城市的基础是物联网技术，两者的体系结构相似，因此，智慧城市体系框架也可分为四层，即感知层、传输层、平台层和应用层。智慧城市相对于之前的数字城市，最大的区别在于对感知层获取信息进行了智慧处理，因而也可以认为智慧城市是数字城市的提升版。可以说，从城市数字化到城市智慧化，关键在于对数字信息的智慧处理，其核心是引入大数据处理技术。

智慧城市建设将进一步打开绍兴信息经济发展的新局面，使产业发展进一步高端化，从而构筑起绍兴特色的现代信息经济产业体系，也必将推进绍兴市工业化与信息化深度融合，形成绍兴城市建设运营产业链，推动信息经济企业“走出去”。同时，智慧城市建设将实现绍兴市民生活便捷化，实现绍兴公共服务全人群覆盖、全天候受理和泛在的服务入口，有效提高全市人民的幸福感。例如，“十三五”期间物联网技术在绍兴将大规模普及，并广泛地运用于平安家居、政府工作、环境保护、智能交通、工业监测、老人护理、个人健康等多个领域，极大地解决城市有限资源与市民服务需求之间的矛盾。同时，物联网应用也意味着几乎所有电器、家居用品、汽车制造的更新换代，将带来一个上万亿元的高科技市场，从而促进物联网产业及其配套产业的繁荣发展。

四 绍兴市信息经济与智慧城市融合发展的对策建议

（一）推进绍兴智慧城市顶层设计

绍兴智慧城市顶层设计需要立意高远，特别要充分考虑信息经济背景下智慧城市建设的目标、战略、任务和路径，运用系统论方法改善目前政府部门间各自为政、分兵把口导致的资源难以共享、信息难以互联互通的困顿局面。要从全局视角出发，设计顶层架构和蓝图规划，对涉及智慧城市顶层设计的各种正面和负面影响因素进行统筹规划，协调好各层次、各方面的参与力量，以帮助决策者做出相应有效的技术和管理决策，在业务和体制创新改革中取得新的进展。

首先，要规划目标和战略。智慧城市作为“十三五”时期绍兴城市的整体发展战略规划，应准确定位，从本质上理解和把握绍兴成为智慧城市的各种有利因素。《绍兴市智慧城市建设规划纲要》以前瞻开阔的战略视角，顺应世界科技与城市发展最新进展，谋求以智慧杠杆，把握世界信息技术发展新一轮机遇，从而取得绍兴经济社会发展中的先发优势，确保绍兴城市发展取得新的突破。“十三五”中期，绍兴市智慧城市一体化框架建设及其阶段目标和建设进度的实现，将为绍兴市民和企业提供更安全、更便捷、更有效的公共服务，使绍兴城市运行管理的实时监控能力和综合协同能力显著提升，切实改善绍兴城市服务品质和综合竞争能力。“十三五”末，进一步在民生改善、产业发展、城市运行和行政管理方面实现市民生活便捷化、产业发展高端化、城市运行一体化和行政管理高效化，实现绍兴城市在信息共享化、反应敏捷化、服务优质化、决策智能化等方面在全省保持领先，城市综合竞争力进一步提升。同时，要充分体现绍兴地方特色，使绍兴智慧城市建设成为挖掘城市特色和推动城市发展的着力点。

其次，要明确目标任务和发展路径。根据绍兴市智慧城市发展蓝图，务必以“1349 工程”为核心，不断深化智能基础设施和网络安全建设，实现绍兴信息产业发展和“两化”深度融合。“1 个云平台”是指跨部门统筹各种基础设施，实现信息资源共享、互联、互通的绍兴城市公共信息平台；“3 大功能中心”是指为实现绍兴城市品质提升而规划建设的新一代政府行政中心、市民服务中心和城市运行中心；“4 大云服务”是指基于云计算的城市一体化云服务，包括市民云服务、企业云服务、政府行政云服务和城市运行云服务四个内容；“9 个专项智慧应用”是指绍兴在“十三五”期间将重点推进的九个专项，包括智慧安居、智慧健康、智慧社会保障、智慧交通、智慧经济运行监测、智慧旅游、智慧城市治理、智慧文体和智慧科教。

智慧城市是城市信息经济持续发展的阶段。绍兴在智慧城市发展方向和路径上，要从全局上把握好绍兴智慧城市发展的方向和重点，要认真贯彻落实国家及浙江省信息经济发展相关重大战略和政策，尤其需要加强与国家及浙江省“两化”融合发展战略相结合，与互联网、物联网、云计算等新一代信息经济技术发展相结合，有效地将绍兴信息经济与智慧城市融合发展推进深入。

（二）打造具有绍兴特色的智慧城市产业

围绕绍兴智慧城市建设，充分发挥新兴信息产业优势，进一步调整绍兴城市产业结构，变革城市发展方式，将实现转型跨越作为绍兴智慧城市建设的出发点和落脚点。要大力发展基于信息技术的战略性新兴产业，做强做大新一代信息技术产业，打造新一轮经济增长极，促进工业化、信息化和城市化协调发展，最终实现产城互动、产城融合。

1. 突出重点领域

首先，要重点抓住信息制造、软件信息服务、电子商务、智慧城市应用四大领域，重点引导并推动新型平板显示 OLED 产业化、高性能集成电路制造产业集聚发展，积极培育绍兴新兴电子元器件、高端软件、物联网、云计算等领域。深入实施“互联网 +”行动计划，大力支持基于互联网的各类创新活动，支持新产业、新业态、开放型经济发展全面提升。进一步优化城市信息产业空间布局，努力形成各具特色、优势互补的产业格局。依托绍兴地方特色经济，进一步推动绍兴网上专业市场建设，提高市场内企业电子商务应用普及率，促进专业市场的多元化、虚拟化，交易过程的网络化、电子化，物流体系的一体化、现代化，供应链技术的规模化、智能化。大力推进信息软件服务与电子商务加快发展，积极促进互联网、物联网、大数据、云计算平台与智慧城市建设互联互促。

其次，促进信息产业核心区建设。全面提高创新资源的整合能力，建设面向信息经济的创新、人力资源、科技金融等要素集聚平台，增强区域发展的吸引力。整合绍兴本土科技资源，加强产学研合作，积极争取国际级重点课题、实验室和基地落户绍兴，进一步加快科技成果在绍兴智慧城市各行业中的实际应用。按照现代化、人性化、生态化的思路，创新产城融合的空间组织方式，通过应用示范，带动各种新技术、新成果产业化，大力促进绍兴科技创业城等信息产业核心区建设。

最后，着力提升绍兴传统优势产业。通过企业云服务，改造绍兴市中小企业公共服务平台，以袍江经济技术开发区为重点打造智慧园区，为纺织、食品等传统优势产业集群信息化提供云服务技术环境，推进电子商务、第三方物流、ERP、供应链管理等信息化产品在纺织服装行业、化工行业、医药行业、家居行业、装备制造行业等试点工作中的应用，切实推动绍兴“两化”深度融合水平跃上新台阶。

2. 扩展智慧应用服务范畴

智慧应用系统建设应优先安排智慧安居、智慧医疗、智慧交通等有关市民日常生活和企业经营的重大项目，通过试点、示范带动，进一步加快推进绍兴智慧城市应用体系建设。

首先，积极搭建信息经济企业与客户的桥梁，引导各类商品通过“企业云服务”平台和“市民云服务”平台为绍兴企业和市民提供优质服务，开发绍兴软件信息服务、电子商务和智慧城市应用需求，促进云服务的广泛应用。通过多种方式、多种渠道，加大对养老、健康和“两化”融合重点领域产品的培育力度。

其次，大力引导并鼓励社会公众与企业参与信息资源再开发利用。依托政府数据服务体系，通过信息资源与实体资源整合的方式，发展惠民、便民的新型信息服务，大力发展以大数据为基础的信息加工和以开发为主的数据挖掘、商业研究等新型高附加值服务，加速信息向商品、资产及效益转化。

最后，大力支持企业参与智慧城市建设。全面推动信息制造业、软件信息服务、电子商务和智慧城市应用更快更好发展，着力加强与杭州、宁波、上海等区域的战略互补性合作，打造智慧城市建设产业链，立足绍兴，辐射杭州都市圈，面向长三角，推动具有绍兴特色的信息经济企业走向世界。同时，加大对信息经济产业的扶持和培育力度，支持优秀的绍兴信息化企业参与智慧城市运营和建设；进一步加大招商引资力度，鼓励国内外行业领先的优秀企业到绍兴投资发展。

（三）推进城市管理与服务智慧化

将创新社会管理作为建设的主要任务，通过信息化技术手段改造提升绍兴城市管理和服务的智能化水平，促进城市和谐可持续发展。

首先，要突出重点领域。绍兴智慧城市建设的重点要在与绍兴城市居民生活高度相关、社会辐射面较广的领域实现率先突破，提升绍兴民众幸福感。在目前数字城管建设与应用的基础上，以创新城市公共服务和社会管理为重点，整合城市管理各个部门的资源和力量，实现住建、水电暖气、公安、城管和安全生产的信息互通与业务协同，建设绍兴智慧城市综合管理服务云平台，提高网格化、精细化、智能化服务和管理水平，特别要在“9 个专项智慧应用”中取得突破。

其次，要建立相应的组织协调机制。智慧城市建设涉及面较广，并且受体制和机制方面问题的影响和制约，推进难度较大，因此，绍兴智慧城市建设需要建立强有力的领导机构和一系列相应支持系统。领导机构要充分发挥导向与协调作用，整合并集中智慧城市各参与主体的力量，同时还要大力推动智慧城市专家咨询系统、研究机构和知识支撑体系的建立，积极加强并深化绍兴智慧城市理论和实践的研究与创新，充分利用各种专家学者和技术人员的集体智慧。

最后，要大力引导全社会广泛参与。智慧城市建设不仅仅是政府和企业应该关注的事情，还应通过应用信息技术，积极广泛地进行舆论媒体宣传和引导，提高政府、企业、广大市民对绍兴智慧城市建设必要性和重要性的认同度，使广大社会公众积极主动地参与智慧城市建设，从而有效地提高社会行动的协同性，充分发挥集体的力量和智慧。

（四）完善人才支持体系和资金投入机制

围绕绍兴智慧城市发展的需要，要着力打造中高层次人才队伍，积极借鉴无锡、杭州、宁波等城市在人才管理与开发方面的有关经验，完善目前绍兴人才引进、培养和使用机制，探索项目、人才、基地一体化发展模式和适应各领域人才特点的评价指标体系；鼓励各类培训机构、实训基地、企业和园区积极合作，共同培养兼具工业化、信息化和电子商务等领域知识背景的中高级管理人才、技术人才和新一代信息产业工人。大力提升全社会公众信息素质，并将智慧城市有关知识体系融入绍兴市各级各类院校的教育体系，持续而广泛地开展有关普及和培训工作。

同时，以政府引导、多方参与为原则，切实保证必要的政府投入，充分引导绍兴社会化力量积极参与，倡导多元化的富有绍兴特色的智慧城市建设运营模式。绍兴应抓住时机，用创新的理念，研究并制定高起点的、具体的、实用的金融政策支持体系，进一步完善多元化投融资机制，大力拓展各种融资渠道，积极吸引国内外各种资金投资参与建设，切实促进绍兴信息经济与智慧城市融合发展。

参考文献

浙江省经济和信息化委员会：《2014 年浙江省区域“两化”融合发展水平评估报告》，2015 年 3 月。

浙江省商务厅：《2014 年浙江省网络零售业发展报告》，2015 年 3 月。

浙江省经济和信息化委员会、浙江省统计局：《2014 年浙江省信息化发展指数研究报告》，2015 年 2 月。

绍兴市人民政府：《关于加快发展信息经济的实施意见》，2015。

绍兴市经济和信息化委员会：《绍兴市“十二五”信息化发展总结和“十三五”发展思路》，2015。

绍兴市人民政府：《绍兴市智慧城市建设规划纲要》，2015。

颜鹰、刘璇、陈晓蓉：《浙江省首批智慧城市示范试点项目标准化工作研究》，《科技管理研究》2014 年第 8 期。

陈畴镛：《杭州市创建智慧城市若干问题研究》，杭州市发展和改革委员会 2013 年度课题。

叶健等：《智慧城市受困“信息孤岛”》，《经济参考报》2015 年 8 月 17 日。

专 题 篇

Special Topic

B.7 杭州都市圈信息经济空间集聚模式研究

中国（杭州）智慧城市研究院信息经济课题组 *

摘　要： 本文以中央提出的坚持贯彻“创新、协调、绿色、开放、共享”发展理念和全面推进新型工业化、城镇化、信息化、农业现代化、绿色化协同发展为背景，以长江三角洲地区重要的杭州都市圈为研究对象，分析了杭州都市圈信息经济发展的现状、空间集聚模式和影响因素，基于扩展的柯布－道格拉斯生产函数，以都市圈四座城市十年的信息要素、信息产业等指标数据为依据进行实证研究，并分析了信息经济集聚和地区经济增长的关系，揭示了信息经

* 课题组成员：朱文晶（执笔），杭州国际城市学研究中心、浙江省城市治理研究中心助理研究员，中国（杭州）智慧城市研究院副秘书长；池志攀，浙江省杭电智慧城市研究中心硕士研究生。

济空间集聚对区域整体经济增长和区域一体化的影响，为明确都市圈信息经济发展方向和方法策略提供了有益的参考。

关键词：　信息经济　杭州都市圈　集聚模式　经济增长　倒“N”形

2012年12月，习近平总书记在中央经济工作会议上提出，“要把生态文明理念和原则全面融入城镇化全过程，走集约、智能、绿色、低碳的新型城镇化道路”，“要促进城市网络化、智能化、个性化发展”。2015年3月，中央政治局审议通过了《关于加快推进生态文明建设的意见》，首次提出绿色化概念，要求推进新型工业化、城镇化、信息化、农业现代化、绿色化协同发展。2015年10月，党的十八届五中全会强调：“实现‘十三五’时期发展目标，破解发展难题，厚植发展优势，必须牢固树立并切实贯彻创新、协调、绿色、开放、共享的发展理念。”显然，在新常态背景下，绿色化已经成为经济社会发展的新任务和推进生态文明建设的新要求。杭州都市圈是全国首个以都市圈经济转型升级为内容的综合改革试点。在新型城镇化的大背景下，杭州都市圈立足长江三角洲地区，以其独有的特点和属性，成为浙江省贯彻实施“一带一路”战略的重要载体。实施都市圈战略，有利于杭州都市圈更好地以集群优势参与国际竞争，充分发挥圈内市场资源配置主体作用，不断强化支撑体系的一体化作用，并且能以竞合机制不断推动区域发展协同化，从而更好地实现合作共赢。

2014年5月，浙江省出台了《关于加快发展信息经济的指导意见》，指出要抓住新一轮科技革命和产业变革的机遇，深入实施创新驱动发展战略，加快发展信息经济，建设信息经济大省。在都市圈发展战略背景下，浙江省重点打造的信息经济已然成为长三角地区和全国绿色城镇化的样本。信息经济作为浙江省大力发展的高科技产业形态，体现了绿色化的生态文明理念，完全符合党和国家打造 2.0 版新型城镇化，“推进城市创新、协调、绿色、开放、共享发展”的理念。

一　杭州都市圈信息经济发展现状

杭州都市圈是以杭州市区为极核，湖州、嘉兴和绍兴三市市区为副中心，杭州四县（市）及与杭州相邻的德清、安吉、海宁、桐乡、绍兴、诸暨六县（市）为紧密层，联动湖州、嘉兴、绍兴市域的长江三角洲的“金南翼”。近年来，杭州都市圈的经济实力逐渐增强。2014 年，杭州都市圈实现地区生产总值 18775.75 亿元，同比增长 7.9%，增幅高于全省 0.3 个百分点，呈季度上升态势。都市圈地区生产总值占全省的比重达 46.8%，比 2013 年提升 0.85 个百分点。其中，第一、第二、第三产业产值分别为 734.71 亿元、8885.30 亿元、9155.74 亿元，分别增长 1.2%、8.0% 和 8.4%。杭州都市圈经济首位度上升至 2.16，四城市经济指数提高至 0.96。在都市圈融合及信息经济发展方面，既具有一定的优势，也具有不少的劣势；既面临大好的机遇，也面临严峻的挑战。

（一）优势与机遇

1. 杭州都市圈内部融合程度日益提高

经过多年发展，杭州与嘉兴、湖州、绍兴等地市开展的都市圈建设已经步入融合发展阶段，并且融合程度不断提高。每年一届的杭州都市圈市长联席会议为都市圈全方位、深层次融合奠定了坚实的基础。2014 年，杭州都市圈四城市在规划共绘、交通共联、市场共构、产业共兴等“八共”合作方面实现新的突破。一是产业转移合作步伐不断加快。从嘉兴、湖州、绍兴三市到杭州市的合作项目达到 172 个。二是都市圈城市医保合作惠民利民。截至 2014 年底，已有 101 家医疗机构与省级异地就医结算平台联网对接，实时结算的参保人员达 63.08 万人次，总费用达到 1.87 亿元。三是都市圈公交一体化效应逐步显现。杭州主城区及萧山、余杭等地与德清、安吉、海宁等地的公交运输班线已增至7条。此外，都市圈四城市签订《杭州都市圈大气污染联防联控工作合作框架协议》，共同构建区域大气环境保护体系。杭州都市圈在公共服务的同城化上也实现了民生共享新突破。例如，以杭州市民卡为载体的“杭州通·杭州都市圈德清卡”合作在德清取得了突破，实现公交市民卡的互联互通。

2. 信息经济发展政策支撑不断加强

杭州都市圈是国家发改委批复的首个以都市圈经济转型升级为内容的综合改革试点。杭州是浙江省内唯一的国家战略性高新产业区域集聚发展试点城市。都市圈地市出台了有关信息经济发展的政策文件，为都市圈发展信息经济提供政策支持。例如，杭州确定了大力发展信息经济，推进智慧应用，围绕国家“一基地四中心”的战略定位，努力建设国际电子商务中心、全国云计算和大数据产业中心、物联网产业中心、互联网金融创新中心、智慧物流中心、数字内容产业中心“六大中心”；嘉兴、湖州、绍兴等城市根据产业基础建设特色优势产业集群核心区，积极推动与周边城市形成互补和联动。2015年，国家对杭州发展电子商务产业和高新技术产业给予了大力支持。2015年3月，国务院批复同意设立中国（杭州）跨境电子商务综合试验区，提出要打造跨境电子商务完整的产业链和生态链。2015年8月，国务院批复同意杭州高新区（滨江）和萧山临江两个国家级高新区建设杭州国家自主创新示范区。这是继北京中关村、武汉东湖、上海张江等之后国务院批复的第10个国家自主创新示范区，对于杭州和杭州都市圈加快创新驱动发展、推进“三次创业”、建设世界一流的高科技园区具有重大的战略意义和现实意义。

3. 电子商务、物流与互联网金融日趋发达

近年来，随着信息化进程的不断加快，杭州都市圈电商市场规模进一步扩大，各领域电商应用不断普及，电商配套支撑服务和行业管理不断健全，电子商务产业链更加健全，发展环境和创业氛围进一步优化。电商产业的崛起和快速发展，与物流产业和互联网金融产业的发展直接形成了优势互补、相得益彰的良好格局。第一，都市圈物流产业发达。杭州桐庐作为“中国

民营快递之乡”，不仅诞生了诸如“四通一达”① 这样的快递产业群，而且成功创建了“国家电子商务示范城市拓展区”“浙江省电子商务示范县”“杭州市电子商务产业园”。针对农村和乡镇，国务院正式提出加快“快递向西向下”服务拓展工程，鼓励快递企业在业务量较小的乡镇和村合作建立服务网店，开展快递服务，并支持快递企业与农家店、农村综合服务社、农产品购销代办站等以建立合作网点的形式提供投递服务。第二，互联网金融逐步兴起。互联网金融是传统金融行业与互联网思维相结合的新型领域。浙江地区民营资本较为发达，杭州都市圈在该领域走在了全国的前列。例如，为抢占新一轮互联网金融发展先机，建设国家互联网金融创新中心，杭州市政府出台了《关于推进互联网金融创新发展的指导意见》，提出力争到2020年，规划和建设一批具有全国影响力的互联网金融集聚区，构建和运作一批具有全国辐射力的互联网金融交易服务平台，培育和发展一批具有全国竞争力的互联网金融企业，开发和推广一批全国市场占有率高的互联网金融创新产品，基本建成全国互联网金融创新中心。

4. 都市圈信息经济科研实力不断提升

信息经济是技术密集型、智力密集型经济，需要雄厚的科研实力做支撑。杭州都市圈内科研资源丰富。浙江大学、杭州电子科技大学、浙江工业大学等省部属高校拥有丰富的信息、通信、计算机、软件等专业学科和人才资源优势，为杭州都市圈发展信息经济提供了大量的信息技术人才储备力量。同时，中国科学院微电子所杭州分支机构、浙江省计算技术研究所、中国电子科技集团公司第52所、阿里巴巴电子商务高新技术研发中心、华为杭州研发中心等研究机构和大批创新企业也为杭州都市圈发展信息经济提供了雄厚的科研力量。杭州都市圈对人才引进非常重视，各地市对人才引进出台了扶持政策，如“杭州人才新政27条”，吸引集聚了各类人才来杭州都市圈创新创业，增强了杭州都市圈的科研实力。德清的地理小镇通过“南

① “四通一达”是指申通快递、圆通速递、中通快递、百世汇通、韵达快递五家民营快递公司。2012年，这五家公司的从业人员总数为21.6万人，年销售额近300亿元，占据了中国快递市场总收入的半壁江山。

太湖精英计划”“英溪人才计划”引进海内外地理信息专业人才1059人，为德清地理信息产业打造一条涵盖芯片研发、装备制造、数据生产、产品开发、软件研制和信息服务的完整地理信息产业链奠定了坚实的基础。2013年杭州都市圈高等教育、科技机构情况见表1。

表1　2013年杭州都市圈高等教育、科技机构情况

地区	高等学校数(所)	高等学校在校人数(人)	科技机构数(家)
杭州	38	471820	1273
湖州	3	26673	474
嘉兴	4	48278	817
绍兴	9	77532	773
浙江	106	1017430	8278

注：高等学校是指按照国家规定的设置标准和审批程序批准举办，通过国家统一招生考试，招收高中毕业生为主要培养对象，实施高等教育的全日制大学、独立设置的学院和高等专科学校、短期职业大学。高等学校在校人数包含全日制研究生。科技机构数为各市企业办科研机构数。

资料来源：根据官方统计数据整理。

5. 都市圈基础设施日益完善

近年来，杭州都市圈按照“八共”的要求，逐步推进都市圈各项事业融合发展。其中“交通共联”取得了良好的成绩，杭州都市圈交通设施日益完善。2014年杭州都市圈交通20分钟封闭圈已经形成，都市圈内各个节点县市到杭州主城区的时间都不超过20分钟。都市圈在公路交通网、水路交通网、轨道交通网、航空港站、城际公交线网、综合交通枢纽等方面积极推动共建共联。同时，多条高铁相继通车，基本形成“二纵二横”[①] 的铁路运输通道。城际公交一体化基本完成，以萧山国际机场、东站综合交通枢纽中心、杭州公路客运中心、杭州内河港枢纽为主体，外连都市圈各城市交通枢纽的综合交通枢纽体系正在逐步形成。根据《浙江省都市圈城际铁路近期建设规划》，浙江省预计11条城际铁路线总投资为1316亿元，2020年前全部建成。都市圈城际铁路，不仅能够对目前国家正在实施的新型城镇化战

① “二纵二横”指杭宁高铁、杭长高铁、沪杭高铁、杭甬高铁。

略起到很好的推动作用，而且还能够进一步完善区域综合交通运输体系。重大交通项目的相继建成，使得杭州都市圈内城市间的联系更加紧密。

（二）劣势与挑战

1. 信息经济发展所需的国际化高端人才亟待补充

信息经济的发展离不开高端技术人才的支持。当前，国内信息技术整体上仍然落后于欧美发达国家，尤其表现为缺乏信息技术领域的高端技术与人才。目前杭州都市圈虽然拥有浙江大学这样的高水平大学，也有众多有实力的科研机构，但是人才培养与供给的速度依然跟不上信息经济快速发展的速度。同时，杭州都市圈国际化程度还有待进一步提高，教育、医疗、居住等公共服务水平依然有提升的空间。因此，信息经济的快速发展亟须补充高端技术人才，特别是要在当前处于前沿地位的人工智能、生物信息等领域，引进国际领军人物来都市圈生活和创业。此外，要坚持以高端人才对一流环境的期望为现实依据，倒逼城市教育、医疗和居住等公共服务水平提升。

2. 都市圈城市地理和经济联系有待进一步加强

当前，杭州都市圈各城市综合发展水平不均衡，导致都市圈内各地区、行业、企业间的信息化发展程度不平衡。这种不均衡在一定程度上削弱了都市圈内各城市之间的地理和经济联系。外部的因素也会影响都市圈内部的联系。例如，北边的上海经济圈和东南边的宁波都市圈对杭州都市圈城市集聚都会有一定影响。一方面，上海作为国际性都市对要素的集聚具有强大的吸引力；另一方面，杭州都市圈还必须考虑到与省内宁波都市圈的直接竞合。宁波都市圈利用浙东经济合作区这个平台，大力发展与绍兴的联系，加强与嘉兴的港口合作，深入杭州都市圈的核心，这也在一定程度上削弱了杭州都市圈的吸引力。因此，杭州都市圈需要在各城市自身发展得以保障的前提下，处理好与周边都市圈的关系。通过不断优化完善促进杭州都市圈内部融合的各项制度，保持都市圈的内生吸引力，从而达到进一步加强四座城市地理和经济联系的目的。

3. 技术创新体系和创业环境有待优化和完善

目前，杭州都市圈信息经济发展在长三角地区乃至全国都具有一定的优势。

但是在核心芯片、高端软件和关键器件上的自主创新能力依然不强，大部分产品还处于价值链的中低端位置，附加值相对较低。部分传统企业的互联网意识不强，在不少传统行业和领域，信息技术应用的深度和广度有限。因此，需要进一步完善都市圈技术创新体制机制，特别是要注重增强信息经济企业和机构的高新技术创新意识，推动形成“万众创新”的局面。在创业环境方面，杭州已经形成了良好的创业氛围，各种创业园区和孵化基地充满了创业与创新的活力。但是都市圈内其他城市的创业氛围还有待改善，各城市需要不断引导培育创新创业的意识，完善“大众创业、万众创新”的体制机制和政策保障。

二　杭州都市圈信息经济空间集聚模式

信息经济的空间集聚强调功能化、专业化特性。企业之间通过创新和竞争，与地方文化制度形成非交易性连接，又通过分工合作和优势互补，将资源结合起来，形成创新网络，扩大技术的外溢效应。信息经济空间集聚主要分为技术创新集聚区和制造生产集聚区两类。[①] 技术创新集聚区凭借高素质人才的优势，进行高新技术的研发和创新；制造生产集聚区是集技术应用、市场制造、市场营销于一体的多功能区。杭州都市圈具备发展信息经济的良好条件和先发优势。在空间集聚形态上有高新技术产业园区、软件园区、高教园区、商务园区、特色小镇（谷）等形态。

（一）以高新技术产业园区和软件园区为载体的信息高新技术集聚区

高新技术产业特别是以信息产业为主要内容的战略性新兴产业已经成为城市经济和区域经济发展的全新增长点，它在推动地区产业结构转型升级、科技竞争力提升、人力资源集聚等方面日益发挥着重要作用。它的知识密集属性决定了它具有高研发强度、高附加值、快技术更新等特点，这些特质决

① 方维慰：《信息产业空间集聚的机理分析》，《南京理工大学学报》（社会科学版）2007 年第 5 期。

定了其天然具有规模收益递增和正外部经济的效应。通过在区域内形成与大专院校、科研院所以及各类创新主体的创新网络，促进地区内的技术创新与扩散，从而推动区域经济增长。[①] 高新技术产业园区有利于园区内企业通过竞争与合作，营造创新氛围，提高企业经济效益，拓宽企业成长空间，进而促进科技转化。软件产业是信息经济的核心产业之一，是信息社会的基础性、战略性产业。软件产业具有较强的渗透和辐射作用。发展软件产业，不仅能够直接带来经济效益，而且能够进一步挖掘硬件设施功能潜力，优化企业组织结构，对传统产业进行改造升级，促进信息技术在经济社会各领域的应用。当前，高新技术产业园区和软件园区已成为杭州都市圈信息技术产业化和发展信息经济的重要载体。杭州都市圈内共有3个国家级高新技术产业开发区和近20个省级高新技术产业园区（见表2）。

表2　杭州都市圈高新技术产业园区

级　别	名　称	所在地	批准年份
国家级	杭州国家高新技术产业开发区	杭州滨江区	1991
	绍兴国家高新技术产业开发区	绍兴市	2010
	杭州临江高新技术产业开发区	杭州大江东	2015
省级	嘉兴省级高新技术产业园区	嘉兴	1997
	余杭省级高新技术产业园区	杭州余杭区	1997
	上虞省级高新技术产业园区	绍兴上虞市	1998
	萧山省级高新技术产业园区	杭州萧山区	1998
	新昌省级高新技术产业园区	绍兴新昌县	1998
	湖州省级高新技术产业园区	湖州	2000
	德清省级高新技术产业园区	湖州德清县	2010
	嵊州省级高新技术产业园区	绍兴嵊州市	2010
	海宁省级高新技术产业园区	嘉兴海宁市	2010
	绍兴柯桥省级高新技术产业园区	绍兴绍兴县	2010
	嘉兴秀洲省级高新技术产业园区	嘉兴秀洲区	2011
	嘉兴光伏高新技术产业园区	嘉兴	2012
	绍兴纺织新材料高新技术产业园区	绍兴	2012
	杭州青山湖高端装备高新技术产业园区	杭州余杭区	2012
	湖州现代物流装备高新技术产业园区	湖州	2013
	诸暨现代环保装备高新技术产业园区	绍兴诸暨市	2013

① 牛冲槐、张帆、封海燕：《科技型人才聚集、高新技术产业聚集与区域技术创新》，《科技进步与对策》2012年第15期。

（二）以高教园区为载体的科研与人才培养集聚区

信息经济的发展离不开技术、人才、企业、市场等要素的支撑。高教园区通过整合信息经济发展要素，结合优质的教育资源，实现“产学研”合一，成为发展信息经济的重要载体，为信息经济发展提供持续动力。高校和高新技术产业发展有很紧密的联系。高校密集区和高新技术产业密集区相辅相成、互为依托。高教园区包含大学、政府的研究机构以及大公司的研究开发部门，这些机构有大量的技术成果和优秀的技术人才，为园区内企业提供人力资源和技术创新支持，以直接创业或者与本地企业合作的形式，推动信息经济空间集聚发展。教育科研资源的集聚往往伴随着技术和人才等资源的共享。在高教园区建设资源共享平台，可以兼顾企业和高校的利益，满足园区内多数创业主体的需求。这种资源共享可以进一步扩大知识的溢出效应，促进知识创新，为高校和企业提供创新支持。目前虽然都市圈内顶尖大学不多，但是从总量来看，杭州都市圈内教育资源依然是丰富的。主要表现在都市圈四座城市拥有多个知名的高教园区，集聚了几十所大专院校和职业院校。这些高教园区为都市圈信息经济发展提供了大量的人才和科研技术支持。此外，还有部分高校或者校区并没有进入高教园区。这些高校或者校区本身也具备一定的溢出效应。

表 3　杭州都市圈部分高教园区

名称	高校数量（所）
杭州下沙高教园区	14
杭州萧山高教园区	5
杭州滨江高教园区	6
杭州小和山高教园区	5
绍兴镜湖高教园区	3

（三）以商务园区为载体的信息服务和电子商务产业集聚区

都市圈内作为信息经济发展载体的商务园区主要分为中心商务区和电子

商务园区。中心商务区是城市经济、文化、商务、商业的汇集场所，具备服务、咨询、展览、贸易等多种功能，同时也具有优越的外部服务条件，成为人员、信息、服务高度集中的区域。中央商务区的这些特性吸引了大量高端服务业尤其是信息服务业机构以及企业总部的集聚。各类软硬件的信息服务业与其他行业混合布局，更容易融入创新环境，从而更有效地发挥信息产业对其他产业的渗透和关联作用，不仅能促进自身发展，而且能增强对其他产业的融合与优化升级。杭州主城区部分中心商务区见表4。

表4　杭州主城区部分中心商务区

名称	功能定位
钱江新城 CBD	集行政办公、金融贸易、商业商务、旅游会展、文化居住等功能，发挥综合服务、要素集聚、科技创新等作用
钱江世纪城 CBD	着力发展现代服务业，集金融商贸、科研服务、会展居住等功能，打造生态、科技、综合的中央商务区，引领区域创新
武林 CBD	优化提升商贸商务的集聚，通过信息和人的集聚，达到财富的集聚

此外，电子商务园区是促进电子商务产业发展和产业结构调整的重要集聚形式，是杭州都市圈发展信息经济的重要载体之一。电子商务产业通过互联网对传统商务进行渗透与融合，延伸企业的价值链，促进企业信息化建设与转型升级。电子商务通过带动区域经济转型升级和房地产等其他相关产业的发展，形成新的产业增长点。电子商务产业是杭州都市圈的强势产业之一，传统意义上的电子商务和新兴的电子商务产业为杭州都市圈发展信息经济做出了重大贡献。杭州都市圈部分电子商务产业园见表5。

表5　杭州都市圈部分电子商务产业园

名称	所在地	定位
中国网商城	杭州萧山区	建立以电子商务为主、配套设计生产为辅、生活娱乐助力的完善的配套服务体系，构建大网商线下总部，打造中国首个垂直服装电子商务产业园

续表

名称	所在地	定位
浙江逸龙文化创意产业园	杭州建德市	电子商务产业基地，传统企业电子商务改造中心，文化创意企业集聚中心，科技型企业研发中心，小微企业孵化中心
杭州智慧电商示范园	杭州拱墅区	国家级电商示范基地，打造电子商务、信息软件、文化创意综合产业发展平台
杭州电子商务产业园	杭州西湖区	打造国家级电子商务示范园区、国家级科技企业孵化器，以“一园多点”模式开拓分园，进军跨境电商，打造杭州电子商务产业网络园区，为更多的电商企业、科技企业，以及其他国内相关企业开拓海外市场、高科技项目投融资对接进行全面服务
桐乡市电子商务中心	嘉兴桐乡市	应用办公、展示、交流、培训、餐饮娱乐一体化综合性电子商务中心，形成桐乡市电子商务品牌网络运营总部
中国杭州跨境贸易电子商务产业园	杭州下城区	以引进电子口岸为契机，以海关、商检、外管、国税、电子口岸等机构打造网上自贸区的“单一窗口”平台所形成的大数据业务，将园区定位成杭州跨境电商产业的商务集聚地、跨境电商中的中央商务区
中国（杭州）跨境电子商务空港园区	杭州萧山区	整合萧山机场、保税物流中心等机构，以及金融、物流、报关等企业，为跨境电商提供全方位服务，打造杭州跨境电商综合试验区的平台与后台
杭州下沙电子商务园	杭州经济开发区	网上商城、网络营销、广告策划、仓储物流等一条龙电子商务产业链

（四）以特色小镇（谷）为载体的新型信息化特色产业集聚区

2015 年，浙江省政府对特色小镇提出了“以新理念、新机制、新载体推进产业集聚、产业创新和产业升级”的要求。此后，特色小镇便吸引了各方的关注，全省各地对通过打造特色小镇实现现代产业集聚的热情大增。特色小镇（谷）是杭州都市圈信息经济空间集聚的一种特色载体。不同的区域有不同的特色文化和特色产业，因此有不同的功能定位和发展目标。特色小镇（谷）建设把区域特色集聚起来，形成新的产业、城市、人口融合的平台，集聚各类创新资源，转化科技创新的成果，促进传统的资源要素驱动型发展向科技创新引领式发展转变，实现杭州都市圈产业转型升级。特色小镇（谷）已然成为新常态下杭州都市圈经济转型升级发展的新引擎。杭州都市圈部分特色小镇（谷）见表6。

表6　杭州都市圈部分特色小镇（谷）

名　称	定　位	所在地
跨贸小镇	跨境电商	杭州下城区
中国智慧健康谷	医疗网络就诊中心、医疗数据信息中心、智慧健康产业	杭州萧山区
移动智慧谷	移动互联网产业	杭州萧山区
智慧e谷	智慧产业、智慧应用	杭州滨江区
上城玉皇山南基金小镇	量化投资基金、私募（对冲）基金等财富管理机构	杭州上城区
江干丁兰智慧小镇	电子商务、移动互联网、云计算等	杭州江干区
西湖云栖小镇	云生态	杭州西湖区
西湖龙坞茶镇	茶产业、旅游、文化创意、休闲	杭州西湖区
余杭梦想小镇	培育以互联网产业为特色的新一代信息技术产业和以科技金融为重点的现代科技服务业	杭州余杭区
余杭尚艺小镇	时尚产业	杭州余杭区
富阳硅谷小镇	创业孵化、科技研发及企业总部	杭州富阳市
桐庐健康小镇	健康养生（养老）服务、医疗服务、健康管理、中医药医疗保健服务、健康旅游和文化、健康食品	杭州桐庐县
临安云制造小镇	智能装备研发制造创新基地、科技型中小企业创业孵化基地	杭州临安市
越城黄酒小镇	黄酒产业、旅游	绍兴越城区
诸暨袜艺小镇	袜业制造中心、袜业文化中心、袜业主题景观空间、袜业旅游目的地	绍兴诸暨市
湖州丝绸小镇	国际丝绸时尚中心、东方丝绸交易中心、丝绸文化体验中心	湖州吴兴区
南浔善琏湖笔小镇	文房制造集聚区、文房淘宝谷、文房主题园、文房养心园	湖州南浔区
德清地理信息小镇	地理信息产业	湖州德清县
南湖基金小镇	私募基金、公募基金、信托、券商资管	嘉兴南湖区
嘉善巧克力甜蜜小镇	巧克力产业、旅游产业	嘉兴嘉善县
海盐核电小镇	核电生产性服务业、核电装备制造业、核电工业科技旅游产业	嘉兴海盐县
海宁皮革时尚小镇	皮革产业、皮革文化、皮革旅游	嘉兴海宁市
桐乡毛衫时尚小镇	电子商务、研发设计、成长学院区	嘉兴桐乡市
乌镇（互联网小镇）	互联网产业、旅游、服务业	嘉兴桐乡乌镇

三 信息经济空间集聚发展的影响因素

信息产业作为信息经济的核心内容，其发展具有产业发展普遍的时空规律，主要表现为集聚发展的特性。由于信息要素具有打破时空限制的特点，因此信息经济的发展往往又体现出一种不确定性。我们通过对有可能影响信息经济集聚的因素进行分析来为后续的实证提供基础。

（一）科技和教育与信息经济集聚

科技往往与创新联系在一起。科技进步作为经济增长的内生变量早已经成为学界的共识。熊彼特的创新理论、索洛的技术进步新古典增长模型、罗默的新经济增长理论等都将科学技术看成重要的变量。信息经济作为新型的以通信、网络、计算机等技术为核心的经济形态，高技术密集是其最主要的特征之一。信息经济集聚发展离不开高技术人才，大量的高新技术人才必然依附于区域的高技术中心、企业研发中心或者高校与科研院所。杭州都市圈作为经济发达的长三角地区，具有良好的高新技术要素集聚的优势，特别是杭州自21世纪以来致力于打造的“天堂硅谷”，集聚了大量的高新技术企业和人才。因此，科技发展对杭州都市圈信息经济的增长具有绝对的正面作用。有关教育和经济关系的研究可以追溯到18世纪，亚当·斯密把人的知识和经验视为一个国家整体国民财富的重要生产要素和主要内容，他认为“社会上一切人们学到的有用的才能”是和机器等生产资料同样的财富。德国学者李斯特则运用精神资本这一概念分析了教育在经济发展中的作用，他认为教师是“能够使下一代成为生产者”的生产者。到了21世纪以后，越来越多的学者达成了共识，认为教育对经济增长具有积极的促进作用。对于教育和信息经济集聚的关联，目前尚没有直接的证据表明两者有直接的关系。一般会认为教育对信息经济的集聚具有和整体区域经济增长一致的关系。但我们也有理由认为，增长的教育经费支出以及在校学生会随着时间的推移离开所在城市，特别是在高铁时代的都市圈范围内，人力资本和传统资本的要素流动具有一样的“逐利”特性。

（二）人口与信息经济集聚

古典经济模型将人口和资本看成经济增长的两个关键因素。但关于人口与经济增长的关系，学界历来有不同的声音。马尔萨斯派的主要观点是，即使考虑技术进步的影响，人口增长最终还是超过技术进步的正面效应，导致劳动生产率降低，生态环境退化，社会总储蓄减少，投资率下降，从而不利于经济增长。而大量学者则认为人口因素在长期是必然会促进经济增长的。杭州都市圈近年来人口不断上升，呈现与经济增长的一致性。信息经济作为一种高新技术密集特征的经济和产业形态，其与人口数量的关系也未能有相关实证的检验和研究。但我们立足都市圈人口持续增长和信息经济持续发展的现实，依然可以初步认为人口集聚有利于杭州都市圈信息经济增长。根据产业空间集聚理论，特定产业就业人口和区域总人口的一些指定关系可以用来评估产业的空间集聚程度，如区位熵和空间基尼系数理论均体现了这样的指标关系。这种集聚程度的测度也为整个信息经济发展提供了有益的视角。

（三）信息要素与信息经济集聚

信息是信息经济发展必不可少的要素，是信息化手段和信息经济载体的一个综合。国内外许多研究者都对信息要素对经济增长的作用做了理论分析和实证研究。在研究过程中，由于统计数据的缺乏，研究者通常将信息要素默认为某些信息化指标或者信息资源的直接使用，如邮电业务总量、电话普及率与信息化水平、研发人员全时当量、信息产业值等。信息要素的丰富程度在一定程度上反映了地区信息化程度。信息要素一般包含两个方面：一是硬件要素，如网络基础设施、移动终端、计算机、物联网建设等，它们为信息经济发展提供硬件支撑；二是软件要素，如信息化政策、信息化人才、网站等，它们为信息经济发展提供政策、智力、创新以及服务等软件支持。信息要素完善的地区往往市场交易成本也相对较低，更容易吸引高新技术企业集聚。企业集聚促进信息经济的集聚，信息经济集聚产生的规模效应进一步促进集聚区域各种信息要素的完善。在集聚过程中伴随着扩散效应，部分企业无法适应地区竞合环境，撤离信息要素集聚区，从而也能够实现优化集聚区域产业结构以及劳动力与资本等要素资源合理分配的目的。

（四）外商投资与信息经济集聚

随着经济全球化和信息技术的发展，经济发展要素的空间限制大大减弱，资本的国际流动大大加快。外商直接投资对地区经济增长的作用毋庸置疑，其本质依然是通过外资的技术溢出效应作用于经济发展。通过大量不同的模型构建，多数学者得出结论，外商直接投资与经济增长存在统计上的显著因果关系，而对于信息经济这种新的经济和产业形态，外商投资的作用尚未有直接的研究结论。作为一种新的经济形态，其高投入、高风险、高回报等特性，依然会受到资本的追逐。而中国的国有资本和私人资本缺乏明显的迁转和流动倾向，而且这些资本对新兴产业的投资具有跟随特性。[①] 这从杭州新一轮信息经济与智慧经济发展过程中大量的资本落户就可见一斑。因此，我们同样认为，外商投资不仅极大地促进了杭州都市圈内的资本集聚，而且为都市圈信息经济集聚创造了先决条件。但是，外商投资也会产生国民财富流出、挤出效应、内资企业的不平等竞争等问题，这些甚至会对经济增长产生负面作用。如 L. P. King 与 B. Varadi 认为短期内外商直接投资能够促进经济增长，但在长期具有一定的阻碍作用。[②] 因此，对于外商投资于杭州都市圈信息经济的影响，有必要审慎地去看待和研究，这需要进一步的数据实证。

---

① 张志强：《聚集经济与中国城市经济增长——基于动态面板数据的实证研究》，《南京社会科学》2010 年第 10 期。

② L. P. King and B. Varadi, "Beyond Manichean Economics: Foreign Direct Investment and Growth in the Transition from Socialism", *Communist and Post-Communist Studies*, 2002 (35), pp. 1 – 21.

四　都市圈信息经济空间集聚实证研究

（一）变量选取与模型构建

1. 杭州都市圈区位熵的计算

信息经济空间集聚受多种因素影响，杭州都市圈四个城市信息经济集聚水平也存在明显差异。为精确反映这种差异，我们采用区位熵方法计算四个城市信息经济集聚指数。区位熵能较好地从区域的角度分析产业集聚程度，因此常用来衡量产业集聚程度。t 时刻城市 i 的区位熵 LQ_{it} 为：

$$LQ_{it} = (I_{it}/I_t)/(P_{it}/P_t)$$

其中，I_{it} 为地区 i 在 t 时刻从事信息产业的人口，P_{it} 为地区 i 在 t 时刻的就业人口，I_t 和 P_t 分别为 t 时刻全国信息产业从业人口和全国就业总人口。区位熵通过各区域从事信息产业人口占全国比重与各地区就业人口占全国份额之比来反映区域集聚程度。数值越大，表明该行业在该地区的集聚程度越高。为了使杭州都市圈信息经济区位熵数据更加贴近浙江省经济发展实际，我们对总体的信息产业从业人员和就业总人口选取浙江省的历年数据。我们根据 2004～2013 年四个城市分行业从业人员中信息传输、计算机服务和软件业的从业人口数据，以及总的就业人口数据，计算出 2004～2013 年杭州都市圈信息经济区位熵（见表 7）。

表 7　2004～2013 年杭州都市圈信息经济区位熵

地区	2004 年	2005 年	2006 年	2007 年	2008 年	2009 年	2010 年	2011 年	2012 年	2013 年
杭州	0.53	0.50	0.70	0.38	0.50	0.56	0.80	0.98	1.22	1.37
湖州	0.20	0.17	0.17	0.07	0.08	0.08	0.13	0.14	0.22	0.50
嘉兴	0.21	0.16	0.17	0.07	0.08	0.08	0.11	0.13	0.15	0.13
绍兴	1.42	0.90	0.84	0.28	0.39	0.33	0.37	0.34	0.44	0.36
均值	0.59	0.43	0.47	0.20	0.26	0.27	0.35	0.40	0.51	0.59

资料来源：根据官方统计数据计算得出。

从表 7 数据可以看出，极有可能受到全球金融危机的影响，在 2007 年和 2008 年，四个城市的信息经济区位熵都有较大幅度的下降，几近谷底。而此后直到 2013 年则一直处于稳步上升的态势，这反映出都市圈整体信息经济逐渐走出谷底。同时，也可以看出杭州都市圈内四个城市的信息经济集聚程度有明显差异。杭州的信息经济集聚程度最高，2012 年区位熵达到 1.22，2013 年继续扩大为 1.37，可见杭州的信息经济已经发展成为具有一定比较优势的产业。嘉兴、湖州和绍兴的信息经济区位熵相对较低。嘉兴和绍兴的区位熵表现出了较为稳定的水平，湖州的信息经济区位熵则稳步增加。

2. 变量选取及数据说明

为了对杭州都市圈 21 世纪以来信息经济整体发展趋势进行研判，本文拟选取杭州都市圈四个城市最近几年的平行数据，检验包含信息要素在内的各要素对信息经济集聚的贡献作用。考虑到本研究开展时，2014 年部分官方统计数据尚未发布，难以获取，因此我们最终选取 2004 ~ 2013 年的面板数据作为研究样本。数据来自 2005 ~ 2014 年浙江省官方发布的统计数据以及四个城市的统计数据。变量选取见表 8。

表 8　变量定义

变量类型	变量名称	代表指标	指标意义	符号预期
解释变量	*Edu*	教育经费投入	教育因素	+
	Sci	科技经费投入	科技因素	+
	Fdi	外商直接投资	外资技术溢出因素	?
	Mob	移动电话用户数	信息经济集聚要素	+
	Int	宽带业务用户数	信息经济集聚要素	+
被解释变量	*LQ*	信息经济区位熵	信息经济空间集聚程度	/
控制变量	*Gdp*	地区生产总值	地区经济增长能力，将分别作为过程控制解释变量和被解释变量	/

国民生产总值是一个综合性的数据指标，它能够良好地反映一个国家或地区的综合经济发展水平，因此我们采用各地区的国民生产总值作为反映各城市经济水平的指标。我们按照2004年不变价格对国民生产总值数据经过消费者物价指数平减。教育经费投入、科技经费投入、外商直接投资分别选取统计年鉴中教育财政支出、科学技术财政支出、实际利用外资金额指标。教育经费投入和科技经费投入经过消费者物价指数平减，外商直接投资按照历年人民币兑美元汇率之后经消费者物价指数平减。对信息要素的测度采用代理变量的方法。本文选取较能代表互联网时代特性的移动电话用户数和宽带业务用户数作为代理变量，能够更加贴近和彰显信息经济的特性，反映整个社会的信息活动量。主要变量的描述性统计见表9。

表9　主要变量描述性统计

变量	观测值	均值	标准差	极大值	极小值
LQ	40	0.4067	0.3649	1.4230	0.0666
ln*Edu*	40	12.9208	0.7913	14.5321	11.3122
ln*Fdi*	40	13.8935	0.6028	15.2311	13.1341
ln*Gdp*	40	7.7855	0.7261	9.2607	6.3108
ln*Int*	40	4.2492	0.7692	5.8249	2.7591
ln*Mob*	40	5.8864	0.6633	7.3440	4.8934
ln*Sci*	40	11.5100	0.9870	13.0446	8.6004

3. 模型构建

根据以上的研究设计，基于柯布－道格拉斯生产函数，我们构建了信息经济空间集聚度影响因素模型及信息经济发展模型：

$$LQ_{it} = A_{it} \times Edu_{it}^{\alpha} \times Mob_{it}^{\beta} \times Int_{it}^{\gamma} \times Sci_{it}^{\delta} \times Fdi_{it}^{\theta} \qquad (1)$$

$$LQ_{it} = A_{it} \times Gdp_{it}^{\alpha} \times Edu_{it}^{\beta} \times Mob_{it}^{\gamma} \times Int_{it}^{\delta} \times Sci_{it}^{\theta} \times Fdi_{it}^{\mu} \qquad (2)$$

分别对式（1）、式（2）进行整理变形，得：

$$LQ_{it} = a + \alpha \ln Edu_{it} + \beta \ln Mob_{it} + \gamma \ln Int_{it} + \delta \ln Sci_{it} + \theta \ln Fdi_{it} + \varepsilon_{it} \quad (3)$$

$$LQ_{it} = a + \alpha \ln Gdp_{it} + \beta \ln Edu_{it} + \gamma \ln Mob_{it} + \delta \ln Int_{it} + \theta \ln Sci_{it} + \mu \ln Fdi_{it} + \varepsilon_{it} \quad (4)$$

其中，*LQ* 表示信息经济空间集聚度，即区位熵，*Gdp* 表示经济增长，*Edu* 表示教育经费投入，*Mob* 表示移动互联网发展，*Int* 表示宽带使用情况，*Sci* 表示科技经费投入，*Fdi* 表示外商直接投资，其指数分别表示不同因素对信息经济集聚的弹性。*A* 表示整个社会技术进步因素对集聚的影响，*it* 表示 *t* 时间的第 *i* 个地区。其他变量分别为常数项、变量系数及残差。

（二）检验结果与分析

1. 信息经济集聚要素研究

对杭州都市圈四个城市 2004～2013 年的面板数据进行协方差分析。首先判断采用固定效应模型还是混合效应模型。对模型进行固定效应回归，再进行 LR 检验。固定效应的 LR 检验结果见表 10。

表 10　面板固定效应 LR 检验结果

效应检测	*F* 值	自由度	*P* 值
模型(3)	27.27	(3,31)	0.0000
模型(4)	39.17	(3,30)	0.0000

模型（3）和模型（4）的 *F* 值分别为 27.27 和 39.17，均大于置信度为 95% 下 *F*（3，31）和 *F*（3，30）的临界值。因此我们拒绝了原假设，得出结论采用固定效应模型进行分析更加合适。同时，由于构建面板数据模型时经常能够遇到横截面数据的异方差性以及序列的自相关性问题，因此此时若运用 OLS 分析可能会产生结果失真。为了消除这种不利影响，一般在截面数量小于时间序列长度时可采用不相关回归方法（Seemingly Unrelated Regression，SUR）来估计方程。我们对 OLS 和 SUR 两种方法分别做回归，结果见表 11。

表 11　面板数据回归结果

变量	不纳入 Gdp		纳入 Gdp	
	(3.1)WEIGHT	(3.2)SUR	(4.1)WEIGHT	(4.2)SUR
ln*Edu*	-0.531 (-1.230)	-0.561*** (-3.014)	0.472 (0.784)	0.672*** (2.754)
ln*Fdi*	0.462** (2.256)	0.580*** (4.045)	0.499** (2.367)	0.698*** (5.732)
ln*Int*	0.484 (1.069)	0.367** (2.032)	0.473 (1.303)	0.365*** (3.199)
ln*Mob*	0.278*** (3.104)	0.313** (2.242)	0.368*** (3.175)	0.401*** (3.356)
ln*Sci*	-0.096*** (-2.770)	-0.004 (-0.115)	0.059 (0.693)	0.157*** (3.852)
ln*Gdp*	—		-1.572 (-1.612)	-1.909*** (-5.681)
C	-1.749 (-0.525)	-3.756*(-1.920)	-5.257 (-1.637)	-8.852*** (-5.639)
调整后的 R^2	0.633	0.829	0.640	0.919
F 值	9.430	24.780	8.731	50.506
Obs	40	40	40	40

注：*、**、*** 分别代表 10%、5% 和 1% 的显著性水平；括号内的数值为 *t* 统计量。

模型各变量很好地解释了杭州都市圈信息经济空间集聚的状况。调整后的 R^2 为 0.919，从 *t* 统计值和对应的概率可以发现整体显著性还是比较高的。根据估计的结果，2004～2013 年，教育经费投入、科技经费投入、外商直接投资及以宽带和移动手机为替代变量的信息要素投入系数均为正数，而且 *t* 值非常显著，这说明五类要素对杭州都市圈信息经济的集聚有显著的正向推动作用。其中，外商直接投资贡献度最高，系数为 0.698；其次是教育经费投入，系数为 0.672；再次是移动电话用户数和宽带业务用户数；最后是科技经费投入。这也反映了信息经济是高投入、高技术型经济，需要大量投资和人力资源的支撑。同时，都市圈内发展信息经济对外商的依赖性较大，其本质主要体现在外资的技术溢出特性。信息要素对信息经济集聚也呈现较大程度的正面作用，移动电话用户数和宽带业务用户数的回归系数分别达到了 0.401 和 0.365，这能够较好地说明信息基础设施和信息经济集聚的正相关关系。

2. 信息经济集聚对经济发展的影响研究

古典经济增长理论认为，在市场经济条件下，资本、劳动力和技术的自由流动将导致区域的经济增长最终趋于平衡。美国城市经济学家亨德森在讨论城市的规模与类型时指出，城市规模既具有正的外部性，也具有负的外部性，如拥挤和通勤时间过长。① 在上文的实证分析中，模型（3）中 GDP 的系数为负，我们考虑倒“U”形假说。库兹涅茨根据经验和推导提出了收入差距变化与经济发展关系的倒“U”形曲线假说。② 基于他的假说，威廉姆森创造性地将倒“U”形理论应用到区域经济分析中，首先提出了区域经济差异的倒“U”形理论。③ 本文引入了杭州都市圈信息经济发展的区位熵作为解释变量，以分析这种经济增长和区位熵之间直接的负面关系。

一般来说，产业的集聚伴随着城镇化的推进，它除了带来资金流、人才流、技术流等正面集聚效应外，也会出现由交易成本提升带来的负面扩散效应。在中长期，一旦负面的扩散效应大于正面的集聚效应，则表现为产业的空间集聚对地区经济增长的负相关作用。这也是为什么产业需要不断地转型升级来寻求与所在区域的均衡匹配发展，其本质就是经济发展方式和城市发展方式的辩证统一。④ 值得注意的是，信息经济空间集聚的过程有可能更为复杂，甚至呈现倒“N”形曲线形态。为了比对和探析更为符合都市圈实际

---

① Henderson J. V.,“The Size and Types of Cities”, *American Economic Review*, 1974 (64), pp. 640 - 656.

② 美国经济学家西蒙·库兹涅茨于 1955 年提出收入分配状况随经济发展过程而变化的曲线，是发展经济学中重要的概念。

③ 威廉姆森在库兹涅茨倒“U”形理论的基础上于 1965 年在其发表的《区域不平衡与国家发展过程》中提出升级概念。

④ 进入 21 世纪以来，杭州先后实施的三次产业转型升级都是基于这一理念。一是以“天堂硅谷”建设为重点，大力发展以信息产业与互联网经济为特色的高新技术产业，打造了“高新技术产业基地”和“电子商务中心”；二是以旅游业转型升级和市区工业企业“退二进三”为龙头，大力发展现代服务业，打造了“国际重要旅游休闲中心”和“区域性金融服务中心”；三是以建设全国文化创意产业中心为目标，大力发展文化创意产业，打造了“全国文化创意中心”。

的信息经济集聚路径，我们建立以下两个比对模型：

$$\ln Gdp_{it} = \alpha + \beta LQ_{it} + \gamma LQ_{it}^2 + \varepsilon_{it} \tag{5}$$

$$\ln Gdp_{it} = \alpha + \beta LQ_{it} + \gamma LQ_{it}^2 + \delta LQ_{it}^3 + \varepsilon_{it} \tag{6}$$

式（5）和式（6）分别用于检验信息经济空间集聚对经济增长的作用是符合倒“U”形假说还是符合倒“N”形假说。根据式（5）的结果，若 $\gamma<0$，则符合“U”形假说；若 $\beta>0$，则符合倒“U”形假说。根据式（6）的结果，若 $\beta>0$、$\gamma<0$、$\delta>0$，则曲线呈“N”形；若 $\beta<0$、$\gamma>0$、$\delta<0$，则为倒“N”形曲线。采用前文方法，对模型进行拟合。方程 1 和方程 2 分别报告了式（5）和式（6）解释变量的系数估计值。由表 12 可以看出，模型（6）更符合杭州都市圈信息经济集聚对经济增长的实际。$\beta<0$、$\gamma>0$、$\delta<0$，且通过 1% 的显著性检验。可见，杭州都市圈信息经济空间集聚效应应该更符合倒“N”形假说。

表 12　杭州都市圈信息经济集聚影响模式估计

变量	方程 1：模型(5)	方程 2：模型(6)	方程 3：模型(6)
常数	7.810*** (84.858)	7.882*** (229.768)	7.099*** (26.464)
LQ	-0.137*** (-3.563)	-0.747*** (-7.976)	2.435 (1.222)
LQ^2	0.102*** (3.989)	1.177*** (9.057)	-0.770 (-0.215)
LQ^3	—	-0.485*** (-8.709)	-0.266 (-0.156)
调整后的 R^2	0.997	0.993	0.262
F 值	3714.831	1071.004	5.627
Obs	40	40	40

注：*、**、*** 分别代表 10%、5% 和 1% 的显著性水平；括号内的数值为 *t* 统计量。

为了检验方程 2 估计结果的稳健性，我们继续采用随机效应模型对模型（6）进行检验，结果见方程 3。方程 2 和方程 3 分别显示固定效应模型和随机效应模型的估计系数和相关指标。由结果可见固定效应模型明显优于随机效应模型。为了更加直观地反映信息经济集聚增长的倒“N”形曲线变化形态，我们根据方程2的估计结果，绘制了杭州都市圈信息经济集聚增长曲线，同时计算了曲线的极值点。

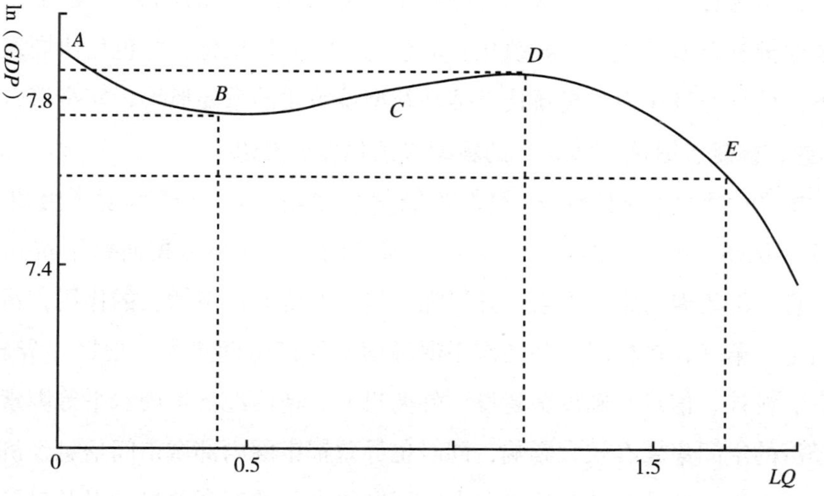

图1　杭州都市圈信息经济集聚增长曲线

曲线图中有4个点需要关注，即 *B*（0.435，7.741）、*C*（0.809，7.791）、*D*（1.183，7.842）、*E*（1.618，7.699）。其中 *B* 点、*D* 点分别为极小值点和极大值点，*C* 点为信息经济集聚对经济促进作用的拐点，即从 *C* 点开始边际增长率曲线开始变缓。*E* 点表示集聚净收益为零。*AB* 阶段，信息经济集聚处于初期阶段，集聚成本较高，集聚效应产生的收益较小，此时集聚效应为负。*BD* 阶段，集聚效应递增，随着产业集聚度的提高，地区发展信息经济的各方面条件趋于成熟，集聚成本降低，集聚收益逐渐提高，并在 *D* 点达到极大值。*DE* 阶段，集聚效应开始递减，集聚收益逐渐降低，集聚成本如土地租金、竞争压力等因素造成了集聚效应减弱。在 *E* 点，集聚净收益减小为零。之后，集聚成本会超过集聚收益，集聚的净收益开始转变为负值，并对经济增长带来可能存在的负面影响。

五　对策建议

诺贝尔经济学奖获得者、美国经济学家斯蒂格利茨说："中国的城市化和以美国为首的新技术革命是影响21世纪人类进程的两大关键性因素。"在全面推进新型工业化、城镇化、信息化、农业现代化、绿色化协同发展背景下，信息经济作为以高新技术推动新型城镇化的重要抓手，完全符合国家"集约、智能、绿色、低碳"的新型城镇化发展要求。

本文运用区位熵测度杭州都市圈信息经济空间集聚程度，用2004～2013年杭州、嘉兴、湖州、绍兴四个城市的平行面板数据研究了杭州都市圈信息经济集聚的影响因素，并研究了信息经济对经济增长的作用，得出以下结论。第一，多种因素共同作用促进信息经济空间集聚，地区差异较大。教育、科技、信息基础设施建设、外商投入、地区经济发展水平等因素对信息经济的空间集聚有较大影响，同时也导致都市圈内部城市间信息经济集聚差异的产生。这种差异主要表现为地区发展水平的客观差异，以及对信息经济这一新兴经济形态的重视和关注程度的差异。第二，立足"互联网+"和"中国制造2025"，外资依然对信息经济的集聚发展起着重要的作用，作为人力资本供应的教育经费投入也起到重要作用。两个信息要素的代理变量都表现出积极的正面作用，提醒我们在信息基础设施的投入上依然要加大力度。第三，信息经济空间集聚对经济增长的倒"N"形影响模式在理论上和实际上都是可能真实存在的，即随着杭州都市圈的整体发展，由于行政壁垒的存在，土地和人力资本成本的提升等因素导致交易成本增加，集聚效应开始减弱，边际效用开始呈现递减。当然，出现这种结果的原因不排除是由国内外整体经济周期性不景气造成的。根据研究结果，我们初步提出以下几点对策建议。

（一）凝聚发展共识，打造全国信息经济集聚第一高地

杭州都市圈内各城市的要素禀赋不同，对信息经济的关注度及政策重心不同，导致区域内信息经济发展水平存在差异与不均衡。建议都市圈各城市

充分凝聚发展共识，形成信息经济发展的合力。一方面，要充分整合利用整体要素资源禀赋；另一方面，要积极挖掘各地特色和潜力经济形态，优势互补，致力于将杭州都市圈打造成长三角乃至全国信息经济集聚第一高地。在国家和浙江省大力发展高新技术产业和信息经济的大背景下，四个城市秉持这样的共识和理念，通过科学规划和各项政策保障配套，完全可能实现这个宏伟蓝图。

（二）丰富信息要素，加强信息经济基础设施建设

实证结果显示，信息要素对信息经济集聚呈现较大程度的正面作用。但是比起外商直接投资和教育的作用程度还有一定差距。一方面，都市圈信息基础设施建设规划的速度落后于社会经济发展的速度，导致信息要素的作用有限。另一方面，可能存在一定的偏重硬件基础设施建设而忽视配套软件发展的情况，导致未能充分发挥信息基础设施的作用。因此，在都市圈发展信息经济过程中，不仅要不断丰富信息要素，加强信息基础设施建设，做到信息要素的供需均衡，而且要“软硬兼施”，做好各种软件信息平台的搭建，最大限度地挖掘信息基础设施的潜力。

（三）优化产业布局，不断完善信息经济空间结构

杭州都市圈作为“规划共绘”与“产业共兴”的城市群发展整体，在产业布局上要有合理的规划，要科学规划引导产业转移，完善信息经济空间结构。当前，杭州的信息经济空间集聚程度较高，各种要素资源源源不断地涌入杭州。一旦达到一个临界点，可能产生过度集聚的问题。主要表现为来自基础设施、人口与环境的压力不断增大，集聚的边际效应可能会下降。同时，过度集聚也可能具备一定的负外部性。因此，建议四个城市要落实好“规划共绘”，合理设计信息经济空间布局，努力发挥自身的比较优势，结合特色信息产业和特色传统产业的转型升级，合理发展信息经济，促进相关产业的集聚，减少资源浪费，避免产业同构竞争，最终实现构筑都市圈信息经济产业发展优势的目的。

（四）加大教育投入，促进人才招引和产学研结合

实证结果表明，教育经费和科技经费投入对信息经济的集聚和发展均有积极的推动作用。如前文所述，都市圈教育资源和科研机构资源丰富，但是顶尖的大学依然屈指可数。建议在信息经济等前沿高新技术产业发展的基础上，加大教育投入，在做好与浙江大学等现有高等院校战略合作的同时，积极推进“西湖大学”等创新型尖端科技高校和机构的高水平建设。同时，做好发展信息经济高层次人才的引进和储备工作，建设教育资源共享平台，促进知识创新和共享，提升知识溢出效应，为信息经济发展提供人力资源和技术支持。加大科技投入力度，鼓励科研机构以直接创业或者与企业合作的形式，参与促进科研成果转化。

（五）创新投资机制，完善信息经济发展的风险投资体系

外商直接投资对地区经济发展的促进作用明显，也推动了都市圈信息经济的空间集聚。一方面，在引入外资的同时，要注意国民财富流出、挤出效应、内资企业不平等竞争等问题。另一方面，要建立完善的政府引导与市场化运作相结合的投资机制，借鉴国内外产业投资基金经验，创新投资机制，为信息经济领域初创企业和快速成长型企业提供充足的资金支持。积极引入社会资本，依托财富管理中心，不断完善风险投资体系，发展私募金融服务，繁荣场外交易市场，让民间资本更好地参与对接信息经济发展科技创新。

参考文献

肖拥军、王伟玲：《发展信息经济，率先抢占全球战略竞争制高点》，《中国科学院院刊》2015 年第 2 期。

唐昌黎：《知识经济·信息经济·物质经济》，《当代经济学》1998 年第 6 期。

薛国：《信息经济与信息经济分析方法》，《中南财经大学学报》1989 年第 4 期。

夏宝龙：《以“八八战略”为指引，推动经济在新常态下迈上新台阶》，《今日浙江》2015 年第 1 期。

张鸿铭：《乘势而上，抢占先机，以智慧经济引领转型发展》，《杭州科技》2014 年第 4 期。

阿里研究院：《信息经济呈现十大浪潮》，《理论参考》2015 年第 3 期。

朱文晶：《杭州智慧经济与智慧城市建设融合发展探析》，《杭州研究》2015 年第 1 期。

杭州科学技术委员会：《“六个聚焦”助推智慧经济和信息经济创新发展》，《杭州科技》2014 年第 5 期。

杭州都市圈合作发展协调会办公室：《杭州都市圈建设推进情况（2007～2014）》，2015。

杭州都市圈合作发展协调会办公室：《2015 年杭州都市圈市长专题工作会议资料》，2015。

中共杭州市委、杭州市人民政府：《关于加快发展信息经济的若干意见》，2015 年 7 月。

王国平：《以智慧城市经济为载体，推动杭州智慧城市建设》，《研究通报》2014 年第 5 期。

路甬祥：《创新的启示——关于百年科技创新的若干思考》，科学技术出版社，2013。

〔美〕安东尼·汤森：《智慧城市：大数据、互联网时代的城市未来》，中信出版社，2015。

B.8

推进杭州都市圈智慧环保建设研究

环境保护课题组 *

摘　要：智慧环保是智慧城市建设的重要内容，研究智慧环保建设以及城市间的环保智慧合作将对推动城市发展、都市圈建设具有重要意义。本文深入调研杭州都市圈杭、湖、嘉、绍四城市智慧环保近年来的建设现状和环保信息化合作现状，系统分析了目前智慧环保发展中存在的问题和瓶颈，预测了未来杭州都市圈智慧环保发展及合作的趋势，并提出了对策和建议，以期对推动杭州都市圈智慧城市共建共享有所贡献。

关键词：智慧环保　信息化　共建共享　都市圈

我国智慧环保建设正处于起步阶段。近年来，随着环保物联网技术的不断推广，国家确立了一批物联网智能环保应用工程示范区域，有了许多“智慧环保”物联网技术的应用示范案例。无锡市基于物联网技术建立了环境监控中心，具备实时监测、全面监控、区域环境监管、环境执法及应急预警等多项功能，成为国家“感知环境智慧环保”环境监测监控物联网应用示范工程。山东省、成都市以移动源、危险源监测为重点，建立物联网智能环保应用示范工程，以实现对放射源运输、危险化学品运输、危险废物运输

* 课题组负责人：井宝莉，杭州市环境保护科学研究院高工。课题组成员：楼珂良，杭州市环境保护局副调研员；刘勇生，湖州市环境保护局科员；王寅，嘉兴市环境保护局科员；沈伟荣，绍兴市环境保护局副处长。

等进行全过程监控的监管目标。

三角洲区域在生态环境保护方面的合作成效比较显著，环保合作已进入制度化、常态化阶段。广东省环境保护监测中心站和香港特别行政区环境保护署联合建构了一个“珠江三角洲区域空气质量监测网络”，并联合制定了一套空气监控系统质保质控标准操作程序，每季对监测网络及各子站的技术设备、质保、质控工作及数据传输系统与运作情况做出回顾。

南京都市圈以保障青奥会实施大气区域联防联控为突破口，大大推动城市间联防联控。青奥会期间，都市圈实施各类气象信息和区域环境信息共享与发布制度，同步开展严控高架源排放，治理机动车污染和挥发性有机物污染，严控扬尘污染、秸秆焚烧等，统一区域环境准入和污染物排放标准，以共同改善南京及周边区域大气环境质量。

国家《大气污染防治行动计划》出台后，京津冀都市圈合作尤其是大气污染联防联控不断加快和升级。特别是在监测预警方面，北京及周边环境敏感区域的64个县（市、区）已建成空气自动监测站，对于分析京津冀区域雾霾传输走向、形成机理等都有帮助。

一　杭州都市圈智慧环保发展现状

杭州都市圈的环保信息化建设起步较早，在浙江省环保厅的业务要求和指导下，结合环境业务需求与信息化技术发展水平，建设了一批符合环保业务实际的应用系统，推动了环境业务的发展。目前四城市环保建设均已初步形成内外网系统平台，有多个系统稳定运行。总体来看表现在以下几个方面。

（一）初步探索进行顶层设计

近年来，智慧环保成为很多地方建设的热点，但是如果不从顶层进行设计，很容易陷入一种建系统、建应用的技术圈，而忽视智慧环保的整体效应。基于较好的环境信息化建设基础，杭州市率先在国内编制完成了《杭州市智慧环保系统总体规划》，提出了一套比较完整的智慧环保指导方案，使智慧环保从抽象的概念走向可操作层面，便于有规划、有步骤、分层次地推进。规划提出了建设一个云平台、两大门户网站、三大安全及运维保障体系、六大应用环保领域和九项重点工程的“12369”智慧环保体系（见图1）。

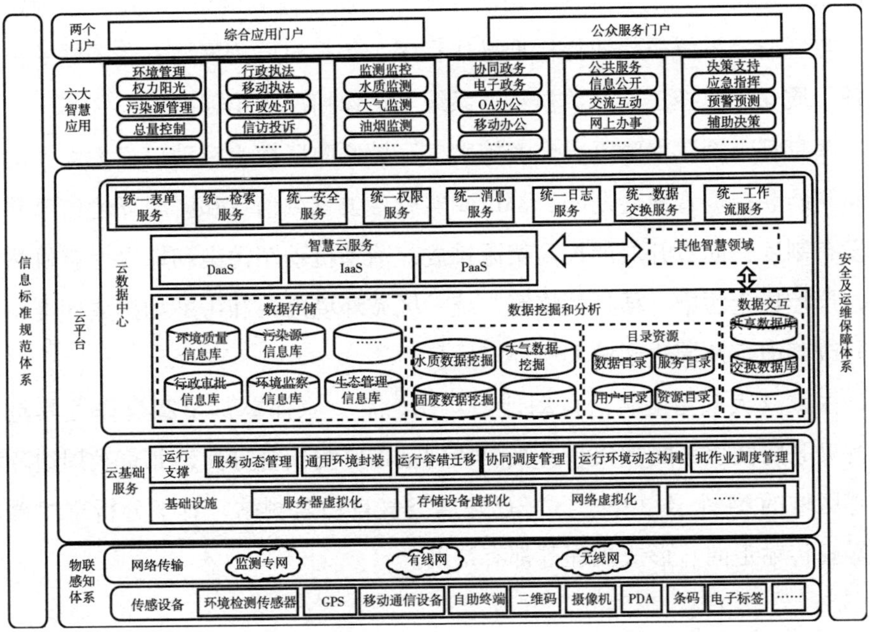

图1　杭州市智慧环保系统逻辑架构

（二）基本建立初步集中的基础平台

杭州都市圈四城市环保信息化基础平台随着信息化浪潮的发展而日趋成熟，基础装备能力都有了显著提高。杭州市已建成千兆内部局域网系统、10兆环境监测专网、VPN电子政务网和20兆互联网宽带连接。局域网络系统采用“层次化”设计，既利于内部各部门的业务应用和数据共享，又方便向上级部门进行数据上报和传输。局外网——杭州绿网则面向社会公众和企业提供网上办理和信息公开等工作，进行企业行政审批和企业事项公告、政务公开、环境违法事件曝光以及大气和水质的信息发布。为各类应用系统配置了相应的服务器和存储设备，环保基础数据库平台、操作系统平台和存储平台以及地理信息平台均采用业界成熟先进的产品。已经积累了比较丰富的环境信息数据源，建立了环境信息数据字典和一套指标体系，形成了比较完整的编码体系。

（三）基本形成一体化环境监测与管理体系

环境监测是环境保护工作的“耳目”“哨兵”“尺子”，是政府宏观决策和环境监管的重要基础。目前杭州都市圈四城市已基本建成环境监测与管理体系，以监测数据中心为核心，可实现历史纸质监测数据、各种异构数据库中的监测数据以及已有信息系统支撑的各种结构化监测数据的数据转换、整合和集成，初步完成监测业务工作的电子化和规范化处理。

到目前为止，杭州都市圈开发的相关业务系统主要有浙江省重点污染源自动监测与信息管理系统、重点污染源自动监控与基础数据库系统、地表水自动监测与信息管理系统、浙江省饮用水源地水质自动监测系统平台、环境空气自动监测站、大气特征污染因子预警系统、放射源实时监控系统平台等。

（四）基本建成一体化移动环保执法系统

移动执法系统由现场终端设备、3G 传输专线和后台数据库三部分组成。现场硬件设备有移动终端和执法箱，移动终端为平板电脑。为改变以往单打独斗的局面，实现各环境业务系统与各应用数据的互通和协同管理，杭州市将行政处罚系统、一源一档系统、网上申报系统和移动执法系统打通，建成动态的污染源一源一档系统。移动终端可以随时随地对记录在案的企业信息进行访问和查看，并在执法过程中及时更新数据库。

（五）全面建立刷卡排污总量监控体系

以落实企业环境保护主体责任为核心，以污染减排为目的，四城市全面建立刷卡排污总量监控体系，从而实现对工业企业环境管理从浓度控制向浓度、总量双控制转变的污染源管理模式。该套体系以给排污许可证数据为基础，建成统一的 IC 卡总量监控和信息管理系统，基于污染源在线监测数据，将工业企业的主要污染物排放情况及环保设施运行状况实时通过IC卡总量管理器专用数据链接通信到环保部门的管理平台上，以实现对企业许可排放量、已排放量、储存排放量等进行全天候、全方位的过程监控，并根据企业许可排放量限值实行预警和预告。对排放总量超过刷卡排污总量指标的，可采取禁排等强制性措施，或依规实行排污权交易、租赁和加征超量排污费。

绍兴市是浙江省环保厅确定的排污许可证管理改革试点地市之一，正在进行污染源"一证式"管理改革。排污许可证"一证式"管理可把规范企业环境行为的环境微观管理制度如环评审批、"三同时"制度、排污收费制度等串联起来，形成一个有机整体，对企业进行"一证式"全过程环境监管。

（六）创新危险废物和污泥动态智能监控系统

杭州市已建成危废动态监控系统二期建设项目和污泥全过程电子监控（刷卡转运）系统建设项目。系统建设融合了GPS定位、视频监控技术、信息卡联网的方式，对全市危险废物和污泥的产生、贮存、转运、处置进行全过程的智能监管。系统建设的主要内容包括以下几个方面。

企业视频监控。对年产生量在300吨以上的危废产生单位、危废处置单位、县级以上污水处理厂和污泥处置单位的危废和污泥产生端、贮存场所、地磅、大门建立建成在线视频监控点，对企业的违法行为起到震慑和可追溯的作用。

车辆轨迹跟踪管理。对20家危废运输单位的90辆运输车和28家污泥运输单位的58辆运输车安装车载GPS，通过实时上传危废和污泥运输的轨迹信息并集成GIS地理信息系统，对危废和污泥运输车辆进行实时可视化监控。

危废业务系统监管平台。建立"固废超市"概念，对产废和经营单位内部的危废管理情况（入库—出库—转移—入库—出库）进行精细化监管，并结合视频监控和车载GPS通过整合GIS地图，实现危险废物从产生到处置全过程的"闭环"监控。

污泥业务系统监管平台。污泥具有体积大、性质不稳定、极易腐化、不利于运输和处理的特点，应用IC信息卡技术，创新建立了“两点一线、信息贯通”智能化刷卡运转体系，对污泥产生、处置、运输企业“两点一线”信息实施传递，实行“刷卡运转”，规范污泥转运行为。

（七）建立了一批环境综合管理系统

环境综合信息平台。对原来的综合信息平台升级，建设内网门户，包括网站内容管理，全文检索，网站信息动态发布、统一门户、动态监控，实现用户和权限统一管理，单点登录，数据和应用集成，等等。

排污权交易管理系统。主要包括信息采集与发布平台、完成支撑二氧化硫和化学需氧量排污权有偿使用、排污权交易全过程的交易管理，并建设了排污权交易信息网，实现网上办事、与公众的信息沟通。

权力阳光运行系统。实现与环保相关的行政许可、行政监督、行政处罚等业务在线申请、审批和办理。增加了环境保护行政审批的透明度，推进行政权力网上公开运行，统一权力规范，提高办事效率，实现阳光政务，促进廉政建设。

企业排污申报系统。建立标准数据体系，形成统一的数据库体系，实现对环境统计、收费、申报、污染源普查等环境信息的统一管理，并提供初步的数据分享、综合分析等功能。

（八）初步建立环境地理信息系统

目前杭州已建立统一的基础地理信息平台，实现“环保一张图”工程。该系统采用 ArcGISServer 10.0 平台，包括基础地图信息管理、GIS 基本操作、专题地图分类管理、综合分析、综合输出、地理信息支撑平台，建设了与环境质量和污染源相应的空间分析功能。可以提供各类专题图查询，如行政区划图、生态环境功能区划图、水环境功能区划图、饮用水源保护区划图、污染源分布图等，可以进行空间分析及评价，对环境质量进行综合分析，为环境决策提供技术支持。

二　杭州都市圈智慧环保存在的主要问题

虽然杭州都市圈在智慧环保建设方面做出了很多努力，但客观地说目前只是刚刚站到智慧环保的起跑线上，仍处于顶层设计搭建框架、积累数据的阶段，距离智慧的目标和要求还很远。

（一）环境信息资源缺乏共享机制

目前环保物联网应用中环境监控、环境信息共享范围与协同能力尚不能满足环境保护的需要。大部分地区尚未建立健全环境信息资源的交换与共享机制，缺乏统一的数据框架对数据进行集中管理。环境数据管理分散，数据之间关联度不够，环境数据加工分析局限于面向单一主题的数据，无法实现数据的综合应用，大量环境数据资源没有得到充分的开发利用，环境信息支撑能力薄弱。同时，全国环境信息标准化建设整体滞后，也制约了环境信息资源共享。此外，都市圈层数据共建共享机制尚未建立，导致城市间的环保智慧合作基础薄弱。

（二）环境信息系统整合能力不足

环境信息化缺乏总体架构的指导。各业务部门独自建设信息系统，存在数据“部门私有化”、信息“孤岛化”现象，难以发挥协同效应。各部门业务系统的开发工具、后台数据库不尽相同，使得各应用软件系统彼此间缺乏兼容性，各类数据共享困难。业务应用系统不能满足环境监督管理工作的需要，缺少一体化监管的统一规划和顶层设计。每条业务线内部以及业务线之间系统的融合和整合程度也不够深入。如目前基于地理信息系统开发的应用服务功能略显单薄，应急管理系统也只是做了应急资源的静态管理，难以达到应急管理响应快、处置快、决策快的要求。信息系统的功能还是停留在表层的信息存储和传递上，在业务处理自动化、查询搜索智能化方面有待进一步深化，还不能最大限度地降低手工操作的工作量，有些业务软件对管理流程还需进一步优化。

（三）数据的分析处理能力有待进一步提升

环保部门目前已经积累了大量的基础数据和环境业务数据，数据采集传输渠道比较通畅，大部分环境信息的数字化工作已完成，通过数据中心对分散数据进行收集汇总和管理，但由于缺乏对各类应用系统数据的综合分析和科学处理，没有借助专业的模型和算法对信息资源进行深入的发掘，对业务数据深层次挖掘和分析能力不够，带来全局的决策支持能力不足。尚需借助目前先进的云平台和大数据等技术，引进成熟的环境决策分析软件，为领导决策提供全面、集中、图形化、多层次、多角度、开放、灵活的决策支持。

（四）综合辅助决策能力有待提高

目前环保数据资源的综合利用大多还停留在查询检索和统计功能上，并未全面有效地转化为环保工作人员和管理人员所需要的具有分析和决策功能的数据。需要依托数据中心进行深度挖掘，为宏观环境政策的制定，促进环境与经济、社会的协调发展提供决策支持，为阐明环境质量的成因与演化机理提供依据，为评估环境安全、防范环境风险提供指导。目前环保管理工作绩效考核仍需科学可靠的技术手段，与“智慧环保”的差距还比较大。

（五）环境信息多源感知能力有待提升

面对瞬息变化的环境要素，监测的任务越来越繁重，对监测精度和监测种类提出了更高的要求，环境要素的全面感知是非常巨大的工程。已有的自动监测站侧重于水质和大气的常规指标，监测的范围还有待扩大，监测的指标还有待增加。面对众多的污染源企业，移动的危险化学品和辐射源、分布广泛的饮用水源保护区和自然生态保护区、水网密集的河流湖泊、人口聚集的城镇等，环境监测自动化程度还不高，监测点位的数量不多、布局不全面，监测数据时效性不强。对固废、土壤、餐饮的油烟、重金属、重点污染源企业的工况设备以及宏观生态环境的监测监控较少或没有涉及，从而对环境信息的感知获取不够全面，信息化对污染源和环境质量现状及变化趋势“看得见、说得清、行得通”的要求仍有一定差距。

（六）协同合作程度有待进一步提高

从内部看，各地环境信息化发展主要以业务部门的需求为牵引，环境信息部门具体实施和推动，尚缺乏统一协调和管理的机构。由于一般环境信息部门定位为事业单位运行机制，缺乏行政管理和协调能力。

从外部看，环境保护是全社会的共同职责，要做好环境监管工作，需要众多政府部门的支持和配合。目前杭州的环境信息化建设与外部单位的横向协同缺乏，没有与外部相关单位进行数据共享或建设有关联的业务系统。环保部门尚需通过信息化建设加强与环境保护有关的单位如城管、消防、公安、安监、水利、园林、农业、国土进行主动沟通、互相配合和快速协作。

（七）公众服务内容和形式有待进一步完善

杭州都市圈四城市环保部门一直积极利用网络技术、多媒体技术，结合环境管理需要，面向社会公众和企业提供网上办理和信息公开等工作。例如，通过环保热线接受信访投诉，通过官网进行企业行政审批和企业事项公告、政务公开、环境违法事件曝光以及大气和水质的信息发布。随着政府职能转变和公众对环保的关注，公众服务将成为未来杭州环境保护的一项重要公众内容，外网建设总体水平要不断提升，网站栏目和内容要不断丰富，信息公开力度要逐步加大。目前公众服务的形式比较单一，主要以外网为主要渠道，今后应扩展到移动互联网智能终端以及户外 LED 大屏等。

三　杭州都市圈智慧环保发展趋势分析

（一）智慧环保是生态文明建设的重要标志

党的十八大报告提出建设美丽中国，大力推进生态文明建设，对环境保护工作提出了更高的要求。党的十八届五中全会也提出绿色发展，开创生态文明建设新局面。但由于资源禀赋、发展阶段、增长方式等因素，生态环境仍然是美丽中国建设的突出短板。如何补齐生态短板，是推进生态文明建设需要解答好的重大课题。

2015 年 4 月 25 日，国务院发布《关于加快推进生态文明建设的意见》，指出“协同推进新型工业化、城镇化、信息化、农业现代化和绿色化”。这是国家第一次将“四化”拓展为“五化”，提出“绿色化”发展概念，表明党中央对生态文明建设的高度重视，已将其上升为战略部署。新时期、新形势和新任务对环境保护工作提出了新的更高要求，发展智慧环保，促进环保工作走向智慧化，将是推动环保工作适应新要求的重要途径之一。

（二）智慧环保是联防联控的客观要求

环境问题是一个社会问题，没有国界，没有省界，更没有城界，涉及整个区域。各城市通过治理自己辖区内的污染还不足以解决整个污染问题，必须建立区域环境共保、污染联防联控体制。当前杭州都市圈城市群正面对资源消耗量大与环境承载力小、环境治理长期性与群众需求即时性、环境安全隐患多与环境监管力量弱、执法成本高与环境违法成本低等矛盾，面临大气环境质量差、水环境污染痼疾未除、各种固体废弃物不断排放、局部区块土壤污染加重、环境风险不断加剧等压力。杭州都市圈环境共保合作已开展多年，合作共识已经确立，取得了一定的成效，但由于缺乏法律效应的强制力，缺乏一定的资金保障和监督机制，合作的范围有限。

区域环境保护一体化，必须建立共享机制，特别是建立数据共享平台，走智慧环保之路，才能稳固区域合作的基础。一个城市在协调经济、社会和环境可持续发展时，不仅要考虑本区域的环境问题，而且要自觉考虑相邻城市的环境问题，克服不良协作，实现区域的共赢。唯有如此，新一轮的杭州都市圈环境共保才能进入一个较好的平台和较高的起点，进一步打破合作瓶颈。

此外，杭州都市圈范围内将举办 G20 峰会、亚运会、世界互联网大会等重大活动，这不仅对都市圈及周边城市联防联控提出了要求，而且也对智慧环保合作提供了发展契机。

（三）信息化大发展带来新机遇

智慧环保发展的支撑是技术，特别是以物联网、云计算、大数据、数据挖掘、人工智能、移动互联等为核心的新一代信息技术。信息化产业的发展特别是物联网的发展，可将无线传感网络、互联网、移动通信网络和全球定位系统的广域覆盖传输以及后台大型计算机管理系统的高带宽计算和存储能力相结合，并将其应用到环境保护整体工作当中，能够实现全天候实时动态的监测监管，为政府制定有关环保的经济、技术、资源配置，产业政策和污染排放及控制标准，以及污染企业搬迁、市区环境综合整治等工作提供依据。信息化可实现社会与环境业务系统的整合，更加精细和动态地实现环境管理与决策的“智慧”。

近年来，互联网为解决环境问题创造了前提条件。新的发展理念带来了新的数据化驱动模式，在环保领域，环境大数据的概念也应运而生。“互联网 +”行动计划将重点促进以物联网、云计算、大数据为代表的新一代信息技术创新，为智慧化环保、环保智慧化建设提供支撑，增强新的发展动力，带来难得的发展机遇。

（四）美丽杭州建设推动都市圈智慧环保发展

杭州市政府贯彻落实党的十八大关于推进生态文明、建设美丽中国战略部署要求和习近平总书记提出的“希望杭州更加扎实地推进生态文明建设，努力使杭州成为美丽中国建设的样本”，提出建设“美丽杭州”，把生态文明理念融入经济社会发展各方面。而智慧城市建设是美丽杭州建设的重要基础。

“十三五”时期是美丽杭州建设的关键时期，也是杭州智慧化发展的重要时期，杭州市将深入实施“一号工程”，坚持智慧产业化、产业智慧化，实施“互联网强市”战略，加快全球云计算和大数据产业中心建设，打造

"云上杭州"，成为美丽中国先行示范区和"两美浙江"示范区。美丽杭州将推动杭州以及杭州都市圈智慧环保取得快速发展。

（五）环保信息化发展为智慧环保提供保障

近年来，国家密集出台了一系列推动环保信息化发展的政策和文件，为智慧环保的发展提供了有力保障。

《关于积极推进"互联网+"行动的指导意见》将"互联网+"绿色生态纳入11个行动计划之一。《促进大数据发展行动纲要》明确提出"要推动大数据发展和应用，在未来5~10年打造精准治理、多方协作的社会治理新模式"，并提出"2018年底前将建成国家政府数据统一开放平台，在环境领域实现公共数据资源合理适度向社会开放"。

新修订的《环境保护法》对监测数据进行了严格的规定，并提出了数据共享理念，从法律上确定了环境监测的重要性。《国务院关于加强环境保护重点工作的意见》提出"要全面推进监测、监察、宣教、信息等环境保护能力标准化建设，增强环境信息基础能力、统计能力和业务应用能力"。《国务院办公厅关于加强环境监管执法的通知》第四部分第15条对环境信息化手段进行阐述，要求推进环境监察机构标准化建设，配备调查取证等监管执法装备，提出2017年底前，80%以上的环境监察机构要配备使用便携式手持移动执法终端，规范执法行为。要强化自动监控、卫星遥感、无人机等技术监控手段运用。《环境保护部信息化建设项目管理暂行办法》也对负责信息化建设项目的机构职责、计划与规划、申报与审核、实施与运行、资产管理、监督检查等方面做出了详细的规定，进行了统筹和归口管理，厘清了信息化建设中各部门所承担的职责。此外，国家还密集出台了一系列环境信息标准。

（六）智慧环保系统应用将不断扩展和深化

智慧环保系统将利用信息化手段整合政务资源，提升环境保护水平，加强环保从上到下的政务管理职能，提升环保局对外的服务效能。智慧环保作为环境保护整体发展战略的重要组成部分，未来其系统应用将会不断扩展和深化。

1. 建立“天空地”一体化的环境监测网络

健康的环境需要达到水系清洁、空气清新、土壤洁净的要求。环境监测是环境保护最基础的一项工作，政府需要及时、准确、针对性强的环境监测数据，科学判断环境形势，客观评价环境质量和污染状况，为此还需完善已有的环境质量和污染源自动监测系统，新建固废、土壤和生态等监测系统，在监测的广度和深度上更进一步，建成有效覆盖全市重要环保区域，运行较稳定，能实时地或准实时地，长期、连续、准确地提供监测数据的实时监测网，实现环保环境监测由瞬时监测到过程监测、由定期监测到动态监测的跨越。

从传统的地面监测向“天空地”一体化的立体监测转变是环境监测发展的必然趋势。要重视发展卫星遥感等高科技环境监测手段，深化环境监测工作。提高卫星、航空等遥感数据在环境监测领域应用的深度和广度。完善环境遥感监测技术体系，提高水、空气、生态遥感监测能力，初步形成环境监测“天空地”一体化格局。

2. 深化重点污染源监管手段

面对越来越严峻的生态环境恶化状况，要求着力推进环境突出问题综合治理，加强对水污染和大气污染的综合监管与防治。水污染和大气污染的源头是工业企业的废水和废气，智慧环保必须深入监管重点污染源企业，实现全生命周期的过程和结果相结合的监管模式。监管的面进一步拓宽，由传统的废水废气拓展到重金属、油烟、机动车尾气、扬尘等，监管的手段进一步增强，通过行政审批、环境执法、投诉举报实行严格监管和环境准入，实现减排和总量控制，防止或减少环境问题的出现，有效保障环境质量的改善。

3. 健全环境应急预警体系

环境保护工作虽然取得积极进展，但目前环境污染和生态破坏问题仍较突出，环境突发事故风险日益增加，容易给人民的生命财产造成损失。

因此要加强防灾减灾基础设施和管理体制建设，防患于未然，全面提升环境突发事件，防灾减灾和应急处置能力是环保工作的一个重点。通过智慧环保制定完善的环境预案体系，健全环境应急管理的风险防范、应急响应和恢复评估机制，全面开展环境风险调查评估，建立全防全控的应急响应和预警体系。

4. 完善公众服务内容

顺应政府职能改变，不断提高公众满意度，智慧环保需提供完善的公众服务。公众服务是阳光权力运行的内在需求，也是提高环保政务管理水平的需要，主要是通过优质的门户网站和移动互联网，丰富服务手段，提高服务水平，做好生态文明的宣传，提高行政审批的透明度，提高办事效率。同时，广大人民群众实现自身对环境质量状况的知情权，对环境信息的深度、广度、精度、代表性等要求越来越高。智慧环保加强与企业、媒体及公众的互动沟通交流，提供各种信息交流服务。

5. 提高决策支持能力

环境信息化经过多年建设，建设了诸多业务系统，积累了大量的数据，智慧环保的建设也会存储和集中大量环境信息，需对这些海量数据进行组织、提取、深入挖掘加工，将先进的信息化技术与环境保护工作紧密结合起来，利用模型、评价体系和综合分析等工具促进环境信息在规划计划、政策法规、环境影响评价、污染防治、生态保护和环境监察等方面的有效应用，为领导和市政府进行及时高效的决策提供科学依据。

四　杭州都市圈智慧环保发展方向建议

智慧环保的发展主要体现在新型技术支撑手段的应用和面向综合性决策智能化两个方面。一方面，随着新兴的云计算、人工智能、数据挖掘、环境模型等技术的不断发展，智慧环保的技术支撑体系正在发生深刻变革。另一方面，随着环境保护工作的不断深入，面向环境管理的综合性决策需求也日益迫切。

（一）顶层设计推动智慧环保逐步发展

同许多领域一样，智慧环保建设是一个长期的、循序渐进的过程，关键时期更应遵循其发展规律，加快构建环境信息化战略管理体系，从前瞻性、战略性、全局性高度制定发展规划，构建总体布局，为环境管理保驾护航。

政府在设计智慧环保体系建设时，需要将涉及的各方面要素作为一个整体进行统筹考虑，在各个业务系统设计和实施之前进行总体架构分析，厘清每个项目在整体布局中的位置，以及横向和纵向的关联关系，提出各子系统之间统一的架构参照和标准，带动数字环保向智慧环保转变，推动智慧环保稳步向前发展。

协调智慧环保顶层设计，必须在现行环境管理机制下条块分割的部门、区域以及各级各类环保机构之间建立起发达的信息通道。智慧环保顶层设计的重点和难点是整合，要能够发现和寻找打破现行体制条块分割壁垒的绿色通道。要协调好环保信息化与规划、建设、气象、国土、林水和城管等相关部门领域信息化的关系，通过信息化架起联系沟通外部的桥梁。

（二）以标准化为纲促进系统建设规范化

杭州都市圈智慧环保体系的建设与发展必须以统一的环境信息标准规范为基础，推进环境信息标准的贯彻落实。通过对多年累积的环境数据进行整合，梳理出规范的编码体系和数据规则，再通过对历年环保业务数据的收集和整理，建立统一规范的环境数据标准和环境信息管理体系。各业务系统的建设应遵循统一的标准规范。

智慧环保体系建设应以环境数据中心建设为契机，开展环境信息化地方标准的研制工作。在进行标准体系建设时，要考虑与国家、省有关标准结合，并结合地方环境信息化的现状，重点进行数据和管理规范的建设。

在国家、省环境信息标准规范体系的基础上，建立符合杭州都市圈环境共保与共管的规范与制度，保证环境信息化建设的统一性和协调性。在进行标准体系建设的同时，既要考虑与国家、省环境信息标准的结合，又要满足四个城市的标准需求。

（三）建设数据中心提高信息共享的水平和能力

智慧环保建设的当务之急是建立统一的环境综合业务数据库。建立全生命周期的污染源管理机制，整合及规范污染普查、环境统计、行政审批、排污申报、排污许可证、排污收费、总量减排、行政处罚、环保信访、环境质量监测、污染源监测、固废管理、辐射管理、环境应急等环境信息，自动将污染源自产生后的相关信息转环保监管部门共享，后续的环境监管信息自动归聚到同一污染源，以反映污染源的动态管理状况。为进一步加强对环境质量数据的管理，在污染源排放状况与环境质量状况之间建立模型，从而达到通过对加强点源的管理改善宏观环境质量的目标，进而为智慧环保体系建设打下夯实的数据基础。实现环境信息数据的全面共享与统一调用，不仅能提供环境数据的整体统计、查询、分析，实施污染源从产生到许可、日常管理、移动执法，再到注销的全过程管理，而且为领导决策提供依据。

在环境数据和信息共享中，应严格遵循环保行业标准和环境信息化标准，从立体化的思维角度，从数据库架构升级、数据字典规范化、数据结构改善、数据内容核准与筛选等方面入手，对原有数据库架构和结构进行升级改造，确保数据的准确性和唯一性，打造科学全面的数据模型体系，为数据的高级应用提供保障和技术支持。

在数据中心建设过程中，开展信息资源规划，以污染源全生命周期管理、总量减排等为主线，进行数据的梳理整合，构建全域数据模型。在《环境信息分类与代码》标准的约束下，生成全域数据模型。

（四）流程规范推进业务协同

传统环境管理方式中的职责不清、工作流程随意性大是制约环境信息化发展的重要管理因素。“智慧环保”离不开业务流程的优化，从某种程度上说，智慧环保建设过程伴随着流程再造，是超越职能界限的全面改造工程。因此，如果环境管理业务流程不能得到理顺和优化，即使一些部门内部的流程可以运转起来，部门间的流程还是无法很好地衔接。

为此，要充分重视业务流程的梳理和规范化的作用，以标准、规范的工作流程逐渐替代依赖个人经验管理环境事务的方式。一方面，对已有的环境应用系统进行深入整合，实现重点业务、重点领域的跨部门协同；另一方面，随时适应各级环保部门环保组织体系的调整，重构一些重大综合应用系统，特别是面向公众的一些社会管理、公共服务的系统，提高公共服务能力和社会化管理水平。

（五）数据挖掘和模型技术提升综合决策能力

互联网提供了信息传输的平台，更重要的是得到信息之后怎样用，这需要发挥云计算等信息处理的威力，对数据进行挖掘与分析。

引入先进的模型技术，构建环境模型模拟与预测体系，利用环境信息感知平台获取的数据，进行数据组织，建模，提供数据产品，综合利用水、气模型及数据分析模型，实现基于环境数据仓库的数据应用，通过对环境管理信息的集成、梳理和通盘把握，建立污染源和环境质量的分析方法论，实现统一的分析方法，力求说清污染源和环境质量，对污染源和环境质量之间的相互溯源关系进行探索，为环境管理提供模拟、分析与预测。同时，与相关环境政策与目标责任挂钩，提升环境信息资源利用和开发及综合分析的能力，打造环境管理的决策支持中心，为决策提供依据，实现“有数可依、有据可依”。

升级空气质量集成预报系统，开发基于地理信息系统的重要湖库和河流水质综合评价与预警系统。建设污染源排放清单数据平台，实现大气和水环境污染源数据的动态更新。

通过与环境相关的时空数据，开展“社会经济发展—污染减排—环境质量改善”的环境预测模拟，识别城市经济社会发展中的重大环境问题。

探索建立各类政策模拟分析模型系统，预测环境经济政策如环境税、生态补偿、排污权交易、排污收费、价格补贴等手段对经济社会的影响。

（六）构建智慧展示门户提供全方位公共服务

建立环境数据智慧应用发布平台，理顺数据发布机制和流程，将统计分析的环境数据按不同的属性分不同的模块向用户展示，为公众提供查看和查询相关环境信息的功能。用户通过 Web 浏览器或其他终端设备，经由内网智慧应用数据发布门户和移动应用门户访问环境数据目录和内容，提供强大的搜索服务功能，以保证公众用户快速查寻到所需要的信息，实现将“智慧环保”的相关页面发布至综合门户和移动应用门户中进行集中展示。通过综合门户，提供权威、丰富的环境信息及多样、方便的检索查询功能。通过多方式、多渠道提高环境信息的披露程度，加强与公众的互动交流，提高环境信息整体服务水平。

（七）加强智慧环保合作推动智慧都市圈发展

逐步打通四地环境数据平台，建立一体化监测平台，共建智慧环保能源监测管控平台、排污权交易系统、智慧环境云服务平台等，完善共建共享机制。

完善流域水质自动监控网络，优化布局区域生态环境监测网络，完善跨区河流交接断面水质监测站，加强对跨界水环境的实时监控。开展杭州都市圈大气环境监测合作，合作编制杭州都市圈大气环境监测网络与酸雨监测网规划，逐步实现区域环境空气监测信息联合发布。

完善区域或流域各类监测数据库，建设环境公共环境信息平台，及时、准确、完整地掌握区域环境质量及其动态变化趋势，为杭州都市圈区域环境污染防治、污染预警、污染纠纷处理提供科学的基础资料和决策依据。

以重点污染源管理、危废监管、黄标车监管等作为合作试点项目，逐步推动都市圈智慧环保项目合作。

参考文献

韩璐、郅二铨、于会彬、宋永会：《智慧环境平台总体框架及构建路径探讨——以沈阳经济开发区智慧环境平台建设为例》，《环境保护》2015 年第 6 期。

关新宇、邵漂：《智慧环保体系的构想与建设探讨》，《绿色科技》2014 年第 6 期。

刘锐、詹志明、谢涛等：《我国“智慧环保”的体系建设》，《环境保护与循环经济》2012 年第 10 期。

杨学军、徐振：《智慧城市背景下推进智慧环保战略及其顶层设计路径的探讨》，《城市发展研究》2014 年第 6 期。

潘禹、王恒俭：《浅析“智慧环保”背景下的环保执法能力建设》，《环保科技》2014 年第 4 期。

《环境保护法》《关于积极推进“互联网 +”行动的指导意见》《促进大数据发展行动纲要》《国务院关于加强环境保护重点工作的意见》《环境保护部信息化建设项目管理暂行办法》等。

B.9

信息经济背景下杭州都市圈智慧制造发展研究

雷　宇*

摘　要： 通过对“十二五”期间杭州都市圈四城市（杭、湖、嘉、绍）智慧制造进展的回顾和梳理，结合国内外都市圈智慧制造的相关经验，针对杭州都市圈智慧制造存在的问题和差距，对“十三五”时期信息经济背景下杭州都市圈智慧制造发展趋势进行预测，并从杭州都市圈产业协同发展、产业智慧化、企业智慧化、人才和制度建设四个方面提出相关策略建议。

关键词： 智慧制造　信息经济　杭州都市圈

制造业在杭州都市圈经济体中起着举足轻重的作用，是构建长三角“金南翼”的重要载体。“十二五”以来，杭州都市圈四城市以“智慧城市”建设为契机，智慧制造始终走在全省前列。经济新常态下，如何把握信息经济机遇，在“十三五”时期将杭州都市圈智慧制造进一步推向深入，是本文研究的核心内容与价值所在。

一　研究背景与意义

（一）研究范畴

1. 杭州都市圈

都市圈概念的提出最早要追溯到法国地理学家戈德曼。1957 年，戈德曼

* 雷宇，绍兴文理学院经济与管理学院讲师。

根据对美国东北海岸地区的考察，提出了影响深远的都市圈（Megalopolis）理论。戈德曼指出，在美国东北海岸这一巨大的城市化区域内，支配空间经济形式的已不再是单一的大城市，而是聚集了若干个大城市，并在人口和经济活动等方面有密切交互作用的巨大城市地域，即都市圈。

2006 年 1 月，《浙江省“十一五”规划纲要》首先提出了杭州都市圈的概念。杭州都市圈，是以杭州市区为中心，湖州、嘉兴、绍兴市区为副中心，杭州市域五县市（富阳、临安、桐庐、建德、淳安）及德清、安吉、海宁、桐乡、绍兴、诸暨与杭州相邻的六县市为紧密层，湖州、嘉兴、绍兴三市除市区、邻杭六县市之外的下辖县市为联动层（见图 1）。都市圈区域总面积为 34585 平方公里，占浙江省总面积的 33. 97%；常住人口为 2134. 8 万人，占浙江省总人口的 38. 76%。[①] 2014 年 3 月，杭州都市圈经国家发改委正式批复，成为全国首个都市圈经济转型升级综合改革试点。2014 年底，杭州都市圈实现地区生产总值 18775. 75 亿元，占浙江省的比重达 46. 76%，成为全省经济走稳向好的重要力量。

2. 智慧制造

智慧制造（Smart Manufacturing，SM）是信息化与工业化深度融合后的一种新型工业形态，强调通过密集地应用高级智能系统，快速制造新产品，动态响应产品需求，实时优化制造生产和供应链网络。智慧制造覆盖制造的各个方面，从摄入原材料到成品交付市场，创建了一个知识丰富的，包含一系列产品、运营、业务系统的环境，跨越工厂、配送中心、企业和整个供应链。[②] 因此，智慧制造不是劳动密集型的，而是智力、技术和资本密集型的先进制造业。和智能制造相比，智慧制造更强调人、物、环境的和谐互动。[③]

---

① 人口数为 2014 年末常住人口数，参见浙江统计信息网。

② 金江军：《智慧产业发展对策研究》，《技术经济与管理研究》2012 年第 11 期。

③ “智慧制造是以人为本，以先进的新兴信息技术、系统工程技术与制造技术深度融合为手段，为制造全生命周期活动中的人、物、环境进行智慧化的感知、互联、协同和智能处理的技术。”参见李伯虎《智慧制造是智慧城市的重要组成部分》，赛迪网，2013 年 9 月 29 日。

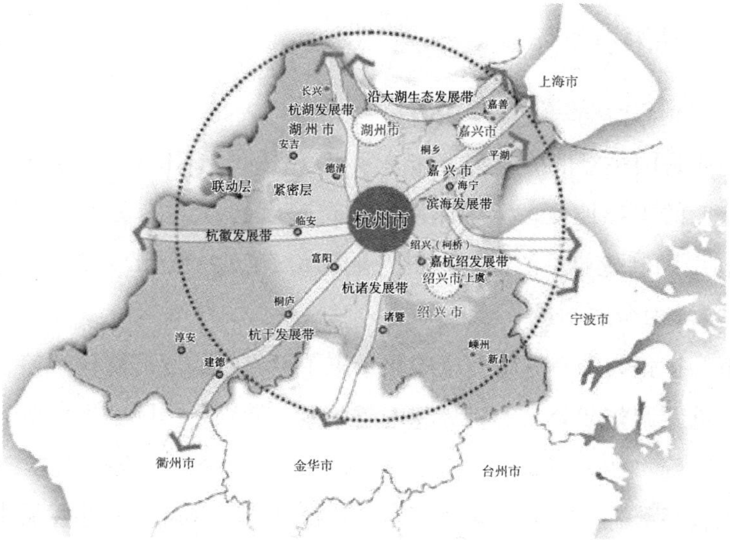

图1　杭州都市圈区位

结合杭州都市圈制造业实际基础，考虑关联度、带动性与基础性等业态特征，本文所述智慧制造产业主要包括杭、湖、嘉、绍四城市的制造装备业、高技术产业、战略性新兴产业和传统优势产业。①

3. 信息经济

信息经济的概念是1962年美国经济学家弗里兹·马克卢普在《美国的知识生产和分配》中首先完整提出的，随后美国企业家保罗·霍肯在《下一代经济》中提出了信息经济是以信息和知识为基础的经济；20世纪80年代末，我国经济学家乌家培提出信息经济是以现代信息技术等高技术为基础的，信息产业起主导作用的，基于信息、知识的一种新型经济。

在当前形势下，浙江省对信息经济的界定是：以信息资源为基础，以信息技术为手段，通过研发与生产知识密集型的信息技术产品和服务，促进经济增长、社会进步和劳动就业的一种新型经济形态。②

① 参见《浙江省先进制造业基地建设规划纲要（2004）》《关于加快推进杭州市智能制造促进产业转型发展的指导意见（2015）》等文件。

② 厉敏：《打造信息经济大省》，《浙江日报》2014年8月29日。

（二）研究背景与意义

1. 全球制造业格局面临重大调整

制造业是国民经济综合实力和国际竞争力的主要体现。发达国家仍占据全球制造业的主导地位，但中国制造业迅速崛起，正在成为“世界工厂”。2010年，中国制造业总值占全球制造业的份额已上升至19.8%，超越美国（19.4%）成为全球制造业第一大国。

以市场扩张为中心的经济全球化带来了世界性的经济结构调整，全球性产业结构重新调整和分工的趋势越来越明显。特别是国际金融危机后，发达国家纷纷实施“再工业化”战略，重塑制造业竞争新优势，我国制造业如不及时跟进和部署，将面临被锁定在产业链低端的风险。一些发展中国家也在加快谋划和布局，积极参与全球产业再分工，承接产业及资本转移，拓展国际市场空间。我国制造业面临发达国家和其他发展中国家“双向挤压”的严峻挑战。

同时，新一代信息技术与制造业深度融合，正在引发影响深远的产业变革，形成新的生产方式、产业形态、商业模式和经济增长点。各国都在加大科技创新力度，推动3D打印、移动互联网、云计算、大数据、生物工程、新能源、新材料等领域取得新突破。我国制造业转型升级、创新发展迎来新的重大机遇与挑战。

2. 国内制造业发展环境发生重大变化

在国内，我国经济发展进入新常态。从2012年起，全国工业增速已经从多年的两位数回落到个位数，同时，资源和环境约束不断加大，特别是制造业劳动力成本快速上升。我国制造业大而不强的问题突出，同质化现象严重，产品技术含量与产品质量不高，企业间恶性价格竞争使制造业整体盈利能力减弱。主要依靠资源要素投入、规模扩张的粗放型发展模式难以为继，调整结构、转型升级、提质增效刻不容缓。

3. 杭州都市圈制造业面临战略机遇

通过推进信息化与工业化深度融合，杭州都市圈四城市信息化发展

（见表1）和“两化”融合水平在全省位居前列（见表2），面对全球信息经济发展的新趋势，完全能够在“互联网 +”时代实现优先跨越，继续引领浙江经济的转型升级。

表1　2014 年杭州都市圈城市信息化发展指数

地区	基础设施指数	产业技术指数	应用消费指数	知识支撑指数	发展效果指数	总指数	在全省排名
杭州	0.853	1.041	0.992	0.961	1.159	0.997	1
湖州	0.781	0.981	0.861	0.886	0.848	0.871	5
嘉兴	0.841	1.012	0.892	0.900	0.901	0.909	3
绍兴	0.793	0.978	0.892	0.918	0.783	0.874	4
浙江	0.774	1.003	0.874	0.920	0.846	0.883	—

注：2014 年浙江省信息化发展指数居全国第三位。
资料来源：《2014 年浙江省信息化发展指数研究报告》。

表2　2014 年杭州都市圈城市“两化”融合发展水平评估结果

地区	基础环境指数	工业应用指数	应用效益指数	2014 年指数	在全省排名
杭州	25.16	29.88	23.89	78.93	1
湖州	23.00	31.87	11.81	66.68	5
嘉兴	25.39	30.33	12.34	68.06	4
绍兴	22.94	35.70	11.45	70.09	3

注：2014 年浙江省“两化”融合发展水平居全国第三位。
资料来源：《2014 年浙江省区域“两化”融合发展水平评估报告》。

在新常态下推进都市圈智慧制造，对于构建杭州都市圈制造业新优势具有战略意义。一是可以加快培育壮大以新型传感器、智能测量仪器仪表、数控装备、工业控制、3D 打印、机器人、全自动智能化生产线等为核心的高端装备产业发展，提升都市圈制造业基础能力。二是可以促进高端服务器、物联网、工业互联网、通用软件、工业云和大数据、计算机仿真设计、工业设计、智能终端等信息经济相关技术的研发和产业化。三是可以加快推动新一代信息技术与制造技术融合发展，力促制造业智慧化改造，培育新型生产方式，全面提升企业研发设计、生产制造、企业管理和销售服务水平，提升企业综合竞争力。

二　信息经济背景下杭州都市圈智慧制造的现状与问题

（一）现状与经验

杭州都市圈是全国首个都市圈经济转型升级综合改革试点。自国家发改委2014年批复以来，杭、湖、嘉、绍四城市通过规划共绘、交通共联、市场共构、产业共兴等“八共”合作，打造浙江省先进制造业基地核心区，在浙江社会经济发展中发挥着示范和引领作用。

1. 杭州都市圈智慧制造产业具有一定优势

（1）制造业产值占经济总量的半壁江山。杭州都市圈从2008年开始，全面贯彻《国务院关于进一步推进长江三角洲地区改革开放和经济社会发展的指导意见》，进行了区域内的产业结构调整。截至2014年底，杭、湖、嘉、绍四城市三次产业产值及其结构比例见表3。

表3　2014年杭州都市圈城市三次产业构成情况

单位：亿元，%

地区	GDP	第一产业产值	第二产业产值	规模以上工业增加值	第三产业产值	产业结构比例
杭州	9201.2	274.4	3858.9	2805.25	5067.9	2.98∶41.94∶55.08
湖州	1956.0	121.0	1001.6	700.63	833.4	4.33∶54.02∶41.65
嘉兴	3352.8	145.1	1811.3	1328.26	1396.4	6.18∶51.21∶42.61
绍兴	4265.8	194.3	2213.5	1517.92	1858.1	4.55∶51.89∶43.56
四城市合计	18775.8	734.8	8885.3	6352.06	9155.8	3.91∶47.32∶48.76
浙江	40153.5	1779.3	19152.7	12543.29	19221.5	4.43∶47.70∶47.87

资料来源：根据2014年杭州都市圈各市统计公报整理。

从三次产业的结构分布来看，杭州市的产业结构符合大都市“三二一”的发展规律，而绍兴、嘉兴、湖州的产业结构较为类似，属于“二三一”分布。作为经济发展的龙头，杭州在生产总值、三次产业规模和产业结构合理程度上，相对优于其他三个城市。进一步对比2013年和2014年杭州都市圈和浙江省三次产业结构数据，可以发现，两者均由4.29∶48.92∶46.79和4.67∶49.71∶45.62调整为3.91∶47.32∶48.76和4.43∶47.70∶47.87，即在2014年杭州都市圈和浙江省第三产业比重首次超越第二产业。

但是必须清醒地意识到，在经济总量中，制造业依然占据着将近半壁江山，是都市圈和浙江经济提高竞争力的落脚点。特别是从发达国家的经验和杭州都市圈的历史进程来看，单纯的产业高级化路径对经济增长的贡献有限。因此，未来制造业发展的核心指导思想需要从“结构优化”转向“能力提升”,[①] 实现第二、第三产业的协同发展。

（2）智慧制造产业具有一定优势。信息化和智能化是智慧经济的基础，也是智慧制造的主要标志。近年来，杭州都市圈城市大力推动信息化和工业化深度融合，特别是2013年“四换三名”工程的推进，鼓励和支持了企业加大科技研发、技术改造的力度，促进了装备制造业、战略性新兴产业和高新技术产业发展（见表4）。可以看出，在装备制造业，杭州较其他三市具有绝对优势；在传统优势产业，嘉兴产业基础较好。从高新技术产业增加值占全部规模以上工业增加值的比重来看，仅绍兴占比低于30%，其余各市占比均为30%~40%，地区发展较为均衡。

都市圈装备制造业呈现差异化发展。杭州装备制造业企业数为2245家，是浙江装备制造业企业最为集中、规模最大的地区，规模优势比较明显，嘉兴、绍兴规模相当，湖州规模相对最小（见表5）。从增加值和利润的增长率来看，嘉兴市装备制造业的成长性最好。

① 黄群慧、贺俊：《中国制造业的功能定位与发展战略》，《经济日报》2015年7月30日。

表4　2014年杭州都市圈城市智慧制造产业规模以上工业增加值

单位：亿元，%

地区	装备制造业		战略性新兴产业		高新技术产业		传统优势产业	
	总量	占规模以上工业增加值的比重	总量	占规模以上工业增加值的比重	总量	占规模以上工业增加值的比重	总量	占规模以上工业增加值的比重
杭州	921	32.8	813	29.0	1097	39.1	—	—
湖州	178	25.4	162	23.1	243	34.7	194	27.6
嘉兴	322	24.2	526	39.6	508	38.2	332	26.0
绍兴	426	28.1	—	—	407	26.8	—	—
四城市合计	1847	29.1	—	—	2255	35.5	—	—
浙江	4328	34.5	3075	24.5	4283	34.1	—	—

注：湖州的传统优势产业为绿色家居产业和特色纺织产业；嘉兴的传统优势产业为纺织服装和皮革制造产业。

资料来源：湖州、嘉兴、绍兴三城市数据根据其统计信息网2014年12月月度数据整理；杭州数据根据其2014年统计公报整理；浙江数据根据2014年统计快讯整理。

表5　2014年杭州都市圈装备制造业主要数据

单位：亿元，%

地区	企业数(家)	装备制造业增加值		利润总额	
		总量	同比增长	总量	同比增长
杭州	2245	921	9.3	379	11.9
湖州	609	178	12.4	61	15.3
嘉兴	1169	322	15.7	95	29.6
绍兴	1106	426	9.5	151	17.2
四城市合计	5129	1847	—	686	—
浙江	15177	4328	8.9	1333	9.7

资料来源：根据浙江省统计信息网2014年统计快讯有关数据整理。

都市圈高新技术产业发展较快。2014年，杭、湖、嘉、绍四城市高新技术产业增加值增长速度均超10%，且均快于其规模以上工业平均水平，成为拉动各地经济增长的重要动力之一（见表6）。

表 6　2014 年杭州都市圈高新技术产业主要数据

单位：亿元，%

地区	高新技术产业增加值		规模以上工业增加值	
	绝对额	增速	绝对额	增速
杭州	1097	10.5	2805	8.9
湖州	243	12.4	701	9.2
嘉兴	508	11.7	1328	7.7
绍兴	407	10.9	1518	6.4
四城市合计	2255	—	6352	—
浙江	4283	8.5	12543	6.9

资料来源：根据浙江省统计信息网 2014 年统计快讯有关数据整理。

（3）电子信息制造业取得新进展。电子信息产业具有集聚资源与要素的核心特征，是目前国内外创新力最活跃、影响力最强、渗透性最广的领域，是当今世界经济发展的重要动力。2014 年，都市圈电子信息产业生产保持较快增长，效益规模稳步提升，结构调整不断加快，其中规模以上电子信息制造业实现利润 273.2 亿元，占全省规模以上工业利润的比重达 66.72%。从四城市数据来看，该行业竞争激烈，优胜劣汰格局较明显。杭州显示了较强的竞争力，相对而言，绍兴的实力较弱（见表 7）。

表 7　2014 年杭州都市圈电子信息制造业主要经济指标

单位：家，亿元，%

地区	企业数			主营业务收入		利润总额	
	本年累计	亏损企业	亏损面	本年累计	同比增长	本年累计	同比增长
杭州	680	134	19.7	1747.78	14.6	201.65	16.1
湖州	211	20	9.5	563.61	-15.9	22.11	-2.3
嘉兴	305	51	16.7	705.14	9.6	40.27	31.4
绍兴	152	29	19.1	280.94	2.0	9.17	5.6
四城市合计	1348	234	17.4	3297.47	—	273.2	—
浙江	3120	454	14.6	5882.61	4.9	409.47	11.0

资料来源：根据《浙江省 2014 年电子信息产业主要经济指标》整理。

(4) 智慧制造业创新能力较强。创新能力是驱动智慧制造发展的核心力量。从 2014 年规模以上工业新产品产值、高新技术企业数、2013 年 R&D 经费支出占 GDP 比重三项指标来看，在都市圈四城市中，杭州市具有较明显的实力，而湖州市总体实力较弱（见表 8）。

表 8　2014 年杭州都市圈制造业创新能力相关指标

地区	规模以上工业新产品产值(亿元)	高技术企业数(家)		2013 年 R&D 经费支出占 GDP 比重	
		新增	累计	数值(%)	省内排名
杭州	4038	251	2209	2.98	1
湖州	1250	87	377	2.42	3
嘉兴	2668	68	402	2.49	2
绍兴	2974	172	529	2.09	5
四城市合计	10930	578	3517	2.63	—
浙江	19415	1101	6232	2.18	

注：R&D 经费支出占 GDP 比重数据为 2013 年数据。
资料来源：根据杭州都市圈各城市 2014 年统计公报整理。

2. 杭州都市圈智慧企业走在全省前列

“十二五”期间，都市圈各城市按照“政府推动、企业主体、市场运作”的工作原则，顺应全球新一轮信息化与工业化融合发展的浪潮，将智能制造作为“两化”深度融合的重点方向，大力培育智慧企业①，智慧制造在浙江省始终走在前列。

(1) 以“机器换人”为抓手，推进装备智能化。通过引进和利用先进的机器人智能装备和自动化生产设备，可以有效地减少企业目前生产用工数量，并进一步优化制造工艺流程，提高产品优质率，推动技术红利替代人口红利。

都市圈各城市深入推进“机器换人”，在浙江省“机器换人”示范试点

① 智慧企业是指生产经营智能化水平较高的企业，实现了信息化与工业化的深度融合。与传统企业相比，智慧企业通过物联网、云计算等新兴信息技术，完成企业人力、财力、物资、信息等各类要素资源的优化配置，实现企业装备智能化、工艺自动化和产品智能化，最终达到企业竞争力增强与可持续发展。参见金江军《发展智能制造构　建智慧企业》，《装备制造》2015 年第 5 期。参见何素刚《五大趋势引领“智慧企业”发展》，《装备制造》2015 年第 5 期。

和行业“机器换人”综合试点工作中表现突出。①“机器换人”示范试点。2014年，杭州富生电器股份有限公司等8家都市圈企业率先成为浙江省第一批“机器换人”示范企业（其中杭州2家、湖州2家、嘉兴2家、绍兴2家），占全省总数的40%。[①] 良好的示范效应加快了区域传统制造业智慧化的步伐，仅以杭州为例，汽车制造、电力、纺织化纤、食品饮料、五金制造等许多领域实现“机器换人”和应用工业机器人。②行业“机器换人”综合试点。2015年，浙江省试点“机器换人”分行业推进机制。在10个试点行业中，都市圈占有其中4席（新昌县轴承行业、嘉兴市南湖区制冷家电及其零部件行业、诸暨市袜业、杭州市萧山汽车关键零部件行业），标志着“机器换人”在产业层面进一步深化。

（2）以工厂物联网为载体，推进制造信息化。工厂物联网是通过物联网数据终端将工厂中的人、机、物、产品等系统化联网，从而实现实时感知、实时指挥、实时监控，实现生产指挥更及时、准确、高效，提高工厂的生产效率，是工业化和信息化融合的高级形态。浙江亚太机电股份有限公司（萧山）是一家汽车制动系统专业化生产供应商，近年来通过工厂物联网，实现企业多机资源共享，建设自动化、数据化车间。2014年集团公司实现销售收入46.95亿元，利润2.02亿元，同比分别增长30.38%和41.24%。2015年，以浙江亚太机电股份有限公司为代表的都市圈22家企业成为国家“两化”融合管理体系贯标试点企业（其中杭州15家、湖州3家、嘉兴4家），占全省总数的51%。[②] 同时，浙江亚太机电等43家都市圈企业被确定为2015年度浙江省管理创新试点企业（其中杭州15家、湖州7家、嘉兴13家、绍兴8家），占全省总数的61%。[③]

---

① 《关于公布浙江省“机器换人”示范企业名单（第一批）的通知》（浙经信投资〔2014〕582号）。

② 《关于公布2015年“两化”融合管理体系贯标试点企业名单的通知》（浙经信信息〔2015〕305号）。

③ 企业管理创新试点进行分类管理，主要在精细化管理、卓越绩效管理和信息化管理三大方面开展，以促进企业提质增效和转型发展。参见《关于公布2015年度管理创新试点企业名单的通知》（浙经信信息〔2015〕315号）。

同时，都市圈企业把握物联网发展大机遇，为用户提供系统级解决方案。杭州士兰微电子股份有限公司利用半导体技术领域的积累，整合公司的射频和 MCU 产品技术能力，在智能家居、物联网等智慧应用领域成为都市圈电子信息制造业的优秀代表。2015 年，浙江省电子信息制造业 30 家重点企业中，都市圈有 24 家（其中杭州 15 家、湖州 3 家、嘉兴 4 家、绍兴 2 家），占比达到 80%。①

（3）都市圈领跑浙江智造，推进产品智慧化。2014 年以来，浙江省在全国率先推出了“浙江制造”品牌建设制度体系。都市圈各城市大力推进制造业提质增效升级，在“创牌、定标、创新、智造”方面不断实现突破，已经涌现出一批优势企业和拳头产品，实现了高品质、高水平的本土制造。2015 年浙江经信委公布的第一批 227 个“浙江制造精品”（主要包括高性能工程机械与智能物流装备、先进交通装备、先进环保装备、高效节能装备与产品、医疗器械和关键基础件六类智慧产品）中，119 个来自都市圈，占比高达 52.4%。②

3. 杭州都市圈智慧园区（基地）初具规模

经过多年的培育发展，都市圈各城市形成了一批以产品为依托、以产业链为纽带、以骨干企业为龙头、市场有竞争力的特色园区（基地），如杭州国家高新技术产业开发区（信息产业）、余杭经济开发区（生物医药产业）、湖州经济技术开发区（环保装备产业）、长兴经济技术开发区（新能源产业）、平湖经济开发区（光机电产业）、海盐经济开发区（LED 光电产业）、袍江经济技术开发区（光伏产业）、长兴经济技术开发区（绿色家电）、海盐经济开发区（核电相关）、嘉兴经济技术开发区（智慧产业园）、余杭经济技术开发区（智能制造）、杭州湾上虞经济技术开发区（新型功能材料）等。③ 这些特色园区（基地）带动了区域智慧制造集群化，与智慧企业发展形成良性互动。

---

① 《关于公布 2015 年浙江省电子信息产业百家重点企业名单的通知》（浙经信电子〔2015〕227 号）。

② 《关于公布 2014 年度“浙江制造精品”名单的通知》（浙经信技术〔2015〕111 号）。

③ 《关于“浙江省外商投资新兴产业示范基地”和“浙江省开发区特色品牌园区”的公示通告》，2012 年（第一批），2014 年（第二批）。

以杭州国家高新技术产业开发区（滨江区）为例，这是杭州都市圈智慧经济发展最集中的区域。在杭州高新区（滨江区），200多家智慧制造企业形成了一条完整的网络信息技术产业链和一批优秀创新主体，包括阿里巴巴、华数、聚光科技、海康威视、浙大网新、士兰微等。2015年上半年，高新区（滨江区）高新技术产业增加值同比增长21.1%，实现了生产总值增长13%以上的目标。[①] 高新区（滨江区）深化国际合作网络，以产业带动城市国际化，吸引一流的国际化人才。2015年3月和9月，中国（杭州）跨境电子商务综合试验区和杭州国家自主创新示范区先后得到国务院批复，而杭州高新区（滨江区）正是杭州“两区”建设的主阵地，这无疑为智慧企业发展和智慧产业成长提供了新平台。

（二）存在的问题和差距

在杭州都市圈智慧制造不断提升发展的同时，制造经济发展中一些长期积累的矛盾还没有得到根本解决，在国际国内环境的影响下，又出现了一些新情况、新问题，特别是和国内外先进的都市圈（经济圈）相比[②]，还存在一些差距，需加以重视解决。

1. 杭州都市圈智慧制造业整体实力偏弱

从都市圈整体来看，杭州都市圈和深莞惠经济圈在经济总量、制造业总量与结构以及经济创新能力等方面均存在较大差距。其中，高新技术增加值占规模以上工业增加值的比重相差15个百分点，深莞惠经济圈先发优势明显。从中心城市杭州和深圳整体来看，杭州在工业经济总量指标上基本只有深圳的一半，而高新技术贡献率比深圳低了20%，偏低偏弱的工业实力无疑会影响杭州作为都市圈中心城市的集聚与辐射功能的发挥。而湖州、嘉兴和绍兴三城市，集聚高端资源要素的整体能力相对更弱，智慧制造的结构和

① 《建设好国家自主创新示范区主阵地》，《浙江日报》2015年9月9日。

② 考虑到发展的社会背景、都市圈产值、产业基础和发展阶段等因素，本文在这里主要是和深莞惠经济圈发展水平进行比较。因为深莞惠经济圈选用的是2013年数据，故不包含河源和汕尾两市。

发展潜力受到制约。其中，湖州的总量指标、绍兴的高新技术指标在七城市中垫底，影响了杭州都市圈经济一体化的进程。

表9　2013年杭州都市圈与深莞惠经济圈制造业对比

都市圈（或经济圈）城市		国内生产总值（亿元）	规模以上工业增加值（亿元）	规模以上工业主营业务收入（亿元）	高新技术增加值占规模以上工业增加值比重（%）	R&D经费支出占GDP比重（%）
深莞惠经济圈	深圳市	14500①	5695①	22310①	59.2①	3.67①
	东莞市	5490③	2113③	10830③	34.2⑥	1.79⑦
	惠州市	944⑦	1375⑤	6477⑥	41.5②	1.94⑥
合计		20934	9183	39617	50.8	3.01
杭州都市圈	杭州市	8345②	2524②	12426②	39.1③	2.98②
	湖州市	1803⑥	630⑦	3763⑦	34.7⑤	2.42④
	嘉兴市	3148⑤	1206⑥	6708⑤	38.2④	2.49③
	绍兴市	3967④	1441④	9080④	26.8⑦	2.09⑤
合计		17263	5801	31977	35.5	2.63

注：①数据后圆圈中的数值表示七城市在相应项目中的排名。②除杭州都市圈高新技术增加值占规模以上工业增加值比重数据为2014年数据外，其余为2013年数据。

资料来源：深莞惠经济圈数据来自《广东统计年鉴（2014）》。杭州都市圈高新技术增加值占规模以上工业增加值数据根据浙江省统计信息网2014年统计快讯有关数据整理；规模以上工业增加值数据根据各市统计快讯整理；其余数据来自《浙江统计年鉴（2014）》。

2. 杭州都市圈24县（市、区）智慧制造发展出现分化

都市圈内充满活力的县（市、区）是都市圈竞争力的根源。新常态下，都市圈24县（市、区）制造业发展出现分化：一些县（市、区）以智慧制造为工业结构调整升级的突破口，推动存量提升和增量发展，逐步实现“退低进高”。例如，杭州市区大力推进信息经济，重塑了制造业竞争新优势；德清县装备制造、生物医药、装饰建材三大主导产业稳步发展，目前占全市规模以上工业增加值的比重超过60%。而一些县（市、区）由于价值链低端锁定而出现产业贫困化[①]，如桐乡和嵊州，传统优势产业轻纺行业“低、小、散”的阴影挥之不去，产业层次和附加值低，成长压力巨大。[②]

① 刘兴国：《工业企业利润下降症结与解药何在》，《上海证券报》2015年6月12日。

② 严格、李梦清：《浙江桐乡破解县域经济成长烦恼追求“温暖GDP”》，中国新闻网，2014年3月10日。

这种县（市、区）制造业在智慧经济发展水平上的不均衡，直接体现为主营业务利润率及其增长率的较大差距。① 主营业务利润率是评价企业经营效益的主要指标，可以反映企业主营业务的获利能力。该指标越高，说明企业产品的附加值高，市场竞争力强，发展潜力大，获利水平高；相应的，主营业务利润率增长率则反映了获利能力的可持续性。结合主营业务利润率及其增长率对杭州都市圈规模以上工业企业进行深入分析，发现可以将24县（市、区）划分为三大梯队（见表10），并呈现哑铃状分布特征。换句话说，两极分化较为显著。

表10　2013年杭州都市圈24县（市、区）规模以上工业企业效益分布

梯队	分类标准	子类	都市圈24县(市、区)
第一梯队(13)	利润率 >5.0% 且利润增长率 >1.0%	a)利润率 >5.0% 且利润增长率 >1.15% b)利润率 >5.0% 且利润增长率 >1.1% c)利润率 >5.0% 且利润增长率 >1.0%	a)杭州市区、嘉兴市区、绍兴市区、湖州市区、德清县、长兴县、萧山区 b)柯桥区、建德市 c)平湖市、诸暨市、海盐县、桐庐县
第二梯队(3)	利润率 >5.0% 且 0.8% <利润增长率 <1.0%	—	淳安县、上虞区、新昌县
第三梯队(8)	利润率 <5.0% 或利润增长率 <0.8%	a)利润率 >5.0% 但利润增长率 <0.8% b)3.0% <利润率 <5.0% 但 0.8% <利润增长率 <1.0% c)利润率 <5.0% 且利润增长率 <0.8% d)利润率 <3.0% 且利润增长率 >0.8%	a)安吉县 b)富阳市、临安市、余杭区、嘉善县、海宁市 c)桐乡市 d)嵊州市

注：主营业务利润率临界点取5.0%主要基于参照对象深莞惠经济圈2013年规模以上工业企业主营业务利润率为4.72%，其中深圳为5.73%。

资料来源：《浙江统计年鉴（2014）》《广东统计年鉴（2014）》。

① 对2013年都市圈24县（市、区）规模以上工业企业主营业务利润率进行核算，最高如海盐9.04%、建德8.73%，最低如嵊州2.42%；主营业务利润增长率最高如湖州市区1.52%、绍兴市区1.46%，最低如桐乡市0.74%、安吉县0.71%。参见《浙江统计年鉴（2014）》。

特别值得注意的是，24县（市、区）制造业效益水平哑铃状分布和杭州都市圈空间分布上的圈层结构并不完全一致，这反映了都市圈效应尚未完全释放，各节点县市也尚未从“县域经济”道路转入“城市经济”轨道。①

3. 杭州都市圈智慧制造面临困境与矛盾

（1）产业价值链升级面临困境

尽管都市圈信息产业发展迅猛，成为工业经济增长的重要支柱，但主要还是在加工制造等生产环节参与国际分工和竞争，实际上就是处于高端产业价值链的低端，核心关键技术仍然掌握在欧美发达国家手中。② 目前这种分工和竞争格局，可能会使都市圈企业依靠信息技术实现产业升级的目标落空和陷于困局。来自清华大学的一份研究显示，本土品牌工业机器人与外资品牌相比，竞争力仍有较大差距。2012年，发那科、安川电机、库卡、ABB四巨头占据53.8%的市场份额。而且，在整个工业机器人产业链上，外国企业控制着上游环节关键技术。

（2）企业“机器换人”面临矛盾

“机器换人”是都市圈推进工业转型升级、实现智慧制造的重要抓手。企业“机器换人”的形式，主要包括部分环节的机器换人、整条生产线的自动化改造、自动化生产线+工业机器人、物联网等。而“机器换人”面临突出矛盾，即低端行业的高端机器人应用。“机器换人”所用的自动化设备90%以上从国外进口，价格高昂且需要二次改装和调试，对一线员工有较高要求；而“机器换人”用户大多为低端行业中的中小企业，对价格极其敏感且缺少相应的技术部门和人员，更谈不上自主开发新工艺、新设备。例如，尽管萧山区政府和纺织企业均认为“机器换人”是未来趋势，但是由于智能制造改造成本高，且并非所有企业负责人都有互联网营销思维，互联网+纺织业行动的真正落地仍需时日。③ “机器换人”一次性投入大、成

① 接栋正：《高铁时代杭州都市圈发展面临的挑战与对策》，《杭州研究》2014年第3期。

② 杨戌标：《杭州市加快转变经济发展方式推进经济转型升级研究》，《杭州研究》2012年第2期。

③ 姚建莉：《“互联网+纺织”萧山样本：“机器换人”遇冷》，《21世纪经济报道》2015年5月15日。

本回收期长所带来的可能的高风险，也使绍兴大唐袜业众多中小企业持观望态度。[①] 对中国离散制造业而言，一般是在某一个环节上实现智能应用，严格意义上的智能工厂在中国并不存在，仅有的数字工厂还只有西门子成都工厂算得上。[②]

因此，杭州都市圈要超越这些困境与矛盾，必须充分认识和把握信息经济所带来的机遇和挑战，完成从都市圈整体，到中心城市和副中心城市，到各县（市、区），到制造产业和产业链，到制造企业终端智慧化的全系统提升，找准定位，错位竞争和合作，从而实现杭州都市圈及其智慧制造的可持续发展。[③④⑤] 而区域人才等要素资源的结构与层次[⑥]以及有活力的政务、创业、自然和社会生态系统[⑦]是最坚实的动力与基础。

三　国内外智慧制造的经验与都市圈发展趋势

（一）国内外都市圈智慧制造的经验

历经长期发展变迁，国内外都市圈发展制造业已积累了较为丰富的经验。学习和借鉴国内外都市圈工业化后期的成功经验，对杭州都市圈而言，具有重要的现实意义。

1. 洛杉矶都市区：科技革命浪潮下崛起

洛杉矶都市区，也称为大洛杉矶地区，位于美国西海岸加州南部，包括洛杉矶县、橙县、圣贝纳迪诺县、河边县和温图拉县 5 个县，下属 157 个

---

① 覃爱玲：《浙江制造业升级样本调查》，《南风窗》2015 年第 13 期。

② 闵杰：《浙江三花：数字化车间通往智能制造》，《中国电子报》2015 年 5 月 28 日。

③ 接栋正：《高铁时代杭州都市圈发展面临的挑战与对策》，《杭州研究》2014 年第 3 期。

④ 朱李鸣等：《推进都市圈建设的若干重点问题研究：以杭州都市圈探索经验为基础》，2013 年浙江省发展规划课题。

⑤ 张婷麟等：《全球城市的制造业企业部门布局及其启示——纽约、伦敦、东京和上海》，《城市发展研究》2014 年第 4 期。

⑥ 李强：《如何引爆浙江经济的未来》，《财经国家周刊》2015 年第 6 期。

⑦ 李强：《2015 年浙江省政府工作报告》（浙江省十二届人大三次会议），2015 年 1 月 21 日。

市，人口有1750多万人，是仅次于纽约的全美第二大都市区。[①] 洛杉矶是美国高科技研发和产业中心，拥有的科学家和工程技术人员数量居全美第一位，是美国的科技之都。

20世纪60年代，洛杉矶第三产业超越第二产业。[②] 20世纪70年代，为应对“石油危机”产生的负面影响，洛杉矶依托电子产业和航空业，大力发展生产性服务业和高科技产业。洛杉矶目前仍是美国最大的制造业地区，仅洛杉矶县就提供了近50万个就业机会。在高科技产业和生产性服务业的推动下，20世纪80年代后洛杉矶城市经济快速转型。[③]

2. 东京都市圈：东京都的引领

东京都市圈通常是指从东京都中心向外扩张，包括一都三县（东京都、神奈川县、埼玉县和千叶县）半径为30～50公里同心圆范围内的区域。2010年，东京都市圈总面积为1.36万平方公里，占日本总面积的3.5%；人口约3561万人，占全国总人口的27.8%；GDP达1.9万亿美元，占全国的34.7%。[④] 2009年，东京都的GDP达到85.2万亿日元，占全国的17.6%。[⑤]

20世纪70年代，东京都市圈第三产业超越第二产业，制造业持续向周边外围扩散转移，生产性服务业向核心区域（东京都）集聚。①对于整个东京都市圈而言，核心区域制造业比重在下降，但制造业功能在强化，引领作用非常显著。信息通信业向东京的高度集聚，充分体现了东京作为世界城市和日本政治经济文化中心的重要作用和地位。②从核心－外围角度看东京都市圈，外围三县制造业规模明显大于东京都，体现出外围区域作为特定产

---

① 魏家雨等：《美国区域经济研究》，上海科学技术文献出版社，2011。

② 王立新：《洛杉矶城市转型对深圳的启示》，《开放导报》2011年3月4日。

③ 巴曙松：《美国三大城市圈的前世今生》，载巴曙松、杨现领《城镇化大转型的金融视角》，厦门大学出版社，2013。

④ 据日本共同社2011年2月14日消息，日本内阁府14日发布的数据显示，2010年日本名义GDP为54742亿美元，比中国少4044亿美元，排名全球第三。参见徐冰《中国GDP超过日本有何意义》，《中国青年报》2011年2月15日。

⑤ 郑京淑、郑伊静：《东京一极集中及其城市辐射研究》，《城市观察》2013年第5期。

业的大规模生产基地特征。琦玉县长期以来被看作“东京的卧城”，承载着东京人口、城市功能和产业的转移，因为离都市圈核心区域最近，因此许多企业在东京都设立总部并将制造基地设在琦玉县，企业数量达3054家之多，为日本全国之最。①

3. 深莞惠经济圈：在竞争中错位发展

深莞惠经济圈三市（深圳、东莞和惠州）地处珠江口东岸，总面积为1.56万平方公里，常住人口近2000万人，2008年GDP为12793亿元，其中，深莞惠三市贡献度为61∶29∶10。② 2008年12月，《珠江三角洲地区改革发展规划纲要（2008～2020年）》首次提出深莞惠经济圈及其一体化。

2009年，深莞惠经济圈GDP高达13380.16亿元，占广东省GDP的33.89%，第三产业占比首次超过第二产业（0.84∶48.03∶51.13③），其中深圳和东莞第三产业占比均超过第二产业。和杭州都市圈一样，从“制造”向“智造”转变，大力提升制造业发展水平，也成为当前深莞惠经济圈的重点任务。

深莞惠三市的产业结构互补性较强，逐步形成科学有序的产业分工，共同推进产业结构的优化升级。①深圳作为区域中心，创新能力较强，有良好的创新平台，大力建设通信设备、新材料、新能源汽车、生物工程等先进制造业基地，走高质量、高效率的智能化道路是深圳做大做强制造业的思路。②东莞作为世界制造基地，产业基础扎实，有完善的配套基础。2015年，东莞率先提出“东莞制造2025”对接国家战略（《中国制造2025》），以数字化、网络化、智能化改造为主线，推动东莞制造升级换代，实现从制造业大市向制造业强市的转变。④ ③惠州作为资源大市，近年来先进制造业不断发展壮大，2013年全市规模以上先进制造业实现增加值919.97亿元，占规

① 《京津冀一体化上升为国家战略》，《证券导刊》2014年第14期。

② 《广东统计年鉴（2009）》。

③ 《广东统计年鉴（2010）》。

④ 《关于实施“东莞制造2025”战略的意见》（东府〔2015〕1号），2015年1月26日。

模以上工业的比重达66.9%。[①] 其中，电子信息产业和汽车零部件制造业智能化水平较高。

2014年10月，深莞惠经济圈扩容，汕尾市、河源市按“3+2”（深莞惠+汕尾、河源）模式参与深莞惠经济圈建设，承接深莞惠地区辐射转移，并使深莞惠经济圈区域面积扩大了一倍，经济总量接近全省的40%，进一步增强了深莞惠经济圈的影响力。[②]

（二）信息经济背景下杭州都市圈智慧制造发展趋势

1. 都市圈集聚与扩散效应进一步凸显

随着都市圈城市经济的发展，“十三五”期间，杭州作为中心城市的地位进一步强化，并以其优越的区位条件、强大的服务能力、完善的基础设施等优势，吸引产业和生产要素高度集聚。同时，在都市圈范围内不断发挥扩散效应，与副中心城市及其周边紧密层和联动层县市形成制造业错位发展格局。

2. 信息经济成为经济发展新引擎

作为浙江省信息经济发展的先行者和主力军，杭州都市圈信息经济业已成为推动经济转型升级的新引擎。发展信息经济、推进智慧应用，是杭州适应新常态的积极选择，也是都市圈加快“两化”深度融合、实现产业智慧化的主攻方向。借助移动互联网、云计算、大数据、物联网等新一代信息技术的融合渗透，提升传统制造产品研发和生产方式，带动传统产业的数字化、自动化、智慧化转型。

3. 智慧制造成为经济新常态下新的增长点

智慧产品将保持较快发展，工业机器人及智能装备继续受到高度关注，未来仍将保持高增长态势。随着“机器换人”进一步在杭州都市圈推广，

---

① 《广东统计年鉴（2014）》。

② 数据来自《广东统计年鉴（2014）》。河源，面积为15821平方公里，常住人口为303.76万人，2013年GDP为680.33亿元；汕尾，面积为5271平方公里，常住人口为298.62万人，2013年GDP为671.75亿元。

越来越多的企业积极启动智能单元、智能生产线、数字车间和智能工厂的建设，将大幅提高生产效率并提高产品质量。

四　信息经济背景下杭州都市圈智慧制造对策建议

（一）大力促进都市圈产业协同发展

深入挖掘杭州都市圈制造业分工合作的内生驱动力，以市场为核心，以互补为基础，以共赢为根本，以开放为动力，尽快在“十三五”形成融合互动的智慧制造发展新格局。

1. 发挥杭州的辐射引领作用

杭州产业比较竞争优势集中于信息经济产业，在工业化与信息化深度融合等高端智能制造领域拥有较强的产业基础和竞争优势。首先，坚持“一号工程”，持续做大做强做优，扩大杭州在信息产业和战略性新兴产业的产能规模，提升创新能力和市场竞争力；其次，加强与湖州、嘉兴、绍兴在高端要素集聚、高端价值链塑造、高端产业结构提升等方面紧密合作，通过部分企业向湖州、嘉兴、绍兴转移和建立分支机构，增强企业间学习和产业互动，在副中心城市建设特色优势产业集群，在紧密层和联动层则重点建设高附加值加工制造基地。

2. 确立副中心城市和紧密层、联动层县（市、区）各自产业特色

根据都市圈产业基础较好但发展相对不均衡的特点，各县（市、区）应该从全国、大区域、都市圈等视角出发，选择县（市、区）长远发展的特色优势产业，避免重复建设，实现在竞争中错位发展。特别是对一些深陷价值链低端锁定的县（市、区）而言，需要对传统制造业进行分类管理，采取相应措施，推进行业要素重组，从而为新兴产业发展服务。

3. 共同加强都市圈产业协作平台建设

都市圈产业协作，最终要落实共同建设一批区域合作协作平台。在开发模式上主要有以下几种。一是共建共享模式。由都市圈内双方政府签订全面

合作的协议，可以考虑成立合资股份公司。二是托管建设模式。适合于产业基础薄弱、园区开发经验欠缺的地区。三是分区开发模式。适合于在产业共建园区中设立专门的功能分区。①

4. 共同优化都市圈产业政策环境

一是加强都市圈内产业导向政策，基于都市圈资源禀赋、区位特点和产业基础，科学确立产业发展重点，共同出台招商引资、产业布局、财税支持、要素保障等方面的政策措施。二是建设区域产业协作网络，开展产业协作，以信息流引领资金流、技术流、人才流等生产要素的全面融合。三是健全都市圈产业合作利益共享机制，协调区域间的产业分工和利益分配。

（二）加快推动都市圈制造产业智慧化

杭州都市圈要主动适应经济发展新常态，紧抓“互联网+”和“中国制造2025”的契机，加快推动都市圈制造业向智慧化发展。

1. 推动信息技术与制造业融合发展

作为传统制造业智慧化转型的重要突破口，鼓励企业将信息技术在设计、生产、管理、营销等领域进一步深度应用。在车间管理、供应链管理等领域，发展工业互联网，实现生产设备联网。鼓励企业在工业设计、产品制造等方面应用3D打印技术；鼓励企业在工业仿真、工业设计、企业管理等方面应用云计算平台；鼓励企业在生产过程、市场营销等方面开展大数据分析，实现精准营销；鼓励企业开发APP，开展微博和微信营销。

2. 分类指导，促进各行业智慧化

深入推进“机器换人”，将“机器换人”示范试点和行业“机器换人”综合试点工作推向深入。以“智能工厂”为目标，推进流程制造业智慧化

① 朱李鸣等：《推进都市圈建设的若干重点问题研究：以杭州都市圈探索经验为基础》，2013年浙江省发展规划课题。

改造，在医药、化工、建材、冶金、纺织、化纤、印染等流程制造领域，重点发展工业机器人、在线检测等技术，实现生产流程智能化。以“数字化车间”为目标，推进离散制造业智能化改造，在装备制造、汽车及汽车零部件、电子、家电、服装等离散制造领域的关键环节和关键工序，重点建设智能供应链管理系统，实现供应链管理和生产计划管理智能化。

3. 推进制造业管理和服务智慧化

鼓励企业推进产品全生命周期管理、供应链管理、企业资源规划、客户关系管理等应用和系统集成，促进生产与销售、业务与财务、产业链上下游企业间的协同，实现智能管控。深化互联网在制造领域的应用，发展基于互联网的电子商务、个性化定制、众包设计、云制造等新型制造模式，形成完善的企业设计、生产、供应链管理和服务体系。鼓励制造企业与服务企业通过兼并重组拓展产业链，推进企业向制造服务化转型。

（三）着力构建都市圈制造业智慧企业

智慧企业是智慧制造的核心与主体。建设智慧企业是“十三五”都市圈适应新常态、引领新常态、实现新发展、开创新局面的必然选择。

1. 大力提高企业生产经营智慧化水平

在研发设计方面，引导和鼓励企业积极应用 3D 打印、智能仿真等技术。在生产制造方面，通过建设智慧工厂，提高企业产能和生产效率，积极推进企业采用工业机器人、工业物联网技术。在市场营销环节，鼓励企业通过大数据挖掘，进行精准化营销。

2. 大力强化企业信息化集成应用

建立统一的信息平台，对企业信息资源进行整合，推动各业务信息系统的互联共享；构建打通研发设计、生产制造、经营管理和市场营销等各个经营环节的信息流，使企业能够对市场做出敏捷化反应。

3. 推动示范企业强化研发和品牌运作

作为带动产业发展的排头兵，都市圈龙头示范企业应始终坚持创新引领、应用驱动和融合发展的指导思想，不断深化技术和品牌经营运作，积极拓展国内外两个市场，引导产业向价值链高端延伸，特别要谋求出口商品由中低档向高档升级，强化售后服务，争取在欧美市场“渗透”自主品牌，为提升都市圈产业核心竞争力做出应有的贡献。

（四）不断强化人才和制度保障

智慧制造要实现科学发展和跨越发展，推进制造业人才和制度建设是根本前提。“十三五”期间，杭州都市圈应充分吸收和借鉴国内外相关成功经验，建立并完善有关制度措施。

1. 强化智慧制造人才队伍构建

坚持引育结合，加快建设一支智慧制造人才队伍，“智慧的大脑”才能创造更多的“人才红利”。教育要面向信息时代，提倡分散式课堂教学和扁平化学习。[①] 实施企业家素质提升工程，加快培育创新型企业家。深入实施高技能人才培训工程，大力发展职业教育，加快建设一批高技能人才实训基地，加强培养管理、经营、工业设计等领域的高层次创新型人才，大力引进以领军和拔尖人才为重点的各类高层次创新型人才，积极培育一大批高素质的各类创新型技能人才。

2. 健全智慧制造创新体系

整合区域创新资源，发挥杭州龙头带动作用，共同构建起以企业为主体、以市场为导向、“官产学研用”相结合的融合互动式区域创新体系，将杭州都市圈建设成为全国重要的创新型区域和成果转化基地。加强都市圈科技中介服务机构的交流与合作，完善科技中介服务体系。围绕区域共性产业发展，探索共建共享开放式共性技术研发设计平台。大力弘扬创业创新精神，挖掘和推广创新典型经验，着力激发全社会推动制造业发展创新。

---

① 〔美〕杰里米·里夫金：《第三次工业革命：新经济模式如何改变世界》，张体伟、孙豫宁译，中信出版社，2012。

3. 营造智慧制造创新政策环境

在充分发挥市场配置资源基础性作用的同时，集聚创新资源，加大财税金融支持力度，发挥其在创新投入中的引导作用，重点支持企业技术创新、节能减排、结构调整和中小企业服务体系构建。建立并完善智慧制造法律环境，提高行政执法能力和水平，加大对司法机关和司法活动的监督。通过各种渠道，大力宣传相关法律制度，强化企业与社会公众的法律意识，引导与监督智慧制造企业规范化转型升级。

B.10

中外比较视域下杭州都市圈零售业信息化研究报告

零售业信息化课题组*

摘　要：本文从中外比较的视阈，研究信息化改造传统产业——杭州都市圈零售业（互联网+零售业）。通过对杭州都市圈零售业发展特别是典型零售企业信息化应用的调研，分析阻碍杭州都市圈零售业协同发展、科学发展的因素，通过与零售业发达国家或地区零售业的发展趋势以及知名零售企业的信息化战略和技术应用进行比较，总结中外比较视阈下零售业信息化的主要模式和经验借鉴，结合杭州都市圈零售业发展的特点，提出了杭州都市圈零售业信息化的方向和对策。

关键词：零售业　信息化　中外比较　杭州都市圈

2014年12月，中央经济工作会议强调，要保持经济的稳定增长，必须增强服务业的支撑作用；2015年3月，中国（杭州）跨境电子商务综合试验区获批；2015年8月，李克强总理主持召开国务院常务会议，部署发展现代流通业，建设法治化营商环境，构建全国统一大市场，旺消费、促发展；之后，国务院下发了《关于推进国内贸易流通现代化，建设法治化营商环境的意见》

---

* 课题组组长：高国东（执笔），杭州万向职业技术学院连锁经营管理专业负责人，高级经济师、律师（资格）。课题组成员：张兴梅，嘉兴职业技术学院高级人力资源管理师；杨顺，中国连锁经营协会；吴仁杰，杭州顶全便利店发展有限公司总监。

（国发〔2015〕49号）；2015年10月，党的十八届五中全会强调，实现“十三五”时期的发展目标，“必须牢固树立并切实贯彻创新、协调、绿色、开放、共享的发展理念”，到2020年，“产业迈向中高端水平，消费对经济增长的贡献明显加大”，“促进流通信息化、标准化、集约化”。[①] 2015年11月，国务院出台《关于积极发挥新消费引领作用加快培育形成新供给新动力的指导意见》（国发〔2015〕66号），判断我国已进入消费需求持续增长、消费结构加快升级、消费拉动经济作用明显增强的重要阶段，以传统消费提质升级、新兴消费蓬勃兴起为主要内容的新消费，及其催生的相关产业发展、科技创新、基础设施建设和公共服务等领域的新投资新供给，蕴藏着巨大发展潜力和空间。地处流通业蓬勃发展、电子商务发达的区域，作为服务业和传统产业，杭州都市圈零售业必须适应新常态，把握机遇，直面挑战，明确转型升级的方向和路径，通过信息化，尽快实现现代流通业的构建。

健康、发达的零售业是都市应有的功能，杭州都市圈零售业在杭州都市圈建设发展中地位突出，作用巨大：是休闲旅游区建设的服务保障，是城镇化的配套产业，是就业创业的重要载体，是拉动消费的重要引擎。如何实现杭州都市圈零售业产业对接、产业共兴？如何实现辐射联动、抱团发展、共同发展、协调发展？本文从信息化、中外比较的视角对此进行了研究。

一　杭州都市圈零售业及信息化现状

杭、湖、嘉、绍地区位于浙江省北端、长三角南翼，是长三角城市群的重要组成部分。杭州都市圈人口稠密，经济发达，加上历来重商文化的影响，为零售业发展奠定了坚实的基础。

（一）杭州都市圈零售业发展的主要指标

有学者通过对行业规模、组织结构、行业效益、行业增长力、企业

① 《中国共产党第十八届中央委员会第五次全体会议公报》。

财务能力、市场潜力等指标进行比较，将杭州零售业竞争力排在全国第8位。杭州都市圈人均社会消费品零售总额为3.78万元，远高于我国平均水平（1.78万元）；消费占GDP的比重为40%，高于我国平均水平（36%），但还远低于发达国家和地区的平均水平（67%）（见图1、表1）。

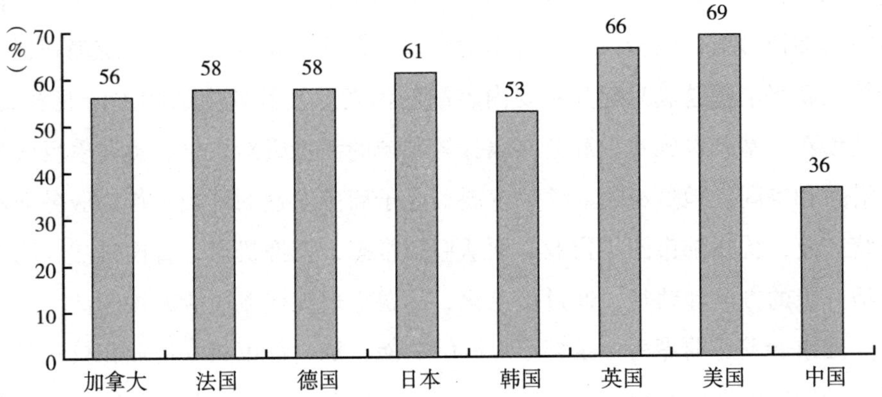

图1　2014年世界主要国家消费占GDP的比重

资料来源：经济合作与发展组织、德勤分析报告。

表1　2015年杭州都市圈零售业发展主要指标

地区	GDP(亿元)	社会消费品零售总额(亿元)	零售业销售额（亿元）	消费占GDP的比重(%)
杭州	9201.2	3838.73	3451.15	41.7
湖州	1956.0	871.20	783.27	44.5
嘉兴	3352.8	1347.02	1215.35	40.2
绍兴	4265.8	1487.14	1372.27	34.9
浙江	40153.5	16905.00	15179.50	42.1

资料来源：根据浙江省及各市统计局2015年上半年数据预估。

这表明中国消费增长潜力巨大，零售业发展空间巨大。数据显示，杭州都市圈已经进入消费提升区，居民消费能力、消费水平不断提高，“模仿型排浪式消费阶段”基本结束，消费品质化、个性化、多样化、时尚化渐成主流，零售业面临发展和转折的新机遇。

（二）杭州都市圈零售业发展的主要特点

1. 具有较好的消费环境和基础

杭州都市圈城市人口密度、社会消费品零售总额、城镇居民人均可支配收入、消费性支出等都远高于国内平均水平，逐步达到发达国家或地区的消费水平。

杭州都市圈旅游业发达，旅游人数和人均消费连年上升，也为门店增加了客源和消费量。2014 年，杭州共接待境内外游客 10930.56 万人次，实现旅游总收入 1886.33 亿元。旅游消费（旅游餐饮和旅游购物）占全市消费品零售总额的 19.1%，湖州、嘉兴、绍兴旅游收入也突破 500 亿元①（见表 2）。

表 2　2014 年杭州都市圈各城市旅游总收入及增速情况

地　区	旅游总收入(亿元)	同比增长(%)
杭　州	1886.33	17.63
湖　州	503.25	27.85
嘉　兴	565.03	16.36
绍　兴	652.07	11.59

资料来源：浙江省旅游局：《浙江旅游业发展报告》，中国旅游出版社，2015。

杭、湖、嘉、绍四城市的城市建设基础较好，交通发达，城市基础设施比较完善，商业设施保有量及新增投资旺盛，可用空间较多，档次较高。

杭州都市圈具有较好的社会治安环境，整体零售服务水平较高。

2. 形成了一系列零售业品牌和优势企业

杭州都市圈形成了杭州的杭州大厦、世纪联华、张小泉、胡庆余堂、狮

① 杭州市旅游委员会：《杭州旅游概况》，杭州市旅游电子政务网，http://www.gotohz.gov.cn/zhfg/hzlvgl/201507/t20150731_136667.html。

峰、万事利、江南布衣、祐康、五丰，嘉兴的五芳斋、文虎酱鸭、海宁皮衣，湖州的丁莲芳，绍兴的孔乙己、古越龙山、会稽山等若干品牌，这些品牌在区域乃至全国具有较高的知名度。

杭州都市圈形成了银泰商业、解百股份、百大集团、杭州大厦、世纪联华、戴梦得（嘉兴）、祐驿站（祐康集团）、浙江江南大厦（嘉兴）、浙江三江购物（杭州萧山）、浙江汇德隆实业集团（杭州萧山）、杭州华辰连锁超市公司（杭州富阳）、湖州老大房超市公司、浙江雄城商贸公司（绍兴）、浙江上百一百超市公司（绍兴）等本地零售龙头企业。国内外优秀零售企业也看好杭州都市圈，沃尔玛、家乐福、宜家、华润、国美、苏宁[①]、大润发等国内外零售巨头已战略布局杭州都市圈。

2014 年，杭州解百股份实现销售收入 57.9 亿元；银泰商业实现营业收入 40 亿元，其中直接销售收入为 16.7 亿元，特许专营销售收入为 23.3 亿元；百大集团商品销售额达 9.7 亿元。[②] 中国城市商网数据显示，2015 年 7 月零售业单体排行中杭州大厦购物城排名第一[③]。

根据中国连锁经营协会 2014 年度中国连锁百强榜，苏宁以微弱差距屈居国美之后，列第 2 位[④]；杭州联华华商（世纪联华、City Life）大股东——联华超市股份第 7 位；银泰商业列第 33 位。联华超市股份有限公司 2015 年年中报数据显示，新开大型超市共 5 家，均在浙江的杭州等地。

在 2014 年主要连锁百货企业排名中，银泰商业列第 11 位，解百股份列第 29 位；在 2014 年主要连锁便利店企业排名中，绍兴的浙江供销超市有限公司（供销超市、供销便利、家连便利）列第 5 位，拥有门店 2125 家；雄

---

① 阿里巴巴及苏宁云商公告：2015 年 8 月，阿里巴巴将投资约 283 亿元参与苏宁云商的非公开发行，占发行后总股本的 19.99%，成为苏宁云商的第二大股东。与此同时，苏宁云商将以 140 亿元的价格认购不超过 2780 万股阿里巴巴新发行股份。

② 中国连锁经营协会 2014 年度中国连锁百强。

③ 《2015 年 7 月零售单体销售排行榜》，中国城市商网，http：//www. ctoc. com. cn/ctoc_ about_ us. aspx? col_ id = 26。

④ 苏宁已经被阿里巴巴控股，根据苏宁云商 2015 年半年报和银泰商业 2015 年半年报，阿里巴巴投资持股 32.52%，为第一大股东。

风集团有限公司（绍兴诸暨）列第49位，拥有便利店116家。

根据2015年半年报，银泰商业的百货经营业务从1998年杭州设立第一家门店——杭州武林店起，经过17年的发展，已确立浙江省领先地位，并在湖北、陕西、安徽、河北和北京建立战略据点，经营和管理29家百货店及16个购物中心，总建筑面积达2733793平方米，包括浙江省内各主要城市的20家百货店及9个购物中心。此外，银泰商业亦持有北京燕莎友谊商城有限公司50%的股本权益。

3. 市场活跃，零售业市场化程度高

浙江是市场大省，商品批发零售市场发育成熟，杭、湖、嘉、绍四城市都有较大的商品市场，如绍兴中国轻纺市场、杭州四季青服装市场、中国杭州丝绸市场、嘉兴皮草市场、桐乡濮院羊毛衫市场、湖州丝绸市场等，建设运营历史较长，交易活跃，影响巨大。有些本身零售能力很强，多数为零售业上游企业，为零售业繁荣奠定了基础。

浙江市场建设开放，市场壁垒少，市场秩序较好，促进了商品的自由流动和平等交换。这其中，企业的市场主体地位和主体责任突出，市场监管比较到位，较好地激发了市场主体的创新创造活力。

（三）杭州都市圈零售业的信息技术应用

1. 信息化环境较好

信息技术进步日新月异，信息化的国际国内环境空前优化，我国已把信息化作为国家战略，“互联网+”成为创新发展的重要手段，日益成为各行业的发展理念。杭州都市圈地处东部长三角区域，经济发达，商贾云集。电子商务、信息软件、物联网是杭州战略发展的三大产业，仓储物流是湖州、嘉兴战略发展产业。阿里巴巴等互联网名企对各产业信息应用都产生了积极影响，零售业也不例外。电子商务、移动支付等互联网金融、大数据、物联网支撑下的仓储物流业，是零售业信息化的有力支持。杭州都市圈已经形成了一支电子商务服务业大军，包括平台服务、IT技术服务、营销服务、物流服务、金融服务和衍生服务等，为杭州都市圈零售业实现信息化营造了较好的技术环境。

2. 电子商务、网络零售高速发展

从广义上讲，网络零售属于“无店铺零售”（无实体店铺）业态，是零售业的组成部分。与传统零售相比，网络零售不是其竞争对手，而是全渠道销售的方向。因此，网络零售发展并不是零售业发展的“洪水猛兽”，而应该是传统零售业信息化的动力和手段。2014 年浙江省及杭、湖、嘉、绍四城市网络零售总额与居民网络消费总额见表 3。

表 3　2014 年浙江省及杭、湖、嘉、绍四城市网络零售总额与居民网络消费总额

地区	网络零售总额(亿元)	占比(%)	同比增长(%)	居民网络消费总额(亿元)	占比(%)	同比增长(%)
杭州	2085.57	36.97	36.84	899.21	28.16	38.41
湖州	134.73	2.39	57.58	117.07	3.67	46.56
嘉兴	675.32	11.97	36.72	265.89	8.33	55.81
绍兴	164.01	2.91	64.54	213.78	6.70	44.62
浙江	5641.57	100	47.64	3192.8	100	41.15

资料来源：浙江省商务厅：《2014 年浙江省网络零售业发展报告》。

网络零售快速发展，改变了消费者的消费习惯，增加了零售企业的销售渠道；同时，也分流了客户，包括生产制造企业和消费者，给实体零售企业带来了挑战和压力。网络零售商也面临是切掉一部分原有零售业“蛋糕”，还是一起把“蛋糕”做大的选择。只有通过向消费者提供个性化的、优质的产品和服务，满足消费者独特的需求，刺激消费欲望，引导消费，提高消费层次，才能把消费的“蛋糕”做大，也才能发挥电商独特的创新优势。否则，网络零售只是简单地替代实体零售，也容易被后来者模仿和替代。

3. 基础技术得到普遍应用

杭州都市圈零售业在基础信息技术应用方面并不落后，条码技术、POS 机、计算机辅助订货系统、管理信息系统应用比较普遍。特别是规模企业、连锁企业应用更为普遍。由于杭州都市圈自身的优势，支付工具如支付宝、微信支付、卡拉网等推广力度大，支付宝收款已经延伸到KFC、华润（Vango）、全家（FamilyMart）等主流商家，水果、餐饮、饮料店等普及度更高。杭州中心城区零售业应用程度已经达到70%以上。“美团”等代购、送餐互联网公司也积极推动零售门店使用以上系统，推动门店实现电子销售、移动支付和快速送货。

4. 传统零售业信息化应用领域动力不足

虽然有银泰商业全面融入阿里巴巴，但其他零售业变化不大。缺少如苏宁云商等零售企业主动拥抱互联网，凤凰涅槃式的彻底变革，也缺少在信息化领域的探索性应用和创新。人拉肩扛，低端价格战，收租金、渠道费，仍是多数零售企业的生存所依。杭州都市圈较强的消费能力，尚留有消费兴旺的短暂假象。电子商务、数据挖掘、数据仓库、商业智能、自助结账、电子标签、订单时点系统、协同规划补货等技术未见应用或极少应用。总体上，信息化程度与杭州都市圈的战略定位、消费能力、消费升级、城市化快速发展不相匹配。港台购物、海外扫货、海外代购已是比较普遍的现象，杭州都市圈痛失大量主流消费群，失去了重要的利润来源，长此以往，杭州都市圈零售业也将失去转型升级、更新换代的良机。总体上看，外资零售巨头在杭州都市圈的零售企业信息化应用好于本地企业，品牌连锁企业信息化应用好于非连锁企业。

与网络零售高速发展形成鲜明对比的是，传统零售业网络销售比例很低。从全国的情况看，百货行业网络销售比例很低，在网络零售百货及购物中心样本企业中，开展网络零售业务的企业平均网络销售额占总销售额的比重为0.2%，便利店为0.51%，超市和大型超市为0.9%，专业店（食品、电器、数码、药店）为7.8%。[①] 杭州都市圈零售业虽然好于全国，但传统零售业信息化改造的进程较慢，网络销售比例很低。

① 德勤会计师事务所、中国连锁经营协会：《中国连锁零售企业经营状况分析报告（2014～2015）》。

二　杭州都市圈零售业信息化改造的必要性

“十三五”时期，我国将实施网络强国战略，实施“互联网 +”行动计划。杭州都市圈零售业信息化，是杭州都市圈建设发展的要求，也是杭州都市圈零售业自身生存发展的需要。

（一）是满足杭州都市圈新消费需求的必要保障

杭州都市圈主辅城市，是改革开放的先行者，是首先富裕起来的区域。随着居民收入水平提高、人口结构调整和科技进步，城乡居民的消费内容和消费模式都发生了深刻的变化，消费理念、消费模式得以更新，消费者对消费品质和环境提出了更高的要求。紧紧围绕居民消费升级谋零售业升级发展，有利于更好地满足人民群众日益增长的物质文化需要，使发展成果更多地体现为人民生活质量的提高和国民福利的改善。同时，在满足新消费需求的过程中，促进、推动、引领零售业的转型升级，实现经济的提质增效。

坚持以信息化为核心的科技创新，可以培育形成零售业的更多新技术、新业态、新模式，以花色品种多样、服务品质提升为导向，增加优质新型产品和服务等有效供给，满足不同群体不断升级的多样化消费需求。

杭州都市圈零售业信息化改造升级，是满足杭州都市圈信息消费、绿色消费、时尚消费、农村消费等新消费需求的保障。信息消费既是新消费需求，也是零售业满足新消费的手段，零售业信息化需要信息技术，满足都市圈跨区跨境、线上线下、体验分享等多种消费新需求；绿色消费是消费潮流和趋势，零售业要通过信息化，大幅提高商品的绿色品质，减少污染和浪费，同时要积极探索绿色企业、绿色门店，减少排放，降低对环境的负面影响；时尚消费是消费品质提高的必然要求，全球性新消费力量兴起，零售业必须通过信息化提升消费者体验，满足消费个性化，甚至要通过 3D 打印等技术实现个性化设计、柔性制造；农村消费的空间巨大，也是杭州都市圈零售业辐射的方向和挖掘的空间，信息化手段可以突破距离、空间限制，更好地满足农村消费者的需求。

（二）是杭州都市圈建设发展的必要内容

改革开放30多年是中国零售业发展最好的时期，零售业从小变大，从原始到现代，获得了飞速发展，但同时也是最坏的时期，强烈的需求促进了零售业快速增长，使得零售业发展模式落后，管理粗放，消耗大，产出低，持续发展能力低下。杭州都市圈的建设目标之一就是要实现都市圈内零售业产业对接、产业共兴，实现辐射联动、抱团发展、共同发展、协调发展。“十三五”规划要求产业升级，由中低端向中高端发展，满足人们逐渐增长的消费需要。这就要求杭州都市圈零售业在管理服务上，要充分运用信息化手段，提高管理服务的效率，实现连锁经营、集约经营、标准化管理；在零售业运营上，要求零售企业通盘布局仓储、物流、零售终端、通路，立足基地，着眼于杭州都市圈的大市场，充分运用信息化手段，实施产业链对接，实施零售终端管理对接、供应链对接，提升配送效率，增加企业规模经营效益，提升杭州都市圈零售业的价值链整合能力。

通过零售业信息化、标准化、集约化，实现杭州都市圈零售业共兴，发挥杭州等中心城市零售业的辐射联动效应，提高杭州都市圈零售业整体管理运营水平，提升竞争能力，特别是实现本地零售企业的抱团发展，拥抱变化，满足新消费需求，大幅提升都市圈内零售业发展相对落后地区零售业的管理运营水平，实现共同发展。

杭州都市圈零售业信息化必须把握都市圈发展的总体布局，促进都市圈零售业协调发展，促进都市圈零售业转型升级、产业信息化与区域城镇化同步发展，增强发展协调性。在协调发展中拓宽零售业的发展空间，在加强薄弱领域中增强零售业的发展后劲，最终拉动消费，提升消费的基础作用，更好地满足人们的消费需求，提升生活品质。

（三）是杭州都市圈零售业自身发展的迫切要求

1. 信息技术可以提升都市圈零售业运营管理水平

零售业运营管理水平主要体现在坪效、人均营业收入、人均创利水平、自有品牌销售占比、价值链控制能力等指标上。信息化是提升管理效率的重要手段。从我国零售业内外资企业盈利能力可以看出，内资企业盈利能力明显不足[①]（见图 2），而企业盈利能力是综合反映企业运营管理水平的主要指标。

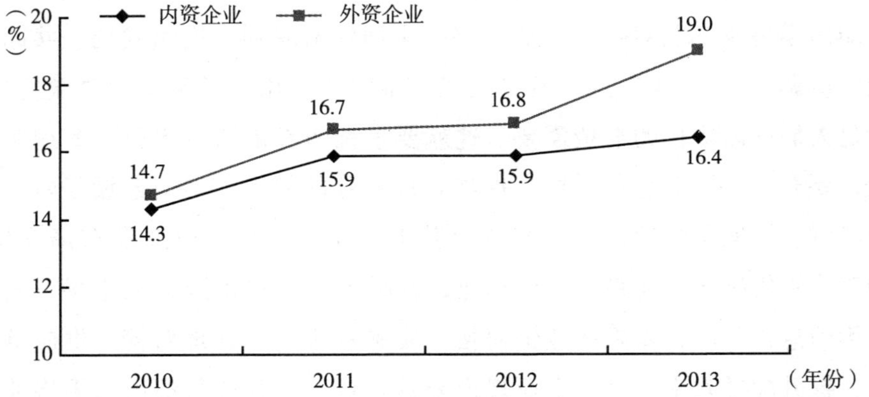

图 2　百强内外资企业毛利率对比

资料来源：中国连锁经营协会。

与境外企业相比，中国大陆的差距更大。中国台湾 711（台湾统一超商股份有限公司）[②] 的毛利率达到 32.3%，远高于中国大陆便利店的平均水平（20%）。[③]

总体看，我国零售业运营管理尚处于较低水平，杭州都市圈零售业相比全国，基本处于中间水平。虽然管理运营还有很多其他手段，但信息化

① 《中国零售力量（2014）》，文中简称德勤分析报告。
② 台湾统一超商股份有限公司 2012 年年度报告书。
③ 《中国零售力量（2014）》，文中简称德勤分析报告。

应用水平是衡量目前信息经济、信息社会企业管理水平的标准。因此，提升杭州都市圈零售业运营管理水平，亟须对零售业进行信息化改造升级。

2. 必须通过互联网助力都市圈零售业全渠道销售

随着互联网和智能手机的发展和普及，消费者的消费习惯发生了巨大的变化，网络销售高速增长，传统实体零售面临挑战（见图3）。

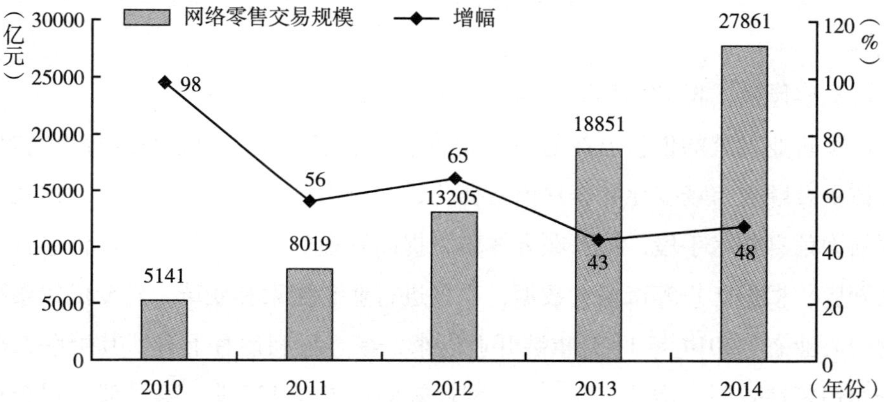

图3 网络零售交易规模

资料来源：中国电子商务研究中心、德勤分析报告。

差距意味着潜力，传统零售业提升电子商务能力的潜力很大。上海徐家汇商业中心推出徐家汇商城“在线购物平台”，将徐家汇商业中心六大实体百货公司、购物中心特色商品和精品服务整合触网，打通徐家汇商业中心网上线下供应链、积分通兑、VIP会员资源和物流配送的渠道；北京王府井百货于2013年推出网上商城、APP平台、微信公众服务号，积极推广线上多渠道拓展，开展线上线下互动营销；北京天虹商场实体门店、网上天虹、天虹微信、天虹微店，共同构成一个完整的全渠道；湖北“武商网”在线商城正式上线，布局“武商网”移动APP网络，运用微信、微博等新媒体、新渠道发布各类促销信息。

前文已述，杭州都市圈零售业具有较好的全渠道销售环境。骨干企业积极实践，探索信息化之路：银泰主动融入阿里巴巴，锐意成为以大数据驱动的消费解决方案提供商。2013 年银泰即在所有门店铺设 WIFI 无线网络，并推出喵街、喵货、西选、意选及喵客等 O2O 应用举措，实现线上线下同价；嘉兴五芳斋早在 2009 年就成立了电子商务部，不断刷新粽子行业电商领域的销售纪录，2014 年五芳斋电子商务销售总额为 1.3 亿元，2015 年成立五芳斋电子商务公司，截至 2015 年 8 月，已实现销售收入 1.5 亿元，预计全年可实现销售收入 2 亿元，企业入围“国家电子商务示范企业”。

3. 信息技术将助力都市圈零售业业态变革

零售业发展的创新迫在眉睫，具体包括业态转变、新业态探索等内容。总体上要顺应市场变化和客户消费变化，适应市场变化和客户要求。这就需要借力信息技术手段，提升顾客体验，提高管理效率。地处湖滨的银泰百货西湖店，根据客户等市场大数据，积极进行业态探索和变革，转变成银泰购物中心业态，2014 年 11 月重装开业以来，综合毛利逐月上升，其中联营部分净销售坪效同比增长 120%，毛利坪效同比增长 123%，租赁部分租金坪效同比增长 123%。[①] 杭州都市圈众多零售企业都有业态变革的巨大发展空间，单店经营的可以探索连锁经营，大型、中型超市可以探索便利店化。这其中，管理信息系统、客户管理系统、供应链管理系统等，将助力零售业业态变革。

4. 信息技术助力都市圈零售业从劳动密集型企业向新技术企业升级

零售业是传统产业，近年来劳动力成本不断上升，用工荒问题相当严重。根据德勤分析报告，2014 年人工费用占企业费用的比例分别为大型超市 56%、超市 54%、便利店 49%、百货店 60%，且都保持两位数的年增幅。杭州都市圈劳动力成本高于全国平均水平，如果零售业继续走劳动密集的老路，不可能在市场和消费新常态下实现持续发展，甚至难以生存。通过信息技术，提升员工素质，降低用工数量，降低劳动强度，提高劳动生产率，才是零售业转型升级的方向。在这方面，发达国家企业已经做了较多探

① 中国连锁经营协会：《吸金小魔兽——西湖银泰城超边际转型》，《连锁》2015 年第 9 期。

索实践，包括无 POS 机技术、智能机器人使用、供应链、自动补货等技术应用，大大降低了人工成本，提高了劳动生产率。

三　国外零售业信息化的主要模式与经验

零售业发展是经济发展、市场建设的综合成果。发达国家和地区的零售业基于当地较高的经济发展水平、消费者较强的消费能力、较充分的市场竞争等条件，优胜劣汰，竞争能力、管理水平、运营质量、服务能力、技术创新水平不断提高。同时，发达国家和地区顺应世界经济环境变化和市场发展的要求，在信息经济的全球大背景下，敏锐响应市场寻求，实现了零售业的持续变革和创新。经资料查询、现场调研，总结出以下模式和经验。

（一）日本零售业精细化管理模式

日本长期居于世界经济强国之列，企业管理能力和水平为管理业界、学界所公认。过去我们较多关注制造业企业丰田、松下等的管理经验，而对零售业缺乏总结认知。2013 年德勤世界零售“250 强”中，日本有 31 家企业入列，占“250 强”的 12.4%，销售收入占“250 强”销售总额的 7%，独占亚洲半壁江山，入列企业数仅次于美国，在全球排在第 2 位。

日本主营便利店做到了“250 强”的第 19 位，Seven - Eleven 明确宣示要推进新战略，为全渠道时代做好一切准备。“桃子放在冰箱保存 3 小时最佳”这句话出现在 Seven - Eleven 的海报上。便利店的价格、专业店的美味，是日本便利店服务的追求，他们不断推出特色食品，咖啡豆现磨咖啡、冰淇淋、甜甜圈、炸鸡，每每风靡一时，表现出他们对消费者喜好的精准把握。日本全家便利店（FamilyMart）每周都有上百个新品上架，他们的 POS 机上有数个按钮，对应着男小孩、女小孩、男成人、女成人等需要采集的信息点，店员在结账时会将这些信息随时录入系统，及时反馈每件商品在不同时段的销量及客户偏好。目前更流行且高效的做法是扫描会员卡获取信息。客户研究上甚至关注到某种天气下人们的购买偏好，总体上使新产品开发和货品陈列更加满足客户需求。为满足人们的健康需求，他们推出的一款低热量便当创造了月销售百万份的骄人业绩。

快速增长的优衣库（列“250强”第76位），其部分门店已应用了一个名为UMood的装置，这个装置可以通过分析脑波，评估顾客此时的心情以及对货品的关注程度和兴趣程度，门店据此测评结果向其推荐T恤。这是研究消费心理、消费行为的前沿技术，以前往往用于测试广告和产品，把它用在零售行业十分前卫。这样可以帮助顾客在几百种T恤中做出无悔的选择。①

服务细致到位，成本控制精细，品质控制严密，日本零售企业管理基本功扎实，加上信息化手段的应用，大大提高了企业运营效率，其零售业各种业态的企业坪效、劳动生产率、单店盈利能力均居世界前列。

（二）美国零售业信息技术应用模式

雄厚的经济基础、强大的消费能力、完善的市场管理，造就了独霸武林的美国零售业。入列“250强”的企业有79家，入列企业数量占“250强”的近1/3（31%），销售收入占“250强”的41.9%，高于欧洲入列企业销售总额（销售收入占“250强”销售总额的38.9%）。“250强”前10强中有5席被美国企业占据。同时，作为信息革命发源地的美国，其零售业更是全面探索应用信息技术改造企业的急先锋，使企业始终保持活力。Lowe's已引进多语言机器人，通过扫描识别顾客提供的样品，识别确认其信息，并带顾客在店里快速找到它。②

美国传统零售业并没有在电商冲击下束手无策，而是发挥自身优势，积极进行技术革新，响应客户需求，甚至比单纯的电商做得更好。梅西百货在实体经营之外的领域进行战略布局，在旧金山开设了Idea Lab创新实验室，推出了移动客户端的图像搜索，使几十万粉丝可以通过社交网站（Instagram）

① 杨聃：《百货商场的前世今生》，《三联生活周刊》2015年第48期。

② 劳氏（Lowe's）是美国第9大、世界第20大零售商，主营家居装修，雇员超过10万人，属全美《财富》500强企业。

直接购物。信息时代，美国零售业之所以持续成功，得益于各企业不断推进虚拟与实体渠道的融合，特别是在消费者信息获取和销售渠道方面。如果实体店仅仅只是减分项目，那么亚马逊、京东、顺丰等就不会布局实体店。高档百货连锁巨头诺德斯特龙（列“250 强”第 80 位）在全渠道经营的各个方面表现都很出色，近百万名会员可在 Instagram 上直接购物。会员可在手机客户端扫码购物，他们在阅读丰富的纸质宣传册时，可随时用移动客户端扫码并链接到电商网站采购。另外，诺德斯特龙还推出了 TextStyle 服务，会员、用户可向自己的店内时尚服装顾问或店员发送短信完成购物。

冷链物流虽然发展迅速，但在气温较高的地区和季节，易腐食品运送到客户手上始终是问题。包装成本、运输成本、保鲜质量都降低了顾客体验。沃尔玛和百思买（列“250 强”第 25 位）5 年前就开始测试网购自取业务，今天美国各大卖场、超市都广泛推广了网购自取的便利模式。一方面，实体店升级进入了数字化、虚拟经营领域，较好地解决了冷藏食品的配送成本、配送速度问题；另一方面，客户提货时还明显带动了实体店的商品销售。

百年老店梅西百货（2014 年列“250 强”第 34 位，2014 年销售收入为 280 亿美元）的愿景即成为全渠道零售商。梅西百货于 2015 年初对销售和市场部分进行改组调整，以适应全渠道模式的运营管理，计划为旧金山的数字技术中心增加 150 位专业雇员。

（三）欧洲零售业专业化模式

唯有欧洲的零售业可以与美国抗衡，“250 强”前 10 强中美国占了 5 席，其他尽属欧洲（德国 3 席、英国和法国各 1 席），且前 5 强中，欧洲有 3 席。欧洲零售企业入列“250 强”的企业有 90 家，入列企业数量超过 1/3（36%），销售收入占“250 强”销售总额的 39%。

本地市场强大的消费能力，以及较强的国际竞争力使得欧洲零售业成为业中巨人。管理专业化，以及较强的流通价值链整合能力、自有品牌开发管理能力、技术研发能力等是欧洲零售业的基本特征和成功所在。尽管德国、英国属于电子商务成熟国家，但传统零售业还是能不断创新，适应时代发展。

列“250强”第5位的Tesco（特易购、乐购）早在1924年就在英国推出自有品牌，是世界上最早创立自有品牌的零售企业之一。目前Tesco有12000多个自有品牌产品系列，其中超过50%的销售来自非食品类自有品牌，覆盖从金融服务到图书和电话的众多领域。Tesco的数据库中每年增添数百亿个新数据，采用先进的统计和分析技术对其进行归类分析，得出品类管理、销售、客户等有价值的信息。会员卡记录信息分析，使Tesco能精确统计顾客在特定时间内购买了什么商品，揭示不同商品间的购买联系，店家据此不断优化商品的陈列区域和位置。大数据可以使零售商有针对性地服务客户、优化商品陈列、精准促销，并为开发自己的品牌提供依据。在这方面，宜家（IKEA）也是成功者，宜家的营销活动是基于经营人员随时对销售记录进行评估，分拣和分析销售数据。例如，将购买了某款沙发的用户归类，当有某款地毯新品时，经营人员会为这些会员定制短信通知，发送到会员手机上。

迪卡侬也是适应信息社会的零售强者。它控制了流通产业链的两端，把产品设计、原材料采购和销售终端运营全面控制在手中，通过管理信息系统，整合价值链优势资源，提升竞争力。迪卡侬的另一个优势是全品类覆盖，产品从户外运动、跑步到马术、潜水和钓鱼，每一个运动达人都不会空手而归。这也是客户大数据分析的结果。

家乐福（列“250强”第3位）创新基因不断迸发，上海已经开出家乐福便利店，北京开出购物中心，并与百度战略合作，设立了百度中国的首家线下体验店，提供100多种智能电子商品，且与线上同价。为达到节约能源、绿色开店、降低成本的目的，该购物中心启用能源管理控制系统（EMS）和分项计量系统（PMS）。上海的中央监控中心（COS）可以监控所有门店的节能设施，包括对各个门店的冷冻冷藏系统、照明系统以及空调系统的运行状态进行即时监控。①

并非这些国家或区域的零售业发展模式泾渭分明，实际上，零售业的生

① 颜菊阳：《百度也开线下店，家乐福十年磨一剑的亚洲最大店@你大卖场要这样开》，《商业观察家》（超市周刊）2015年第11期。

存壮大有其共同的规律。我们总结这样几种模式，是为了突出这些零售业发展模式的特点，便于为我所用。

（四）国外零售业信息化的主要经验

1. 充分利用大数据提升运营和管理

零售业的流通终端价值，需要运用现代信息技术对大量信息进行收集、整理、分类、提取、利用，在商品品类管理、商品陈列、商品销售、自有品牌开发等方面综合运用，以提高企业效益，提升客户体验。数据收集既可以利用传统的会员卡、POS 机，也可以利用 iBeacon 技术。iBeacon 技术是苹果公司推出的“一种可以让附近手持电子设备检测到的新的低功耗、低成本信号传送器”，可用于室内定位。这种技术可以使一个智能手机或其他装置在一个 iBeacon 基站的感应范围内执行相应的命令，在一个 iBeacon 基站的帮助下，智能手机的软件能大概找到它和这个 iBeacon 基站的相对位置，也能让手机收到附近售卖商品的通知，还可以让消费者不用拿出钱包或信用卡就能在销售点的 POS 机上完成支付。[①] 其他穿戴设备也已经在信息收集上得以广泛应用，顾客甚至不用消费，商家也可以获取客户的关注信息，如在哪个货架驻足、关注多久、视线停留及时间等。

2. 利用信息技术强化对产品设计、生产制造、物流、销售全过程的控制

信息技术在产品销售、促销上的运用已比较普遍，但也还有很多可以创新和深化的地方。自有品牌建设和维护已经突破了零售业与制造业的界限，随着 3D 打印技术的推广应用，可能突破模糊设计、生产和销售的界限。RFID 无线射频应用将带动物联网推进物流业深度信息化，实现采购、物流、仓储、销售终端的有机衔接。

3. 强化信息技术在保质量、降成本方面的应用

技术必须服务于企业经营，产业发展的持续性必须有业绩的保障。保证商品质量的技术目前主要有商品溯源技术，通过 RFID 物联网，可随时查询

---

① 维基百科，https：//zh. wikipedia. org/wiki/IBeacon。

产地、执行标准、生产日期等资料。在流通中，可及时甄别产品流通状态，减少库存，加速流通，减少损耗，降低成本；在降低成本方面，还可以运用自动补货系统，减少预定误差，降低生鲜报废比例，减少浪费。

4. 信息技术提高企业快速响应能力和满足客户需求能力

对于零售业来说，服务能力是其竞争力的体现。优质的产品还要辅以优质的服务和较好的消费体验。如何让顾客快速找到自己想购买的商品，及时获得商品的真实而充分的信息，快速、安全、便捷地拿到商品，正确使用自己购买的产品？iBeacon 技术基于大数据优化商品陈列、品类选择、门店动线设计、电子橱窗、虚拟试衣室等技术，正逐步实现这一目标。

5. 利用信息技术推进零售业连锁化

连锁经营的品牌化、规范化、标准化、集约化特征，决定了它是零售业发展的趋势之一。连锁经营的经营控制、物流供应、品质控制等都较传统单店更需要信息化手段。目前便利店、药妆店、珠宝、电信等领域的连锁经营已成熟运用 ERP 信息。

四 杭州都市圈零售业信息化的方向和对策

杭州都市圈零售业信息化改造的方向，与杭州都市圈零售业发展的方向是一致的。但由于信息技术多种多样，实现信息化的路径也十分丰富，因此，杭州都市圈零售业信息化改造的方向必须牢固树立并切实贯彻创新、协调、绿色、开放、共享的发展理念，坚持结合杭州都市圈实际，结合杭州都市圈零售业信息化基础的实际，匹配杭州都市圈的规划目标而确定。杭州都市圈零售业正处于转型发展的重要机遇期，机遇与挑战并存，应积极主动地进行信息化改造。

（一）杭州都市圈零售业信息化的方向

1. 促进杭州都市圈零售业从粗放经营到精细管理

首先，运用信息化提升门店对人员、资金、存货、商品品类、物业、水电等进行管理。运用POS数据、门店信息采集技术，以及能源管理系统等技术和手段，提升员工素质，激发员工创造力，共享员工智慧；深度分析客户需求，优化品类管理，提高商品品质，增加客户体验，降低能源消耗。其次，利用信息技术，优化采购管理，实现精准营销，提高门店客流量和客单价。最后，运用信息化，提升企业资源整合能力，延伸企业价值链，整合运用仓储、物联网、客户管理、电子销售等信息技术，提升企业整体运营效率，扩大利润增长点，提高生产率。充分利用阿里巴巴云计算、大数据平台，深度挖掘数据价值，服务零售业展店（布局）、定位和销售等。

2. 促进杭州都市圈零售业全渠道销售

相比较而言，杭州在电子商务领域的信息技术及营运实践居世界较高水平，甚至有些领域在世界领先。应充分发挥杭州电子商务、大数据、物联网的发展优势，辐射杭州都市圈各层级城市。特别要挖掘电子商务、微商以及互联网在交通、餐饮、旅游等领域的应用技术及数据积累，与实体零售业门店销售服务实现无缝对接、有机融合，提升杭州都市圈零售业全渠道销售能力，升级服务体验。同时，通过电商与零售实体店的融合，提升杭州都市圈无店铺零售的客户消费体验，优势互补，扩大杭州电商的发展优势，满足新消费需求，增强杭州都市圈零售业的整体竞争力。

3. 促进杭州都市圈零售业连锁化

由杂货店商品采购、储存、加工等环节操作不规范引发的消费安全，特别是食品安全问题必须在杭州都市圈根除，发达国家和地区的市场已经基本以便利店取代杂货店，且品牌便利店逐步控制全部市场。杭州都市圈交通便捷，信息化基础设施较好，应该首先实现小型零售业连锁化经营，扩大品牌零售企业、骨干零售企业的管理辐射效应和品牌辐射效应，提升零售业的整体经营管理水平。要在连锁采购、仓储、物流、配送等方面，推进信息技术的广泛应用，增强零售业经营管理的规范性、集约性。

4. 促进零售业从劳动密集型向技术型企业升级

强化新技术应用，积极探索信息技术、零售技术、方法、业态等，提高零售业智能化水平，培养一大批掌握现代信息技术的零售业经营者，通过技术设备，降低从业者的工作强度，缩短劳动者的工作时间，甚至减少岗位数量，提升从业者技术设备营运、维护和创新应用能力。通过技术应用和智能设备使用，减少简单劳动岗位，减少用工数量，提高劳动生产率。日本、中国台湾的便利店配备的设备包括 ATM、复印打印传真设备、拍立得拍照机、旅游票务系统（订火车、汽车、景点门票等）、咖啡机、智能 POS（收银、客户数据采集）等。部分前卫零售商将营业员都武装成微商，精心维护客户群，变革利益分配机制，使员工成为企业合作者。

（二）杭州都市圈零售业信息化发展对策

实现杭州都市圈零售业信息化改造，提升产业层级，还需要破解矛盾，克服困难，应对挑战，具体有以下对策建议。

1. 市场主导政府引导零售业信息化

市场已孕育了信息化改造的环境。随着开放水平的提高，中国市场的国外优秀零售企业较完善的信息化创新体制机制、较快的创新节奏、优质的商品品质和服务体验，都会给杭州都市圈零售业造成市场压力。我国消费者越来越多地“走出去”，感受信息化武装的外国零售业优质的产品和服务，其眼光和标准越来越高。市场机制必然会形成足够压力和动力推动零售企业积极进行信息化改造。同时，为了促进产业健康发展，推进杭州都市圈经济发展，促进消费，都市圈城市政府应积极引导行业信息化发展方向，积极推进前沿技术应用，通过培训、技术开发和应用激励机制，引导零售业信息化深入应用。在政府采购、公共项目运作实施上，要为信息化应用较好的零售企业创造更多机会。积极支持科研院所、零售企业主动实践和探索信息技术在零售业的应用，摸索构造信息应用基础上的新业态，变革零售业管理和运作的模式。

2. 控制大型商业设施总量，大力推进小型零售业发展

大型购物城目前发展较快，投资兴旺，对带动消费人气、给予消费者优良的体验有一定好处，在消费人口较多、零售设施较少的区域可能尚有一定的发展空间。数据显示，2014 年全球新落成购物中心体量，中国的成都和

重庆名列榜首；在建购物中心体量，世界前20强城市中中国有13个。[①] 因此，必须控制总量，合理规划，防止恶性低端竞争。要控制大型零售卖场发展，节约土地运用，通过信息化应用，提高单位效益，依靠坪效制胜；大力推进便利店发展，通过信息化应用，在杭州都市圈内建立并推动仓储、物流等供应链共享，加快杂货店改造步伐，提高偏远、乡镇村消费者的消费品质，保证食品质量安全。为农村等偏远便利店连锁发展，提供通信、互联网等基础配备，鼓励进行便利店的金融、物流、售票等附加功能探索。

3. 为零售业信息化提供基础条件

杭州都市圈应大幅降低互联网使用资费，快速建立覆盖城乡的互联网基础设施；应整体规划仓储物流基地、食品加工基地等超市和便利店保障系统，合理布局，提高技术装备水平，保持规模，提高仓储、物流企业效率；应加快培养现代零售企业经营管理人才，为零售业信息化推进提供适应信息经济的高素质实用人才；应积极推动云计算、大数据、物联网等技术研发和应用实践，大力推进可穿戴设备、智能家居等智能终端相关技术研发和产品服务发展，并鼓励零售企业积极装备应用相关技术平台和设施。

4. 高水平开放吸引优秀企业充实都市圈零售业

坚持开放发展，吸引国内外优秀零售企业加入市场竞争，引进先进的管理技术、信息技术和商业模式，提高杭州都市圈零售业整体水平，大幅提高客户的消费体验；引进不同业态、不同经营和服务特色、不同客户定位的零售企业加入市场良性竞争；全面放宽民间资本市场准入，降低准入门槛，取消各种不合理的前置审批事项；对外资实行准入前国民待遇加负面清单管理模式，逐步减少、放宽、放开对外资的限制。

5. 信息化推动杭州都市圈零售业协作发展

通过信息化、连锁化、品牌化，促进杭州都市圈各城市零售业的合作，特别是强强联合、线上线下协作与融合。协调零售业之间共享渠道、共育品牌、共用技术、共用流通保障系统等；通过相关协会，促进优势资源的充分

---

① 张君、张德涛：《转型智能优化体验》，《连锁》2015年第9期。

运用，提升整体经营服务水平，做大消费“蛋糕”，共享发展利益；鼓励骨干企业、品牌商品之间进行协作，强强联合，以大带小，扩大市场，增加销售，带动杭州都市圈零售业品牌建设、精品建设，提升杭州都市圈零售业在国内国际的竞争实力。

总之，杭州都市圈零售业发展处于重要战略机遇期，应充分借力信息化利器，借鉴国内外优秀零售企业的发展经验，围绕满足新消费需求，增加客户体验，着力提高规范化、精细化管理能力，提升全渠道销售能力，提高流通价值链整合控制能力，提质、降耗、增效，通过信息化变革，升级产业层次，焕发产业活力，实现创新发展、协调发展、绿色发展、开放发展、共享发展，为杭州都市圈经济社会建设贡献力量，提升杭州都市圈在国内外的竞争地位。

参考文献

魏颖、邱志军：《国内主要城市零售业竞争力比较——基于广州与其他 9 大城市对比视角》，《商业经济》2012 年第 10 期。

Deloitte，“Global Powers of Retailing 2015：Embracing Innovation”，September 20，2015，http：//www. deloitte. com.

浙江省商务厅：《浙江省网络零售业发展报告》，http：//www. zcom. gov. cn/art/2015/6/17/art_ 1073_ 176181. html。

浙江省商务厅：《浙江省电子商务服务业发展报告》，http：//www. zcom. gov. cn/art/2015/6/17/art_ 1073_ 176186. html。

Macy's INC 2015 Fact Book，“Aligned with the Customer，Prepared for Growth”，http：//www. macysinc. com/ .

Miya Knightv，“12 Retail Trends and Predictions for 2015”，Vend University，December 5，2014，https：//www. vendhq. com/university/retail – trends – and – predictions – 2015 .

Aeon Co.，Ltd.，“All FY2015 1st Half Presentation Material”，August 19，2015，http：//www. aeon. info/en/ .

“Advancing to the Next Stage—Preparing for the Omni-Channel Era”（Annual Report 2015），August 12，2015，Seven & i Holdings Co.，Ltd，http：//www. 7andi. com/en/.

《中国连锁零售企业经营状况分析报告（2014 ~ 2015）》，德勤官网，http：//

www. deloitte. com. cn。

潘建国:《世界零售十大创新方向和企业六大建议》,《商场现代化》2013 年第 33 期。

胡朝举、谢汉池:《网络销售冲击下传统零售业发展策略研究》,《商业时代》2013 年第 33 期。

姜友林:《新时期我国连锁零售业的转型升级问题探讨》,《商业时代》2013 年第 35 期。

万良杰:《新型城镇化下传统零售企业运行模式的转型》,《商业时代》2014 年第 14 期。

顾国建:《零售业回归商业本质的各方观点综述及其启示》,《商业经济研究》2015 年第 2 期。

B.11
杭州都市圈运用信息技术改造和提升传统产业的研究

杨逢珉　文 峰　金缀桥　李文霞*

摘　要：　信息技术对杭州都市圈经济发展无疑具有提升作用。本文分析都市圈经济后认为，杭州都市圈运用信息技术提升传统产业尚处于起步阶段，主要存在都市圈中心城市同周边城市产业结构匹配度较差、中心城市对周边辐射不强、圈内各地方政府之间“合作少、竞争多”、同其他都市圈的竞争大于合作等问题，加上杭州都市圈作为全国首个都市圈经济转型升级综合改革试点地区等特殊情况，对照国内外其他都市圈的发展状况和都市圈经济的发展趋势，提出了都市圈基础设施共享、加快传统经济升级换代、充分发挥电子商务的引领作用、创新人才培养模式、规范政府行为以降低都市圈行政成本、打造杭州都市圈总部经济、以杭州为中心建立科研与技术信息交易网络七项措施。

关键词：　信息经济　传统产业　技术改造　杭州都市圈

所谓信息经济，是指以现代信息技术等高科技为物质基础，信息产业起主导作用，基于信息、知识、智力的一种新型经济形态。这种经济的发展以

* 杨逢珉，华东理工大学商学院欧洲研究所所长，教授、博士生导师；文峰、金缀桥、李文霞，华东理工大学商学院研究生。

信息资源为基础，以信息技术为手段，通过生产和提供知识密集型的信息产品和信息服务来推动经济增长，是继农业经济和工业经济之后的一种经济形态。

无论是从浙江省、长三角地区，还是全国来看，杭州都市圈都是一个非常重要的都市区域经济体，是长三角经济圈南翼的重要组成部分。而长三角经济圈是中国经济发展的火车头，是国内最大的经济圈，其经济总量约占全国 GDP 的 20%，年均增长率远高于全国平均水平。

杭州都市圈包括杭州、嘉兴、湖州及绍兴等地区。杭州将在大力发展“信息经济”的战略背景下，以杭州为核心，建设国际电子商务中心、全国云计算和大数据产业中心、全国物联网产业中心、全国互联网金融创新中心、全国智慧物流中心和全国数字内容产业中心，以促进工业化、信息化的高度融合发展。

2008 年 8 月，国务院审议并原则通过了《进一步推进长江三角洲地区改革开放和经济社会发展的指导意见》，提出要将长三角地区建设成为亚太地区重要的国际门户和全球重要的先进制造业基地，以形成具有较强国际竞争力的世界级城市群，将长三角一体化提升到了国家战略的高度。

因此，我们在分析基于信息经济背景下杭州都市圈的形成过程中，既要把握好杭州都市圈自身的发展特点，又要将其纳入整个长三角一体化的大格局中考虑。

一　杭州都市圈运用信息技术提升传统产业尚处于起步阶段

虽然杭州都市圈在信息技术运用的某些方面走在全国前列，但从现状看，整个都市圈的发展并不平衡。

（一）信息技术基础设施不能满足都市圈发展的需求

信息技术基础设施范围很广，既包括宽带、基站、服务器等硬件，也包括数据处理软件和系统集成等。

1. 宽带建设不能与时代发展相吻合

运用信息技术改造、提升传统产业的前提是“修”好信息基础设施的道路，只有这样才能为经济的发展创造良好的先行条件。但现阶段杭州都市圈的信息技术设施建设不能满足区域内经济发展的需要。杭州作为都市圈的中心，在通信设备和计算机等硬件、软件、信息安全方面，明显优于其他地区。而绍兴、嘉兴和湖州主要侧重发展自身传统产业，缺乏对信息技术基础设施的建设，从而导致都市圈形成杭州“一头独大”的局面，从长期来看不利于整个区域全面、协调和持续发展。

2. 数据处理能力较弱

当今社会正经历由因特网推动的网络信息革命，经济社会的正常运行需处理的信息不仅数量大，而且种类繁多。各种繁杂的信息要求处理信息的计算机具有高速的处理能力。但目前杭州都市圈尚未实现大数据处理所需的超级计算机的使用，从而导致不能高效率地处理海量数据。同时，在高性能集成电路、物联网、嵌入式软件技术、通信网络技术、云计算与大数据技术方面也表现欠佳，从而影响信息经济的进一步高效运作。

（二）传统产业运用信息技术尚处于起步阶段

杭州都市圈对传统产业的优化升级已取得长足进展。例如，大力发展高端产业，鼓励企业在研发、设计等方面加大投入；推动高新技术产业发展，引导传统产业升级转化。但是，运用信息技术对传统产业进行改造的方式较为单一，两者共同利益体尚未形成，发展层次较低。

1. 传统产业运用信息技术主要以电子商务为主

目前，杭州都市圈在运用信息技术提升传统产业的过程中，主要集中在基于互联网基础上的电子商务，且尚处于起步阶段。在具体做法上主要是积极引导传统产业在各专业市场中有序建设电子商务平台，实现线上线下市场的融合发展，推动杭州都市圈各地区优势产业的出口和跨境贸易的发展。然而，通过信息技术充分发挥互联网金融对经济发展的推动作用不明显，缺乏区域内、城市间物资和信息等生产要素的流动，即使有信息技术的利用，但因合作方式单一，也仅仅停留在信息交流等方面，在物流和信息流整合方面尚未取得实质性的进展。

2. 传统产业普遍对信息技术的运用存在偏差

由于认识的局限性，传统产业在运用信息技术的过程中，低估了信息技术对经济带来的助推作用，往往将信息技术对传统产业的影响集中在拓宽出口贸易渠道、改善个人消费行为等方面。发展信息技术、改造传统产业实际上承载了经济和社会活动的方方面面。信息技术在传统产业中的运用不仅包括互联网、物联网等，而且包括云计算、大数据基础设施、个人移动设备、可穿戴设备等软件形式。同时，信息技术的发展叠加在原有工业基础设施如交通、能源等领域，会极大地改善传统产业的发展现状。缺少对信息技术概念及运用的认识就会在一定程度上影响信息技术在传统产业中的运用和推广。

3. 政府支持和引导力度不够

虽然市场是区域经济一体化的主体，但政府的引导作用至关重要。政府准确定位角色，就能在推动都市圈的建设和发展中协调市场和政府之间的利益关系。

信息技术在传统产业中的投入需政府提供大量的人力、物力作为支撑。由于杭州都市圈内的大多地方政府对云计算、互联网、物联网等信息技术设施对经济发展的长远影响了解不足，往往缺乏对信息技术平台建设的宣传推广，也缺乏对相关创新型、成长型的小微企业的政策支持和引导，仍将主要精力和目标放在发展本地区原有的优势产业如纺织、化纤等传统产业上。都市圈传统产业的优化升级，其主导因素是市场机制的作用，但行政力量的因势利导也同样重要。政府应积极营造健康良好的市场环境，消除制度环境中的种种障碍，以弥补市场失灵。

二　杭州都市圈存在的主要问题

从目前我国的实际国情出发，都市圈类型的区域经济体一般存在以下普遍问题：一是产业同构问题；二是中心城市对周边的辐射能力；三是都市圈内各地政府的协同合作问题；四是与其他都市圈的竞争合作问题。

从信息经济的角度来看，除以上普遍性问题之外，还应当考虑以下问题：一是信息基础设施建设；二是信息人才的吸纳和培养；三是电子政务与电子商务的融合；四是超级计算机中心、大数据处理对传统产业的支持等。

（一）都市圈中心城市同周边城市产业结构匹配度较差

一般可以将产业分为三大类型。第一产业主要以农业、养殖业为代表，第二产业以机器制造、化工工业等为代表，第三产业主要是服务业，包括物流、信息服务等。①

1. 严重同构的传统空间产业结构

杭州作为都市圈的中心，虽然其第三产业在 2014 年占到了 55.8%，并居杭州市三大产业之首，但其制造业比例仍然较高，约占总产值的 42%。而纽约都市圈的核心纽约市，其第三产业的比重高达 90%。这表明，与发达的都市圈相比，杭州作为中心城市，其第三产业尚有较大的发展空间。因此，杭州要加快第二产业转移，加大第三产业的升级发展，形成中心城区主要以第三产业为主、周边城市以第二产业和第一产业为主的合理产业匹配结构。

杭州市区作为杭州都市圈的核心区，其经济总量在整个都市圈中都占据重要地位。2014 年末，杭州市区的总产值达 9201 亿元，占都市圈总产值的 49%。其中，三次产业结构为 2.98∶41.94∶55.08。从产值上看，第三产业已经明显超过第二产业成为第一大产业；从总产出组成上看，目前杭州市区的主导产业为制造业、批发零售业、金融业、房地产业等。

截至 2014 年末，嘉兴市生产总值为 3353 亿元，其中三次产业结构为

① 英国经济学家克拉克于 1940 年在其著作《经济发展的条件》中系统阐述了三次产业的内涵及其发展趋势，该理论被后人称为“配第－克拉克定理”。他提出，第一产业以农业为主，第二产业是制造业，其他经济活动统统归入第三产业，结构转变是指劳动就业自第一产业部门向第二、第三产业部门的转移过程。

4∶54∶42。从产值上看，第二产业依然是嘉兴市的主要产值来源。相应的，湖州市在2014年末的三次产业结构为6.18∶51.21∶42.61。从产值上看，湖州的第二产业最大。其中，第二产业主要以制造业为主，纺织服装占主要部分。绍兴市在2014年末的三次产业结构为4.55∶51.89∶43.56。从绝对值看，绍兴的第二产业同嘉兴、湖州一样占首要位置。

截至2014年，整个杭州都市圈第三产业已经超过第二产业，其主要原因是作为都市圈核心的杭州市的第三产业发展迅速。而其他几个城市仍然体现了以制造业为主的第二产业占主导地位的格局。因此，尽管杭州作为中心城市，其产业已经升级到以第三产业为主，但其他几个城市仍然依靠工业制造业。区域范围内各城市相互邻近，导致工业企业存在较多的同构现象，相当多的资金和资源集中于建材、纺织、机械等行业，造成同业竞争，产能过剩十分突出。

2. 信息经济背景下的产业结构匹配面临巨大挑战

在信息经济背景下，产业结构的匹配与传统产业布局不同。信息经济的一个突出特点是可以突破传统空间对产业发展的局限。从产业的传统布局看，制造业一定是以一个地方为主进行设计、生产，并以该点为出发点，向周边及特定市场销售的一个完整价值链。而在信息经济背景下，设计、生产和销售的环节会变得模糊。以3D制造为例，如果我们将杭州作为产品设计中心，以嘉兴、湖州、绍兴作为3D加工中心，那么通过互联网，其生产的产品可以同时在嘉兴、湖州、绍兴销售，并将售后服务及时反馈给设计中心。这种贴近市场的生产使“车间”与“集市”的界限变得模糊。同样，嘉兴、湖州以及绍兴在理论上也可以成为某一产业的设计与服务中心。

因此，在信息经济背景下，产业结构匹配可不受空间地理条件的约束。考虑到信息经济的外部性，都市圈中的任何一个节点都可能成为某个产业的设计、服务中心，而不一定受具体的地理条件限制。一方面，这给杭州维持、加强其都市圈中心城市地位带来巨大的挑战；另一方面，妥善处理中心城市同周边城市的产业结构合理匹配问题，则会使信息经济的外部性得到极大加强。

（二）都市圈中心城市对周边辐射不强

都市圈的中心一定是那些对周边具有强大辐射能力的核心极。作为中心城市的杭州，其周边辐射能力的大小，决定了这个都市圈的活力。

1. 传统都市圈空间辐射受地理条件和基础设施的约束较大

传统都市圈的空间辐射主要受制于地理条件和基础设施。如果两个城市的直线距离虽然很近，但中间隔了一座大山，或者一条大河，那么，这种地理上的限制会使得两个城市之间的空间辐射大大减弱。在古代，有所谓“十里不同音”之说，这在一定程度上反映了地理限制对两个地点之间的联系所产生的阻断作用。另外，基础设施的完善会抵消地理距离，最典型的是桥梁、高速公路。

从传统的地理条件和基础设施来看，杭州都市圈似乎有着得天独厚的有利条件。因为都市圈各组成部分都位于平原地带，杭州与嘉兴、湖州、绍兴均处于一小时或两小时交通圈。在基础设施方面，高速公路网纵横交错，国道、省道十分发达，构造成一个四通八达的路网体系。以高铁、动车为代表的城际铁路也非常便捷，为人员流动、物流通畅创造了非常有利的条件。

但是，从杭州都市圈的实际情况来看，这些地理和基础设施上的优势并没有增强杭州作为中心城市的辐射力，反而使得都市圈各组成部分之间的联系有可能比这些地区同中心城市杭州的联系更为紧密。这表明，要发挥杭州中心的辐射作用，必须增强其他方面，特别是其他地区无法复制的基础设施优势。

如果中心城市对周边辐射能力不强，那么中心城市的地位可能会因周边城市的竞争而遭到削弱，甚至丧失。2014 年，作为中心城市的杭州，生产总值占整个杭州都市圈的 49%，其他地区占 51%。从第三产业角度看，第三产业占整个杭州都市圈的 48.8%，其中杭州占 27%，杭州以外其他地区占 21.8%。单从生产总值的比重看，杭州保持了其都市圈中心城市的地位，但从第三产业角度看，杭州相对其他地区并没有特别明显的优势，特别是在信息经济背景下，都市圈的发展有可能不遵循中心－外围模式，而是根据不同的产业特点，结合信息技术手段，突破地理空间特质对经济发展的约束，使得都市圈经济去中心化，甚至溃缩。这就必须研究信息经济背景下，如何面对中心城市进行重新定位，以及如何提高其对周围城市的辐射能力。

2. 周边产业布局限制了都市圈的发展

杭州作为都市圈的中心，对周边城市的辐射能力受产业布局的约束较大。湖州、嘉兴和绍兴等地的企业接轨上海的积极性远高于接轨杭州。从地理位置看，嘉兴离上海更近，上海作为长三角经济圈的龙头，对嘉兴、湖州和绍兴的吸引力明显强于杭州。

2014 年由于杭州的第二产业仍占 42% 左右，即杭州的总产值仍离不开制造业的贡献。杭州的第二产业主要包括交通运输设备制造业、纺织业、电气机械及器材制造业、化学原料及化学制品制造业、通用设备制造业、化学纤维制造业以及通信设备、计算机及其他电子设备制造业等。而纺织、服装、皮革和化纤四大传统产业在嘉兴的第二产业排名中位居前列；湖州的第二产业则主要为纺织、建材和机电产品等；绍兴则以纺织业、通用设备制造业、化学原料及化学制品制造业、电气机械等制造业为主，其中纺织业一业独大特征十分明显。

从以上分析可知，周边城市产业布局与中心城市杭州存在相当多的同构现象，从而造成都市圈内同行业的激烈竞争。从产能来说，杭州都市圈第二产业的产能不可能由其本身独自消化，大部分产品的市场位于杭州都市圈之外。从客观上看，这种不尽合理的产业布局使得杭州同周边城市形成了直接竞争关系，从而削弱了杭州作为中心城市服务都市圈、辐射都市圈的功能。

在未来几年，随着杭州十大产业发展总体规划的逐步推进，文化创意、旅游休闲、金融服务、电子商务及信息软件等第三产业将得到极大发展，届时，第二产业在杭州总产值中的比重将会明显降低，都市圈产业梯度分工更加合理，从而杭州的中心城市地位也就大大巩固。反之，则会削弱其中心城市的地位，甚至威胁杭州都市圈整体的生命力。

（三）都市圈内各地方政府之间“合作少、竞争多”

长期以来，各级政府片面强调本地区经济增长，并作为政绩考核的重要指标，在客观上造成了各地方政府之间存在“合作少、竞争多”的问题。

1. 产业结构雷同或相似，这与各地政府之间的相互竞争、相互“复制”有关

在区域经济发展过程中存在一种现象，被称为“行政区经济”，这是由于我国经济发展过程中一直存在着政府主导经济发展的特点。各地政府重地方利益、轻总体利益，重个别发展、轻联合发展，造成产业布局雷同，各地政府不分析自身地区的特点和不足，只是简单复制其他地区的模式和产业。

但都市圈经济同行政区经济是冲突的，都市圈强调总体发展，产业梯度合理，人员流动便捷。都市圈经济在客观上削弱了该区域内地方政府的某些行政权力。这会使得地方政府合作的意愿减弱，不利于都市圈经济的总体布局与发展。

2. 都市圈市场机制缺乏创新

都市圈作为“区域经济”现象，应当是市场作用的结果。这和行政区域管辖下的地方经济是完全不同的。因此，杭州都市圈要能真正形成一个“圈”，必须有效打破地方区域行政经济模式。

形成区域性统一市场，精心构建杭州都市圈，大力推进区域经济一体化，最终将资源配置的空间逐步扩大至整个杭、湖、嘉、绍地区，摆脱各自相对独立行政区域的状态。因此，我们必须彻底扫清违背市场规律的各种地方桎梏，鼓励杭、湖、嘉、绍四地间的相互融合，彼此开放，增强区域内的分工和协作，以保证生产要素在整个区域内的自由流动和高效率配置。

一个强有力的政府的表现不在于如何依靠发文件来“圈”一个市场，而是应当研究市场、引导市场，让市场充满活力。也就是说，必须厘清政府和市场的界限，市场能做的要完全交给市场。因此，尽管杭州作为浙江省省会城市，可以获得全省范围内最好的资源和政策倾斜，但过度的干预与以市场为导向的都市圈经济发展方向不符。

因此，应当提高市场创新能力，使杭州都市圈发展主要依托市场发展，依托市场机制创新。

（四）都市圈同其他都市圈的竞争大于合作

利用省会城市的优越地位，形成一定区域范围内的都市圈经济区，从全国来看是一个十分普遍的现象，如南京都市圈、武汉都市圈、长株潭城市群等。但从地理位置来看，杭州都市圈与南京都市圈同属长三角经济区域带，一个在北翼，一个在南翼，因而存在一定程度上的竞争与合作问题。

1. 杭州都市圈与南京都市圈的合作大于竞争

南京都市圈的成员城市为南京、镇江、扬州、淮安、马鞍山、滁州、芜湖、宣城八市，总面积为 6.3 万平方公里，2013 年末常住人口为 3300 万人，2014 年实现地区生产总值 23986 亿元。杭州都市圈的成员城市为杭州、湖州、嘉兴及绍兴，总面积约为 3.5 万平方公里，2013 年常住人口为 6630 万人，2014 年实现地区生产总值 18776 亿元。

对比分析南京和杭州两大都市圈，不难发现，一方面，杭州都市圈的面积虽然仅为南京都市圈的 56% 左右，但常住人口为南京都市圈的 2 倍，常住人口众多，使得杭州都市圈的发展拥有比南京都市圈更为坚实的人口红利。另一方面，2014 年，杭州都市圈每平方公里产值为 0.53 亿元，而南京都市圈每平方公里产值为 0.38 亿元，杭州都市圈优于南京都市圈；而从人均产值来看，杭州都市圈人均产值为 2.83 亿元/万人，而南京都市圈则为 7.26 亿元/万人，杭州都市圈明显落后于南京都市圈，杭州都市圈资本替代人力的潜力很大。

通过以上对比分析可以发现，作为长三角南翼的杭州都市圈，整体上比南京都市圈要落后。特别是作为都市圈的中心城市，南京的辐射能力明显比杭州要强。因此，尽管两大都市圈存在一定程度的竞争，但由于地理区位的原因，两大都市圈相互合作的可能性更大一些。相比南京都市圈，杭州都市圈拥有更多的人力资源和更好的产出效率（每平方公里产出），如果能善加利用，则可持续发展的能力会强于南京都市圈。

2. 杭州都市圈同中部都市圈的互补性较强

中部都市圈主要是指武汉都市圈和长株潭城市群。武汉城市圈，又称“武汉圈”“大武汉都会圈”等，是指以武汉为圆心，由武汉周边的孝感、咸宁、仙桃、黄石、鄂州、黄冈、潜江、天门8个大中型城市所组成的大型城市群。武汉为城市圈中心城市，而黄石则为副中心城市。2014年该地区生产总值超过15000亿元，人口为3000万人，面积为5.78万平方公里。而长株潭城市群位于湖南省中东部，包括长沙、株洲、湘潭三市，系湖南省经济发展的关键增长极。从地图上看，长沙、株洲、湘潭三市沿湘江呈“品”字形分布，各城市彼此相距均不足40公里，空间结构十分紧凑。2014年地区生产总值为11500亿元，2013年人口为1500万人。

如果按照传统的都市圈理论，杭州都市圈同武汉都市圈和长株潭城市圈的区位特征明显，经济上既有合作，也有竞争。但如果我们从长三角与中部区域经济的竞争与合作角度来考虑，产业梯度可以从长三角发达地区合理地向中部地区转移，形成分工合作共赢的价值链。这表明，杭州都市圈同中部武汉都市圈以及长株潭城市群存在十分广阔的合作空间。

这也为杭州都市圈的发展提供了新的思路，一方面，可以立足长三角，服务长三角，稳固作为长三角南翼的都市圈地位；另一方面，可以主动出击，沿江西进，与中部乃至西部重庆、成都等地充分合作，通过产业梯度转移等方式，优化自身产业结构，完成自身产业升级。

3. 杭州都市圈与上海之间存在一定程度的竞争

杭州都市圈在长三角经济区的地位十分重要。但杭州都市圈不光是作为长三角经济带南翼而存在，也必然有自己的局部利益。从市场竞争的角度来看，尽管上海作为传统意义上的国际化大都市，无论从产值、地理位置，还是从政策优势以及资源配置能力等方面来说，都拥有无可比拟的巨大优势，在长三角乃至全国都有着举足轻重的影响力。但是，在信息经济背景下，传统的地理区域概念将会被颠覆，随着“工业4.0”和“中国制造2025”的逐渐推进，有可能使得杭州都市圈从一个长三角南翼的中心，跃升为整个长三角的经济中心，并具备全国性的辐射能力。

当然，我们不能说，杭州都市圈具备取代乃至超越上海的能力，至少从目前来说，最重要的是充分研究信息经济的特点，立足长三角。争取在信息经济大背景下，杭州都市圈能完成产业的升级换代，为可持续发展夯实基础。

（五）杭州都市圈面临的特殊问题

杭州都市圈作为全国首个都市圈经济转型升级综合改革试点地区，自国家发改委 2014 年批复以来，湖州、嘉兴、绍兴三地与都市圈中心城市杭州市的合作项目大大增加，医保联网实现对接，一体化的区域公交不断向前推进。2014 年，都市圈的第三产业比重上升 3.3 个百分点，第一次超越第二产业，以此为控制节点，整个都市圈经济开始步入“后工业化”时期。

在信息经济背景下，都市圈的发展有可能突破地理空间的束缚，获得更大的发展空间和机遇。但杭州都市圈的发展可能面临以下几个特殊问题。

1. 信息基础平台建设成本比较高，投资回收期比较长

在信息经济时代，所有的经济活动都围绕信息的产生、加工、传播等环节进行。而所有这些环节都离不开一系列的 IT 硬件支持，如服务器、物联网终端，以及以其为基础的综合平台网络。如果这些硬件都由企业各自承担，则由于短期内无法看到明显收益，投资回收期较长，企业不会有动力进行大规模信息化改造。网络公司本身不能生产商品，如著名的淘宝网，只是一个巨大的 C2C 平台，除了在降低买家、卖家信息沟通成本，以及一些适合中小企业的服务之外，并没有改变工厂生产产品，并由工厂及其销售商在目标市场进行销售这一传统模式。或者说，在消费环节，淘宝网部分实现了信息经济的功能，但在生产环节并没有实现这一功能，“工业 4.0”和“中国制造 2025”才是制造业信息化的方向。

但问题在于，既然个别企业无力或不愿投入巨资进行信息基础平台建设，那么，这一重任理所当然应当由政府来承担。由于投资回收周期长，中心城市与外围地区必须合理规划，按照共同投资、共同受益的原则，分期投入，根据技术与信息经济发展的要求确定投资建设重点。同时，也要有适当的前瞻性，IT 基础设施的替代率是非常高的，芯片的摩尔定律是每 18 个月

芯片的运算能力提高1倍，这说明IT技术进步的超常性。因此，作为基础设施，如果不能适当超前布局，很可能建设验收完毕就已经落后了。

2. 信息类专业人才吸引及培养机制有待进一步完善

根据《杭州市十大产业总体发展规划（2011～2015年）》，电子商务服务、信息软件、物联网等信息基础产业将作为主导产业得到大力培育和发展。兵马未动，粮草先行。根据《杭州市第三次经济普查主要数据公报》，2013年末，杭州市共有信息传输、软件和信息技术服务业从业人员18.86万人，比2008年末增长1.3倍，分布在9455个企业法人单位之中。其中，内资企业占信息传输、软件和信息技术服务业企业法人单位的96.8%，而港、澳、台商投资法人企业占1.0%，外商投资仅占2.1%。如果换一个角度看，从事信息传输、软件和信息技术服务业的从业人员中，在内资企业工作的占80.3%，在港、澳、台商投资企业工作的占14.5%，在外商投资企业工作的占5.2%。可见，杭州的信息从业人员大部分在本土企业工作。

2013年，杭州信息从业人员占就业总人口的比重约为3%，显然，如果要将信息经济融合到杭州都市圈经济发展中去，光靠目前这些信息从业人员远远不够，如果就业人口基数不变，信息从业人员占比提高到5%，则2015年应当比2013年要新增信息从业人员13.5万人，这一数据仅指杭州市，尚不包括湖州、嘉兴、绍兴等市区。总体而言，在杭州都市圈范围内，信息从业人员主要集中于杭州，因此，杭州信息从业人口的缺口总体上也反映了杭州都市圈信息经济从业人口的紧缺状况。由于信息从业人员大多要求具有高等教育背景，因此，大力发展信息相关专业，扩大信息经济专门人才培养成为当务之急。

3. 电子政务与电子商务无缝对接欠缺

在信息经济大背景下，以企业为主体的电子商务逐渐被人们所接受。但以政府为主体的电子政务尚局限在政府部门内部，局限在方便政府公文流转、企业证照办理等领域。尚未同电子商务紧密结合、无缝对接。

从云计算的角度来说，电子政务和电子商务的无缝对接，就是一个“城市云”的概念。杭州都市圈拥有良好的电子商务基础，在概念和实践上堪称全国领先，但电子政务方面相对薄弱，因而也必将成为杭州都市圈进一步发展所要优先解决的问题。

4. 缺少超级计算机中心

缺少超级计算机中心会导致大数据处理能力对传统产业的支持力度不够。国家级超级计算中心一般特指运算速度在1000万亿次/秒以上的计算中心。目前，中国仅有5家国家级超级计算中心，即广州国家超级计算中心、天津国家超级计算中心、深圳国家超级计算中心、济南国家超级计算中心、长沙国家超级计算中心。

其中，珠三角都市圈就拥有深圳国家超级计算中心和广州国家超级计算中心两个国家级的超级计算中心。一般而言，城市的许多问题如交通拥堵、气象、流行病监控、物流等存在大量需要计算分析的数据，这些大数据只有通过超级计算机的加工处理才能及时得到相关信息，以供决策者参考。毫无疑问，如果杭州都市圈需要依托信息经济来获得长足发展，那么，建立或拥有自己的超级计算机中心应当是一个选项。

从长三角经济带来看，截至目前，国家级的超级计算机中心数量为零。作为长三角经济龙头的上海，只拥有一个由上海市自行投资建立的超级计算机中心。如果杭州能抢得先机，建立第6个国家级超级计算中心，那么，必将为杭州都市圈依托信息经济发展带来巨大的品牌效应，吸引大量的人才集聚杭州，并能带动相关产业落户杭州都市圈。

三　国外都市圈的成功经验

（一）纽约都市圈及其成功经验

纽约都市圈包括五大核心城市，分别是巴尔的摩、华盛顿、纽约、波士顿和费城。纽约都市圈北起缅因州，南至弗吉尼亚州，是全球最大的都市圈之一。纽约都市圈产业组织结构在科技创新的推动下发生了变化。以纽约为首的核心城市从原来的制造业中心向金融、科技等服务业中心转变，产业组织结构实现了转型升级，为都市圈经济的发展插上了引擎。

1. 信息技术改造促进纽约都市圈产业组织优化调整

纽约都市圈对产业结构的升级十分重视，在制造业领域，不但大力扶持高技术产业的发展，建设高新技术区，而且还通过信息技术改造等手段对技术落后的产业进行升级，将落后产业转移到其他国家。纽约都市圈的发展经历了工业革命、科学技术创新以及信息时代等阶段，从工业制造中心向金融、贸易和技术等服务业中心转移。当前，服务业等第三产业成为纽约都市圈经济社会发展的主导产业，这在很大程度上说明了信息时代科学技术改造能够推动生产力水平的提高。因此，纽约都市圈经济的发展是科技进步在都市圈经济中的体现，是由生产力水平决定的。科技创新推动生产力不断发展，也是纽约都市圈圈域经济发展的推动力。

2. 信息技术合理配置构成完善的国内产业分工体系

整个纽约都市圈呈现一定的层级结构：各大核心城市各具特色，主导产业都不相同，其中居于区域内核心地位的是纽约，它也是经济和金融的神经中枢，处于整个都市圈产业结构的顶端，在它的辐射和带动之下，其他城市相应地寻找适合自己的产业定位，与纽约这个核心城市形成了合理的产业分工格局，并提供了有益的补充。借助纽约高新信息技术的优势，都市圈内的每一座城市都有各自的主导产业，如波士顿的高科技产业、费城的重工业及巴尔的摩的军事工业等。在形成都市圈后，城市间形成了多样化、综合性的整体功能。以华盛顿为引领，以纽约为核心，以制造业产业链、交通网络等为纽带，形成了多样、协调的城市群体系。都市圈内各个城市之间进行合理的产业分工与协作，形成完善的产业格局，从而发挥了城市之间的经济互补性，在一定程度上也增强了整个都市圈的经济稳定性。

（二）伦敦都市圈及其成功经验

伦敦都市圈包括伦敦、伯明翰、谢菲尔德、曼彻斯特、利物浦等大城市，占英国总面积的18.4%，占英国全国经济总量的80%左右。以伦敦金融城为核心区的大伦敦，是现今英国银行、保险等金融服务业和创意、教育、文化、旅游产业中心。由伦敦城和其他32个行政区共同组成的大伦敦地区是这个都市圈的核心。

1. 产业结构不断升级是都市圈发展的原动力

近年来，伯明翰的工业经济实现了向现代服务业的迅速转型，包括深化对传统制造业的技术革新，进行产业格局的重新调整，加大会展、物流及创意产业等的投入及研发，转移传统加工工业，扩展产业链，发展配套的现代生产服务业，等等。此外，伦敦都市圈在发展过程中非常重视创意产业的推动作用。英国政府更是专门成立了文化、媒体和体育部，实施“创意伦敦”的概念运作。凭借每年210亿英镑的产出值，创意产业成为仅次于金融服务业的伦敦第二大支柱产业。因此，产业结构逐步升级促进了伦敦都市圈的渐进发展。

2. 主导产业不断创新是都市圈升级的带动力

伦敦都市圈在经济结构上高度服务化，其中金融业和商务服务业占据主导地位，二者产值合计占总产值的40%以上；作为次级中心城市的伯明翰、谢菲尔德、曼彻斯特、利物浦等是以服务行业为主的经济结构。由工业到金融业，再到文化创意产业的发展，伦敦都市圈凭借引领经济浪潮和突破创新的能力，不仅使自身成为世界一流的国际大都市，而且带动了周边中小城市的产业升级，最终发展成世界一流水平的都市圈。

3. 积极有效的信息技术的发展对产业布局起到了重要作用

伦敦都市圈的发展离不开创意产业的推动作用。随着金融服务业的发展趋缓，以创意产业为主的新兴产业开始为伦敦注入新的发展动力。曾经工厂林立的雾都伦敦，如今有了一个新的称呼——“创意之都”。创意产业目前已经成为仅次于金融服务业的伦敦第二大支柱产业。创意产业的快速发展，也是由现实的需求决定的。近年来，随着休闲时间的不断增多，以及可支配收入的不断提高，伦敦人对于休闲产品与服务的需求也不断增加。

在整个大伦敦地区，创意产业每年创造的价值是210亿英镑，占伦敦年度经济总增加值的16%。创意产业的发展也带动了就业。目前，大伦敦地区共有约50万人从事创意产业。随着创意产业的兴起，伦敦正在完成又一次产业升级。

4. 高新信息技术促进了都市圈城市交通的科学合理调配

伦敦都市圈具有完善通畅的现代公共交通系统。其都市圈区域内功能一体化以及各级中心城市的有效合作，均离不开高度发达的交通信息技术的支持。伦敦的航空运输十分发达，有希思罗机场和盖茨维克机场两个国际机场。伦敦的公共交通方便，域内有9条地铁干线，全长414公里。伦敦地铁的技术和管理设备先进，所有的调度和信号系统均为自动控制。伦敦市内共有公共汽车线路350多条，总运营里程达2800多公里，公共汽车有6600多辆。伦敦港是英国最大的港口，也是世界著名的港口之一，与70多个国家和地区的港口建立了联系，年吞吐量约为4500多万吨。

（三）东京都市圈及其成功经验

东京都市圈以东京市区为中心，包括东京都、埼玉县、千叶县、神奈川县，总面积约为13400平方公里，仅占日本全国国土面积的不到4%；总人口约为3400万人，占日本全国总人口的近30%；GDP占日本全国GDP的30%左右；城市化水平高达80%以上。东京都市圈承担着全国的政治、经济、文化中心的角色，东京也逐渐发展成为全球三大金融中心之一。

1. 总部经济与都市圈联动发展

东京都市圈的一个突出特点就是总部经济与都市圈联动发展，尤其是东京，更是总部经济的集中体现，集中大型企业的总部、银行、股票市场和广告代理商等为数众多的企业，通过历次规划的指导和约束，日本人口和经济过度向沿海和中心城市集中的趋势得到遏制，东京港主要进口食品及其他生活消费品，川崎港周围集中了很多炼钢厂和发电厂，所以需要进口大量的原料和燃料。日本国土交通省关东地方整备局港湾空港部现在正会同一些民间组织，对现有的《港口法》进行积极的修订，以促成东京湾港口的一体化。都市圈内各产业规模体系完备合理，分工也较明确，都市圈基本上沿着健康的轨道发展。

2. 完善的公共交通系统为产业结构升级提供保障

东京都市圈具有发达而且完善的公共交通系统。东京都市圈绝大部分客运依赖轨道交通。根据东京都都市整备局的统计数据，东京都市圈每天上班和上学的人群中，平均有86%的人乘坐轨道交通，在高峰时段，这一比例更是高达91%，居世界第一位。在东京，山手线是市区环线，可以到达银座、涉谷、新宿、池袋等市中心繁华地区。在东京都市圈的五次大规划中，优先发展公共交通都是首要的原则。中央和地方政府的财政补贴也大多投放在了轨道交通的建设上。如今，四通八达的轨道交通，已经撑起了东京都市圈区域多核心功能分散的都市圈结构。在高速公路方面，通车里程约达8000公里，全国高速公路干线建设已经全部完成，地方之间的高速公路建设发展迅速。

四　杭州都市圈的发展趋势

（一）以“互联网+”为核心的新工业革命为打造杭州都市圈带来新的契机

“互联网+”下的新工业革命主题是“工业4.0”与“中国制造2025”。“工业4.0”旨在将个性化同数字化相结合，构建产品与服务生产的新模式，“中国制造2025”是应对新一轮科技革命和产业变革，围绕创新驱动、智能驱动、绿色发展等环节，加快制造业转型升级的重大举措。这些战略政策的提出为杭州都市圈运用信息技术改造传统产业提供了难得的战略机遇。杭州都市圈在建设发展中应牢牢把握这次契机，推动传统产业创新发展，加快新一代信息技术与传统产业的深度融合，把智能制造作为主攻方向，改造提升传统产业，推动生产型制造向服务型制造转变。加快“云+网+端”建设，在发展中注入互联网思维，打造“信息经济丛林”，构筑信息经济“生态圈”，从而推动杭州都市圈传统产业以更高效、更开放的姿态实现优化升级。

（二）信息经济赋予杭州都市圈新的经济内涵

信息技术推动了新一轮科技革命的孕育和兴起，为杭州都市圈的经济发展带来了机遇。信息技术的应用层次不断深化，“工业4.0”、智慧城市等应用创新层出不穷。杭州都市圈自身拥有良好的电商文化，信息技术的创新突破更是为未来经济社会的进步提供了重要支撑，信息产业的转型升级，有助于杭州都市圈在原有技术的基础之上，加快集成电路、新型电子器件、新型通信及网络设备的发展，推进杭州各地区基础通信服务业的转型，有助于在移动互联网的环境下培育更有活力、更有特色的网络服务业，从而推动杭州都市圈区域一体化发展进程，增强都市圈内部各地区之间的凝聚力。

（三）都市圈内地方政府要加强同中心城区的协调配合

杭州是杭州都市圈的核心城市，区域经济发达，经济总量大。杭州市政府财政每年安排专项资金，用于支持电子商务、信息软件、先进装备制造、物联网等产业的发展。杭州信息化持续高速发展，造就了如阿里巴巴、海康威视等世界级公司，杭州信息技术的推广、使用和普及力度均大于都市圈内其他城市。都市圈内各地方政府应密切同杭州城区的协调、联系与配合，充分利用杭州已有的信息基础设施，将其叠加至原有工业、农业基础设施如能源、水利设施等。另外，加快“宽带杭州都市圈”战略实施，利用杭州高性能网络，推进杭州都市圈内部骨干网、城域网和接入网的建设，加快推进都市圈内城市宽带网络的升级改造。

（四）信息经济推动杭州都市圈综合实力的全面提升

在信息经济背景下大力建设杭州都市圈，一方面，能够提高杭州都市圈信息经济的综合实力；另一方面，顺应时代潮流，能够提高都市圈中心杭州的自主创新能力，形成“杭州信息经济引领集聚周边城市，领跑全国”的新格局。信息技术的创新和突破不仅有助于改造提升传统产业，而且有助于形成新的经济增长点。在信息经济的推动中，杭州都市圈应保持积极主动的态度，打造新型经济形态，建设更具活力的“产业生态系统”，完善更有激情的“创业生态系统”，推进一大批有杭州都市圈特色的创业创新平台建设，提高杭州都市圈在整个长江三角洲乃至全国的辐射力和影响力。

五 对策建议

都市圈的发展首先是城市化的过程，然而城市化的快速推进又不可避免地会带来各种经济和社会问题。杭州都市圈也是著名的旅游、会展和文化集聚区，为了使杭州都市圈的发展进程能够稳妥地进行，必须将信息技术与传统产业相结合，衍生出基于传统产业的新的创意经济。根据以上分析，我们对杭州都市圈的发展，特别是在信息背景下的进一步发展提出以下几点对策建议。

（一）都市圈基础设施共享

一般传统意义上，基础设施的共享包括共同规划、共同建设、共同运营、共同分享利益。这里没有使用“统一”一词，而是用“共同”一词，旨在表明在杭州都市圈的基础设施方面，中心城市和周边城市可以充分协商，凡事商量着办。在信息经济背景下，都市圈内的高速公路、桥梁、地铁、宽带、移动基站等都可以共享，既实现数据共享，又实现设备共享。

（二）加快传统经济升级换代

加快传统产业向“工业 4.0”和“中国制造 2025”方向升级。新一代信息技术与制造业深度融合，正在引发影响深远的产业变革，形成新的生产方式、产业形态、商业模式和经济增长点。各国都在加大科技创新力度，推动三维（3D）打印、移动互联网、云计算、大数据、生物工程、新能源、新材料等领域取得新突破。基于信息物理系统的智能装备、智能工厂等智能制造正在引领制造方式变革。电子商务、网络众包、大规模个性化定制、精准供应链管理、协同设计、全生命周期管理等新的业态将重塑产业价值链体系；可穿戴智能产品、智能家电、智能汽车等智能终端产品不断拓展制造业新领域。我国制造业转型升级、创新发展迎来重大机遇。

全球产业竞争格局正在发生重大调整，我国在新一轮发展中面临巨大挑战。国际金融危机发生后，发达国家纷纷实施“再工业化”战略，重塑制造业竞争新优势，加速推进新一轮全球贸易投资新格局。一些发展中国家也在加快谋划和布局，积极参与全球产业再分工，承接产业及资本转移，拓展国际市场空间。我国制造业面临发达国家和其他发展中国家“双向挤压”的严峻挑战，必须放眼全球，加紧战略部署，着眼建设制造强国，固本培元，化挑战为机遇，抢占制造业新一轮竞争制高点。

在升级转型过程中，通过对制造业的升级，增强杭州都市圈产业互补能力，进而提高都市圈的凝聚力。

（三）充分发挥电子商务的引领作用

充分利用现有电子商务方面的领先优势，使得杭州都市圈的内涵无论是深度还是广度都大大提升。

杭州都市圈在电子商务方面可谓在全国独领风骚，著名的有阿里巴巴公司、网易考拉海购等。在政府部门的大力支持下，“中国（杭州）跨境电子商务综合试验区”的表述浮出水面，并写入了2015年浙江省和杭州市的政府工作报告中。

我们认为，基于信息经济背景下的“都市圈”是没有地理空间概念的，这就给杭州这样具有电子商务优势的都市圈经济体带来了新的机遇，使得杭州可以突破传统意义上的以地理区位为标志的“空间型”都市圈概念。打造全新的基于信息经济下的“都市圈”，从某种意义上说，这也是一种制度创新。

（四）创新人才培养模式

创新人才培养模式，加大对专业型人才培养与吸引的力度对杭州都市圈下一步的发展十分重要。对杭州都市圈来说，不缺资金，不缺政策，但一定缺人才，或者说，素质良好的、拥有互联网思维的高端人才非常缺乏。尽管相对于全国而言，杭州已经是电子商务人才相对集中的地区，但从杭州都市圈整体来说，要打造依托信息经济的“新型都市圈 2.0”，特别需要信息经济、“工业 4.0”等急需的各类人才。

因此，必须创新人才引进与培养模式。一是向全世界发包信息产业，让全世界信息人才通过互联网为杭州都市圈工作。二是基于“工业 4.0”是将信息技术融合到普通制造业流程中去，可以尝试纯互联网企业同纯制造业企业的技术联合，由政府搭建平台，企业自由组合，旨在融合，着力于创新。三是通过天使基金培养互联网思维的天才，对一些好的创业项目，通过各种天使基金尽快让这些项目“跑”起来，尽快上线，从而在实践中获得对互联网和“工业 4.0”的深刻认识，并能带动其他专业的人才投入这些项目中，更广泛地扩大“互联网 +”对制造业，以及其他产业的影响。简言之，我们称之为“干中学”。四是在吸引人才、留住人才、服务人才方面，要切切实实拿出真金白银去做，无论是住房、户口、子女入学，还是社保、个人所得税等都要全方位考虑，让人才如过江之鲫，源源不断地涌向信息经济的大都会——杭州。

（五）规范政府行为以降低都市圈行政成本

进一步规范政府行为，降低都市圈内行政成本，有助于拓展企业盈利空间，提高可持续发展能力。政府行为的规范不仅惠及都市圈的构建，而且会为整个都市圈的长远发展奠定坚实的基础。适时建立区域性综合协调机构，并充分发挥省级政府的协调沟通作用，争取省级政府更大、更多的支持。建立区域协调机构是西方区域一体化发展的成功经验。但要在中国，在杭州都市圈建设中起到实际作用，应当做好以下两点：一是仿照上海自贸区，建立杭州都市圈企业行政许可负面清单；二是区域协调机构应当打破行政级别，中心城市杭州与湖州、嘉兴、绍兴在一个平等的地位下共同协商，让协商机制取代行政命令机制。从杭州的角度来讲，会有点难，但从全局来讲，杭州都市圈的长远发展离不开其他兄弟城市的协助与支持，如果做不到平等互利的协商，那么都市圈经济可能就只能退回到行政区经济了。

为了有效降低都市圈内行政成本，还可以考虑设立网上电子办证，在整个都市圈做到“一证通用、一个批文通用”的模式。随着都市圈内行政成本的降低，电子政务和电子商务的深度融合，可以让企业获得更大的便利和自主权，因此，通过市场机制，企业的盈利空间将会得到拓展，可持续发展能力也会相应提高。

（六）打造杭州都市圈总部经济

所谓总部经济，是指某区域通过创造各种有利条件，吸引跨国公司和外埠大型企业集团总部入住，通过扩散效应和极化效应，企业总部集群布局，生产加工基地通过各种形式安排在成本较低的周边地区或外地，从而形成合理价值链分工的经济活动。总部经济作为一个崭新的概念被提出，与都市圈的经济发展是分不开的。一方面，都市圈中心城市在劳动力价格和土地资源上的劣势，使中心城市逐渐丧失了制造业优势；另一方面，伴随信息技术特别是网络技术的高速发展，大企业纷纷将总部和研发基地迁至中心城市的商务区，而将生产工厂置于周边城市。

总部经济的思路有助于促进杭州都市圈中心城市和周边城市的协调发展，能够纠正目前许多落后地区开发中存在的某些认识误区。根据区域资源优势，主动做产业的制造配套和生产加工，“心甘情愿”地让企业将总部功能布局在发达的中心城市，如宁波、台州、温州、嘉兴等地区，使企业获得不同区域的资源优势，然后经过长期持续的积累和发展，逐步完善发展环境，缩小与中心城市杭州的差距，都市圈各城市之间各司其职，实现共同发展。

（七）以杭州为中心建立科研与技术信息交易网络

为了使杭州都市圈相关城市的产业发展功能取得实质性的进展，在信息技术升级方面，必须建立一个权威性较强，且高于各个城市等级的专门机构来担当统筹规划、制定政策、协调利益的信息发布职能，特别要积极推进杭州都市圈相关高校、科研院所、上市公司、重点企业和科技中介服务机构的科技资源，尽快建立起以市场为导向、以企业为主体的产学研相结合、中介服务比较完善的一体化的杭州都市圈信息技术创新体系。

以此为抓手，大力推动科研机构和高等院校科研成果的市场化、产业化，并以杭州市为中心建立科研与技术开发协作网络和技术信息与交易网络。具体做法如下：提炼一些集群产业的共享技术信息，按照责权利相结合的原则，由杭州都市圈各大城市联合投入资金、技术和人才，强化对共享技术的开发研究。联合研发一批具有自主知识产权的新产品、新技术、新工艺，联合申报国家重大科技项目和国际科技合作项目等。联合制定杭州都市圈高新技术产业发展规划，形成以市场为导向、以资本为纽带、以现代企业制度为规范的利益共享、风险共担的共性与关键技术网络创新平台和信息技术共享平台。

B.12
运用信息技术改造提升杭州都市圈传统产业的现状、问题及对策研究

曾 红　李生校*

摘　要：　运用信息技术改造提升传统产业，对于杭州都市圈具有重要的意义。在都市圈制定相关规划、政策、设立项目等方式方法的促进下，运用信息技术改造提升传统产业工作取得了一定的成效，但也存在一系列问题。本文结合现存问题及困难、信息技术运用及发展趋势，提出了提升都市圈传统产业信息技术运用的广度、深度、成效，加强传统产业与信息技术产业联动，建立都市圈信息产业协调合作机制的对策建议与保障措施。

关键词：　信息技术　传统产业　提升改造　杭州都市圈

传统产业无论是企业数量占比、对总产值的贡献，还是提供的就业岗位数量、比例，都在杭州都市圈中占有非常重要的地位。但相比新型产业，传统产业因其生产技术基本成熟，经过高速增长后发展速度趋缓，对都市圈经济的贡献正在逐步下降，部分行业、地区甚至出现亏损，正处在转型升级的阵痛期。借鉴发达国家传统产业改造与提升的经验，响应国家、省“运用高新技术尤其是信息技术改造与优化传统产业”的方针政策，杭州都市圈

* 曾红，绍兴文理学院经济与管理学院讲师；李生校，绍兴文理学院经济与管理学院教授。

提出了“加快推进传统块状经济向现代产业集群转变，大力发展高新技术产业”“推进企业信息化建设”的发展规划。在这样的背景下，本文以杭州都市圈运用信息技术改造提升传统产业为主题，分析杭州都市圈运用信息技术改造提升传统产业的意义、方法、现状、存在的主要问题与困难，探讨运用信息技术改造提升传统产业的发展趋势，并在上述分析的基础上提出优化杭州都市圈运用信息技术改造提升传统产业工作的对策与保障措施。

一　运用信息技术改造提升杭州都市圈传统产业的意义与步骤

（一）运用信息技术改造提升杭州都市圈传统产业的意义

传统产业一直是国民经济的支柱产业，但是，相比高新技术产业，传统产业的资源配置效率低，技术创新能力弱，产品附加值低，低水平生产能力过剩，环境污染严重，其发展伴随着能源和物资的高消耗，粗放式增长带来的资源和环境问题已经成为危及国家与社会发展的严重问题。在这样的背景下，传统产业改造提升逐渐成为共识。

促使传统产业发生革命性变化的技术并非来自传统产业内部，有研究表明，只有5%～20%劳动生产率的提高是借行业内新技术成果实现的，而更大幅度的生产率提升则源于行业外部新技术的采用。

信息技术有着采集、加工处理、传递工程制造数据信息和管理信息等多方面的优势，处于综合性、交叉性强的技术领域，作为一种综合技术，它具有很强的扩张与渗透能力，能广泛扩张渗透于传统产业的各个部门，进行技术改造，提高产品质量，促进产品更新换代，减轻劳动强度，节约能源和原材料，提高劳动效率，实现对传统产业的改造与提升。运用信息技术改造提升传统产业也是借鉴发达国家的成功经验，20世纪80年代，工业发达国家60%～80%劳动生产率的提高是借信息技术实现的。有数据显示，1979～1989年的10年间，通过信息技术，英国提高了33%的劳动生产率，德国提高了88%，法国提高了90%，日本提高的幅度最大，达130%；美国更是通过信息技术对传统产业进行改造，重新夺回了在半导体、汽车等领域的国际竞争优势。运用信息技术改造提升杭州都市圈传统产业具有以下意义。

1. 有助于杭州都市圈综合实力的持续增强

根据《国内六大都市圈综合比较研究》的结论，杭州都市圈在国内六大都市圈中的综合竞争力排名第一，而这背后传统产业做出了非常重要的贡献。杭州都市圈传统产业无论是从生产总值的创造、工业增加值的占比，还是从利润及上缴税金占比、从业人数及出口占比看，都扮演着非常重要的角色。传统产业为杭州都市圈创造了绝大部分的产值、利税和就业机会，有着庞大的规模和雄厚的基础，传统产业是杭州都市圈的基础产业、民生产业与支柱产业。运用信息技术改造提升传统产业，对于提高杭州都市圈经济的运行质量和效益、实现综合实力持续增强有着重要的现实意义。

2. 有助于杭州都市圈内以信息技术为代表的高新技术产业的发展

随着经济的不断发展，大力发展高新技术产业，特别是以信息技术为代表的高新技术产业已经成为各地的工作重点，高新技术产业在整个经济中的比重不断增加，对经济的拉动作用不断增强，高新技术产业已经成为增强区域综合实力和竞争力的关键性因素。为此，杭州都市圈将高新技术产业列为经济发展的战略先导产业。而传统产业可以为以信息技术为代表的高新技术产业的发展提供物资、能源、资金、人才以及市场，是高新技术产业发展的重要基础与载体。通过传统产业的信息技术改造，为高新技术产业发展提供应用市场、营造创新空间，在实现传统产业改造提升的同时促进高新技术产业化，从这个意义上来说，运用信息技术改造提升传统产业亦有助于杭州都市圈高新技术产业的发展。

3. 有助于杭州都市圈“智慧经济”“信息经济”战略的实现

近年来，新经济、新技术发展日新月异，智慧经济已经日益成为许多国家和城市发展的重要机遇，美国提出“智慧地球”战略，英国要打造“数字之都”，日本推出“智慧日本战略”。智慧经济是通过新型信息技术应用、大数据共享开放营运等，在带动传统经济转型升级的同时催生新业态、新经济，是集信息、科技、知识、伦理、道德、文化等于一体的创新性和战略性经济。信息经济、智慧经济代表世界科技与产业发展的一种新趋势。为此，杭州都市圈四城市都提出了发展信息经济、打造智慧地区的战略。2014 年 7 月，杭州市制定了《关于加快发展信息经济的若干意见》；2014 年 9 月，湖州市出台了《关于加快发展信息经济的实施意见》；2014 年 10 月，嘉兴市出台了《关于加快发展信息经济的若干意见》；2015 年 5 月，绍兴市出台了《关于加快发展信息经济的实施意见》。这些城市都提出加快发展信息经济和智慧经济，以此抢占未来发展制高点。运用信息技术改造传统产业，推动传统产业智慧化、信息及高新技术等智慧产业化，促进信息化与传统产业的深度融合，是杭州都市圈智慧经济、信息经济战略落地的具体表现。

（二）杭州都市圈运用信息技术改造提升传统产业的步骤

1. 规划先行

制定规划是政府的重要职责。杭州都市圈各地市结合其实际情况分别制定了《杭州市国民经济和社会发展第十个五年规划纲要》《杭州市国民经济和社会发展第十一个五年规划纲要》《杭州市国民经济和社会发展第十二个五年规划纲要》《杭州市“十一五”高技术产业发展规划》《杭州市“十二五”电子信息产业发展规划》《杭州市发展智慧经济总体规划（2014～2020年）》《“智慧杭州”建设总体规划》《湖州市国民经济和社会信息化发展“十二五”规划》《嘉兴市国民经济和社会信息化“十五”发展规划》《嘉兴市国民经济和社会信息化“十一五”发展规划》《嘉兴市国民经济和信息化“十二五”发展规划》《绍兴市国民经济和社会信息化“十一五”发展规划》《绍兴市国民经济和社会信息化“十二五”发展规划》等规划，其中都提到了运用信息技术改造与提升传统产业，大力发展信息产业，为信息化推进传统产业企业发展绘制了蓝图，指明了方向。

2. 制定政策、计划与方案

为了进一步引导与规范杭州市信息技术产业、信息化人才培养与杭州产业经济社会发展相关的工作，杭州都市圈各地市结合实际情况制定了多项政策。迄今，杭州市已经制定了《关于加快推进杭州市“工厂物联网”工作的实施意见》《杭州市信息经济智慧应用促进条例（征求意见稿）》《杭州市人民政府关于进一步推进信息服务业发展的若干意见》《关于加快推进杭州市智能制造促进产业转型发展的指导意见》《关于大力发展信息经济的若干意见》《杭州信息经济智慧应用促进条例》《杭州市智慧经济与“两化”深度融合千人培训计划实施方案》《杭州市“万名大学生创业实训工程”信息化人才实训方案》《智慧应用三年行动计划》《杭州市开展“机器换人”三年行动计划》《二〇一四年杭州市实施“机器换人”工作方案》《关于进一步优化服务促进企业发展稳定工业增长的实施意见》《杭州市重点产业（工业和信息化专项）发展资金管理办法》《杭州市工业企业信息化应用项目备案和验收管理办法》等多项政策。湖州、嘉兴、绍兴也分别制定了《中共湖州市委、湖州市人民政府关于湖州工业强市建设十八条》《嘉兴市加快发展现代装备制造业三年行动计划（2014～2016年）》《绍兴市人民政府关于加快发展信息经济的实施意见》等政策。这些政策在具体指导经济社会发展、信息技术产业发展的同时，也为运用信息技术改造与提升传统产业提供了指引与支持。

3. 设立项目

以杭州都市圈各地市经济与信息化委员会、科技局等机构为管理单位，设立了工厂物联网项目、重点工业投资（技术改造）项目、智能制造示范应用项目、物联网推广应用示范项目、信息化人才实训工程资助项目、传统产业工业投资（技术改造）和企业技术创新与科技计划项目、“两化”融合重点项目等项目，通过项目的申报、评审、检查与考核，引导传统产业运用信息技术工作为企业提供资金、信息、技术、经验、人才等支持与帮助。

4. 组织开展各类培训

在杭州都市圈各地市经信委、组织部等机构的组织与协同下，联合各地经济管理培训中心、国家电子信息产业基地实训中心、工信部授牌全国培训基地、企业信息化促进会等行业协会、培训机构与专家，举办电子信息产业高级管理研修班，传统企业高级管理研修班，企业信息数据防泄露安全管理专题讲座，“智慧经济”“三新开发”“机器换人”“‘两化’深度融合”培训班，智慧城市建设与信息化、工业化融合专题研讨班，“工厂物联网”推广应用培训会等多种形式、多个信息化主题的培训，为传统产业信息化提供智力支持。另外，制定了《智慧经济与“两化”深度融合千人培训计划实施方案》等政策，有效地指导了传统产业信息化培训工作。

5. 搭建沟通交流平台

以杭州都市圈各地市经济和信息化委员会等机构为主办单位，联合各地市中小企业协会、大专院校举办中小企业创新发展大会、国际（杭州）物联网暨传感技术与应用高峰论坛、云计算和大数据企业座谈会、“机器换人”现场会、“两化”深度融合现场会、技术企业与技术运用企业对接会（如杭州曾举办全市水泥行业节能降耗、采购管理智能化应用对接活动，自动模板缝纫机技术与杭州市服装企业应用对接会）、主题论坛等，为信息技术企业、传统企业搭建沟通平台，推广交流先进经验与做法，收集整理企业的技术需求，促进传统企业与信息技术服务企业供与需之间的对接合作。

鼓励各地成立企业信息化促进会、重点产业技术联盟、机器人技术产业发展联盟等协会、社团组织和联盟，借此实现信息技术企业之间、传统企业之间、传统企业与信息技术企业之间的沟通与交流。

6. 树立示范、试点与样板

优选杭州都市圈“机器换人”示范应用企业、信息化应用示范试点企业、“两化”融合样板企业、工厂物联网改造企业样板、“三名”培育试点等企业树立运用信息等高新技术的示范样板，借其带动与培育都市圈企业运用信息等高新技术提质增效，打造传统企业升级版。2015 年 6 月，杭州推出 12 家工厂物联网改造企业样板（春风动力、南方泵业、养生堂等），2014 年认定“机器换人”示范企业 36 家、优势服务企业 11 家，通过示范引路和典型案例现身说法，有效地带动了传统企业运用信息技术改造提升工作。绍兴被列为工信部首批 502 家“两化”融合管理体系贯标试点的有 4

家，被列为国家级信息化和工业化深度融合示范企业的有 1 家，另外还有 7 家企业被列入第一批省工业企业信息化试点名单，1 家企业被列入省总部型企业“两化”融合示范试点培育名单。

7. 积极培育电子信息产业

电子信息产业一直被誉为产业升级的“助推器”，运用信息技术改造提升传统产业离不开电子信息企业及产业的服务与成长，围绕这一点，杭州都市圈各地市积极培育电子信息产业。“十二五”期间，杭州通过实施“一大创新工程、三大壮大工程、四大推进工程”，推动了电子信息产业的快速增长和发展；湖州“以培育龙头企业为主体，以实施重点项目为抓手，以搭建服务平台为支撑，以建设园区基地为载体”，大力培育发展信息产业；嘉兴通过“做强四大特色产业，培育六大新兴产业”，做大做强嘉兴的电子信息产业；绍兴“以调整产业结构为主线，以建设信息化人才队伍为重点，以大项目为抓手”，促进了信息产业的快速发展。

8. 做好其他服务与支持

除了通过制定规划与政策、项目申报、培训、促进沟通交流、树立示范等方式对传统产业运用信息技术改进与提升进行支持外，杭州都市圈各地市还积极组织本地市企业及相关机构申报省、国家级相关项目；为重点企业设立服务专员；组织成立信息化技术服务中心，搭建“两化”融合信息服务平台，如 2014 年杭州与嘉兴提供企业信息化服务的在线平台或平台型组织数都超过了 8 个，湖州与绍兴也都接近 8 个；构建信息化专家库，组建中介机构，收集信息技术服务商资料，为企业提供“两化”融合典型实施方案等，做好其他服务与支持。

二　运用信息技术改进提升杭州都市圈传统产业的特点

在四地市上述工作的推动下，杭州都市圈运用信息技术改造提升传统产业的工作取得了一些成果并呈现以下特点。

（一）大多数传统企业尤其是龙头企业比较重视信息化工作

大多数传统企业尤其是龙头企业比较重视信息化工作，在信息化组织机构、规划、投入预算、人员培训等方面做了充分部署，加大了在智能装备技术改造、管理信息系统建设、管理咨询、网站建设、电子商务等方面的投入。设立了专职信息管理或运行部门及相关岗位，并开始注重信息化的顶层设计工作，开始系统规划设计企业信息化工作，2014 年杭州都市圈四地市重点行业典型企业信息化规划编制率平均达 56%（见图 1）。

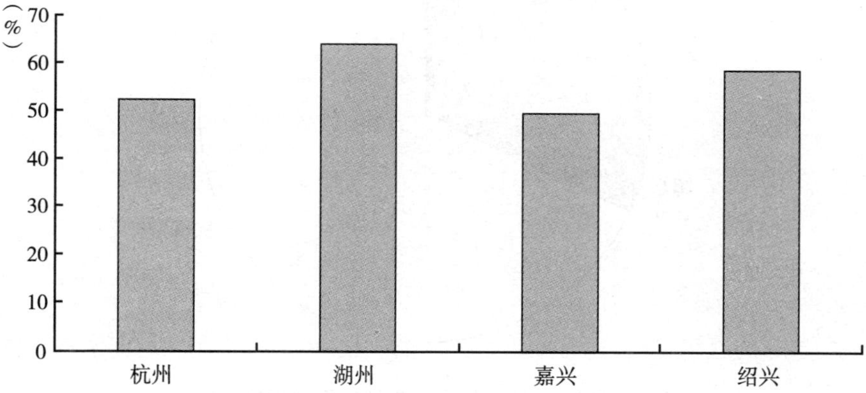

图 1　2014 年杭州都市圈四地市重点行业典型企业信息化规划编制率

资料来源：根据浙江省经济和信息化委员会发布的《2014 年浙江省区域“两化”融合发展水平评估报告》数据绘制。

（二）传统企业信息技术应用持续覆盖和深化

杭州都市圈传统企业信息技术应用持续覆盖和深化，典型企业已将信息技术广泛应用于研发、财务、人事等各个职能环节，且不断深化，正在向大数据应用、云计算等技术方向演进与发展。都市圈传统企业运用信息技术进行研发设计、生产制造、物流采购、管理控制、产品营销活动的比例，销售和采购电子商务普及率，企业关键工序数控装备率，企业数字化设计工具普及率，企业数控机床、行业专用设备、大型机器设备、工厂配套设施等联网率，管理系统的集成率，SCM 应用比率均实现了逐年上涨。

2014 年杭州实现网络零售额 2088.45 亿元，同比增长 37.0%；湖州网络零售额达 135.01 亿元，同比增长 57.9%；嘉兴实现网络零售额 678.89 亿元，同比增长 37.44%；绍兴网络零售额达到了 164.96 亿元，同比增长超过六成（见图 2）。

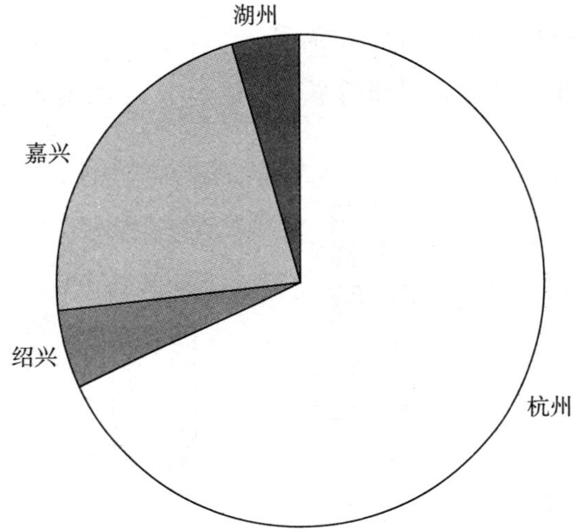

图 2　2014 年杭州都市圈各地市网络零售占比

资料来源：杭州都市圈四地市 2014 年统计公报。

2014 年杭州都市圈四地市重点行业典型企业 ERP 普及率平均高达 86%，但多数企业应用了 3 ~4 个模块，全面应用 ERP 的企业比例不高。重点行业典型企业应用 MES（含 DCS）的比例均值为 34%，普及速度相对缓慢，说明企业对生产环节的管控能力还相对薄弱。重点行业典型企业 PLM 应用比例平均为 24%，说明产品信息管理还处于起步阶段；SCM 应用比例平均为 76%，高于全省平均水平；数字化设计工具仍然是普及率最高的系统，平均高达 88%。在电商换市工程引领下，重点行业典型企业电子商务销售和采购比例平均分别为 20% 和 25%，超过全省 17.59% 和 20.16% 的比例（见表 1）。

表 1　2014 年杭州都市圈四地市重点行业典型企业信息技术运用数据

地区	2013 年工业应用指数	2014 年工业应用指数	ERP 普及情况指数	ERP 普及率（%）	MES 普及情况指数	MES 普及率（%）	PLM 普及情况指数	PLM 普及率（%）	SCM 普及情况指数
杭州	26.14	29.88	5.89	82～83	4.74	29～32	2.66	23～25	4.87
湖州	29.64	31.87	6.05	84～86	5.63	35	1.75	15～17	5.27
嘉兴	26.57	30.33	6.41	89	4.92	31～33	2.59	23～25	5.02
绍兴	28.69	35.7	6.2	86～87	5.99	40	3.79	33	4.95
地区	SCM 普及率（%）	销售电子商务指数	电子商务产生的销售额占比（%）	采购电子商务指数	电子商务产生的采购额占比（%）	数控化率指数	数控装备数量占比（%）	数字化设计工具普及率指数	广泛使用数字化设计工具的企业占比（%）
杭州	73～74	2.15	19	2.96	23	3.06	35～36	3.53	87～88
湖州	82	2.25	20	3.4	26	3.86	44～48	3.64	90
嘉兴	76	1.76	16	2.83	22	3.3	37～38	3.5	87～88
绍兴	74	2.52	23	3.79	29	4.93	56	3.53	87～88

资料来源：根据浙江省经济和信息化委员会发布的《2014 年浙江省区域“两化”融合发展水平评估报告》数据推算编制。

（三）智能制造正逐步在都市圈传统企业中广泛推行

以“机器换人”和机器联网工程为代表的智能制造逐步在都市圈传统企业中广泛推行，在杭州凯尔达机器人科技有限公司、杭州沃镭科技有限公司、杭州集控软件有限公司、杭州自动化技术研究院有限公司等一批经省政府认定的以“机器换人”和机器联网服务为主要方向的重点企业研究院和示范企业的带领下，都市圈“机器换人”、机器联网工程成效显著。2014 年都市圈四地市重点行业典型企业数控装备率明显提升，平均达到 44%，多个县市企业数控装备率超过 40%，以上虞区、嘉兴港区、新昌县等化工、医药集聚区居多，流程工业自动化控制系统已普遍应用。企业机器联网率都有了明显提升，杭州市江干区、新昌县的重点行业典型企业机器联网率最高，超过 60%，都市圈四地市机器联网率平均达到 39%（见图 2），比全省平均水平（17.92%）约高出 21 个百分点，其中萧山区、余杭区、诸暨市、上虞区等地区龙头企业机器联网率超过 30%，龙盛集团等大批龙头企业 50% 以上的装备实现了联网监控，智能制造模式不断得到深化应用。

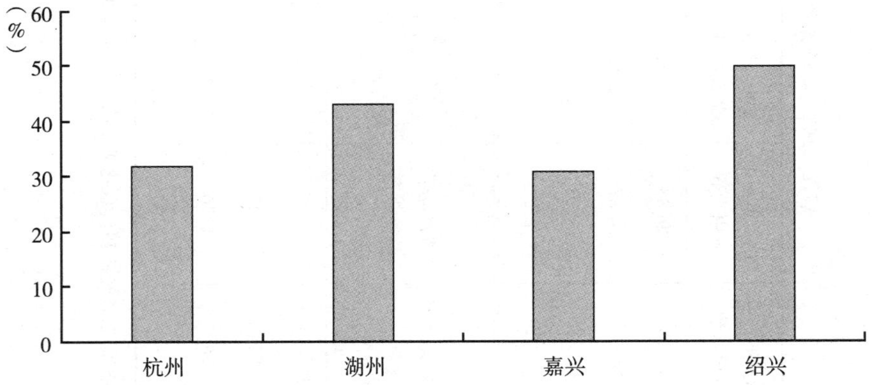

图 3　2014 年杭州都市圈四地市机器联网率

资料来源：根据浙江省经济和信息化委员会发布的《2014 年浙江省区域“两化”融合发展水平评估报告》数据绘制。

（四）信息技术深入传统行业的各个领域，不同行业在信息技术运用方面存在差异

装备制造、纺织化纤、旅游、医疗、农业、机械、化工、服务、商务、金融、物流等传统行业纷纷运用信息技术改造与提升自身的运作效率。如装备制造业的智能制造与协同制造，纺织化纤业的全过程智能化自动流水线系统与“机器换人”系统，医疗行业的医疗器械供应链信息化管理系统，机械业的无人生产线，农业的自动化、集成化、网络化种养管理系统以及生态无线传感和滴灌智能控制系统等信息技术中高端运用正在给这些行业带来全新的改变。

但因为不同行业生产、销售和经营方式不同，所以在信息技术运用方面的侧重点也有所差异。根据对都市圈重点行业典型企业的调查统计，电力电子行业更重视信息化建设的顶层设计，编制信息化规划的比例最高。电力电子和装备制造行业在 ERP 采用上处于领先地位，其次是纺织服装、轻工行业；化工医药行业 MES 使用最普遍，以流程控制为核心的 DCS 系统基本上在化工医药行业得到普及，促进了生产的有效监控和节能减排；装备制造行业在 PLM 普及上领先其他行业，其原因可能是较长的产品生命周期和复杂多样的产品使得该行业企业更注重设计创新和产品数据管理，而食品饮料和冶金行业在 PLM 采用上则相对比较低；纺织服装行业 SCM 普及率最高，采用供应链系统和供应商系统是纺织服装企业管理供应链、降低采购成本的重要手段；轻工行业销售电子商务的比例最高，一大批小家电、玩具、工艺品等企业广泛使用电子商务进行市场拓展，而食品饮料行业企业大部分依靠传统供货渠道进行销售；纺织服装行业采购电子商务的比例较高；轻工、冶金、化工医药和食品饮料等行业的自动化程度较高，数控装备率均突破 40%，一体化、智能化生产装备得到广泛应用，而家居建材、纺织服装、装备制造等行业有些是离散型制造，数控装备率较低，有些依旧是大规模劳动密集型行业，很难进行数字化装备改造，如服装行业。装备制造、家居建材和轻工行业 CAD、CAE 等数字工具应用最为普遍，三维 CAD、虚拟化设计已经成为装备制造业的重要数字化工具。综合来看，装备制造、家居建材行

业在设计研发数字化方面处于领先地位；电力电子、纺织服装在管理信息化方面处于领先地位；化工医药、食品饮料在生产自动化方面处于领先地位；轻工行业在电子商务方面处于领先地位。①

（五）信息技术应用取得了一定的成效，装备信息化、过程信息化及产品智能信息化表现突出

信息技术的运用带来了传统产业企业从业人员数量下降、新品开发设计流程优化、研发设计周期缩短、对企业资源及生产环节的管控加强、管理运作效率提高、产品质量提升等良好效果。

2014 年都市圈四地市第二产业全员劳动生产率都有不同程度的上升，其中湖州依然保持全省最高，达到 171000 元/（人·年）。典型企业信息技术运用成效显著，如杭州盛元化纤与富生电器。杭州行业规模排在前三位的盛元化纤采用了中国首套应用在化纤行业的全过程智能化自动流水线系统，实现了从卷绕落丝到产品检测、外箱包装，再到仓储运输，全部由机器人代劳，总体减少四成的用工量，每年节约人力成本 1000 多万元；杭州富生电器累计投资 4.3 亿元，通过自主研发和设备引进相结合，采用机器人、物联网、云计算等新一代信息技术，实施全公司“机器换人”智能化改造，成为全市“智慧工厂”的样板，不仅解决了企业招工难、用工贵，以及人为因素引起的产品质量和安全生产事故等问题，而且大大提高了全员劳动生产率和优质品率，全员劳动生产率达 219 万元/人，产品一次合格率提高到 99.8%，直接替换劳动力 328 人，仅年节约人工工资费用一项就达 2066 万元。杭州都市圈涌现出了吉利控股集团、农夫山泉公司、传化股份公司、杭州娃哈哈集团、巨石集团、雅莹服装有限公司等一批“国家级‘两化’深度融合示范企业”。

都市圈在以“机器换人”为代表的装备信息化、以工厂物联网为载体的过程信息化及产品智能信息化方面表现突出。2014 年，杭州富生电器股

① 根据浙江省经济和信息化委员会发布的《2014 年浙江省区域“两化”融合发展水平评估报告》整理得来。

份有限公司等 8 家都市圈企业率先成为浙江省第一批“机器换人”示范企业（其中杭州 2 家、湖州 2 家、嘉兴 2 家、绍兴 2 家），占全省总数的 40%；2015 年，浙江省试点“机器换人”分行业推进机制，在 10 个试点行业中，都市圈占有其中 4 席（新昌县轴承行业、嘉兴市南湖区制冷家电及其零部件行业、诸暨市袜业、杭州市萧山汽车关键零部件行业）。以工厂物联网为载体的过程信息化的典型例子是浙江亚太机电股份有限公司（萧山），它是一家汽车制动系统专业化生产供应商，近年来通过工厂物联网，实现了企业多机资源共享，建设自动化、数据化车间，2014 年集团公司实现销售收入 46.95 亿元，利润达 2.02 亿元，同比分别增长 30.38% 和 41.24%。产品信息化则可以通过以下数据来进行说明：2015 年浙江经信委公布的第一批 227 个“浙江制造精品”（主要包括高性能工程机械与智能物流装备、先进交通装备、先进环保装备、高效节能装备与产品、医疗器械和关键基础件六类智慧产品）中，有 119 个来自都市圈，占比高达 52.4%。

（六）电子信息产业发展迅速

传统产业运用信息技术改进提升离不开电子信息产业，信息技术的运用与电子信息产业的发展形成了良性互动。杭州都市圈电子信息产业规模、效益、创新投资、产业集聚、大企业大集体的规模与实力都上了新台阶。

2015 年 1～11 月，杭州都市圈规模以上电子信息制造业工业总产值达 33688264 万元，占全省的 56%；实现利润总额 2686136 万元，占全省的 67%；软件业务收入总和达 23057898 万元，占全省的 87%（见表 2）。

2015 年 1～11 月，都市圈电子信息行业创新投资发展势头强劲，电子信息制造业新产品产值、新产品产值拉动工业总产值增长速度、科技活动经费支出、科技活动经费支出占增加值比重、工业投资、技改投资等指标都创下新高。2015 年，浙江省电子信息制造业 30 家重点企业中，都市圈占据 24 席（其中杭州 15 家、湖州 3 家、嘉兴 4 家、绍兴 2 家），占比达到 80%。杭州滨江区、余杭区、嘉兴南湖区等一批集聚区大力发展电子信息产业，已成为全省信息产业发展的先行区和示范区，2015 年 1～11 月，这三个区信

表2　2015 年 1～11 月杭州都市圈各地区电子信息产业主要经济指标

单位：万元，%

地区	规模以上电子信息制造业工业总产值		规模以上电子信息制造业利润总额		软件业务收入	
	本年累计	同比增长	本年累计	同比增长	本年累计	同比增长
全省合计	60082677	5.4	4027779	11.1	26408343	19.8
杭州	17124055	12.2	1926303	6.5	22778746	19.3
湖州	5861165	8.4	234473	47.4	7754	42.6
嘉兴	8017177	17.1	450495	36.9	212123	9.6
绍兴	2685867	1.6	74865	7.6	59275	4.4

资料来源：浙江省经信委电子信息行业管理办公室公开信息。

息技术产业增长均在 30% 以上，有效地带动了都市圈传统产业的改造升级。这里尤值得一提的是，杭州滨江区 200 多家企业形成了一条完整的、共生共荣的网络信息技术产业链，从关键控制芯片设计研发、传感器及终端设备制造、网络通信设备制造，到信息软件、物联网系统集成，再到电子商务、网络运营服务、大数据云计算，甚至网络安全，全部都包括在内，而这条产业链上则活跃着士兰微、阿里巴巴、聚光科技、华数、浙大网新、海康威视等一批优秀的创新主体企业。

三　运用信息技术改造提升杭州都市圈传统产业主要存在的问题与困难

（一）主要存在的问题

1. 企业运用信息技术的深度与广度有待进一步提升

都市圈大部分传统企业尤其是小微企业尚处于信息技术应用的起步阶段，主要集中在配置一些信息化软硬件、利用其进行文字处理、简单的会计核算、简单的薪资核算和简单的员工考核等办公自动化及劳动人事管理等，与互联网相关的信息化应用则主要是建网站、在网上发布信息和查询信息，停留在信息共享层面上。虽也有较多的企业在会计核算、简单的资金和成本管理、生产、采购、仓储、营销、人力资源管理等企业主要业务系统上实现了信息化，但各个应用模块实现互联互通的并不多见。在战略层面利用信息技术提高企业效益，面向整个流程规划设计信息化应用，实现跨组织、跨领域的数据交换，开展全过程供应链管理、电子商务、CRM 等集成应用的企业比例就更低了，且主要体现为大中型传统企业。结合信息技术对企业进行整体战略部署，使整个企业和信息化系统充分融合，实现全面绩效管理、商务智能、随需而变的机制与架构等创新型信息技术应用的企业比例最低。综上所述，都市圈传统企业运用信息技术的深度与广度有待进一步提升。

2. 信息技术运用成效有待进一步提升

虽然实践中信息技术对传统产业的价值已经得到普遍的认同，也正是因为这个原因，大多数企业开始运用信息化手段改造自身，但杭州都市圈仍然有许多企业反映信息技术的运用成效有待提升，相当一部分企业信息化项目产出与投入比不理想，未能通过信息技术应用取得期望的绩效，这背后的原因有很多，有信息技术方案本身不合理、企业信息技术选择与采用比较盲目，也有对信息化项目实施存在认识误区、信息化项目实施不到位，还有信息技术改造未能与企业管理、组织变革相结合导致其效果不充分等原因。

3. 信息技术产业与传统产业的相互促进作用较弱

虽然杭州都市圈的信息产业发展总体走在全国先列，但都市圈内存在信息技术产业与传统产业的相互促进作用较弱、信息技术产品研发未能与都市圈传统产业需求充分结合等问题。都市圈传统产业真正需要的信息技术与服务尚待“量身定做”，适应不同行业特点、具有专业特色的信息化产品较为缺乏，对传统产业转型升级的带动不够有力。

4. 信息技术产业同构现象显现，同质竞争日趋激烈

以上海为中心的长三角是我国重要的电子信息产业带，杭州、湖州、嘉兴等城市在发展电子信息产业方面既形成了相互配套差异化发展，又出现了产业雷同、同质竞争加剧的现象，各地区之间展开要素资源的争夺，没有形

成明显的产业集聚和区域间的产业合作，限制了杭州都市圈电子信息产业整体的发展空间。

（二）面临的主要困难

1. 人才短缺

传统产业运用信息技术需要既懂专业又了解信息技术的人才，但实践中这样的复合型人才比较紧缺，引入“外脑”又可能由于不了解企业实际情况等原因而不能与企业有效沟通，导致企业信息化不能与企业研发、生产、经营、管理等有效贴合，企业数据、信息资源不能合理应用，信息化水平不能适应日趋激烈的国内外市场竞争。这一点对于中小企业来说，表现尤为明显。一方面，中小企业难以引进优秀的信息化人才；另一方面，中小企业不善于合理利用人才也导致了“招进来留不住”的现象，这在很大程度上制约了中小企业信息技术运用的质量和速度。

2. 企业认识与理念上存在误区

很多企业在信息技术运用过程中存在认识与理念上的误区，许多中小企业简单地认为信息化就是使用计算机与上网，就是使企业业务实现计算机化，认为只要计算机买来了，网络连上了，购买开发了信息系统，信息化就实现了。还有很多企业将信息技术单纯看作技术层面的东西，没有与管理中的问题结合起来，或者低估信息技术与企业经营管理融合这一过程的复杂性与困难性。“重硬件轻软件”“重建设轻维护”“重电子轻业务”“重技术轻管理”的现象很常见。而大多数信息技术的深度运用需对企业业务活动和各种资源进行整合，有时候甚至会涉及整个组织的变革，可能不但需要修改工作流程，考核程序与方法、工作标准及相关政策等，而且可能要求改变组织架构，要求部门间建立新的工作联系、分享原来独自占有的信息资源、承担独立抉择的责任等，甚至可能要求领导者改变领导方式。对企业信息化认识不足或存在误区很可能导致企业信息化的成效大打折扣。

3. 资金短缺

信息化需要投入，而大多数传统企业特别是大量的小微企业资金紧缺，许多甚至面临生存的压力，融资也相对比较困难，虽然很多企业已经认识到信息化的重要性，但是感觉信息化投入力不从心。另外，因为信息化建设的复杂性，很多企业反映见效慢、收效微，这在一定程度上也影响了企业信息化投入的信心，当资金有限时，对信息化的投入就更有限了。

四　运用信息技术改造提升传统产业的趋势与国内外经验借鉴

（一）信息技术运用与发展的趋势

结合信息技术开展研发管理、人力资源管理、财务管理、生产与仓储管理、销售管理、客户关系管理、知识管理、节能减排、安全管理等已经非常普及，但很多企业的这些运用之间互相独立，形成一个个“信息孤岛”，信息无法集成与共享严重影响了信息资源的可利用性，阻碍了企业经营决策的科学及时性。随着人们认识的深入、经验的增加与信息技术的演进发展，打通这些系统，将各类信息资源进行充分整合以及将各项业务进行有效协同的趋势将愈加明显，企业信息技术运用将越来越集成，企业信息化从单项应用向部分集成应用、全面集成应用发展，企业经营管理方面的决策智能化程度将越来越高。

现代竞争已经越来越不是单个企业之间的竞争，而更多地体现为产业链之间的竞争，运用信息化提高产业链上各环节的竞争力，加强产业链内部的协调合作已成为产业的共识，企业信息化将向上下游延伸，促进产业链的信息共享与整合。

传统企业正在遭受移动互联网越来越猛烈的冲击，零售业、传媒业、家电业、制造业正在体验与感受互联网，尤其是移动互联网带来的冲击甚至颠覆，构建线上线下融合的O2O新模式和全新的生态体系，共同构建生态化、“动成长”的新型组织形态成为这些产业自我救赎的方式。

信息技术与制造业、服务业的结合凸显，结合信息技术，制造业正在加速朝着以计算机控制为主，以智能化、定制化、集成化和柔性化为主要特征的自动化生产方向以及制造业服务化方向发展。结合信息技术，服务业正朝着服务业产品化方向发展。

信息技术与其他学科的融合发展将催生更多的新兴业态。信息技术与其他产业结合，将不仅停留在信息技术应用层面上，而且将带来商业模式创新甚至引发商业革命，推进产业组织、供应链、物流链创新，催生工业软件研发、电子商务服务、企业信息化咨询、数字内容制作等更多新兴业态。消费者的偏好和竞争的加剧，使得服务、产品的信息技术含量成为在激烈的市场竞争中取胜的核心因素，产品、服务的智能化程度将越来越高。

新型的信息技术将得到更广的运用。移动互联网、物联网、云计算、大数据、机器认知、语音识别等新一代信息技术将得到应用，并逐渐扩散开来，促进互联网和经济社会深度融合。信息技术与其他学科的融合发展进一步加快，智能、融合、泛在、集成化发展趋势更加明显，对传统产业转型升级、创新服务方式、提升附加值和综合竞争力的作用日益显现，将越来越深刻地影响及改变人类的生活和生产方式。

（二）深、莞、惠的主要做法与经验

深、莞、惠三市的合作经验可总结归纳为：三市联合拟订并签署《推进珠江口东岸地区紧密合作框架协议》，建立三市党政主要领导联席会议制度及三市政府间工作协调机制，明确在发展规划、产业发展、区域创新、信息网络等重点领域加强合作。围绕信息化，三市专门召开信息化合作联席会议，共同编制了《深莞惠信息化合作组织架构和工作机制》及《深莞惠信息化合作2010～2011年重点工作任务》，设立了三市信息化合作联席会议及三市信息化合作联席会议办公室的组织架构，通过其统筹协调推进三市信息化重大事项的密切合作。“三市信息化合作联席会议办公室”的职责涵盖了制订促使三市信息化密切合作的工作计划，拟订信息化合作联席会议工作报告，对信息化合作重大事项和存在问题进行督促和协调等，其工作人员则由三市经信局相关负责人组成。

三市信息化合作的重点工作主要包括以下几个方面：一是加强三市信息化发展规划的衔接与合作；二是加快三市信息基础设施建设的对接；三是积极推动珠江口岸电子商务的快速发展；四是积极推动三市政务信息资源目录体系和交换体系的互联互通；五是推进三市区域内智能卡的对接及互通共用。深、莞、惠三市“十二五”信息化规划的衔接与合作则主要是对发展目标、重点任务、保障措施等进行充分衔接，以规划引导深、莞、惠三地的信息化一体化发展。三市信息基础设施建设的对接包括推进三市电信同城化工作、加快无线城市群建设、推动“三网”融合工作等。积极推动珠江口东岸电子商务的快速发展，包括建设行业电子商务平台、推进三市电子认证体系的对接和电子签名证书的互认证。推动三市政务信息资源目录和交换体系的互联互通，主要体现为建立健全本地的信息资源目录系统和交换平台，探索实现对接及互连互通，借此推动三市政务信息的共享交换和协同办公。

（三）美、德等国信息技术发展与运用的做法与经验

借鉴信息化起步较早、在信息化方面积累了更多经验的欧美发达国家及日本等国的经验，从战略层面推进信息技术的运用、加强相关规划与政策的制定、增加投资、积极推进中小企业信息化、鼓励信息技术运用与发展的创新可能成为趋势。

以下简单介绍一下发达国家在上述领域的做法。

美国政府曾制定了一系列的信息技术运用规划，如先进制造技术规划、下一代制造技术规划（NGMTI）、敏捷制造使能技术战略发展规划（TEAM）等。德国政府也曾启动面向制造的信息技术运用规划，如 Production 2000 规划、微系统技术 2000 + 规划、ITK 2020 规划等。日本政府曾提出“新制造业”发展战略。英国政府设立了“城市规划援助”，鼓励把发展信息技术等高科技与改造传统工业生产方式有机地结合起来，以治理区域产业衰落和城市衰败。

在积极推进中小企业信息化方面，美国政府制定政策法规为小企业利用信息技术争取税收优惠，并着力为中小企业获得贷款和信贷提供机会。截至

2000 年，美国小企业管理局向小企业提供了累计 770 亿美元的贷款和信贷，其提供的各种资金援助计划使得按正常条件无法获得私人贷款的小企业可以获得信贷。德国政府制定了“中小企业创新攻势的信息与通信技术”的资助措施，旨在激发中小企业在尖端研究范围的创新潜能，调动中小企业开展电子商务的积极性。

在鼓励信息技术运用与发展创新方面，德国通过组织科研机构和高校开展联合攻关、提供补贴、举办高新技术大会等来推动研发机构与企业合作，推动企业技术设备出口，推动中小企业为大企业配套。意大利通过设立“技术创新特别滚动基金”，帮助中小企业筹集创新基金，为企业采用重大先进技术生产产品或改进流程等提供支持。

另外，充分发挥企业自身的主体地位也将是未来的一个趋势。增强企业“靠创新求生存、靠调整求发展”的意识，充分保证企业信息化创新的自主权，政府要转变观念和职能，对企业的信息化创新做到引导而不强制、支持而不包办、服务而不干涉，企业自身也要转变观念，增强主体意识，努力做到在信息化创新中依靠政府但不依赖政府、依靠政策但不单靠政策。

五　运用信息技术改造提升杭州都市圈传统产业的对策措施

（一）主要对策

结合上述杭州都市圈传统产业运用信息技术改造提升的现状、问题、现存的困难，顺应运用信息技术改造提升传统产业发展的趋势，提出以下建议供参考。

1. 进一步推进传统企业运用信息技术的深度与广度

杭州都市圈传统产业信息技术运用深度与广度不够的原因有很多，总结归纳主要有两大类：一是企业自身的因素，缺资金、缺人才、缺正确意识、缺知识、缺经验都可能影响企业全面深化运用信息技术的积极性与主动行动；二是企业的外部环境因素，包括政府、信息技术产品与服务提供商、顾客、供应商、合作伙伴、竞争者等，他们都可能构成企业信息技术运用的推动者。围绕上述因素，可以从以下方面推进传统企业运用信息技术的深度与广度：为传统企业信息技术运用提供资金、人才、知识、信息、正确理念的支持与培训，鼓励信息化咨询服务业的发展，等等。

2. 进一步提升信息技术运用成效

提升传统产业信息技术运用成效可以通过加强对传统产业信息化工作的指导，借此克服传统产业信息技术运用的知识及经验缺乏来实现。指导的方法很多，可以通过扶持信息化咨询服务及机构的发展、鼓励成功实施信息化、具有相关经验的试点示范企业人员分享知识经验、鼓励各地市大专院校及科研机构信息技术人才进驻企业等方式来进行，通过引入“外脑”，协助传统产业企业紧跟信息技术潮流，建设本企业高度集成、充分连通上下游企业的智慧信息技术运用系统。

提升传统产业信息技术运用成效还可以通过加强都市圈传统行业内部与信息化有关的信息共享来实现，促进各行业内部的交流与合作除了有助于知识经验的分享外，还可以在行业内部形成合力，共同促进本区域行业的成长，以应对来自国内、国际其他区域相似行业的竞争与挑战。可以通过以下具体措施来实现：一是加强行业信息化标准规范建设，结合行业信息化关键技术开发具有行业特色的技术解决方案及软硬件产品，开发模块化应用软件，建立相关组件库，研发行业专用终端；二是加快行业信息资源开发及利用，联合开发与建设行业信息网络服务平台，建立及完善行业信息网络服务系统，建立完善行业产品、行业内企业、行业市场等相关数据库；三是建立行业通用的电子商务平台，建立行业进出口交易中心、网上商品市场等，发展虚拟制造、网络制造、网络销售，形成企业间的动态联盟、虚拟组织，支持中小企业开展电子商务，提高产业的整体效益和竞争能力。

3. 加强都市圈传统产业与信息技术产业的联动

都市圈内传统产业与信息产业的合作使信息沟通更容易、成本更低。虽然杭州都市圈各地市政府通过供需对接、搭建沟通交流平台等方式促进传统产业与信息产业的互动，但总体来说，杭州都市圈传统产业与信息产业的互相促进作用仍显不足，需进一步加强两者之间的联动，降低双方的合作成本。鼓励信息产业企业在为杭州都市圈传统产业提供信息化方案时，寻找行业共性，针对具体行业研发行业信息化方案，并将方案运用于杭州都市圈之外的传统行业，借此扩展业务。

4. 建立都市圈各地市信息产业之间的协调与合作机制

加强杭州都市圈各地市信息产业之间的协调，形成合力，避免恶性竞争，进而形成杭州都市圈信息产业的协调分工，提升杭州都市圈信息产业的整体实力，以应对国内、国际信息产业的竞争。合作协调机制的建立可借鉴国内深莞惠“东岸都市圈”信息化合作的经验。

杭、湖、嘉、绍四市联合拟订并签署《推进杭州都市圈运用信息技术改造传统产业合作框架协议》，加强四市党政主要领导联席会议制度及市政府间工作协调机制，明确在发展信息产业规划、基础设施建设、信息化创新等重点领域的合作。围绕信息化，专门召开信息化合作联席会议，统筹协调，共同推进四市信息化重大事项的紧密合作。建立信息化办公室，其工作人员由四市经信委相关负责人组成。明确任务，加强都市圈“十三五”信息化发展规划的衔接，加强都市圈信息基础设施建设的对接，推动都市圈电子商务的快速发展。

5. 鼓励创新

无论是企业信息化集成、供应链信息共享与管理，还是将新一代的信息技术云计算、大数据、物联网、移动互联网与传统产业相结合，都涉及大量的创新活动，杭州都市圈要大力鼓励这一领域的创新，使这类创新能更好地促进杭州都市圈传统产业的改造提升。同时，对于新一代信息技术的运用创新，也可能帮助杭州都市圈抢占新型信息产业的先机。杭州都市圈在互联网、电子商务领域的世界领先地位也为杭州都市圈抢占新型信息产业尤其是大数据产业提供了良好的基础。

（二）保障措施

综上所述，可以通过为传统企业信息技术运用提供资金、人才、知识、信息、正确理念的支持与培训，扶持信息化咨询服务及机构的发展，鼓励成功实施信息化工作且具有相关经验的试点示范企业人员分享知识经验，鼓励各地市大专院校及科研机构信息技术人才进驻企业，加强都市圈传统行业内部的信息共享，加强都市圈传统产业与信息技术产业的联动，建立都市圈各地市信息产业之间的协调与合作机制等方法与措施加强对传统产业信息化工作的指导与支持，提升都市圈传统产业信息化成效，促进都市圈信息产业健康良性发展。

为保障上述对策落到实处，需要为都市圈传统企业信息技术运用提供专项资金，设立专门的工作职责，并落实到都市圈各地市各部门。根据现有的都市圈机构设置与管理职能，建议将推动传统产业信息技术运用工作列入都市圈年度工作计划，将其列入合作专题并围绕合作专题设立相关项目，如推动都市圈各地市配置专项资金，明确管理部门与机构职责，推动各地市加强合作交流，实现信息、资源共享等。

B.13

新旧媒体融合视域下城市都市圈品牌塑造研究

——以杭州为例

章伟良*

摘　要：　本文基于城市国际化和区域发展一体化发展趋势视角，结合杭州都市圈品牌塑造面临的新态势，从杭州都市圈品牌塑造的现状入手，重点分析了杭州都市圈品牌塑造的成功经验和制约品牌塑造的主要瓶颈，并针对杭州都市圈品牌塑造的未来发展趋势，提出了新形势下杭州都市圈品牌塑造的方向、原则和对策，以期为全省乃至全国都市圈的发展提供有益的实践经验和启示。

关键词：　新兴媒体　品牌塑造　杭州都市圈　杭州

城市都市圈品牌是城市都市圈软实力的重要组成部分，是城市都市圈对外影响力的重要体现。习近平总书记在 2013 年 8 月 19 日召开的全国宣传思想工作会议上的重要讲话中指出，要精心做好对外宣传工作，创新对外宣传方式，着力打造融通中外的新概念、新范畴、新表述，讲好中国故事，传播好中国声音。这既指明了在当前新的舆论生态下城市品牌塑造的主要方向，也是当前和今后一个时期城市都市圈建设面临的重大任务。当前，现代传播

* 章伟良，杭州市网络舆情监测应急中心干部，副研究员。

技术迅猛发展，新旧媒体融合程度不断加深，尤其是随着微博、博客、移动互联网等应用的日益普及和微信、手机客户端等新兴媒介的迅速崛起，互联网对社会的影响越来越大，传媒领域、社会舆论生态格局发生了深刻改变，网络舆论场已经成为意识形态斗争的主战场。城市都市圈品牌塑造作为城市加快城市国际化建设、提升城市都市圈综合辐射力的重要内容和有力抓手，面对城市国际化在中国各大城市中方兴未艾的发展态势，结合 G20 峰会、2022 年亚运会主办权等重大国家战略与国际事项花落以杭州为代表的杭州都市圈的重大机遇，围绕当前的世情、国情、网情，及时厘清杭州都市圈品牌建设的发展现状，深刻把握杭州都市圈品牌塑造的历史经验、发展动向和主要趋势等，进一步探索杭州都市圈品牌塑造的新思路、新机制，对于我们主动做好新形势下杭州都市圈的品牌建设和发展工作，实现品牌塑造和传播方式的有效转变，牢牢掌控新兴传播生态下品牌塑造的主导权、话语权，提升杭州都市圈品牌塑造的国际认知度和影响力，具有重要的理论和现实意义。

一 新兴媒介格局和舆论生态下杭州都市圈品牌塑造面临的新态势

当前，随着移动互联网和智能终端技术的迅速发展，媒介环境和舆论生态发生了深刻变化。2015 年 2 月 13 日，中国互联网络信息中心（CNNIC）在其发布的《第 35 次中国互联网络发展状况统计报告》中指出，截至 2014 年 12 月，全世界有 25 亿人在使用互联网，我国网民总数为 6.49 亿人，互联网普及率为 47.9%。我国现有网站近 400 万家，手机网民为 5.57 亿人，微信、微博用户为 5 亿人，微博每天更新量为 2.5 亿条，而微信等即时通信工具的每天信息发送量则高达 160 亿条，手机端及时通信使用率为 91.2%。可以说，网络现在成了无所不包、无处不在的信息广场。在这个平台上，人们得到了生产生活的便利和快捷，舆情民意得以畅通表达，改变着传统生活，改变着社会生态。同时，伴随新的传播载体日益多样化，新的媒体形态日渐多元化，对新兴媒介格局和舆论生态下的城市都市圈品牌塑造产生了新的挑战。主要表现在以下几个方面。

（一）“官方招呼”与民间诉求错位，舆论权威重塑难

在对一线基层宣传干部及体制内媒体人士的实地调研中发现，他们认为，过去官方“打招呼”、确定宣传报道口径等传统舆论引导的重要指导性工具与原则，伴随舆论场的日益多极化，以及社会各群体思维的日趋活跃，民众对信息的诉求与官方的报道口径往往会出现相逆的现象。如 2013 年第一季度发生的 H7N9 禽流感事件，当时在全国不少地方都出现了报道指令与民间诉求矛盾的尴尬局面。传统媒体在 2013 年 4 月初接到宣传部门的指令是：如无新的权威信息发布，不再报道。然而，这样的报道要求在执行一段时间后，在分析用户、受众意见反馈时发现，大家普遍反映主流媒体对疫情报道角度单一、服务性不高、参考性价值很低。而反观网络媒体及微博，不但大胆制作新闻专题，而且从患者家庭命运等多个人性化角度大胆报道，关注度极高。一位媒体界人士表示，这是两个舆论场发生矛盾的具体体现，官方舆论场的权威正受到挑战。此外，舆论权威的丢失在官方或体制内媒体辟谣时尤为突出，民众出现不接受和逆反心理。北京市网络新闻监管中心研究人员焦阳在提及网络反腐时认为，现在呈现“官方越辟谣，民众越相信；媒体越说没事，百姓越觉得有事”甚至“谣言止于公开”的理论都被颠覆，舆论权威的重塑显得格外艰难。

（二）“正规军”打不过“水军”：舆论交锋取胜难

互联网的无界性与开放性，再加上网上舆论场的复杂性与多变性，往往会使网上舆论观点云集，舆论交流、交错、交锋十分频繁。然而，面对新挑战、新常态，我们在专题调研和实地采访中也发现，一些宣传文化系统干部尤其是一线网信战线人员和网评员由于方法不当、经验不足，或不熟悉网络及新媒体应用技巧，在与网络意见人士、网民的交锋中往往很难取得压倒性的优势。一些在一线负责网络宣传工作及舆情处置的干部也表示，突发事情发生后，自己虽然穿着“马甲”，但都有一旦上网参与发言就会被识破，而

且往往无法摆脱被攻击的状态的经历。反观一些网上活跃人士，其舆论传播能力令人震惊。微博研究者丁来峰对雷政富不雅视频爆料人、“人民监督网”创办人朱瑞峰进行总结时，认为朱瑞峰的“传播手段很专业，执行力极强”，具体表现为：为达到传播效果，对象只爆厅级以上高官；为利于微博传播，内容只截取36秒视频精华；为营造轰动效应，借助群发软件一晚上发五六万个博客与论坛；善用意见领袖，主动邀请王克勤、展江等著名微博人士“摇旗呐喊”；联合外媒势力，将国内封杀的新闻出口转内销。

（三）主流媒体受制于工具类网站：舆论高地抢占难

经过调研发现，近年来，屡屡出现主流媒体第一发声权被工具类网站控制的现象，其中包括央媒。主要表现有两种：一是剥夺新闻首发权，比如有家央媒2012年关于一起重大事件的微博报道，被微博屏蔽数分钟，网民笑称掌握新闻资源的央媒被“关进小黑屋”了；二是恶意篡改新闻，一家央媒在微博报道湖北荆州客车坠落桥下的新闻时，被转载成央媒称此事件“万幸”的标题，招来网民大骂，而其源于文中“车辆从桥上坠落，距离地面七八米，所幸没有掉落江水中”一句话。北京市网管办一位姓王的研究人员表示，传统主流媒体与工具类网站的矛盾越来越大，工具类网站虽然无法染指一手新闻，却可以通过工具左右掌握一手新闻的央视媒体的嘴巴。全国媒体资源被集中到微博这个平台上，结果就是，这个平台主导了整个舆论场的传播。同时，工具类网站对言论的控制也让互联网业界人士和官方媒体人士感到担忧。一位浙报传媒的工作人员认为，许多媒体虽设置了官方微信平台，但等于把“发行量”交到微信运营商——腾讯手中，每天发多少条新闻，都控制在腾讯手里。互联网工具类企业通过工具控制，往往会形成千夫所指的效应影响舆论场。

二　新旧媒体融合视域下杭州都市圈品牌塑造的积极实践

在当前世界经济联系越来越密切、区域间交流越来越频繁的形势下，城市国际化和区域一体化已成为不可逆转的潮流。尤其是在全球化、市场化和信息化多重驱动力的推动下，我国城市国际化转型的愿望日益强烈。特别是在加入 WTO 后，不少城市希望争取成为国际城市，中国的国际城市研究也受到前所未有的关注。①

当前，国内不少重点城市开始推进城市国际化建设，并参照城市国际化的有关国际规则制定发展规划。复旦大学国际公共关系研究中心主持的“中国城市国际形象调查”课题研究结果显示，截至 2010 年底，在全国 200 多个地级市中，有 183 个城市提出希望建立现代化国际大都市的目标，其中 30 多个城市提出要求建立中心商务区。同时，全国有 655 个城市正按照各自发展战略主动向全球化、国际化的方向科学、有序地推进。而都市圈是指一个大的核心城市，以及与核心城市具有经济社会一体化倾向的邻接城镇与地区组成的圈层式地域。同时，都市圈作为基于城市化和区域化发展态势，当经济发展到一定阶段而形成的城市空间和经济组织形态，是在全国或某个区域的专业化分工中承担一部分职能而经济结构又相对较为完整的社会经济综合体。近年来，我国珠三角、长三角、京津冀三大都市圈呈现的强劲发展势头日益受到世界的关注。同时，国内外政府和学界对都市圈的关注和研究方兴未艾，以国内南京、武汉、重庆、沈阳、济南等省会城市或大城市为核心的都市圈也正在崛起，相关城市也先行开展了针对都市圈的研究和推进工作，如南京还制定了都市圈发展规划。因此，基于城市国际化和区域一体化这一世界发展趋势，积极推进都市圈建设，不仅是新形势下对已有城市发展战略的重新定位和主动选择，而且也是区域间城市打造大规模共建共享资源、共担共分责任的城市发展空间形态的重构和探索。

构建杭州都市圈，是贯彻落实中央和省委、市委区域发展总体战略，加快城市群建设决策部署的重大举措，是深化杭州湾产业带发展规划、参与长三角世界级城市群建设的具体实践，也是集聚杭、湖、嘉、绍地区发展优势，打造长三角“金南翼”的有效途径。近年来，党中央、国务院和省委、

① 周一星：《新世纪中国国际城市展望》，《管理世界》2000 年第 3 期。

市委高度重视杭州都市圈建设。2008 年 9 月，国务院在下发的《关于进一步推进长江三角洲地区改革开放和经济社会发展的指导意见》中指出，要着力增强自主创新能力，着力促进城乡区域协调发展，着力提高资源节约和环境保护水平，着力促进社会和谐与精神文明建设，实现科学发展、和谐发展、率先发展、一体化发展，把长江三角洲地区建设成为亚太地区重要的国际门户和具有较强国际竞争力的世界级城市群。2010 年 5 月，国务院批准实施的《长三角地区区域规划》明确提出要加快杭州都市圈建设，强调构建都市圈也是贯彻落实区域一体化发展战略的必然要求和具体实践。为贯彻落实省委、省政府提出的关于构建杭州都市圈的战略部署，大力推进杭州都市圈的合作与发展，2007 年 8 月，杭州市委、市政府在出台的《关于构建杭州都市经济圈的实施意见》中强调，要构建以杭州主城区为核心，以杭州市区为重心，以杭州市域为主体，以德清、安吉、海宁、桐乡、绍兴、诸暨 6 个县（市）为节点，联结湖州、嘉兴、绍兴三市的杭州都市经济圈。围绕省委、省政府提出的发展杭、甬、温三大都市圈和浙中城市群的空间战略，2010 年 11 月，由杭州、湖州、嘉兴和绍兴市政府组织编制的《杭州都市经济圈发展规划》获省政府批复同意正式出台。这也意味着，杭州都市圈各城市的共同发展蓝图将变得越来越清晰，同时为杭州都市圈发展注入了新的重大机遇。此外，为了提升杭州都市圈的发展水平，2014 年，杭州市又制定了《杭州市加快推进城市国际化行动纲要（2014～2017 年）》，强调通过“产城融合”“项目带动、投资拉动”“城乡一体”“统筹发展”，不断提升城市的国际化程度和杭州都市圈的国际影响力。2015 年 7 月出台的《杭州都市经济圈转型升级综合改革试点三年（2014～2016 年）实施计划》，要求将杭州都市圈打造成为全国经济转型升级和改革创新的先行区。伴随一系列杭州都市圈发展规划的深入推进，杭州都市圈建设呈现良好的发展态势。统计资料显示，“十二五”期间，杭州都市圈以“八共”（规划共绘、交通共联、市场共构、产业共兴、品牌共推、环境共建、社会共享、体制共创）为重点，仅杭州每年确定的跨区域合作项目就达 30 多个，推动的交通共联、产业合作、联合促销、环保执法、教育合作、人才培训以及文化走亲等多领域、广覆盖的合作项目超过180余项，取得了良好的成效。紧扣杭州都市圈“品牌共推”重点战略，在探索打造具有杭州特色的都市圈发展路子的实践中，杭州都市圈积极找准自身定位，整合资源优势，创新外宣理念，成效显著，并在很大程度上丰富了城市国际化的内涵，为构建杭州都市圈国际合作与竞争新优势创造了有利条件。

（一）杭州都市圈品牌塑造的基本现状

经过综合考察，杭州都市圈“品牌共推”重点战略实施和品牌塑造成长路径大致可分为三个层面——政府层面的主动推动、新闻教育等非政府层面机构的深度介入、市场层面的积极作为。调查显示，第一个层面在目前的品牌塑造过程中明显占主导地位，第二、第三个层面的品牌塑造已经逐步崛起，特别是由第三种企业主体开展的品牌塑造从无到有，正得到各方面的日益重视。

一是注重顶层设计。自2007年以来，国务院和省委、市委高度重视杭州都市圈城市品牌建设，及时下发的《关于构建杭州都市经济圈的实施意见》、联合编制的《杭州都市经济圈发展规划》以及最近出台的《杭州都市经济圈转型升级综合改革试点三年（2014～2016年）实施计划》等指导性政策文件，强调把“品牌共推”作为杭州都市圈发展战略的重要内容，明确了目标任务和具体要求，为深入推进杭州都市圈品牌塑造工作指明了方向，提供了重要遵循。此外，杭州都市圈还将品牌塑造工作融入市长联席会议的决策机制、都市圈工作会议的协商机制、都市圈主任办公会议的议事机制和专业委员会项目合作的执行机制中，贯穿市级层面、区县（市）层面和专委会层面的三级联动合作制度、四城市党报联席会议制度等联动宣传平台，为积极做好杭州都市圈品牌塑造工作营造了良好的政策环境，提供了有力的制度保障。

二是注重氛围营造。注重整合广播、电视、报纸、网络等媒介资源，特别是充分利用微博、博客等新兴网络传播平台，积极构建立体化、全方位的城市品牌塑造和对外宣传格局，着力形成推动杭州都市圈品牌建设的强大传播声势。设立了对外宣传窗口。杭州都市圈开展品牌塑造工作基础好、质地优。近年来，杭州市依托杭州电视台、杭州人民广播电台、杭州网、中国新闻社、香港《文汇报》、美国《国际日报》等10多家媒介的不同定位，推出了《品味杭州》《看杭州》等十大窗口阵地，生产符合不同海外受众习惯的宣传产品，及时传递杭州经济社会的最新发展态势和展示独特的历史文化。例如，杭州电视台的《走遍杭州》中英文双语栏目，向美国ICN国际卫视、美国斯科拉卫星电视网、欧洲电视协作网、马来西亚数字点播网提供精品节目，每年还和日本福井电视台、韩国春川文化放送合作拍摄专题片，使城市形象传播到亚洲、欧洲、美洲和大洋洲等地。杭州网推出英、日、韩文频道，滚动报道杭州信息；《杭州日报》与韩国《江原道民日报》进行一年两期的版面合作；《每日商报》与台湾《旺报》合作推出一年48期的《两岸连线》专栏，增进了杭台经济文化交流。深化与国内一线媒体的战略合作。在开展城市品牌塑造工作过程中，杭州都市圈非常注重与国内外宣传媒体的交流合作，尤其善于“借梯登高”“借船出海”。例如，2009年以来，杭州市与《上海日报》合作推出杭州英文专版。周一到周五每天推出一个彩色专版，至今已累计刊发1100余个版面，及时为长三角地区外籍人士了解杭州提供新闻咨询，在杭州接轨世博会、融入大上海的过程中发挥了重要作用。2010年，杭州市又借助《上海日报》开通了杭州英文门户网站（www. Hi Center. cn），成为境内外英文读者了解杭州的重要网络平台。《上海日报》组织的海外订户世博会主题网络调查显示，杭州在长三角地区15个城市中最受外籍人士关注，是北美和欧洲人最想到访的城市。用好国内外交流平台。整合现有对外交流场所等优势，使之成为助推杭州都市圈品牌建设的有益补充。近年来，杭州市以办好对外交流访问中心为依托，发挥地域和场所优势，举办了“西湖文化论坛”“我在杭州过大年”在杭外国友人迎新春联谊会、“汉语角”等一系列文化交流活动，服务来杭外籍人士，帮助外籍人士融入本地生活，增进他们对中国传统文化的了解，提高对杭州这座城市的认同感。精心打造系列外宣品。有市场的产品才是好的产品，有国内市场的外宣产品也才是有生命力并具有可持续性的外宣精品。基于杭州都市圈外宣产品的特点，杭州市与新华社、北京市对外文化交流中心、浙江摄影出版社、浙江电子音像出版社、香港《中国城市》杂志社、日本 NHK 等境内外机构共同制作了《中国杭州》等系列外宣画册和城市形象宣传片，并依托这些合作机构的发行渠道，实现了外宣产品在境内外“落地开花”。同时，还精心组织开展了全市“金桂奖”新闻报道、广播电视节目、出版物系列评选活动，有效地展示了外宣创新成果，有力地提升了杭州的对外传播能力。积极投放有国际影响力的实体宣传品。如杭州市以“最新世界文化遗产——中国杭州西湖”为主题，分别在伦敦、巴黎、法兰克福、马德里、阿姆斯特丹、纽约、首尔、东京等 10 多座国外城市投放杭州旅游户外车体（整车）形象广告。尤其是 2013 年 3 月 11 日启动的一场东方文化的发现之旅——寻找“当代马可·波罗——杭州博士”活动，杭州作为第一个在四大海外社交平台上同时进行城市形象推广的中国城市，借助社交媒体的传播互动，在短短 15 个月内便树立起生动的城市形象，聚集了大量粉丝。目前杭州 Facebook 账号粉丝已超过 53000 人，活动参与者达 25924 人次。该活动还获得 2013 年中国最佳城市品牌案例奖、最佳跨界营销案例奖等两大业界荣誉。

三是注重载体创新。没有广泛的群众基础，没有最大限度的群众参与，城市国际化建设和品牌塑造体系建设的实质内涵就难为最广大群众所掌握、所接受。只有形成人人践行、处处践行的生动局面，城市国际化建设和品牌塑造体系建设才能真正沉淀到心、落实到行。精心组织重大主题活动。如 2011 年初，杭州市启动“我们的价值观”主题实践活动，注重“虚功实干”、精心“播种”。在广泛征集各界群众意见的基础上，给每个月定下一个核心价值观的“主题关键词”，即民生、礼仪、诚信、感恩、奉献、关爱、信仰、责任、科学、爱国、创新、和谐，并制订详细方案，面向全体市民每月围绕“主题关键词”组织举办“三个一”活动，即一次主题讲座、一次互动讨论、一次主题实践活动，并适时推出“道德模范巡讲报告会”。此外，围绕“我们的价值观”开展的系列实践活动，把最大限度地发动群众参与作为活动要求，让核心价值观带上了群众可感、可触的“温度”，在潜移默化中植根于每个人的心田，以此来规范社会道德、引领社会风尚，着力构建全市人民共有的精神家园。积极宣传媒介创新。为进一步扩大杭州都市经济圈宣传形象，杭州市充分依托美国纽约时报广场等国际重要宣传媒体影响力大、受众面广的独特优势，不断加大杭州城市形象宣传片的播放力度。例如，由新华社历时一年制作的《中国名片·杭州篇》，使杭州成为国内第二个在号称“世界十字路口”——纽约时报广场电子大屏播放形象片的中国城市（注：上海为第一个）。此片以“图片电影”的创新手法，向世界展示了一个鲜活的杭州，成为杭州探索城市形象外宣新思路的一次有益探索和成功尝试。充分注重项目创新。近年来，杭州都市圈深度挖掘历史文化资源，加大以金、石、书、画等传统历史文化和特色文化产品的推介力度。例如，杭州出版集团以赴美与加州大学伯克利分校合作开设“中国文化的特质与价值”系列课程为突破口，把讲稿英文版出版成书销往美国。杭州出版社还在纽约注册成立了美国华文出版社，出版发行了《孙子兵法》《论语箴言》等图书。配合“中国文化年”活动，世界级非物质文化遗产西泠篆刻频频亮相国际社会，“百年西泠中国印”特展先后在法国、土耳其、西班牙、意大利等地的国家级博物馆展出。此外，享有“全国公共文化金名片”之称的杭州图书馆还通过开展“映像西湖：杭州图书馆赠书书展”等交流合作方式，以作为杭州与海外友好城市周年特别活动的重要项目，全景展示中华文化，彰显杭州特色，成为拓展杭州市对外文化交流的新渠道。

四是注重资源整合。注重新旧媒体融合。杭州都市圈还积极依托新兴媒介，打好打响城市品牌。推出了“杭州城市播客”。早在2007年，就与新浪网联合推出了“杭州城市播客”视频栏目，当时业界称之为开创国内“城市播客先河”。城市营销专家认为，杭州能结合自身特色，率先使用“播客”这一互联网新兴方式，体现了杭州的前瞻性眼光与营销艺术。开通了首个全英文城市对外宣传门户网站——杭州英文门户网站（www. HiCenter. cn），以“境外人士了解、访问杭州的第一站”为目标定位，对外传播杭州的文化、风光、民俗等城市“软形象”。同时，还携手人民网（www. people. com. cn）、中国网络电视台（www. cntv. cn）、凤凰网

（www. ifeng. com）等境内外知名网站，推出《杭州频道》《中国杭州》栏目，与此前和新浪网合作推出的新浪网《杭州城市播客》栏目一起，成为全市四大网络外宣平台。尤其是2015年8月21日，由杭州市政府新闻办（杭州都市圈宣传专委会）牵头的“交通共建城市共联——2015聚焦杭州都市圈”大型联合采访在绍兴柯桥正式启动。作为2015年度杭州都市圈宣传的重头戏，“‘聚焦杭州都市圈’大型联合采访”活动已持续八年。30余家中央、省市级媒体组成采访团，沿着绍兴—嘉兴—杭州—湖州线路深入基层进行体验式采访。采访团走访了杭州都市圈9个节点县（市、区），并实地采访了20多个交通工程和样本企业。据统计，仅都市圈四城市党报报道就超过40篇，整版20余个，杭、湖、嘉、绍电视台播出新闻专题超过10期。杭州网、杭报在线等新闻门户网站开辟直播专题，新华社、中新社、《解放日报》、《浙江日报》等中央、长三角、省级媒体以及《中国交通报》、《交通旅游导报》、交通900等专业媒体首发新闻，新浪、网易、凤凰网、大公网等网站刊发报道总计300余篇。杭州发布、湖州发布、嘉兴发布、绍兴发布共推“交通共建城市共联”H5轻应用，各地政务发布与媒体公众号发布信息30余条，实现了为都市圈市长工作会议宣传造势、进一步舆论推动都市圈建设的预期效果。注重节展资源整合。经过多年的培育，杭州都市圈已经形成了西湖国际博览会、杭州世界休闲博览会、中国国际动漫节、浙江（中国）家用纺织品博览会、海宁皮革博览会等一系列具有一定国际影响的重大会展节庆活动。这些活动的开展，充分发挥了会展业在产业总产值、财政收入、产业带动等方面的综合效应，为杭州都市圈“三位一体”旅游业转型和文化创意、电子信息等新兴产业的发展创造了良好条件。以杭州西湖国际博览会为例，统计资料显示，2000～2006年，7届博览会贸易年均增长率为9.92%，而2007～2010年举办的4届博览会贸易年均增长率为19.10%，其中2010年的博览会还在南浔、海宁、武义、龙泉等地设立了分会场，充分发挥了杭州都市圈各地市节展资源的联动效应。注重新兴中介机构作用的发挥。新兴的中介机构在杭州都市圈城市形象对外传播和品牌塑造方面开始崭露头角。如2010年，由香港国际桥智库委员会承办的“两岸两人艺术展”，邀请了国民党荣誉主席连战和海协会会长陈云林出席首展开幕活动，圆满完成了在台北和高雄巡展，被视作两岸以民间力量推动文化交流的破冰之举。2012 年 11 月和 12 月，泰国中国文化中心和俄罗斯文化中心分别揭幕，杭州市著名铜艺大师朱炳仁先生受邀参加两中心揭幕活动，其创作的大型熔铜艺术作品《含熙》和《雷峰塔》分别由两中心永久收藏，在两国留下了杭州印迹。杭州艺术品行业协会密切联系国内外艺术家，常年举办一些高端的艺术作品展览，已成为艺术品行业对外交流的主要力量，由其发起并组织的“对话文明——中法艺术家世界遗产发现之旅作品展”成为 2009～2010 年业内最重要的展览项目之一。

五是注重典型带动。推进杭州都市圈品牌建设，既要诉诸干部群众的自觉行动，也要注重榜样示范作用的发挥。例如，近年来，杭州市“最美典型”不断涌现，“最美妈妈”吴菊萍、“最美司机”吴斌、“最美爸爸”黄小荣、“最美民警”沈慧勇、“最美的哥”汪建平、“最美外来工”雷会俊、“最美保安”于建高等“最美人物”群像，成为广大市民群众热议、追捧和学习的草根明星、平民英雄。为了打造“最美现象”道德高地，杭州市积极开展“感动杭州——寻找我们身边的先进典型”“道德模范推荐评选表彰活动”“道德模范巡回宣讲活动”“杭州十大平民英雄”“十佳好婆媳”评选表彰；开展“美德少年”“文明小公民”等评选活动，树立“诚信少年”等十大类“美德少年”榜样。在杭州文明在线网开设最美杭州人、道德模范故事、身边“雷锋”、文明之星、平民英雄、名博联线道德模范等专题专栏，集中宣传和展示道德模范、平民英雄的感人事迹。此外，还深入推进教育、科技、卫生、体育“四个强市”建设，注重学生的养成教育，广泛开展文明礼仪系列教育活动，道德力量潜移默化，城市方方面面的文明指数逐步提高，持续释放“最美现象”品牌的巨大“正能量”。

（二）杭州都市圈品牌塑造的成功经验和主要体会

近年来，杭州都市圈按照中央和省委部署要求，始终把品牌建设作为加快杭州都市圈转型升级、科学发展的基础工程和重要内容来抓，采取有效措施推动品牌建设内容体系内化于心、外化于形，引导广大干部群众发现品牌塑造基因、倡导品牌塑造理念、培育品牌塑造载体，使品牌塑造“最美典型”不断涌现、市民品牌塑造意识显著增强、城市文明程度有效提升、都市圈对外美誉度持续扩大。杭州都市圈大型联合采访活动、“江南绝色·吴越经典”区域旅游主题活动、国际友好城市市长峰会等“最美典型”品牌，成为群众热议、追捧的品牌“明星”。杭州都市圈品牌从一个个“盆景”发展成为一片引人入胜的“风景”，在城市转型升级、科学发展中形成了“美”的种子随风飘扬、处处生根的“蒲公英效应”。调研中我们感到，大量“最美典型”品牌发生在杭州都市圈绝非偶然，其城市特质和具体做法产生了深层次的工作效应，实现了“最美现象”由“盆景”向“风景”的转变，主要表现在以下几个方面。

1. 推动经济社会全面进步，为品牌建设打下坚实基础

仓廪实而知礼节，衣食足而知荣辱。杭州都市圈品牌建设离不开经济社会发展提供的现实物质基础。统计结果显示，2014 年，杭州都市圈经济总量达到 18775.75 亿元，占全省的 46.8%。杭州都市圈中的杭州、绍兴、嘉兴三市人均 GDP 达到 10685 美元，首次跨越万美元大关。其中，杭州为 16891 美元，增长 7.7%；绍兴为 14022 美元，增长 7.4%。杭州和绍兴的 GDP 远高于浙江省 11934 美元的平均水平。嘉兴为 11959 美元，增长 7.2%；湖州的 GDP 虽然较低，为 10893 美元，增长 7.9%，但也首次实现跨越万美元大关，达到世界银行划分的中等偏上收入国家经济水平。一方面，杭州都市圈品牌建设获得更充分的物质保障，用于这项工作的经费投入不断增多，品牌建设的硬实力不断增强；另一方面，经济社会进步源于思想解放和理念创新，二者相伴催生了与时代发展进步相适应的思想观念和行为规范，使杭州都市圈的品牌塑造体系更多地走向大众、贴近平民。杭州都市圈每个城市都有自己的特色改革试点，如杭州的跨境电子商务综合试验区、桐乡的国家互联网创新发展试验区等，要进一步推进这些改革试点，推动区域经济快速发展。

2. 传承弘扬优秀历史文化传统，为品牌建设奠定深厚底蕴

一方水土一方人。一个地方创新创造的根源和动力离不开当地的历史文化。杭、湖、嘉、绍地区位于浙江省北部、长三角南翼，自古地域相邻、人缘相亲、习俗相近、文化相融，江南水乡文化特色鲜明，名人志士层出不穷。杭州作为杭州都市圈的核心，地处良渚文化、吴越文化、南宋文化的中心，长久以来形成杭州文化人和全体杭州人的共同精神——“杭铁头”精神，即爱国爱乡、忠贞不渝，坚韧不拔、勇于创新，宁静致远、淡泊名利，关注民生、以民为本。可以说，杭州的先民不仅留给这座城市灿烂的物质文明，而且留给子孙可贵的精神气质，使这里成为斯文向善之地、风化淳厚之州。前人留下的宝贵精神财富与杭州城市品牌塑造所需的气质风格在本质上十分契合，成为这座城市孕育培植品牌的文化底蕴与深厚土壤。继承祖先的精神遗产、锤炼当代的城市品格，如今的杭州人交出了一份令人满意的答卷，并在杭州都市圈品牌塑造过程中发挥了很好的榜样、示范、带动作用。

3. 党委政府给予鼎力支持，为品牌建设提供制度保障

高层重视和制度安排对于品牌建设至为关键，党委政府在杭州都市圈建设中负有重要领导责任。制定科学的合作框架是杭州都市圈发展的重要基础。出台的《杭州都市经济圈合作发展协调会章程》《杭州都市经济圈发展规划》《关于构建杭州都市经济圈的实施意见》形成了杭州都市圈合作发展的基本框架，为更好地推进杭州都市圈发展指明了方向。建立有效的工作体制是杭州都市圈发展的重要保障。在杭州都市圈各地市的共同努力下，目前已自上而下地建立了市长联席会议的决策机制、都市圈工作会议的协商机制、都市圈主任办公会议的议事机制和专业委员会项目合作的执行机制。此外，还形成了市级层面和区县（市）层面、专委会层面的三级联动合作制度，建立了四城市党报联席会议制度，搭建了统一对外宣传平台，为深入推进杭州都市圈品牌塑造工作提供了有力保障和良好条件。

4. 有效创新工作方法手段，为品牌建设带来持久活力

品牌建设的不竭活力来自改革创新。杭州都市圈品牌建设把吸引广大群众参与实践作为出发点和归宿点，注重载体设计、平台创新，还原和放大品

牌的本质内涵，使品牌建设永葆生机活力。例如，为打响杭州都市圈的品牌，扩大杭州都市圈的影响力，杭州都市圈主动强化杭州、湖州、嘉兴、绍兴之间的宣传协作和交流。2008 年 3 月，成立了杭州都市圈广播电视宣传协作体。湖州、嘉兴、绍兴三市及德清、安吉、海宁、桐乡、绍兴、诸暨六县（市）广播电视台和杭州文广集团共同签订了《关于共同构建杭州都市经济圈广播电视宣传协作体合作协议》，根据合作协议框架，协作体将分别建立各广播电视台台长（总编）联席会议和新闻宣传通联会议制度，并在各自新闻栏目中设立杭州都市圈新闻板块，开展新闻联合采访活动和大型媒体活动，共推杭州都市圈品牌。此外，杭州文广集团还在安吉设立了记者站，这表明杭州都市圈已在广播电视宣传协作上迈出了实质性的一步。

三　杭州都市圈品牌塑造的转型与挑战

当前和今后一个时期，是杭州都市圈提升经济社会发展水平的战略机遇期，也是各个城市加速实现城市国际化建设、推动城市转型升级、加快经济发展方式转变的关键时期。面对前所未有的发展机遇期，如何通过城市品牌建设，积极推动杭州都市圈实现更高层次的管理科学化和发展现代化，实现“凤凰涅槃”“浴火重生”式的全新变化，显得尤为迫切。总体而言，无论是杭州都市圈还是所属各个城市，按照推进都市圈建设的目标要求，都在构建都市圈品牌塑造体系等方面取得了一些成效，积累了一些经验，但对照国内外先进地区和主要城市品牌建设的标准和要求，与广大市民群众对“最美品牌”的新要求、新期待相比，还存在一些问题和不足，主要表现在以下几个方面。

（一）认知认同“不够高”

品牌是一种名称、术语、标记、符号或设计，或是前面各种的组合，是无数消费者经过自己亲身体验或使用后，对某一品牌产品所产生的信任。由此看出，进行品牌运作的实质就是要以独特的产品或服务取胜于其他竞争者。实践证明，品牌塑造是文明传承、文化创新之途，是大众创业、万众创新之源。同时，“品牌”活动具有强大的吸引力、生命力和传播力，是提升城市文化软实力的原动力。杭州都市圈品牌塑造是立足国际化社会与区域发展一体化大局，融合新时代进步和社会发展大势，积极做出的战略定位和主动选择。推进杭州都市圈品牌建设，关键是解决广大市民群众的认知认同问题。在具体实践过程中，不少市民群众包括部分党员干部对杭州都市圈品牌创建的核心要义和时代内涵的认知不足、认同不够。如有的同志没能从城市发展的战略高度去认识创建品牌的重大意义，对杭州都市圈品牌建设工作的复杂性和长期性估计不足，或把创建杭州都市圈品牌简单地理解为整个社会掀起的“时尚之风”等，直接影响着群众主体参与意识的发挥和积极性、主动性的体现，制约着市民群众共同价值的追求和共同精神家园的构建。

（二）多元主体“不够强”

基于城市国际化与区域发展一体化的杭州都市圈品牌塑造是一项复杂的系统工程，涉及城市、农村、社区、行业、街区、企业、院校等各个领域，涵盖党政机关、专家学者、市民代表、行业企业、媒体人士等各个阶层，关系到社会观念、舆论引导、领导示范、培育主体、落实载体、加强保障、制度建设等一系列工作，同时也是一项需要常抓不懈的艰巨任务。从推进杭州都市圈品牌建设的整体情况来看，不同程度上还存在多元参与主体职责定位不清晰、发挥作用不到位的问题，突出表现为部分领导对品牌建设重要性和紧迫性认识不够，城市与城市、城区与城区、城区与县（市）、社区与行政村、企业与企业之间发展不够平衡，部分单位和组织缺乏推动具体工作的举措，不少市民群众没有将品牌建设内化为自觉认识、外化为行为习惯，等等。由于政府主导和社会力量参与体现不到位，直接导致多方参与主体在杭州都市圈品牌建设中作用的发挥和多轮驱动、合理推进良好格局的形成。

（三）塑造网格“不够全”

建设全方位、多层次、宽领域的品牌网格化格局是杭州都市圈品牌建设实现可持续发展的必由之路。应该说，经过几年的努力，杭州都市圈的品牌网络化体系建设取得了显著的成绩，但与世界发达国家和国内先进地区相比还存在一定的差距，突出表现为杭州都市圈法制建设相对滞后。特别是与有着完善的区域间合作和资源共享立法的国外相比，我国区域间合作和资源共享等方面的立法明显滞后，杭州都市圈截至目前也仍未对区域间合作和资源共享等方面进行立法规范，从而影响了品牌网络化体系建设的建立与完善。品牌塑造体系有待完善。目前，杭州都市圈在品牌塑造资源的分配上偏重于市委、市政府的重点工作和主要项目，政策也往往向市委、市政府的重点工作和主要项目倾斜，而对于非官方活动，由于缺乏足够的重视和支持，直接导致经费投入严重不足。同时，单位、组织和行业的活动往往各自为政，联动、互动效应职能还没有得到充分发挥。此外，根据网络、手机等新兴媒体不断兴起的现实情况，针对“多媒体、全媒体、跨媒体”情境下传统主流话语场和非传统民间话语场的不同特点，基于新旧媒体融合背景的新兴培育手段不多，吸引力不够。再加上社会上“经济中心论”的习惯思维，以及不重视品牌活动的持续性开展和深化仍然是普遍情况等思想观念的影响，严重影响着品牌创建活动经常化、品牌创建载体品牌化、品牌创建要求标准化、品牌创建网络可持续化的推进，制约着杭州都市圈品牌塑造网络体系的构建和完善。

（四）资源集聚“不够大”

城市的集聚效应是由政治、经济、文化、社会、生态等活动及相关要素的空间集中而产生的资源利用效率提高、成本节约的现象。国际经验告诉我们，杭州都市圈要加快城市国际化和区域一体化发展，必须加大经济、文化、民生与信息等方面的交流与合作力度，抢占资源要素条件制高点。如近年来，杭州市深入实施《长江三角洲地区区域规划》，着力建设国家高技术产业基地、旅游休闲中心、全国文化创意中心、电子商务中心、区域性金融服务中心等，城市国际化程度和国际声誉不断提升。目前，杭州在新闻出版、广播电视、广告会展、旅游推广等一些领域已经形成了一定的规模，并产生了海尔、阿里巴巴等一批拥有技术先发优势和全球经营优势的世界跨国公司，这为杭州建立健全对外品牌塑造格局创造了良好的条件。但是，由于杭州的产业结构、城市布局、重大基础设施建设、生态环境建设等方面与其他城市目标较为趋同，再加上杭州承办的全球性、国际性的展览与会议数量不多，引进外资、融入以跨国公司为主体的全球体系等方面的步伐不大，除旅游之外的金融、物流、会展、文体等功能服务不强，这也在很大程度上影响着对外宣传资源集聚的广度和深度，成为新时期杭州构建对外传播和品牌塑造格局的重要“瓶颈”之一。而这一现象，也往往或多或少地存在于杭州都市圈其他城市的对外传播和品牌塑造格局之中。

（五）培植载体“不够新”

任何一种理念和观念的确立，都需要同人们的日常生活联系起来，离不开人们的具体实践中的感知、领悟。在推进杭州都市圈品牌塑造的实践中，积极培植寓创于乐的工作平台，创新喜闻乐见的工作载体，潜移默化地将品牌建设的抽象理论概括转化为直观的内容形式，有助于主动吸引社会各界参与杭州都市圈品牌实践活动，最大限度地调动群众参与的积极性，引导群众了解掌握核心价值，积极转化为社会群体和主动主为意识。同时，国际经验告诉我们，作为一个国际化程度不断提高的大都市，杭州都市圈品牌建设要想在当下全球化、国际化背景下占有一席之地，亟须拥有一些支柱性、代表性、创新性的活动品牌，尤其是国内一流、世界领先的龙头和拳头活动品牌。从具体实践情况来看，虽然杭州开展的“我们的价值观”主题实践活动和学习节等活动具有一定的知名度，但与伦敦、新加坡、北京、上海、广州等国内外国际化程度较高的先进城市相比，杭州的城市品牌建设载体仍存在精品力作数量不多、科技含量不高、国际辐射力不强等问题，这对新形势下进一步深化杭州都市圈品牌格局创建和平台载体建设带来了一定的挑战。

（六）落地生根“不够深”

积极探索杭州都市圈品牌建设的有效途径，既尊重差异、包容多样，又注重品牌建设与党委和政府的决策部署、人民群众关心关注的中心工作、广大市民日常生活的有机结合，有助于努力推动品牌建设的核心要义内化为市民的价值观、外化为市民的自觉行为、转化为社会普遍遵循的规范准则。着眼于杭州都市圈长远发展和提升城市核心竞争力，立足杭州都市圈品牌建设的具体实践，主动将聚焦点放在解放思想、破解难题，落实项目、办好实事，转变作风、优化服务上，找准与建设美丽中国、开展创先争优活动、打造文明城市、建设智慧城市、发展智慧经济和建设“三城三区”等中心工作的结合点与突破点，并与其相互促进、相互融合，显得尤为关键。结合杭州都市圈品牌建设的具体实践，其依托的不少载体和途径，在某种程度上还存在重形式轻内容、重过程轻结果、只重表面不重实效、只重生搬硬套不重落地生根等不良导向，严重影响了全市人民积极性、主动性、创造性的发挥，以及社会各方面力量和智慧的凝聚，并在一定程度上制约着杭州都市圈品牌建设“落地生根”和“百花齐放”的广度和深度的延伸与拓展。

四　杭州都市圈品牌塑造的未来趋势分析

杭州都市圈品牌是指杭州都市圈在建设发展过程中，通过组织、参与的服务、体验或享受过程，从而实现和满足组织、参与主体的心理需求，其服务、体验或享受质量，在其所属的同一领域具有权威性和辐射力。国际化城市和区域一体化发展经验证明，杭、湖、嘉、绍四市要想在当下国际化、全球化大潮中崭露头角，离不开一批符合时代特征、体现中国特点、彰显城市特色的享誉国际、国内一流的龙头和拳头活动品牌的培育与支撑。这就要求杭、湖、嘉、绍四市在推进杭州都市圈建设过程中，主要将“品牌”概念移植、贯穿于全过程，以创新的发展理念和思维，持续挖掘、培育、打造杭州都市圈品牌。

（一）更加注重在持之以恒上打造城市品牌

围绕杭州都市圈的部署要求，认真总结杭州都市圈联合采访活动、

“最美现象”精神品牌、“我们的价值观”主题实践活动以及“国际体验日”“杭州学习节”“西湖读书节”“社科普及周”“钱塘论坛”“学与思”“市民摄影节”等系列城市品牌建设的成败得失，强化杭州都市圈品牌长远规划与当前工作、理论思考和实践探索的有机结合，对出现的各种情况及时进行分析、总结和评价，推动打造杭州都市圈品牌的有效完善、持续创新，以不断创新促进杭州都市圈品牌实践的提升与飞跃。

（二）更加注重在科学推进上打造城市品牌

将进一步学习借鉴国内外先进地区和城市品牌建设理念和典型做法，把打造城市品牌工作置于城市科学发展和转型升级这一大背景、大主题、大格局下，进行深度思考和主动谋划，与当前中央和省委、市委构建大宣传格局的部署要求相结合，紧扣打造“品牌”这个核心的工作，着重在创新品牌载体、改进品牌理念、拓展品牌内容、丰富品牌形式、规范品牌管理、转化品牌成果等方面下功夫出实效，推动杭州都市圈品牌建设向标准化、规范化、持续化方向发展。

（三）更加注重在扩大影响上打造城市品牌

将进一步把城市品牌塑造作为城市国际化和都市圈品牌战略的重要组成部分，进行整体策划和宣传塑造，通过开展全方位、多层次并且独特有力的城市品牌培育和实践，使两者能相互渗透、融合，从而既能多个层面彰显杭州都市圈建设的独特性，又能突出城市品牌塑造的创新性，自觉将城市品牌及其核心价值全面渗透于社会主义核心价值体系建设中，成为新形势下提升城市美誉度和杭州都市圈知名度的有力抓手和核心竞争力。

五　推进杭州都市圈品牌塑造的重点导向

伴随中国经济的快速崛起和开放程度的不断提高，以及城市化进程的持续推进，我国的许多城市开始进入提速发展的关键时期。面对当前的国际化城市和区域一体化建设热潮，基于杭州都市圈发展路径的实践特点，联系当前发展实际，要特别遵循城市发展和品牌塑造的自身规律，创新运作模式，构建平台载体，完善政策保障，着力打造人才集聚、机制灵活、持续性强、效益明显的品牌塑造发展格局，以对外品牌塑造国际化带动城市国际化和都市圈一体化。

（一）指导思想

杭州都市圈品牌塑造格局的指导思想是：高举中国特色社会主义伟大旗帜，以邓小平理论和“三个代表”重要思想为指导，深入贯彻落实科学发展观，以省委、省政府提出的建设杭州都市圈决策部署为要求，以学习和创新为动力，以全民参与为特征，以强化中心城市的集聚力、辐射力和带动力为支撑，与建设学习型城市、创新型城市、生态型城市相结合，吸收和借鉴国内外先进地区的成功经验，完善杭州都市圈品牌塑造格局，切实提升杭州都市圈品牌塑造主体的建设水平，不断促进人的全面发展和社会的全面进步。

（二）总体原则

根据国际化城市的发展特点，结合杭州都市圈的总体定位和具体要求，从杭、湖、嘉、绍四市的自身优势和实际情况出发，借鉴国内外先进城市的成功经验和典型做法，推进杭州都市圈城市品牌塑造工作，需要坚持以下三项原则。

一是注重普遍性与特色性相结合。当地的城市品牌建设能力和发展水平，从根本上说，都是当地城市发展水平和社会文明程度的集中反映和价值导向。就本质上而言，城市品牌塑造格局体现社会发展形态，表现为城市品牌形态在当地的发展水平和实际成效。因此，创新城市对外传播生态和创建城市品牌格局不仅要深刻把握社会发展阶段和社会主义制度的根本属性，把握主旋律，唱响主基调，而且还必须与国情市情相结合、相呼应，体现阶段特征、发展主题、历史使命。同时，作为拥有 13 亿人口的全国与作为局部区域的杭州都市圈，在推进城市品牌塑造格局建设上具有共性和个性的区别。杭州都市圈作为中国东南沿海发达地区，经济社会发展程度相对较高，杭州都市圈品牌建设作为江南文化名城孕育出的新“社会形态”，不仅具有国内外各大城市和区域的基本功能与属性，而且也有杭州都市圈城市文化的内在基因。杭州都市圈创新城市对外传播生态和创建城市品牌格局不仅能在科学发展观以人为本理念的指导下，在城市建设的实践养成、理论创新和制度创建等方面体现自身的实践特色、发展特点，彰显城市的历史底蕴和人文精神，而且能切实增强市民群众的认同感、自豪感、幸福感和凝聚力，更好地激励市民群众把爱党、爱国、爱乡热情转化为推动城市科学发展、促进社会和谐的生动实践。

二是注重继承性与创新性相融合。一个国家和地区的社会发展形态，都是基于一定时间和空间国家和地区的历史性与时代性的反映，是继承与整合、提升与创新的产物。事实上，如果一个城市没有对中国几千年历史文化积淀的继承和国内外城市与地区建设先进经验的传承，就没有城市新形态的创新发展。同样，没有对以往国内外先进城市和地区品牌塑造模式的超越，就不能体现新时期杭州都市圈品牌建设的优越性与先进性。因此，杭州都市圈创新城市对外传播生态和创建城市品牌格局只有以先进的理念为指导，才能符合时代前进方向、承载时代发展使命，也才能更好地进行快速传播、广泛普及，也才具有顽强的生命力。不进则退，慢进也退。基于城市国际化和区域一体化发展趋势的杭州都市圈品牌建设只有在巩固已有创建成果、打好打响原有品牌的基础上，不断学习借鉴国内外相关领域在创新城市对外传播生态和创建城市品牌格局过程中形成的先进经验和典型做法，积极培育创建优秀城市对外传播生态和城市品牌的新理念、新途径，建立健全创新城市对外传播生态和创建城市品牌格局的体制机制，才能使杭州都市圈的城市品牌塑造格局力求把握时代脉搏，具有时代特征，形成时代突破，彰显地域特点，体现城市特色。

三是注重群众性与实践性相黏合。基于城市国际化和区域一体化发展趋势的杭州都市圈品牌建设是一项系统工程，涉及千家万户，关系各行各业。

创新城市对外传播生态和创建城市品牌格局，离不开市民群众的积极参与和社会实践的广泛深入。市民群众需求是城市建设的发展之基，社会实践是创建城市品牌的力量之源。杭州都市圈在创新城市对外传播生态和创建城市品牌格局过程中，必须尊重广大市民的主体地位，充分发挥市民群众乐于实践、善于创新的优秀品格，广泛调动市民群众的参与热情，有效激发市民群众的智慧力量，融入创新城市对外传播生态和创建城市品牌格局的生动实践。通过社会各界的广泛参与，积极展现耄耋老人对创新城市对外传播生态和创建城市品牌格局的期盼，年轻人对创新城市对外传播生态和创建城市品牌格局的坚守，未成年人对创新城市对外传播生态和创建城市品牌格局的渴望，外来人口对创新城市对外传播生态和创建城市品牌格局的理解等典型实践。相关单位和部门也应充分发挥自身的优势和特长，通过法规实施、舆论导向、政策激励、制度安排、日常管理等举措，提供创新城市对外传播生态和创建城市品牌格局的实践条件，营造创新城市对外传播生态和创建城市品牌格局的良好氛围，形成推进杭州都市圈城市品牌建设的强大合力。

（三）重点导向

一是以人为本、有序引导。立足市民群众提高生活品质和幸福感在城市品牌塑造上的需求，通过广泛组织开展各种实践活动，持续提高市民群众的人文素养、科学素质和创新能力；通过建立覆盖广泛的品牌塑造体系，不断加快提升市民的品牌创新意识，促进品牌建设成果更好地惠及全体市民。

二是组织领先、全面推进。广泛建立和不断优化城市品牌建设党组织、机关、企业、学校、社区、乡村和家庭等责任主体。以推进品牌建设党组织和机关为龙头，引领全局；以推进品牌建设区、县（市）为重点，培育先锋；以推进品牌建设企业、学校、社区、乡村为起点，辐射城乡；以推进品牌建设家庭为细胞，夯实基础。

三是统筹规划、分类指导。根据各市和各区、县（市）的社会经济发展水平和文化教育现状，重点围绕品牌建设内容、要求、方法以及创新重点、创新难点和解决方案等，制定好规划和实施方案，积极稳妥地推进城市品牌建设。坚持从实际出发，注重因地制宜，针对不同年龄、不同职业、不同文化层次的人群特点需求，加强分类指导，积极设计形式多样的城市品牌创新载体。

四是示范引导、全民参与。充分发挥各级党组织和党员领导干部的榜样示范带动作用，以干部工作作风的转变和品牌意识的增强，带动全社会学习和创新城市品牌之风的提升，调动市民参与自主创新城市品牌的积极性，提升市民的主体意识和参与程度，推动人人自觉学习、参与、关心、践行杭州都市圈品牌建设局面的形成。

五是学以致用、贵在创新。推进杭州都市圈品牌建设要务求实效，避免形式主义。要围绕促进本地本单位的中心工作和科学发展，紧扣实现市民群众的自身价值和理想抱负，更新思想观念，创新工作方法，挖掘城市品牌“看点”“卖点”。倡导城市品牌建设与创业相结合、城市品牌建设与工作相融合，以城市品牌建设激发创新热情，以创新带动城市品牌建设。

六 加快推进杭州都市圈品牌塑造的对策建议

（一）健全组织架构，构筑品牌外宣大格局

一是加强组织领导。建设全方位、多层次、宽领域的大外宣格局，既是党中央从国际国内形势和对外宣传工作实际出发做出的一项重要决策，也是杭州都市圈品牌塑造工作实现可持续发展的必由之路。杭州都市圈要牢固树立“品牌外宣一盘棋”的思想观念，充分发挥政府的主导作用，加强宏观统筹指导，形成由杭州都市圈工作领导小组统一领导、杭州都市圈合作发展协调办公室统一协调、涉外部门各尽其责、社会各界积极参与的大品牌外宣领导体制和工作机制。

二是强化规划推动。各级党委、政府尤其是宣文系统单位应注重对对外宣传资源的宏观布局、层次结构、发展模式和要求的系统规划，建立健全规划实施的体制机制，制定完善规划实施的政策措施，积极培育、打造城市国

际化和区域一体化背景下城市对外宣传工作的新品牌、新载体，切实提升对外宣传大格局的集聚效应和开发效益。

三是注重资源整合。立足城市国际化发展定位和杭州都市圈区域特点优势，明确对外宣传格局发展思路，整合旅游、经贸、文化、教育、科技、体育、新闻出版、涉港澳台侨等各地各部门的对外宣传资源，凝聚各方智慧力量，积极抓好品牌宣传格局构建过程中各类典型案例和先进经验的挖掘和培育，在全市上下形成重视、培育、关心对外品牌宣传工作的共识，构建对外品牌宣传的强大整体合力。

（二）建立健全机制，激发市民创建热情

一是建立激励机制。进一步完善杭州都市圈品牌建设的阶段性目标、重点任务、具体措施、工作重心和实施步骤，不断完善各类品牌主体创建工作的评估标准和指标体系；建立健全有利于公平竞争的优秀品牌培养和选树制度，凸显群众参与性、实践贴近性、活动创新性在优秀品牌培养、选拔、宣传等工作中的作用；加大向优秀品牌或有培养扶植潜力的城市品牌的政策倾斜力度，通过召开先进城市品牌创建示范单位、先进个人表彰大会，以及授予光荣称号和嘉奖等方式，建立和完善城市品牌创立、培植、外宣、推广等激励机制。

二是完善投入机制。坚持“有形之手”与“无形之手”并用，进一步完善政府投入引导机制，加大政府投入力度，充分发挥财政资金“四两拨千斤”的作用，积极引导、鼓励企业和社会组织加大投入，参与城市品牌的建设、运行和管理。各市和区、县（市）要把建设城市品牌所需的经费纳入财政预算，安排专项经费，用于开展城市品牌塑造工作的各项创建活动，按照财政适度增长的比例，逐年增加经费投入，确保投入稳步增长。鼓励社会力量投资，要通过各种政策和方式，鼓励各类社会组织和广大市民群众增加对品牌创新的投入，鼓励社会各界对建设城市品牌工作的公益性捐赠，各项捐赠经税务机关审核后，对捐赠主体给予一定的政策倾斜，享受相关优惠政策。

三是健全考核机制。杭州都市圈工作领导小组要加强对品牌创建活动的督促检查，根据实际情况，不断完善品牌创建工作组织和个人的考核激励机制。建立主要领导“第一责任人”制度，实行目标管理，把创建城市品牌的任务层层分解落实到各地各部门，纳入目标考核范围，把创建工作实效作为“一把手”及主管领导考核的重要内容之一。同时，要把城市品牌创建活动与创建文明单位、文明行业、文明社区、文明村镇等活动结合起来，定期开展考核评比，确保工作落实。制定各类品牌创建主体绩效评估体系，通过定期评选品牌创建先进机关、先进企业、先进学校、先进社区、先进家庭、先进村组等活动，并给予一定的精神和物质奖励，不断激发创建热情。

（三）创新培育方式，接轨国际市场

一是精心选择外宣内容，把握传播重点。近年来，杭州都市圈十分注重经济社会发展和核心价值体系建设的对外宣传，积极回应国内外舆论关切。特别是杭州的“最美妈妈”吴菊萍、“最美司机”吴斌、“最美爸爸”黄小荣等道德楷模的涌现，不仅成为国内媒体报道的热点，引起了众多境外主流媒体的关注，而且城市的主流价值观也得以弘扬。下一步，杭州都市圈要继续围绕建设“美丽中国”“三城三区”“智慧城市”“信息经济”等，把握城市发展大局大势，挖掘城市内涵特质，向世界发出杭州都市圈声音，讲述杭州都市圈故事，展示杭州都市圈风采。

二是寻求杭州都市圈元素的国际表达，增强传播实效性。正确的思想、真实的内容，如果不借助形式技巧做羽翼，也难以实现广泛的到达和久远的传播。事实证明，如杭州旅游车体广告投放海外和城市形象宣传片在纽约时报广场播放等，就是利用文化进行国际传播的成功案例。要强化受众意识，深入研究海外受众的思维习惯、接受理念和理解方式，根据不同国家、民族、地区受众的特点要求，寻求多元文化的共同点和切合点，用外籍人士喜闻乐见的语言体系和表达方式塑造形象，从而实现杭州都市圈元素的国际表达。

三是搭载新媒体的“高速列车”，抢占传播先机。当下，新兴媒体、新

兴数字终端不断涌现，新兴技术不断推陈出新，也为改进对外传播手段带来难得的机遇。要加快新旧媒体融合，积极搭载新兴媒体的“高速列车”，找准结合点，寻找突破口，抢占发展先机。在加强杭州网外语频道、杭州英文门户网站（www. HiCenter. cn）、19 楼等网站对外传播能力建设的同时，深入与新华网、人民网、中新网、国际在线等知名网站的合作，使之成为杭州都市圈对外宣传的网上平台。此外，还应积极拓展海外社交媒体的传播渠道，并通过手机快报、移动终端、数字出版、动漫影像等新兴媒介，让更多的海外受众在新媒介中感知杭州都市圈的独特魅力，使城市形象传播得更快、更深、更远。

（四）完善发展载体，搭建高端合作平台

一是承办具有国际影响的活动，塑造对外形象。近年来，杭州作为杭州都市圈的核心，通过承办女足世界杯分赛区比赛、第六届“中国－拉美企业家高峰会”、世界文化大会，以及参与上海世博会等，借台唱戏，有效地提升了城市的知名度和美誉度。下一步，要在继续办好西博会、动漫节、国际日、市民摄影节、华赛等活动的同时，积极争取国际重大节庆、会展、赛事活动的举办权，尤其要注重 G20 国际峰会、2020 年亚运会等国际性活动的宣传推广工作，更响亮地发出杭州以及杭州都市圈声音。

二是依托国内外权威新闻出版等平台，拓展外宣渠道。要积极挖掘杭州都市圈的城市特质，围绕杭州的东方休闲之都、生活品质之城、联合国人居奖、国际花园城市、投资环境最佳城市、全球以及中国最受欢迎的旅游目的地之一等，湖州的中国南太湖“鱼米之乡”“山水清远，生态湖州”等，嘉兴的“越韵吴风，红船绿城”等，绍兴的“水城越都，人文绍兴”等国际名片，进一步加强与《人民日报》、央视、新华社、国家外文局、《上海日报》、浙报集团、浙江卫视等中央、上海、省级新闻出版机构及境外机构的合作，利用其在海外的资源和渠道，合作制作推广城市品牌精品，实现城市形象的高平台运作和高效率传播。

三是深化与国际友城的合作，打开传播新窗口。要进一步发挥杭州都市

圈的独特区位优势，集聚要素条件，积极借鉴北京、上海、广州、深圳等地区域一体化发展的典型经验和成功做法，加大与国际友城尤其是世界知名城市的交流合作力度，使杭州都市圈城市形象走进友城民众的生活，走入国际视野。

（五）优化发展环境，形成整体合力

一是加强舆论引导。要认真做好创建城市品牌的思想动员工作，强化舆论引导，提高市民共识，把思想统一到中央和省委、市委关于“品牌共享”的具体要求上来。要创新形式、注重宣传实效。要围绕杭州都市圈城市品牌建设工作的中心和重心开设专栏，组织专家撰写刊发一批研究城市品牌塑造的高质量的重点理论文章；要注重宣传策划，突出贴近需求，通过广播、电视、报刊、大型公益广告、宣传栏、宣传窗、墙报、黑板报等多种形式载体，及时、准确、充分地展示城市品牌塑造的新举措、新典型和新经验，营造品牌创新的浓厚氛围。要积极推进杭州都市圈网站建设，通过网站的宣传和引导，激发市民的品牌创新热情，通过网站资源建设，为市民提供丰富多彩的品牌建设内容和功能。同时，各级领导干部要认真贯彻中央和省委、市委关于“品牌共享”的部署要求，把品牌塑造作为一种修养、觉悟和境界，率先垂范参加各种创建活动，并努力成为先进型的城市品牌塑造领导班子和领导干部。

二是打造外宣主阵地。要充分发挥政治外宣、经济外宣、文化外宣、民间外宣等外宣载体的独特作用，在全市经济、文化、教育、科技、旅游、人才、体育等多边国际活动中加快“走出去”步伐，注重城市形象和城市品牌塑造的对外传播与经贸洽谈、文化交流、旅游推介、招才引智等活动的有机结合。着力实施全球引才“521”计划，赴海外引进高层次创业创新人才时，主动推介杭州都市圈宜居宜业的创业环境。尤其要针对重点国家和地区加大经贸往来，积极宣传杭州都市圈的投资环境，并在出国留学和举办各类文化艺术活动过程中，春风化雨、润物无声地把城市形象带到异国他乡。

三是营造良好环境。要积极营造良好的政策环境，尽快制定本市有关促

进城市品牌塑造的地方性法规，明确政府、企事业单位、社会团体和个人的权利、义务、责任、分工，推进实现各级各类品牌塑造主体之间的纵向衔接和横向沟通，推动政府层面和非官方层面品牌塑造活动的相互融通与相互渗透，通过强化市场作用和营造竞争环境，引导和推动人们自觉深入理解品牌塑造精神实质，不断提升品牌创新能力。各行各业都要根据各自的特点和优势，开展一系列丰富多彩的品牌塑造主题性活动，增强全市人民的品牌意识和责任意识，不断强化自身品牌塑造和形象提升的动力。

参考文献

翁晓丽：《全国地级以上城市国际化水平演变研究》，《中山大学学报》2007 年第 2 期。

顾朝林：《经济全球化与中国城市发展：跨世纪中国城市发展战略》，商务印书馆，2010。

周振华、陈向明：《世界城市：国际经济与上海发展》，上海社会科学院出版社，2010。

徐康宁：《南京与杭州城市竞争力比较研究》，《南京社会科学》2002 年第 9 期。

谢守红、宁越敏：《世界城市研究综述》，《地理科学进展》2004 年第 5 期。

王发明：《城市国际化水平综合评价指标体系的构建》，《决策参考》2009 年第 3 期。

张可云、项目：《中国省会城市国际化水平比较研究》，《地域研究与开发》2011 第 8 期。

薛德升、孙丽萍、李志刚：《广东城市国际化发展的水平与过程研究》，《地理科学》2006 年第 5 期。

余丹林、魏也华：《国际城市、国际城市区域以及国际化城市研究》，《国外城市规划》2003 年第 1 期。

李国华、刘文俭：《衡量城市国际化发展进程的基本指标体系研究》，《青岛大学师范学院学报》2000 年第 17 期。

B.14 信息经济背景下县域经济融入都市圈研究

李小明*

摘　要：在信息经济发展的背景下，杭州都市圈的县域经济正快速向中心城市融合，逐步形成了圈带经济型结构。本文通过调研与查找搜集了相关资料，在此基础上分析了县域经济融入杭州都市圈的现状，阐述了信息经济时代杭州都市圈的县域经济规模、经济结构、产业结构及其空间布局。在整理分析相关数据的同时，对县域 GDP 增长趋势、产业结构演变趋势等进行了预测分析，提出了当前县域经济融入杭州都市圈面临的主要问题，并结合国内外都市圈经济发展的经验启示，认为县域经济融入杭州都市圈需要大力发展以信息产业为主的现代服务业，强化县域之间的产业协作，打破“制度壁垒”，推进传统产业结构调整和转型升级，实现人才、资本、技术等要素的集聚。

关键词：信息经济　县域经济　杭州都市圈　经济融合

随着互联网技术的不断进步，信息经济迎来新的发展机遇，以软件技术为支撑、以云计算和大数据为核心的信息产业正改变着传统经济格局。

---

* 李小明，绍兴文理学院经济与管理学院讲师，博士研究生。

在这种背景下，用信息技术改造升级传统产业，实现信息化和工业化深度融合，已成为加快实现工业化和现代化的必然选择。目前，杭州是全球电子商务龙头企业阿里巴巴、物联网领军企业海康威视、网络设备制造企业华三通信的总部所在地，信息化应用较为领先，信息技术研发具备了一定的优势，为杭州发展智慧经济打下了坚实的基础。在此契机下，各县域要以信息经济、智慧经济为突破口，推动县域生产要素的自由流动，加速融入都市圈经济，并按照各自竞争优势实现分工与合作，从而形成一种“经济圈带”网络体系。

一 信息经济背景下县域经济融入杭州都市圈的现状分析

（一）杭州都市圈信息产业发展分析

随着经济结构的不断调整，信息化和信息产业发展越来越快，将成为经济增长的新引擎。作为杭州都市圈经济发展的核心城市，杭州进一步整合各类资源，推动各类要素向“十大工程”倾斜，进一步支持信息化和信息产业的发展。下面就杭州、绍兴等城市的信息产业发展情况进行深入分析。

杭州信息产业的发展情况。杭州是国家软件、电子信息产业基地和电子商务发展中心，信息化建设和信息产业发展迅速。信息软件产业 2014 年实现增加值 1060.16 亿元，增长 56.2%；电子商务实现增加值 1261.74 亿元，增长 220.4%。2015 年上半年，杭州信息经济继续保持较快增长，其中规模以上企业实现主营业务收入 2236.08 亿元，增长 21.7%。从各产业分类看，软件与信息服务、数字内容和电子信息产品制造产业收入规模较大，分别达到了 1266.62 亿元、889.32 亿元、844.39 亿元；从增长速度来看，数字内容、软件与信息服务、移动互联网及电子商务产业增幅较高，分别达 58.4%、37.0%、36.6% 和 33.9%（见表 1）。

表 1　2015 年上半年杭州信息经济主要经济指标情况

产业名称	规模以上企业主营业务收入（亿元）	增幅（%）
电子商务产业	553.31	33.9
云计算与大数据产业	613.57	19.7
物联网产业	360.23	15.9
互联网金融产业	—	—
智慧物流产业	138.24	4.9
数字内容产业	889.32	58.4
软件与信息服务产业	1266.62	37.0
电子信息产品制造产业	844.39	4.9
移动互联网产业	466.17	36.6
集成电路产业	48.01	3.8
信息安全产业	170.72	6.9
机器人产业	21.50	8.7
合计（剔重）	2236.08	21.7

资料来源：杭州市 2015 年统计公报。

杭州、湖州、嘉兴、绍兴四市与信息产业密切相关的新兴产业情况，主要是从生物制药、先进装备制造、电子信息以及新能源、新材料四个方面来进行统计与描述。

表 2　2015 年上半年杭州都市圈市域城市主要信息相关产业总产值

单位：亿元

都市圈市域城市	生物制药	先进装备制造	电子信息	新能源、新材料
杭州	61.20	355.51	101.92	6.84
湖州	51.38	204.36	55.63	487.86
嘉兴	48.27	365.28	37.69	25.56
绍兴	112.87	566.16	21.79	482.12

资料来源：根据浙江省 2015 年各市统计公报数据整理而来。

从表 2 可以看出，2015 年上半年，杭州市生物制药产业实现总产值 61.20 亿元，先进装备制造产业实现总产值 355.51 亿元，在电子信息产业方面，在四城市中排名最前，总产值达到 101.92 亿元，这说明杭州在电子信息方面走在了最前面。新能源、新材料产业共有 8 家企业，累计实现工业总产值 6.84 亿元，同比增长 3.3%，较一季度回升 12.3 个百分点。绍兴的生物制药和先进装备制造产业分别实现产值 112.87 亿元和 566.16 亿元。而湖州在新能源、新材料方面的产值最高，达到了 487.86 亿元，这说明湖州在新能源、新材料方面做得相对较好。

（二）县域经济的发展情况

1. 县域经济规模、经济结构分析

杭州都市圈县域经济在“十二五”期间取得了新的突破。2015 年上半年，杭州五县市（桐庐、淳安、建德、富阳、临安）实现地区生产总值 833.48 亿元，按户籍人口 255.79 万人计算，人均 GDP 为 65169 元，换算成美元约为 10249 美元。根据国际经济发展规律，人均 GDP 达 1 万美元，其经济发展将会进入一个转型期。因此，杭州周边五县市将会在经济增长速度、产业结构等方面进行调整。另外，数据资料显示，杭州都市圈内的德清、安吉、海宁、桐乡、柯桥（绍兴）、诸暨六县市经济发展强劲，2014 年生产总值分别为 367.50 亿元、284.50 亿元、669.09 亿元、614.36 亿元、1138.08 亿元、981.12 亿元。在杭州市不断把提高第三产业比重作为发展重点的同时，有些第二产业需要都市圈内的县域来进行承接，因此县域经济中第二产业发展较快，对 GDP 的贡献比较大。2014 年桐庐、淳安、建德、富阳、临安、德清、安吉、海宁、桐乡、柯桥、诸暨等县域第二产业增加值分别达到了 172.13 亿元、76.27 亿元、161.30 亿元、316.59 亿元、233.88 亿元、206.24 亿元、137.28 亿元、379.81 亿元、320.35 亿元、630.69 亿元、533.32 亿元。在未来的 5 年内，杭州周边的县域将迎来工业化发展的最好时期，会成为杭州都市圈工业化发展的主战场。

杭州都市圈县域经济发展的重心在于发展工业以及相应的现代服务业。为此，从 2008 年后，周边县域城市开始加快产业结构调整，逐步调整为“二三一”产业结构模式。从 2014 年的统计数据可以看出，杭州周边 11 个县域大力发展以现代服务业为主的第三产业。富阳、临安、德清、安吉、海宁、桐

乡、柯桥、诸暨等县域第三产业的增加值都超过了 100 亿元，分别为 244.95 亿元、160.29 亿元、140.92 亿元、121.53 亿元、266.53 亿元、264.82 亿元、474.47 亿元、398.71 亿元，平均增长速度超过了 9%，呈现强大的发展潜力。

2. 县域经济水平分析

县域经济水平主要表现为县域经济的人均水平。下面从人均 GDP、人均工业增加值、人均社会消费品零售额、人均储蓄存款、城镇居民人均可支配收入、农村居民人均纯收入六个方面来对杭州都市圈 11 个县域城市的经济实力与人民生活水平进行比较分析（见表 3）。

表 3　杭州都市圈县域经济人均水平情况

杭州都市圈县域	人均 GDP（元）	人均工业增加值(元)	人均社会消费品零售额(元)	人均储蓄存款(元)	城镇居民人均可支配收入(元)	农村居民人均纯收入(元)
桐庐	75188	38119	28739	81418	36366	20627
淳安	41912	12693	13954	56625	30559	13278
建德	58695	28876	18326	55335	35117	18295
富阳	90809	43806	25640	130801	39954	22840
临安	81701	40827	26639	81858	37860	21578
德清	84226	44101	27696	106325	39516	22820
安吉	61470	26943	24276	73098	37963	21562
海宁	99647	48964	45119	154178	44887	25786
桐乡	89718	41005	39118	126259	41438	25195
柯桥	176077	85609	32356	221927	46809	26743
诸暨	90976	42065	29265	106016	45790	25583

资料来源：根据《浙江统计年鉴（2015）》以及 11 个县市统计年鉴整理得来。

从人均 GDP 来看，除了淳安只有 41912 元外，其他的县市都超过了 50000 元，排在前 5 位的有柯桥、海宁、诸暨、富阳、桐乡，其中柯桥最高，达到了 176077 元。

从人均工业增加值来看，柯桥、海宁、德清、富阳、诸暨的绝对值较高，说明这 5 个县市工业发达，尤其是柯桥，人均工业增加值达到了 85609 元，是典型的工业强县。

从人均社会消费品零售额、人均储蓄存款、城镇居民人均可支配收入、农村居民人均纯收入来看，柯桥、诸暨、海宁、德清、桐乡、富阳的人均水平较高，说明这些县市生活较为富足，消费能力与支付能力较强；而人均水平较低的淳安也分别达到了 13954 元、56625 元、30559 元、13278 元，均高于全国县与县级市人均水平。

（三）县域经济融入都市圈布局概况

1. 县域经济融入都市圈经济的空间布局

县域经济要融入都市圈经济，需要在空间上进行合理布局。下面我们根据杭州都市圈县域地理位置、核心区以及周边其他城市的区位图来进行分析。杭州都市圈从地理位置上可分为三层：核心圈、内圈、外圈（见图 1）。

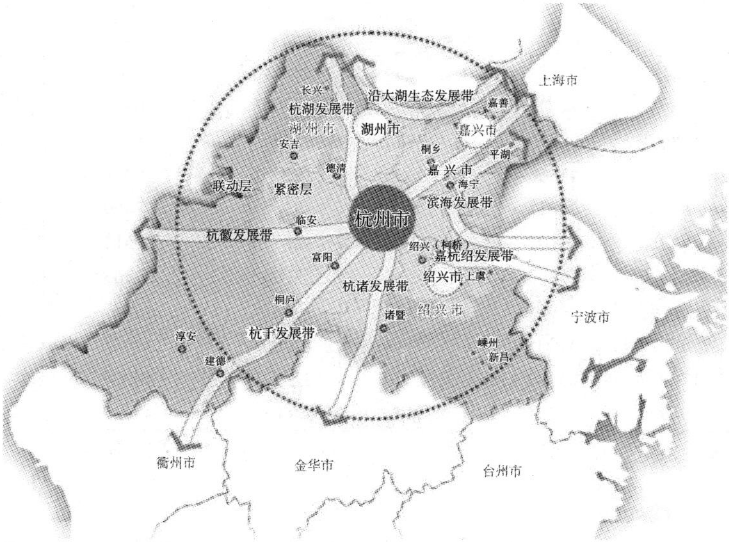

图 1　县域经济融入都市圈经济的空间布局

核心圈。主要是由杭州老城区（上城区、下城区、西湖区、拱墅区、江干区、滨江区）、余杭区以及萧山区组成的杭州城区。

内圈。主要包括三个副中心城市，即湖州市区、嘉兴市区、绍兴市区。

外圈。杭州市域五县市（桐庐、淳安、建德、富阳、临安）及德清、安吉、海宁、桐乡、绍兴、诸暨与杭州相邻的六县市为紧密城市圈。

从图1来看，杭州都市圈有比较合理的城市规模。形成了以杭州城为核心圈、周边县域为内圈和外圈的环状组团式城市发展格局，带动湖州、嘉兴、绍兴三大副中心城市的共同发展，形成了七个发展带，即滨海发展带、嘉杭绍发展带、杭诸发展带、杭千发展带、杭徽发展带、杭湖发展带、沿太湖生态发展带，让杭州都市圈城市规模更加合理。另外，杭州都市圈与其他县域有快捷的交通体系，铁路、高速公路及航道方面正在加快建设，完善杭黄铁路项目（浙江段）、杭平申线航道（浙江段）、杭州湾跨海大桥北接线二期、钱江通道北接线工程、杭绍台高速、杭州至海宁城际铁路、杭州至柯桥城际轨道交通规划建设、杭州绕城高速西复线、京杭运河浙江段三级航道整治工程等，构建智慧交通、“经济圈一小时”的交通系统，为县域经济融入杭州都市圈经济创造了便捷的通道。

2. 县域经济融入都市圈经济的产业布局

杭州都市圈的县域经济发展迅速，并且在都市圈核心区的产业承接方面已经逐渐步入轨道。产业结构在不断进行调整，逐渐融入杭州都市圈的发展中。杭州作为都市圈经济发展的龙头，其经济地位以及经济发展都占有重要的地位。2015年上半年杭州市的总产值达4498.75亿元，占都市圈总产值的49.22%，并且它的三次产业结构为2.94∶39.25∶57.80。从产业结构来看，杭州市第三产业所占比重为57.80%，超过第二产业18.55个百分点。三次产业结构与之相近的是淳安，淳安根据其地理优势以及资源优势主要发展第三产业，如旅游业、文化创意产业、信息产业等，因此淳安的第三产业比重较高，达到了44.61%。淳安的第一产业所占比重在所有县市中也是最高的，达到了15.68%，这是因为淳安的自然资源条件比较独特，茶业、渔业较为发达。而其他10个县域城市都是第二产业比重远远高于第三产业，特别是桐庐、富阳、临安、德清、海宁、柯桥的第二产业比重超过55%，成为名副其实的“工业强县”，有效地完成了对杭州第二产业的承接。

从杭州与各县域城市主要产业的比较分析来看，杭州主要发展先进装备制造、信息软件和信息技术服务、电子商务、金融、房地产、旅游、文化等产业，而其他县域城市则主要发展制造、纺织、化学化工、橡胶塑料、加工等产业（见表4）。

表4　2015 年杭州市和都市圈 11 个县域城市主要产业

杭州和都市圈县域城市	主要产业
杭州	装备制造、医药化工、信息软件和信息技术服务、电子商务、纺织、金融、房地产、旅游、文化创意
桐庐	针纺织、皮革、新能源、生物医药、装备制造
淳安	装备制造、食品饮料加工、文化创意、旅游、信息软件
建德	化学原料及化学制品制造、橡胶塑料、纺织
富阳	有色金属冶炼、造纸、机械制造、金属制品
临安	装备制造、化学化工、电子信息、纺织
德清	有色金属冶炼、纺织、医药、化学化工、金融
安吉	家具制造、木竹藤加工、化学化工、装备制造
海宁	皮革、纺织、家纺、光伏、批发和零售
桐乡	毛纺针织、化纤、丝绸服装、皮革、建筑材料
柯桥	轻纺、服装家纺、橡胶塑料、装备制造、房地产、金融
诸暨	纺织、服装、装备制造、包装塑料、化学化纤

资料来源：根据浙江省 2015 年各县市统计公报整理。

杭州都市圈产业基本上呈现三个圈层分布，核心圈主要发展以先进装备制造、信息技术和信息软件、电子商务、金融、旅游以及文化创意等为主的“十大产业”。内圈主要发展制造、医药化工、纺织、化学化工、橡胶塑料等。外圈则根据各地的优势或特色发展制造、纺织、服装、皮革、化工、冶炼加工以及农业等（见图 2）。

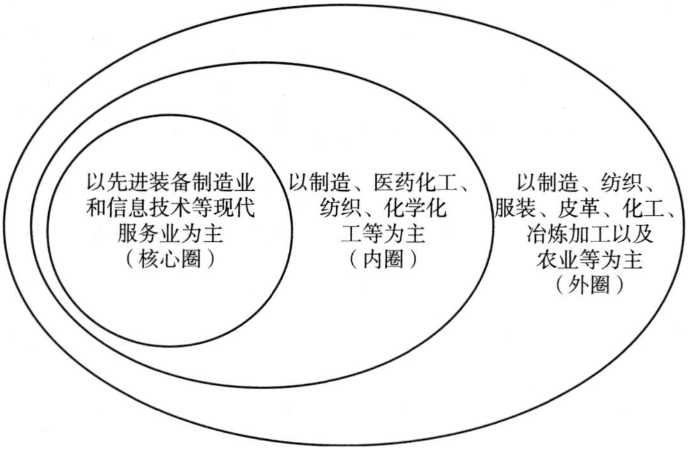

图 2　杭州都市圈产业空间分布

二　县域经济融入都市圈的发展趋势预测分析

（一）都市圈县域 GDP 增长趋势预测分析

县域经济的增长高度依赖第二产业与第三产业的增长，因此县域 GDP 可以通过建立第二产业与第三产业的关系模型，预测各县域的 GDP 发展趋势。利用各县域 2006～2014 年的历史数据，建立相应的计量经济回归模型。下面以桐庐 GDP 预测模型为例。

桐庐 GDP 预测模型为：

$$GDP = 5.459 + 1.032I + 1.108T$$

表 5　系数表

模型	变量	B 值	标准差	贝塔系数	P 值	
1	常数项	-21.779	7.383	—	-2.950	0.026
	I	1.831	0.061	0.997	30.256	0.000
2	常数项	5.459	0.921	—	5.928	0.002
	I	1.032	0.023	0.562	45.083	0.000
	T	1.108	0.031	0.442	35.484	0.000

注：$R^2=0.997$。

其中，I 为第二产业增加值，T 为第三产业增加值。$R^2=0.997$ 很好地解释了模型的拟合优度很好，修正的可决系数超过了 0.9。从表 5 中可以看出，模型 2 中参数系数的检验值都为 0，说明模型是显著的。因此，可以根据上述模型利用第二产业、第三产业对桐庐的 GDP 进行预测，第二产业、第三产业可以根据增长速率为 6.5%～11.5% 进行预测。其他县域城市依次运用这样的方法分别预测未来 6 年的 GDP 情况，预测结果见表 6。

表 6　杭州都市圈 11 个县域城市 GDP 预测

单位：亿元

县域城市	2015 年	2016 年	2017 年	2018 年	2019 年	2020 年
桐庐	315.99	336.79	358.98	382.66	407.93	434.90
淳安	199.66	214.52	230.62	248.07	266.98	287.49
建德	308.93	329.56	351.60	375.16	400.34	427.26
富阳	638.41	677.58	719.18	763.37	810.31	860.17
临安	465.35	495.99	528.69	563.58	600.81	640.55
德清	390.11	420.37	453.12	488.56	526.92	568.43
安吉	308.30	331.40	356.22	382.89	411.53	442.31
海宁	722.57	771.53	823.83	879.69	939.37	1003.11
桐乡	659.26	706.59	757.37	811.84	870.27	932.94
柯桥	1224.35	1310.33	1402.34	1500.79	1606.13	1718.84
诸暨	1049.36	1131.96	1221.14	1317.44	1421.43	1533.71

根据表 6 的 GDP 预测结果，可以计算得出杭州都市圈 11 个县域城市的总 GDP 预测结果，并用直方图来表示其增长的趋势（见图 3）。

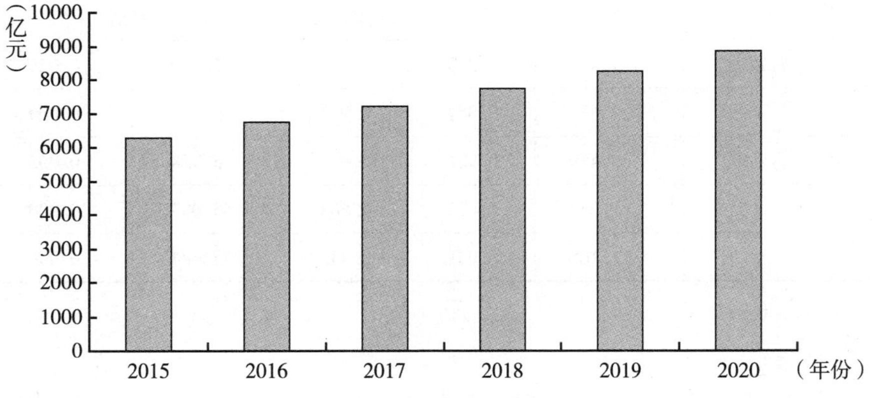

图 3　杭州都市圈县域经济增长趋势

从预测的结果来看，杭州都市圈县域 GDP 的增长处于一个相对稳定的状态，2015 ~2016 年增长速度达 7.5% 左右，2016 ~2020 年增长速度稍微平缓，保持在 6.8% ~7.5%，这种增长速度与国家的宏观调控目标基本一致。

（二）都市圈县域经济产业结构演变趋势预测分析

在稳定的社会结构下，产业结构的变动是平滑而渐进的，产业间的比重总和上一年的这一比值紧密相关，因此可以建立自相关分布滞后模型来进行预测。下面把杭州都市圈 11 个县域 2006～2015 年的数据进行统计预测分析，预测结果见表 7。

表 7　三次产业比重预测值

城市	2016 年	2017 年	2018 年	2019 年	2020 年
桐庐	7. 27∶56. 50∶36. 23	7. 18∶55. 45∶37. 37	7. 10∶54. 40∶37. 50	7. 02∶53. 35∶39. 63	6. 95∶52. 29∶40. 76
淳安	15. 44∶38. 87∶45. 69	15. 11∶38. 15∶46. 74	14. 78∶37. 42∶47. 80	14. 46∶36. 68∶48. 86	14. 16∶35. 93∶49. 91
建德	9. 50∶54. 07∶36. 43	9. 34∶53. 42∶37. 24	9. 19∶53. 17∶37. 64	9. 04∶52. 22∶38. 74	8. 91∶51. 26∶39. 83
富阳	6. 53∶55. 16∶38. 31	6. 48∶55. 09∶38. 43	6. 43∶54. 01∶39. 56	6. 38∶52. 93∶40. 69	6. 34∶51. 85∶41. 81
临安	8. 49∶54. 20∶37. 31	8. 40∶53. 85∶37. 75	8. 31∶52. 80∶38. 89	8. 23∶51. 74∶40. 03	8. 16∶50. 68∶41. 16
德清	5. 55∶56. 54∶37. 91	5. 10∶55. 92∶38. 98	4. 67∶55. 29∶40. 04	4. 27∶54. 64∶41. 09	3. 89∶53. 97∶42. 14
安吉	9. 04∶48. 48∶42. 48	8. 88∶47. 84∶43. 28	8. 31∶47. 40∶44. 29	8. 14∶47. 36∶44. 50	8. 06∶47. 33∶44. 61
海宁	4. 00∶56. 83∶39. 17	3. 98∶55. 95∶40. 07	3. 96∶55. 07∶40. 97	3. 94∶54. 18∶41. 88	3. 93∶53. 30∶42. 77
桐乡	5. 11∶51. 14∶43. 75	4. 83∶50. 29∶44. 88	4. 45∶49. 04∶46. 51	4. 18∶48. 59∶47. 23	3. 31∶48. 03∶48. 66
柯桥	2. 42∶56. 32∶41. 26	2. 34∶56. 01∶41. 65	2. 26∶55. 90∶41. 84	2. 17∶55. 09∶42. 74	2. 09∶54. 28∶43. 63
诸暨	5. 08∶55. 16∶39. 76	4. 47∶54. 68∶40. 85	4. 06∶54. 01∶41. 93	3. 45∶53. 12∶43. 43	3. 15∶52. 44∶44. 41

在经济社会平稳有序发展的前提下，根据上述模型的预测，杭州都市圈 11 个县域城市的第一产业、第二产业产值随年份的增长而增长，但其比重将不断降低，而第三产业产值和比重则预计保持平稳上升的趋势，这基本上能够实现产业结构调整的目标。从表 7 我们不难看出，杭州都市圈县域城市的产业结构在不断优化，如淳安到 2020 年，第三产业比重达到了 49. 91%，远远超过了第二产业的比重。而其他几个以工业立县的城市如海宁、柯桥、诸暨等，第二产业比重不断下降，第三产业的比重逐年上升，产业结构在不断地进行调整。

（三）县域经济融入都市圈趋势分析

通过对杭州都市圈县域经济与产业结构的预测分析，我们可以来预测分析县域经济与杭州的融合情况。对于融合的衡量指标一般有两个。一个是县域经济与中心城市的联系强度，主要包括空间距离以及产业关联度等。如临安、富阳、德清、安吉桐乡、海宁、绍兴柯桥与中心城市杭州的空间距离比较近，并且通过规划，产业结构在不断调整，逐渐实现与中心城市的产业对接。另一个是县域经济的综合实力，主要包括经济总量、人均 GDP 等。在此基础上，可以根据前文的经济总量、产业结构预测，再结合都市圈 11 个县域发展的特点，将它们划分为如表 8 所示的几个类型。

表 8　杭州都市圈县域经济融合比较分析

与中心城市的联系强度				县域经济的综合实力			
空间距离		产业关联度		经济总量		人均 GDP	
远	近	强	弱	大	小	多	少
淳安	临安	淳安	建德	柯桥	临安	柯桥	德清
建德	富阳	富阳	安吉	诸暨	德清	海宁	桐庐
桐庐	德清	临安	桐庐	海宁	桐庐	富阳	建德
诸暨	柯桥	德清	海宁	桐乡	建德	桐乡	安吉
	安吉	柯桥	诸暨	富阳	安吉	诸暨	淳安
	桐乡	桐乡			淳安	临安	

从表 8 不难看出，空间距离近、产业关联度强、经济总量大、人均 GDP 多的县域城市有富阳和柯桥，这说明两个县域城市融入度较高。从未来的发展趋势看，这两个城市受杭州的辐射将会加大，特别是产业方面的承接影响会更大。而临安、德清、桐乡距离杭州较近，产业关联度较强，人均 GDP 较多，具有较强的增长潜力和发展空间，有进一步加速融入杭州增长极的趋势。淳安与杭州的产业关联度较强，特别是在信息、旅游、金融等产业方面能够实现对杭州产业的优势互补。另外，诸暨、海宁、桐庐、建德、安吉处于杭州经济圈的外圈，受杭州中心城市的辐射相对较弱。但是部分城市发挥

了自己的优势和特色，特别是诸暨、海宁、安吉依托现有的地理条件、产业基础、资源优势，不断调整产业结构，有加快融入杭州都市圈的趋势。

三　县域经济融入杭州都市圈存在的主要问题

（一）中心城市辐射能力较弱

在都市圈的分工中，中心城市作为整个区域的经济“增长极”，应以第三产业为主导，促进区域经济发展的良性循环。在都市圈的分工中，中心城市作为整个区域的经济“增长极”，应以第三产业为主导，促进区域经济发展的良性循环。2015 年上半年，杭州实现生产总值 4498.75 亿元，增长 10.3%，为 2012 年以来首次实现两位数增长。其中，第三产业占 GDP 的比重达 57.8%，对杭州市经济增长的贡献率达 78.5%。统计数据表明，杭州产业结构持续调整优化，第三产业已成为其经济发展的重要支撑。然而，杭州与上海都市圈核心城市相比仍具有一定的差距，意味着杭州对周边县域经济发展的辐射拉动能力仍较弱。此外，杭州与绍兴、嘉兴、湖州之间的生产要素流动不强，主要表现在贸易、信息、技术、产业转移等方面。从一定意义上来说，都市圈内县域经济发展不平衡，与中心城市未能充分发挥辐射作用有一定关系。

（二）区域内县域产业结构协调不够

在区域一体化进程中，县域经济合作容易受到“制度壁垒”的影响，使得产业分工和布局缺乏有效的协调，导致基础设施重复建设、产业结构趋同、招商引资恶性竞争等现象严重，不利于都市圈综合竞争力的有效提高。长期以来，各县域都有自己独特的优势产业，并习惯按照自己固有的产业模式和产业分工，使得竞争明显大于融合。以桐乡皮革城为例，桐乡皮革城曾经与海宁皮革城分庭抗礼，如今却在重复建设导致的恶性竞争中衰落，皮革城早已人去楼空，600 多商户损失惨重。从海宁、桐乡皮革市场之争可以看出，建立跨县域型块状经济的区域协调机制，实现产业集群差异化竞争非常必要。

（三）传统产业占比大，产业转型升级困难

各县域的产业大多集中在纺织、装备制造、医药化工等劳动密集型行业，在产业结构偏重情况下转型之路并不顺畅，主要体现在自主创新和绿色低碳上。一方面，自主创新能力不足，核心技术受制于人。如柯桥区的纺织产业，科技创新支撑体系仍不完善，基础研究相对薄弱，尤其是纤维技术水平与国外相比存在明显差距，导致这些纤维在应用中受制于人。再如医药产业，德清县拥有以浙江升华拜克生物股份有限公司为核心的生物医药集聚区，处于比较领先的地位，但由于缺乏自主知识产权的核心技术，以基因药物为代表的高端产品占比不高，甚至还有一些制药企业以仿制药业务为主。另一方面，传统产业存在高物耗、高能耗、高污染的特征，将“绿色低碳”和“节能减排”落到实处成了一大难点。在产业转型过程中，企业规模小、专业化水平低，生产设备老化、工艺落后，环保意识缺失、资源利用浪费等问题，已成为传统产业实现绿色低碳转型的瓶颈。

（四）县域内人才、资本、技术等要素难以集聚

1. 县域内人才短缺

生产要素自由流动是实现资源优化配置以及促进区域协调发展的关键，其中人才资源更是知识经济时代的第一要素。从淳安县的情况来看，全县已有电子商务经营主体近300家，形成了以农特产品、旅游产品、特色工业品为主的电子商务产业体系。不过，电子商务在成为淳安县经济新亮点的同时，人才紧缺也随之显现，尽管政府已将其纳入人才引进紧缺专业目录，但仍无法改变人才供不应求的现状。究其原因，电商人才受到地缘性流动的限制，大部分流向杭州，淳安县对人才缺乏足够的吸引力。

2. 县域内资本市场建设不完善，引资较为困难

从基本市情看，目前县域最大的症结就是资本市场建设不完善、引资较

为困难，很多前景可观的项目也因此不得不搁置，资本难集聚已成为县域亟须解决的一个问题。其一，融资难问题在县域中小企业中普遍存在，主要体现在：金融服务不到位，支持地方经济发展的力度减弱；商业银行门槛高，中小企业申请不到贷款；信用体系建设缓慢，渠道单一狭窄；等等。其二，招商引资软环境不佳，一些部门仍存在政务程序烦琐、服务意识较差、办事效率低下的现象，严重影响了投资商的投资积极性。

3. 科技研发投入不足

科技研发投入相对不足是各个县域普遍存在的问题，严重阻碍了都市圈县域经济潜力的释放。目前，县域科技研发投入主要来自政府、企业的研发经费支出。就县级政府而言，受限于地方财政实力，需要支持公共基础设施建设，不可能投入大量资金到科技研发创新上，使得部分县市投入强度低于全省平均水平，远不能成为技术创新发展的核心驱动力；就企业而言，科技研发投入是一个长周期过程，具有不确定性和风险性，导致很多企业忽视对主业的研发投入，而宁可去找短期盈利项目，利用土地增值、房地产、资金运作等“副业”获利。

四　国内外县域经济融入都市圈的经验借鉴

（一）东京都市圈的经验借鉴

东京都市圈，由于行政区划统计口径的不同，有广义和狭义两种界定。广义的东京都市圈包括东京、千叶、横滨、静冈、名古屋、大阪、神户和长崎，即“一都七县”。狭义的东京都市圈以东京市区为中心，与埼玉县、千叶县、神奈川县共同组成了东京都市圈，即“一都三县”。本文采取“一都三县”狭义划分方法。

日本政府先后制定了5次“首都圈建设规划”，以防止城市中心区过度膨胀，特别是“副都心”思路，将东京都心的功能分散到各个核心城市，实现了由“一极集中”向“分散型多心多核”的空间结构转变。目前东京已形成“七大副都心”（新宿、池袋、涩谷、上野—浅草、大崎、龟户、临海）、“三大新都心”（横滨21世纪未来港、幕张、埼玉）以及建设新城和筑波科学城。例如，新宿是世界著名的商务办公和文化娱乐中心，以新宿车站为中心，分为新宿东口、新宿西口和新宿南口三个商区。新宿东口由以流行时尚名品为主的商业区和以娱乐性为主的歌舞伎町组成；新宿西口聚集了银行、证券贸易、信息、传媒等企业总部，是超高层办公大楼聚集区；新宿南口是信息产业办公和购物中心混合的多功能区域。总体上看，东京在其中心城区和郊区建立了一批各具特色的服务功能区，这种多中心城市发展模式促进了东京现代服务业的集群发展。

此外，交通网络也是东京都市圈形成的重要牵引力。一方面，轨道交通作为公共交通主体，在一定程度上能够缓解城市交通拥堵问题，并支撑着整个东京都市圈的发展。东京拥有世界上最密集的轨道交通体系，主要包括地铁、JR、私铁、新干线等轨道交通工具，这种安全、准时、舒适的出行方式，使人们在都市圈各点之间的流动更为通畅。据统计，仅东京都的区域（东京23区）就通有6条新干线、12条JR线、13条地铁、27条私铁，还有4条其他轨道交通线，共计62条，形成了多层次、多制式的轨道交通网。另一方面，站点与周边用地实行一体化开发。清华大学土木工程系教授陆化普曾指出，东京的TOD（“以公共交通为导向”的城市新型发展）模式之所以成功，最重要的切入点就是轨道交通站点和周边用地的一体化开发。具体而言，以轨道交通为基础，在规划建设中将办公区、住宅区、商业区安排在车站附近，进行综合化、集群化的开发，如六本木和多摩都是TOD新城开发模范。总之，TOD模式不仅能够从根本上缓解交通拥挤，减少对小汽车的使用和依赖，而且能够聚集大量人气，提高现代服务业的集聚发展水平。

（二）上海都市圈的经验借鉴

上海都市圈包括上海、泰州、镇江、常州、无锡、南通、苏州、南京、扬州、嘉兴、杭州、宁波、绍兴、湖州、台州、舟山16个城市。在长三角区域一体化进程中，各个城市的产业分布呈现“垂直分工”的特点，使上海都市圈整体优势明显，并引发增值联动的效应。

其一，上海作为都市圈内的中心城市，资本密集、知识密集型行业优势突出，处在产业链的高端，对都市圈有着显著的辐射作用。长期以来，上海凭借其经济水平和科研基础优势，创新能力处于都市圈的首位，适宜发展以高新技术为核心的高端制造业以及面向整个都市圈的交通运输、金融、房地产等服务业。相关资料显示，2015 年上半年上海市第二产业实现增加值 3877.50 亿元，增长 1.9%；第三产业实现增加值 7970.09 亿元，增长 10.2%。其中，第三产业增加值占全市生产总值的比重达 67.1%，同比提高 2.7 个百分点。可以看出，上海产业结构逐步优化，服务业增长速度快于制造业，基本形成以服务经济为主的产业结构。当然，在服务业比重提高的同时，制造业仍是经济增长的主要动力，推动制造业与服务业融合，是上海产业发展的主流趋势。

其二，南京、杭州、苏州、无锡、宁波等副中心城市受上海的影响较大，制造业基础雄厚且服务业发展迅速。在工业领域，这些城市的制造业处于产业链中端，除了纺织、化工、冶金、制造等传统劳动密集型产业外，还包括资本、知识密集型产业，如新能源、生物医药、电子信息等新兴制造业。在服务业领域，5 个城市也呈现良好的发展态势，如杭州具有文化创意、旅游休闲、商贸服务等优势产业，其中电子商务已成为杭州唯一在全国乃至全球处于领先地位的优势产业，不仅渗透于仓储、物流、快递、信息服务外包等环节，而且覆盖了第一、第二、第三全产业领域。

可见，上海与江浙两地分别作为服务业中心和制造业基地，在产业结构上形成了资源优势互补。江浙两地参与都市圈城市间的分工，凭借土地、人力资本的优势承接上海的产业转移，中心城市上海通过扩散效应把资源、人才、资金、信息等要素带到这些城市，增强其产业发展后劲。同时，在新兴产业发展上，三地都呈现较快的增长趋势，甚至在某些领域江浙两地更具创新力和竞争力。

五　推进县域经济融入杭州都市圈的政策建议

（一）大力发展以信息产业为主的现代服务业，增强中心城市辐射能力

中心城市杭州是都市圈发展的绝对增长极核，将推进以信息产业为主的现代服务业发展作为重点，不断提升其空间集聚和辐射带动能力，为信息经济发展奠定坚实的基础。

一是培育和发展服务业集聚区，提升杭州服务业发展水平。国外一些城市的经验表明，在工业化中后期阶段，服务业就会逐渐取代制造业而成为主导产业。如东京新宿模式体现了服务产业高度集聚、空间布局优化、区位优势明显等特点。为此，在规划布局上，杭州要综合考虑居住、交通、生态、资源等内容，使规划内容更加精细化和数字化，促进“集聚效应”加速释放；在政策扶持上，加大对吸引龙头企业、创新型企业、潜力型企业的培植力度，重视大项目招引和基础设施建设，并对国家级服务业集聚区给予奖励；在招商方式上，引入信息化手段实行多元化招商策略，通过微信公众服务平台、微博营销、官方网站挂图招商、“投资信息”共享平台等方式创新招商工作；在创新能力上，加快创新人才和团队的引进，特别是高端科技人才和信息经济智慧经营管理人才。

二是推动生产性服务业与制造业融合，提升产品附加值。近年来，新一代信息技术逐渐渗透于制造业的各个环节，带动了制造业产业链的重构，服务业和制造业的边界也越来越模糊，建立两者互动融合机制显得尤为重要。一方面，服务业应以制造业需求为导向，加快发展信息软件、电子商务、科技研发、金融服务、现代物流等服务业，促进生产性服务部门从制造业中分离出来，使制造业由低成本竞争向质量效益竞争转变。另一方面，建立数据基础平台和应用平台，实现第二、第三产业的无缝链接。该平台涵盖政府、生产性服务业、制造业等相关的各类信息，为二者的良性互动提供信息共享

和交流沟通的正规渠道，从根本上扭转信息传递困难的局面，极大地拓展了二者的利润空间，提高了增长潜力。

（二）强化县域之间产业协作，打破“制度壁垒”

首先，合理布局县域产业格局。杭州都市圈作为县域经济较发达区域，要打破“一亩三分地”的思维，从“县域经济”向“都市圈经济”转型，可以借鉴上海都市圈区域合作的经验，增强县域之间、县域与杭州之间的有机联系。一方面，在产业布局上，杭州要与周边县域实行产业垂直分工，并引导和促进杭州市区产业特别是制造业梯度转移，逐步形成以高新技术产业为支撑、以现代服务业为主导的高层次“三二一”产业结构；周边县域则主动承接杭州的人口、产业转移，推动工业强镇、工业强县、工业强区做大做强，联动城乡融合发展。另一方面，周边县域要明确自身的战略定位和角色分工，立足“块状经济”与特色产业，特别是那些具有竞争优势的传统产业，政府应把注意力集中在传统产业结构调整和转型升级上，提升传统产业的附加值和竞争力。同时，上一级政府要合理规划县域布局，坚持错位发展，抑制盲目重复建设和盲目竞争行为。

其次，加强都市圈范围内的县域合作，打破行政制度壁垒。县域合作要以工业园区和经济开发区为突破口，形成优势互补和协同发展的区域经济体。诸如下沙与海宁打破行政区划界线，合作开发接壤区；杭州与嘉兴合作共建独山港码头，为杭州提供出海口和开放通道。这一系列举措有效地推进了县域政府间的深度合作。不可否认，县域间合作之所以能够有效开展，在很大程度上是为了获取更大的经济效益。由于各县域在自然资源和经济基础方面存在差异，容易出现利益分配不平衡和不协调的现象。因此，要积极探索合理的利益分配机制，围绕税费统一体制的实施、利益分享比例的协定、相关数据的测算以及利益分享的实施等内容，为县域经济营造平等、有序的合作环境。

最后，加强交通基础设施建设，构建 1 小时交通圈。在现有的钱江通道、杭宁铁路客运专线、杭甬铁路客运专线等交通项目的基础上，尽快推进杭州到临安、富阳、海宁、绍兴柯桥 4 条城际铁路建设，形成以杭州为中心、连接周边各县市的一体化交通运输服务体系，避免出现管理部门各自为政的局面，实现“同城效应”。在此基础上，还要加快互联网与交通运输领域的深度融合，构建大交通数据共享平台。这种“互联网 + 交通”的模式，不仅能够提高交通系统的信息化水平，实现交通与公安、建设、水利等部门的数据共享，而且能够提高都市圈交通管理智慧化水平，推动跨县域交通运输信息互联互通。

（三）推进传统产业结构调整和转型升级

加快县域内高新技术产业发展，促使传统产业与信息化的融合，为传统产业的转型升级提供强劲动力。相对于传统产业，高新技术产业以电子和信息类产业为主，体现了区域科技创新能力和经济发展水平，对传统产业具有较强的技术溢出效应。因此，县域经济发展要以互联网、云计算、大数据等现代化信息技术为突破口，不断创新其产业发展模式，实现生产过程智能化和营销方式智能化。

在生产过程智能化方面，转变高物耗、高能耗、高污染的生产方式，实现传统产业绿色转型。具体而言，培育生态工业园，遵循“回收—再利用—设计—生产”的循环模式，达到提高资源利用率的目的，实现区域清洁生产；推广新一代信息技术和大数据辅助决策，提高产业自动化、数字化、智能化水平，确保全过程、各环节的精准生产与管控；实施生态化技术创新，淘汰落后工艺、设备与材料，将污染物排放量降至最低；加大政策支持力度，通过减免税收等方式对传统产业的环保转型给予补偿，积极鼓励传统产业设备的更新换代，等等。

在营销方式智能化方面，传统产业要向“微笑曲线”的右端突破，实现营销模式的创新。从都市圈的发展情况看，杭州作为国际电子商务中心，具备金融、物流、各类线下园区等优质资源，电子商务产业链呈现良好的集聚效应。因此，各县域要发挥背靠杭州的区位优势，普及电子商务的应用，实现机械制造、纺织服装、精细化工、食品饮料等传统产业的“电商化”。

（四）提升县域综合服务功能，实现人才、资本、技术等要素集聚

人才、资本、技术等生产要素的集聚，需要一个良好的生存和发展环境，只有这样才能够吸引知识和人才集聚。因此，县域要抓住信息经济、智慧经济发展机遇，发挥县域和中心城市之间生产要素的衔接功能，增强县域综合服务能力和要素吸纳力。

首先，以资源整合为主线，构建智慧公共服务体系，不断提高县域人才吸引力。与一、二线城市相比，县域的优质公共服务资源相对不足，不仅在吸引高层次人才方面不具优势，而且往往会造成人才外流现象。所以，县域政府要集聚教育、医疗、养老、社保等公共资源，不断提高政府的公共服务能力和水平，在保障和改善民生上下功夫。以智慧教育为例，通过云计算建立一个数字化教育资源共享平台，加强县域与中心城市之间的教育交流合作，促进都市圈教育一体化发展。我们可以借鉴上海地区的高等教育资源共享机制，依托杭州丰富的教育资源，鼓励杭州优质高等教育和职业教育资源到周边县市举办分校或校区，并建立都市圈内高校学生课程互选、学分互认协商机制。再如在智慧医疗方面，实现县级综合医院信息系统升级，在 HIS 系统（包括门诊划价收费、门诊医生工作站、药房管理、住院管理、护士工作站、财务综合查询等子系统）的基础上，强化 EMR 系统（包括首页、病程记录、检查检验结果、医嘱、手术记录、护理记录等基础性工作），全面提升县域医疗机构日常管理的科学性和有效性。

其次，创新融资机制和招商引资方式，实现县域资本集聚。一是政府要依托互联网技术与金融领域相结合的优势，解决县域中小企业融资难的问题。面对银行融资渠道有限的情况，降低中小企业对银行贷款的依赖性，充分发挥民间融资的作用越来越重要。二是开展电子政务云平台建设，优化招商引资软环境。县域政府可以利用招商门户网站、手机客户端、微信、微博等信息资源，构建多渠道、全方位招商引资综合性信息平台。这个服务平台提供一个资源共享的招商引资信息数据库，包括招商信息发布、投资程序、

项目网上洽谈、项目进程查询、部门招商联动等功能。值得注意的是，信息资源平台建设只是基础，关键还在于政务服务提速上。因此，县域政府可以积极探索网上代办服务，在网络招商系统中开设项目代办服务专栏，申请人只需将相关资料上传到网上，就可以由代办中心提供全程无偿代办服务。

最后，推动科技创新要素集聚，促进县域经济发展。就政府而言，要增加研发经费的投入比重，确保科技投入增长速度高于财政经常性支出的增长速度，并通过直接的扶持资金和间接的财税政策，对企业研发活动给予支持，鼓励和引导企业真正成为研发投入、技术创新和成果运用的主体。就企业而言，应当重视自身的建设，提高科研创新能力。事实上，研发投入是增强企业核心竞争力的关键，对企业发展具有显著的正向影响。不过，这个正向影响存在滞后性，短期内对产出增长并不明显，只有从企业长远发展出发，不断提升技术创新能力，实现产品创新和工艺创新，才能推动产品结构不断升级，在市场竞争中占据领先地位。

B.15
都市圈视域下构建杭州智慧旅游体系路径研究

智慧旅游课题组 *

摘　要：　杭州都市圈范围内旅游资源丰富、交通便利、信息化基础设施建设水平较高。“十三五”期间，杭州都市圈将通过云计算、“互联网 +”、物联网等新技术在推动都市圈旅游业转型升级、加强旅游公共信息服务、积极发展旅游电子商务、加速推进旅游信息化管理体制机制转型等方面不断提升，以智慧旅游带动杭州都市圈区域内城市信息化及智慧城市建设。本文深入分析了智慧旅游及智慧旅游体系的内涵和实践经验，调查研究了杭州都市圈智慧旅游的发展现状及存在的问题，深度解析了杭州都市圈发展智慧旅游的可行性，并在此基础上提出了构建杭州都市圈智慧旅游体系的路径。

关键词：　智慧旅游　主体建设　客体建设　杭州都市圈

美国 IBM 公司于 2008 年首次提出了“智慧地球”的理念，“智慧地球”实际上是智慧方式通过新技术手段来改变交往主体之间相互交流的方式，以提高沟通的效率、确定性及灵敏度。而智慧城市是 IBM 公司“智

* 课题组负责人（执笔）：李阳，浙江理工大学讲师。课题组成员：徐旭初，杭州电子科技大学教授；刘良模，浙江传媒学院讲师；高峰，浙江理工大学讲师；仰滢，浙江理工大学副教授；高永良，浙江理工大学副教授。

慧地球”战略中的重要一环。所谓智慧城市，其实质是通过信息技术支持，利用整合型、系统化的方式管理城市的运行，协调运作城市中的各个功能，从而为扩大城市中企业的发展空间、提高市民生活品质提供支撑。随着信息化时代的到来，“建设智慧城市成为更多城市转变经济发展方式、创建服务型城市的重要抓手”。[①②] 总体而言，智慧城市建设已在我国逐渐兴起。

智慧旅游源自智慧地球与智慧城市，作为其中重要的一环，对其探索也具有重要的理论和实践价值。“智慧旅游是基于云计算、数据挖掘、‘互联网＋’、物联网等新兴技术，促使旅游物理资源和信息资源被激活并高度融合，满足游客个性化需求，为其提供高质量服务，连接游客、旅游行业、公共服务职能部门‘三位一体’的全新旅游业态。其对促进旅游行业转型升级、增强旅游体验、提高旅游行业管理服务水平具有重大意义。”[③] 而智慧旅游体系主要涵盖四大层次，即“技术层、应用层、产业层和关联层”。[④] 其中，“技术层包括信息技术、互联网、物联网、3G、传感技术等；应用层是旅游要素与技术层的融合，包括智慧旅游服务、解决方案、智慧旅游资源分析等；产业层主要包括与智慧旅游相关联的互联网文化创意产业；关联层作为智慧城市的纽带，与智慧交通、智慧物流等模块形成智能化平台”。[⑤⑥]

随着时代的进步和经济社会的不断发展，智慧旅游体系将逐步完善，而这一框架体系从本质上较全面地阐释了智慧旅游体系的内涵，为杭州都市圈智慧旅游的发展提供了较为完整的理论支撑，这不仅有助于对杭州都

① 黄超、李云鹏：《“十二五”期间“智慧城市”背景下的“智慧旅游”体系研究》，《旅游学刊》，2011 年《旅游学刊》中国旅游研究年会会议论文集，2011。

② 沙勇：《国内外智慧城市发展模式对提振“智慧南京”的启示》，《南京财经大学学报》2012 年第 6 期。

③ 张凌云、黎巎、刘敏：《智慧旅游的基本概念与理论体系》，《旅游学刊》2012 年第 5 期。

④ 黄超、李云鹏：《“十二五”期间“智慧城市”背景下的“智慧旅游”体系研究》，《旅游学刊》，2011 年《旅游学刊》中国旅游研究年会会议论文集，2011。

⑤ 黄超、李云鹏：《“十二五”期间“智慧城市”背景下的“智慧旅游”体系研究》，《旅游学刊》，2011 年《旅游学刊》中国旅游研究年会会议论文集，2011。

⑥ 刘军林、范云峰：《智慧旅游的构成、价值与发展趋势》，《重庆社会科学》2011 年第 10 期。

市圈智慧旅游理论框架进行研究，而且丰富了杭州都市圈旅游业运行的实践经验。

一 构建杭州都市圈智慧旅游体系的意义

（一）深入挖掘杭州都市圈发展智慧旅游的可行性

“智慧城市”建设是推动集约、智能、绿色、低碳的新型城镇化发展，带动产业转型升级，改善城镇环境，实现城镇可持续发展的重要途径。而杭州都市圈拥有独特的地理优势，是长江三角洲的“金南翼”，自然资源富集，拥有名山、森林、湿地、江、河、湖、海、溪、潮等旅游资源，生态基础优越，具有巨大的发展潜力。杭州都市圈的“智慧城市”建设正处于发展起步阶段，而“智慧旅游”将成为推动杭州都市圈“智慧城市”建设的重要元素。

杭州都市圈发展智慧旅游，将有利于实现杭、湖、嘉、绍四个城市旅游同城化，让都市圈区域内居民及外地游客在这四个城市都能享受到同等的优质旅游服务待遇，塑造杭州都市圈旅游业的良好形象，拉动区域旅游消费，进一步提升杭州都市圈旅游业的核心竞争力。同时，还有利于优化都市圈区域内城市旅游环境，实现经济、社会及生态“三位一体”协调发展。此外，以都市圈领头城市杭州的旅游产业转型为突破口，构建杭州都市圈智慧旅游体系，将有利于塑造都市圈区域内城市旅游业的国际形象，提升其旅游品牌的综合影响力，进而推动杭州都市圈经济社会发展。

（二）加快推动杭州都市圈旅游业转型升级

现代旅游更注重旅游过程的安全、舒适、快捷。而智慧旅游提升了旅游者旅游全过程的自主性、交互性、个性化及智能化。智慧旅游是我国未来旅游产业的发展方向，智慧旅游及其相关产品为诸多消费者所青睐，前景可观。当下，“我国大多数旅游企业仍属于传统范畴，缺乏系统化的理论指导与应用技术支持，随着市场经济的不断演进，传统旅游企业已难以适应市场需求，亟须转型”。[①][②] 智慧旅游的发展能够满足市场需求，利用新型信息技术，逐步推进传统旅游产业转型升级。

此外，2014 年是国家旅游局确定的“智慧旅游年”，先进的科技信息技术与传统旅游模式发生了深度碰撞和融合，各类在线旅游创业公司纷纷崛起，这也积极地推动了智慧旅游从空泛的概念落地生根为新型的产业形态，引发中国旅游产业新变革，杭州都市圈旅游业也应抓住此次机遇实现旅游业转型升级。

（三）不断提升杭州都市圈智慧旅游及智慧城市信息化水平

智慧旅游的正常运作有赖于基础设施发挥其支撑功能。“云 + 网 + 端”的新基础设施的日益完善为智慧旅游提供了技术支撑。与此同时，智慧旅游也推动了杭、湖、嘉、绍等地智慧城市的发展以及杭州都市圈旅游一体化的进程。

在促进杭州都市圈旅游一体化进程中，信息共享与交流至关重要。随着旅游产业逐渐重视消费者对旅游产品及其服务的满意度，智慧旅游体系的构建将加速推进这一进程，通过收集游客意见信息不断提升旅游信息化服务水平，进而建立起杭州都市圈范围内的城市旅游互惠机制，实现旅游同城化的目标，促进杭州都市圈智慧旅游及智慧城市信息化水平提升。

二　国内外智慧旅游发展现状

（一）国外智慧旅游发展现状

国外许多国家已率先将“智慧城市”的理念植入旅游行业中，如美

① 柏波：《传统旅游企业现代转型的实现路径研究——以成功转型景区为例》，上海师范大学硕士学位论文，2013。

② 舒卫英、周维琼：《宁波旅游业转型升级战略路径研究》，《宁波大学学报》（人文科学版）2011 年第 5 期。

国IBM公司提供了“智慧酒店（Smarter Hotel）”的解决方案，为旅客提供APP、WIFI网络、楼宇自动导航等智慧服务。欧盟主要国家也着力构建覆盖整个欧洲的旅游交通无线网络，提供旅游智能化服务。新加坡的“智慧旅游计划”通过“一站式”注册服务为游客提供个性化的针对信息服务以及交互式的智能营销平台。英、德公司针对游客旅游体验研发了智慧导游手机APP，通过GPS导航技术与路径规划算法，为游客提供全方位的旅游信息服务。比利时的“标识都市”项目，游客只需通过手机扫描该标识，便可获取布鲁塞尔旅游信息。韩国的“ITour Seoul”应用服务系统以定位服务为基点，通过智能手机向游客提供智能化信息服务。

（二）国内智慧旅游发展现状

我国目前已将“智慧旅游”纳入国家旅游发展规划中，并确立了成都、北京、南京、温州、扬州、苏州等多个城市为国家智慧旅游试点市。当下，已有60多个省市计划发展智慧旅游。以江苏省为代表，镇江在2011年便成立了“国家智慧旅游服务中心”（挂靠国家旅游局），“致力于智慧旅游软硬件的研发及市场推广，为国家智慧旅游发展提供先例”。[①] 此外，与江苏省其他7个邻近城市合作搭建起智慧旅游联盟，逐渐形成长三角区域智慧旅游城市群，实现了“点—线—面—网”的发展态势，这对杭州都市圈发展智慧旅游具有重大的参考意义。

而《浙江省智慧旅游建设工作方案》提出主导型项目、引导型项目和示范型项目建设。“该项目包括智慧旅游云计算中心、数字互动及公众信息服务平台、目的地官方手机应用、示范智慧景区、示范智慧酒店、示范智慧旅行社、示范智慧旅游服务商等”。[②] 以宁波为例，“宁波已将辖区内所有旅游信息资源融合，搭建了智慧旅游资源数据库及中央管理平台，成立

---

① 丁风芹：《我国智慧旅游及其发展对策研究》，《中国城市经济》2012年第1期。
② 丁风芹：《我国智慧旅游及其发展对策研究》，《中国城市经济》2012年第1期。

了虚拟化的旅游社区，落实了游客旅游终端查询系统，以便更好地服务于游客”。[①][②]

三　杭州都市圈智慧旅游发展现状及其存在的问题

（一）杭州都市圈智慧旅游发展现状

1. 智慧旅游主体建设之软件服务方面

杭州都市圈旅游业的发展在智慧元素的影响之下，不断完善旅游信息数据库，创新智慧旅游推广方式。以杭州、绍兴为例，目前杭州、绍兴各区、县（市）旅游局及旅游企业都加大了对自媒体营销的投入，建立起自己的微信公众平台、官方微博和杭州 19 楼网、浙江旅游手机报等网络媒体，发布旅游资讯和旅游新产品、旅游优惠信息，通过提供在线咨询、投诉、建议等服务项目提高互动性，通过举办针对网络用户偏好的专题互动活动扩大粉丝群，如摄制了《杭州传奇》《爱在绍兴》等旅游微电影，深受热捧。又如淳安引导旅游企业做好四季主题旅游网络营销，仅 2015 年上半年，千岛湖旅游电商就实现营业收入 1.68 亿元，同比增长约 41%，占全县电商总额的 42%。

同时，对电商平台的推广也加大了力度，杭州都市圈旅游产品销售网店基本覆盖了全国各大主流旅游电商平台。如与携程、同程、百度、优酷等网站合作，开设杭州都市圈旅游销售专区，在销售旅游产品的同时推广杭州都市圈旅游品牌形象；在全国率先开出包含省、地市和县区三级的旅游淘宝旗舰店。

《2014 年浙江省旅游业发展报告》显示，2014 年国内旅游类 APP 下载量增长迅速，安卓平台上携程 APP 12 月的累计下载量比 1 月增长 250.8%，达到 2.13 亿次；去哪儿 APP 12 月比 1 月增长 175.7%，达到 2.00 亿次。以去哪儿、携程、到到等为代表的旅游 APP 都具备非常强大的比价功能，不

---

① 沙勇：《国内外智慧城市发展模式对提振“智慧南京”的启示》，《南京财经大学学报》2012 年第 6 期。

② 沈杨、张红梅、何越：《我国智慧旅游建设的现状与思考》，《甘肃农业》2013 年第 3 期。

仅很好地满足了国内旅游者关于性价比的消费需求，而且也因价格信息和产品信息高度透明且真实可信，既加剧了旅游行业的价格竞争，也刺激了大量的潜在需求转化为现实消费。同时，产品信息的高度透明也刺激了有深度体验需求的潜在旅游者逐渐形成市场规模，通过定制个性化旅游产品来获得满足（见表1）。

表1　2014年1月、12月各类旅游APP（安卓）下载量排名及下载量对比

APP类型	2014年12月			2014年1月		
	APP名称	排名	下载量（万次）	APP名称	排名	下载量（万次）
预定类	携程旅游	1	21283.5	去哪儿旅行	1	7241.2
	去哪儿旅行	2	19967.3	携程旅游	2	6067.8
	同程旅游	3	16395.8	艺龙旅行	3	6067.8
分享类	到到	1	6410.7	面包旅行	1	1081.6
	面包旅行	2	2457.9	到到	2	676.0
	在路上	3	1244.1	在路上	3	496.5
工具类	滴滴打车	1	27636.2	航班管家	1	2634.3
	快的打车	2	22823.6	8684火车	2	1988.7
	航班管家	3	8127.8	超级指南针	1	1223.3
攻略类	旅游攻略	1	3448.1	旅游攻略	1	1223.3
	百度旅游	2	1988.7	大拇指旅游	2	1191.8
	大拇指旅游	3	1234.0	百度旅游	3	974.9

资料来源：劲旅网。

2. 智慧旅游主体建设之公共服务体系方面

（1）杭州都市圈交通线路改革。据统计，2014年，浙江旅游交通条件持续改善，旅游高峰期的道路拥堵情况有所缓解。全省公路通车里程达到11.63万公里，比上年增长0.7%。其中，高速公路里程为3884公里，增长2.6%，占总里程的3.34%，比上年提升0.06个百分点。公路网密度达到114.2公里/百平方公里。铁路营业里程为2310公里，增长13.7%；电气化线路里程为1608公里，增长19.5%，占总里程的69.6%，比上年提升3.4个百分点。在整个发展过程中，交通像主动脉，串起各城市，带动各产业的蓬勃发展。目前，杭州都市圈共规划了 9 条城际铁路，除杭州到临安、富阳、绍兴、海宁 4 条外，还有到诸暨、安吉、德清、桐乡延伸的 4 条线。同时，增加了 1 条连接线，主要联系湖州南浔、桐乡、海宁，形成了“八射一联”的城际铁路网。整个都市圈已经形成了往来便捷的“高铁半小时”“高速一小时”的幸福生活圈，每天有 186 趟高速列车从杭州开往周边三市，平均不到 10 分钟就有一趟，高铁的公交化产生了同城效应，改变着越来越多人的工作生活方式（见图 1）。

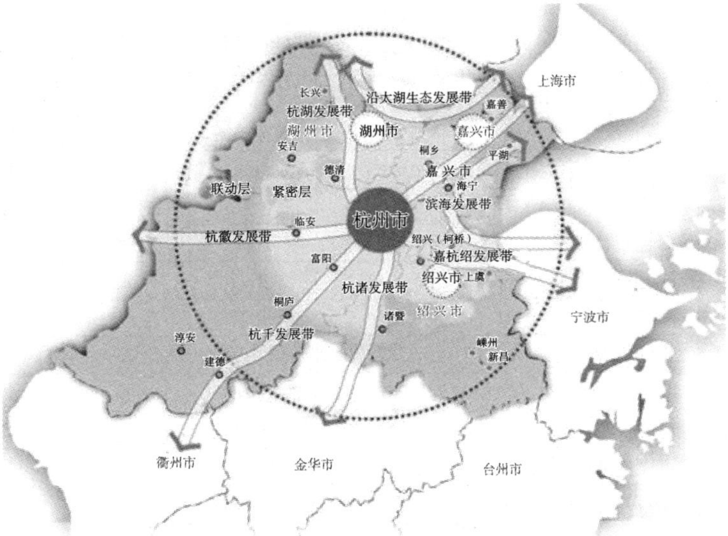

图 1　杭州都市圈城际铁路

开新能源汽车出游也越来越方便，如千岛湖建设了以新能源汽车为代表的环湖自驾智能交通网，增加驿站、停车场、充电桩等，推广绿道、景观长廊、马车人力车特色船舶等特色交通工具。

杭州市民卡作为提供公共服务及便民服务的信息化载体，实现了多卡合一、一卡多用、智能手机互动等便民服务应用。这意味着，杭州市民只要有一张市民卡在手，就可以用于医疗保险，可以乘坐地铁、公交、出租车、水上巴士、道路停车及免费租赁公共自行车，可以去图书馆、公园景点、公共体育场馆等群众文化场所；还可以实现支付功能，支付范围已覆盖杭州的商场、超市、便利店、休闲场所、加油站、汽车服务等领域。早在 2009 年，在杭州都市圈内，就成功实现了杭州—嘉兴两地市民卡（交通卡）的互通互用，嘉兴成为杭州都市圈内第一个与杭州互通市民卡的城市。2013 年底，在杭州市民卡公司与湖州德清县的共同努力下，合作发行了“杭州通 · 都市圈德清卡”。这张卡在适用于德清公共自行车租用的同时，也适用于杭州城区的地铁、公交车、公共自行车、路面停车等公共交通。未来杭州都市圈“一卡通”的努力方向将涉及杭州都市圈的公共交通、医疗健康、公共服务、旅游休闲、小额消费和个人征信等领域，为都市圈市民创造更加便利的生活，并为政府提供信息化、智能化服务平台，推进杭州都市圈社会民生共建共享。

（2）杭州都市圈旅游基础设施改造。随着自驾游、自助游的兴起，游客将越来越依赖各种旅游配套服务设施，而为了适应游客的需求，智慧旅游基础服务设施日益完善，主要表现在以下几个方面。

铺设“智慧旅游”的免费 WIFI。杭州市早在 2012 年就已实现全城免费 WIFI 覆盖，游客可以通过有 WIFI 功能的智能设备免费上网。

完善景区配套设施。借助全省创建高等级 A 级旅游景区和旅游度假区的热潮，游客服务中心（点）、集散中心、停车场等旅游公共服务设施条件在各旅游市县大有改善，不仅功能更完备、接待容量更大、布点更合理，而且各地都力求在建筑风格、特色服务项目等方面体现地方旅游文化内涵。

构建智慧旅游服务体系。各个景区将越来越重视旅游交通服务体系、旅游资讯服务体系、旅游接待服务体系、旅游安全保障服务体系等景区配套服务设施的建设。同时，景区的配套服务设施建设也不再仅仅局限于景区内部，可以通过云计算、物联网、智能手机平台等现代化的信息技术手段，将各城市的游客集散中心、服务中心、旅行社门店、车站码头、加油站以及景区内部等的旅游信息服务、旅游交通服务、旅游安全服务等连为一体，形成网络。

3. 智慧旅游客体建设之体制机制保障方面

2014 年是“美丽中国之旅——2014 智慧旅游年”，浙江省旅游局发布了《浙江省智慧旅游主题年实施意见》，将智慧旅游作为全面提升全省旅游业发展水平、促进旅游业转型升级、提高旅游满意度的重要抓手。各级政府已经充分认识到了智慧旅游的重要性，借着智慧旅游试点工作积累的经验，杭州都市圈的智慧旅游体系建设从旅游基础数据库收集入手，不断提高行业管理水平，打造杭州都市圈智慧旅游新气象。

（1）旅游基础数据库逐渐完善。随着大数据时代的到来，智慧旅游的正常运作有赖于基础设施发挥其支撑功能。“云+网+端”新基础设施的日益完善为杭州都市圈智慧旅游提供了技术支撑。而杭州都市圈各级旅游行政管理部门加大了旅游信息化的基础工作力度，不断提高旅游基础数据库录入率，并与相关部门合作实时发布各类旅游信息。目前浙江旅游基础数据库已收录的数据包含了A级景区382家、星级酒店899家、农家乐2864家、旅行社2956家及相关旅游单位249家，丰富的旅游资讯为游客提供了多样化选择的目标。其中，杭州都市圈共有A级景区148家、星级酒店387个，旅行社数量占全省的比重为47.5%（见表2、表3、图2）。

表2　2014年杭州都市圈各市A级景区数量

单位：家

地区	AAAAA级	AAAA级	AAA级	AA级	A级	总数
杭州	4	27	12	1	0	44
湖州	0	12	5	3	0	20
嘉兴	2	7	8	16	5	38
绍兴	3	11	18	17	0	49
合计	9	57	43	37	5	151

资料来源：《2014年浙江省旅游业发展报告》。

表3　2014年杭州都市圈各市星级饭店规模

地区	五星级	四星级	三星级	二星级	一星级	总数
杭州	21	46	74	55	2	198
湖州	2	12	25	8	1	48
嘉兴	7	13	35	8	0	63
绍兴	13	16	31	17	1	78
合计	43	87	165	88	4	387

资料来源：《2014年浙江省旅游业发展报告》。

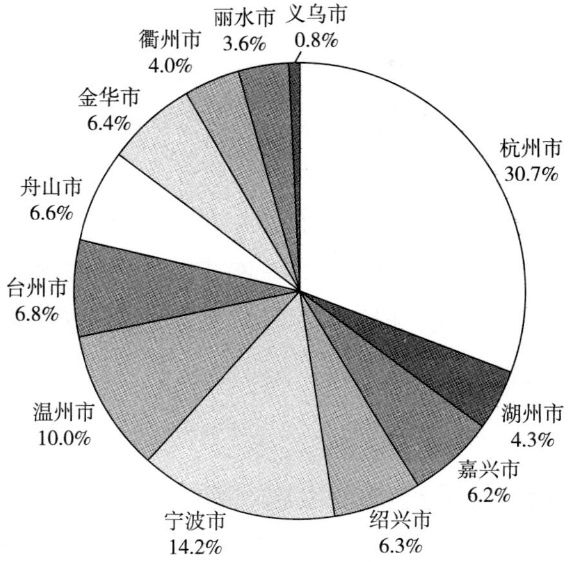

图 2　浙江省旅行社地区分布情况

资料来源：《2014 年浙江省旅游业发展报告》。

（2）旅游行业体制机制管理水平不断提高。旅游管理体制机制在智慧元素的影响下不断创新，构建出积极、实时、高效的旅游管理体系。如全省旅游导游、领队人员服务管理系统，为各级旅游管理部门提供信息交互的服务平台，实现旅游业“实时监管、过程控制”，推动了旅游管理向高效化、智慧化的发展。

智慧监管方面，通过建立具备全省旅游安全宣传、电子台账、安全事故报送等功能的安全监管系统，相关景区应对照 5A 级的标准细则抓紧自查，结合“厕所革命”“四边三化”“两路两侧”等专项行动，全面实施景区环境治理，改建或新建一批旅游厕所和景区停车场，切实做好标识、标牌公建配套设施建设。实时记录各地旅游安全动态信息和旅游企业安全设备、设施检修维护的数据，同时在省旅游政务网、旅游微信号开辟通告专栏，及时发布各类旅游安全告示。

智慧旅游促使政府多个职能保障部门协同合作，根据旅游信息数据形成旅游安全预测预警机制。通过每天售票总量和分时段售票，提前分流游客，避免游客拥挤。除此之外，还通过和通信、网络运营商合作，实现对客流动态进行监控，分析客源、客流动态，实现科学管理格局，视频监控系统、港航船舶动态管理系统等也会实时进行数据更新。增加专业导游引导游览，优化景区游览路线，疏散景点游览拥挤。浙江重点景区试点监测系统采集景区的人流量，对这些数据形成报表，做出即时、理性的决策，如江山江郎山风景区在景区 LED 屏幕、网站实时公布游客最大承载量，积极引导游客合理安排行程。同时，对游客瞬时达到 7000 人次启动应急预案，从而改善安全隐患、商贩管理、标识系统不完备等问题，提升景区服务品质化。

（二）杭州都市圈智慧旅游发展过程中存在的问题

1. 都市圈智慧旅游缺乏系统化的理论支撑

虽然我国多个城市已在试点智慧旅游建设，但如何在大都市圈视域下构建智慧旅游体系还没有定论，缺乏系统化的理论支撑，从而导致实践困难的问题。在杭州都市圈构建智慧旅游一体化进程中，对智慧旅游理论体系的认识还存在一些不足。

一是技术框架不清晰。智慧旅游不仅仅基于云计算、物联网和互联网，还包括 3G、传感技术等具体技术层次。二是对核心技术的理解不够准确，没有明确表达智慧旅游区别于数字旅游以及其他传统信息系统的特有核心技术。三是应用主体不够全面。实际上，智慧旅游的应用主体应该是旅游企业、游客、政府及目的地居民“四位一体”。四是运营主体与建设主体责权不明，这在一定程度上严重制约了智慧旅游建设。除此之外，都市圈旅游一体化发展是一项长远战略，要明确智慧旅游理论体系，进一步加强协调和融合，增强整个区域的核心竞争力，实现利益的共享。

2. 都市圈区域内城市信息化建设水平不同步

就杭州都市圈整体而言，其经济发展水平与旅游业发展在浙江省内领先。但就都市圈区域内各个城市个体而言，旅游经济发展不均衡，从 2014 年杭州都市圈旅游总收入以及国内国外游客数量报表来看，杭州在都市圈中始终起着“领头羊”的作用，其他城市的旅游品牌知名度需要提升。杭州未来面对的是国际市场，而湖州、嘉兴、绍兴目前还处在国内市场阶段（见表4、表5、表6）。

表4　2014年杭州都市圈旅游总收入及增速情况

地区	旅游总收入(亿元)	同比增长(%)
杭州	1886. 33	17. 63
湖州	503. 25	27. 85
嘉兴	565. 03	16. 36
绍兴	652. 07	11. 59

资料来源：浙江省旅游局：《2014年浙江旅游统计便览》。

表5　2014年杭州都市圈各市入境游客、外汇收入及增速情况

地区	入境游客（万人次）	同比增长（%）	外汇收入（万美元）	同比增长（%）
杭州	326. 1	3. 2	2318　11. 2	7. 3
湖州	60. 3	13. 1	22511. 5	12. 4
嘉兴	70. 7	7. 4	22728. 1	-6. 8
绍兴	70. 2	0. 8	24970. 9	2. 4

资料来源：浙江省旅游局：《2014年浙江旅游统计便览》。

表6　2014年杭州都市圈各市国内游客、国内旅游收入及增速情况

地区	国内游客（万人次）	同比增长（%）	国内旅游收入（万美元）	同比增长（%）
杭州	10606. 43	12. 72	1743. 88	18. 64
湖州	5896. 47	20. 25	489. 41	28. 38
嘉兴	5320. 57	14. 18	551. 06	17. 13
绍兴	6254. 86	11. 42	636. 73	11. 85

资料来源：浙江省旅游局：《2014年浙江旅游统计便览》。

作为智慧旅游试点城市之一，目前，杭州的5A级旅游景区、高星级酒店已实现WIFI全覆盖，率先在全国推出了“杭州旅游”“特色潜力行业”“旅游执法”等APP手机应用。此外，杭州市旅委与阿里巴巴合作，打造全国首个城市旅游 O2O 新模式，即“杭州旅游护照——阿里伴您游杭州”，相比都市圈区域内其他城市，杭州已先行一步。

但作为一个整体，实现杭州都市圈范围内各个城市利益均衡是都市圈发展的关键。杭州作为都市圈的中心城市，当前目标是开拓国际旅游市场；而湖州、嘉兴、绍兴应着力打造具有自身特色的旅游品牌。因此，从长远利益考虑，要促使杭州都市圈各城市达成共识、求同存异。

3. 都市圈区域内旅游资源缺乏有效共享与整合

（1）旅游资源的雷同性。杭州都市圈内各城市的旅游资源及其附属产品虽存在一定的差异性、互补性，但基本上以山水古镇、吴越文化资源为特色，雷同性较高。所以，目前的处境是杭州与湖州、嘉兴、绍兴三个城市的旅游业竞争显著。

（2）服务与管理整合不足。旅游行政主管部门作为当前建设和推动智慧旅游的主体，在技术、资金、人才等方面都没有足够力量去推进政府部门、旅游企业、信息技术企业、旅游电商和游客之间的资源整合，智慧旅游融合发展的技术平台还远未形成，杭州都市圈旅游信息服务存在地区断层，各项智慧技术、智慧服务还只能在局部范围内提高服务管理效率和舒适度。

上述因素阻碍了杭州都市圈区域旅游业整体竞争力的提升。目前，区域内各城市之间的旅游资源缺乏有效共享与整合。

四　杭州都市圈智慧旅游体系的构建路径

（一）参与主体构建及总体规划设计

1. 参与主体构建

智慧旅游是促进我国旅游业转型升级、实现从旅游大国向旅游强国迈进的重要抓手，其参与主体是实现智慧旅游体系构建的关键。杭州都市圈智慧旅游体系构建的参与主体主要包括旅游企业、政府、旅游者及目的地居民。各参与主体自身及各参与主体之间的相互需求关系见图 3。

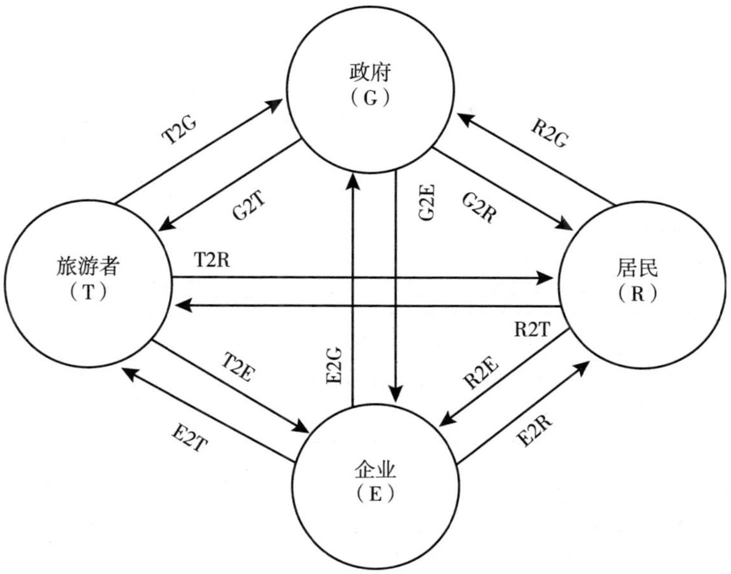

图 3　智慧旅游应用模型

可见，“智慧旅游”是一个完整体系，在这个体系中，旅游者是核心；政府负责组织协调；旅游企业是旅游服务提供者，受到政府的监管。

2. 总体规划设计

当下，杭州智慧旅游的主体建设，特别是在软件服务、公共服务体系方面已初步取得成效，首个旅游应用软件——杭州“智慧旅游”手机 APP 正式上线；搭建了首个智慧旅游网络平台——西湖游览网；改造了首个顶级智慧酒店——黄龙智慧酒店；规划了首个智慧景区的建设试点——智慧西溪景区；一大批支撑智慧旅游的公共服务体系已投入使用，如萧山“物流 e 通”、智慧交通信息平台——出行宝、智慧公共自行车服务——公交智能便民服务亭、免费 WIFI 覆盖全城——i - hangzhou 等。这些都是打造杭州智慧旅游的基本元素。而随着旅游信息化的不断升级和杭州智慧城市建设的兴起，特别是在都市圈视域下考量智慧旅游的发展，需要有顶层设计理念，将这些基本元素整合、互联、资源共享，根据前述有关智慧旅游的内涵建构成都市圈视域下的杭州智慧旅游体系，进而推广经验至整个都市圈其他县

（市）域，实现杭州都市圈“大智慧旅游”格局的构建，达到都市圈范围内旅游资源共享、旅游信息互联互通的目标。总体规划设计见图 4。

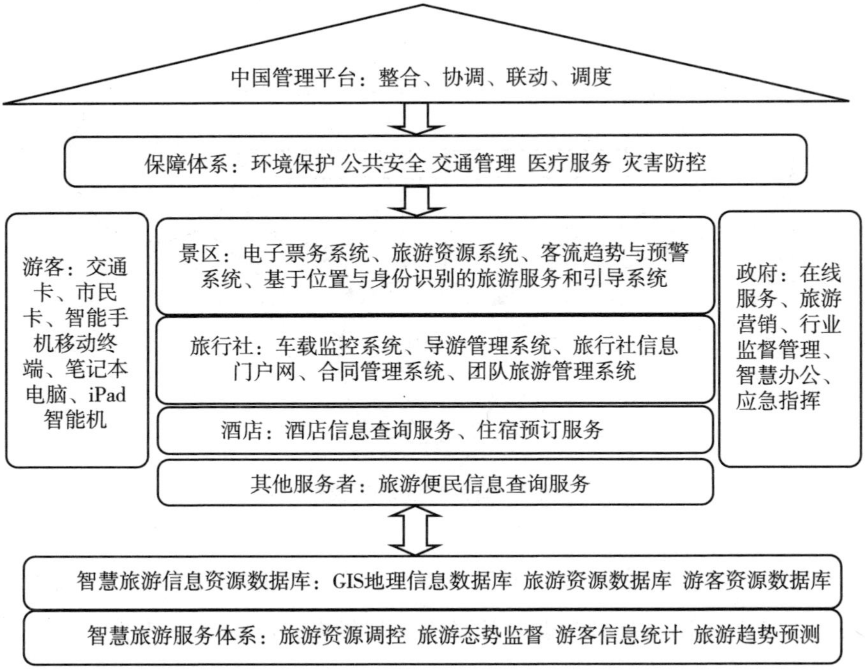

图 4　杭州都市圈智慧旅游体系总体规划

（二）杭州都市圈智慧旅游体系的基本内容

杭州都市圈是以杭州为中心，以湖州、嘉兴、绍兴三市为节点而打造的长三角“金南翼”，也是全国首个都市圈经济转型升级综合改革试点，从区域经济视角出发构建杭州都市圈智慧旅游体系是实现都市圈经济转型升级的重要战略规划。为此，需要构建都市圈视域下的智慧旅游体系。

杭州都市圈“智慧旅游体系”的框架包括八大体系（见图 5）。

具体而言，服务体系从游客、居民、旅游企业等不同角度出发，以为不同参与主体提供更好的服务为发展驱动力，构建起面向广大游客、旅游管理者、旅游企业等对象的智慧旅游服务体系；应用体系是以旅游者的意见为导

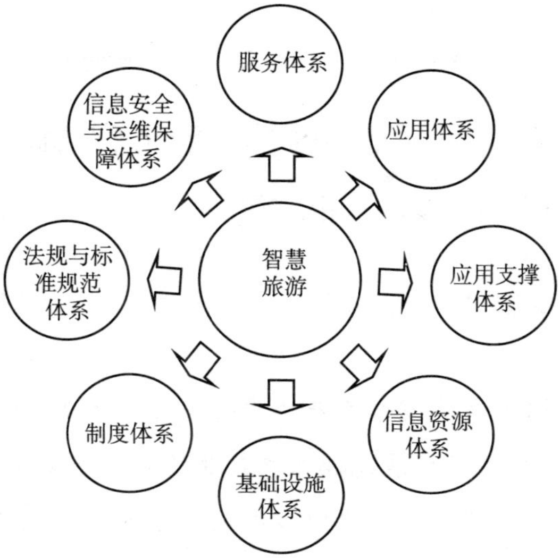

图 5　杭州都市圈智慧旅游体系的基本内容——八大体系

向，着重开发智慧旅游商务、政务系统及信息交互和管理服务平台，形成立体化、全覆盖的应用体系；应用支撑体系从共享服务、应用支撑管理、基础服务三个方面着手加强智慧旅游保障体系建设；信息资源体系主要针对旅游数据而展开；基础设施体系就是要不断完善基础网络；制度体系为规范智慧旅游管理、明确组织结构提供制度保障；法规与标准规范体系主要是为防止智慧旅游出现盲目发展的现象；信息安全与运维保障体系从技术、资金、人员入手保障智慧旅游可持续发展。

B.16
信息经济背景下湖州打造浙江省地理信息产业中心研究

姜义平　邵 伟　章卫华*

摘　要：　打造浙江省地理信息产业中心是湖州发展信息产业的“牛鼻子”。本文从发展地理信息产业的战略意义入手，就湖州打造浙江省地理信息产业中心的契机与优势、需要关注的问题做了分析，最后提出了打造全省地理信息产业中心的总体思路与具体对策。

关键词：　地理信息　产业中心　信息经济　湖州

当前，各地信息经济发展如火如荼。信息经济是创新型经济、全球型经济、可持续发展经济，抓住了信息经济就是抓住了经济发展的脉搏。2014年5月，浙江省政府出台了《关于加快发展信息经济的指导意见》，要求各地各部门抓住发展机遇，抢占时间窗口，搭上这趟信息“高铁”，实现又好又快发展。湖州快速做出反应，在全省最早召开信息经济动员大会，并出台了《湖州市政府关于加快发展信息经济的实施意见》，提出积极创建“两示范”、加快建设“两中心”的总目标，即创建省级“两化”深度融合示范区、国家电子商务示范城市，建设全省智慧物流产业中心、全省地理信息产业中心。

---

* 姜义平，湖州职业技术学院教授；邵伟，湖州市社会科学院副研究员；章卫华，德清县社会科学界联合会副主席。

目标确定后，落实是关键。为推动湖州市地理信息产业中心建设，找准存在的困难和瓶颈，探索切实可行的建设路径，课题组对此进行了深入调研，完成了调研报告。报告分析了湖州发展地理信息产业的契机与优势，剖析了当前发展中存在的问题，并提出了切实可行的对策措施。

一　湖州发展地理信息产业的战略意义

地理信息产业的核心是利用现代测绘和地理信息系统、遥感、卫星导航定位等技术综合开发利用地理信息，主要内容是地理信息获取、处理、应用和服务，属于新型服务业和战略性新兴产业，具有科技含量高、环境污染小、市场前景好、吸纳就业能力强等特点。湖州发展地理信息产业有自身的优势和基础，可以说是抓住了发展信息经济的“牛鼻子”，具有很大的现实意义。

（一）有利于加快信息经济发展

目前各地都在抢抓机遇，加快推进信息经济发展，然而发展信息经济要分清轻重缓急，选准主攻方向，要因地制宜、扬长避短，集中优势资源，实现重点突破。地理信息是重要的基础性、战略性信息资源，关系到经济社会的科学发展和群众生活质量的提高。李强省长多次强调“地理信息产业是信息经济的重要切入口”。湖州地理信息产业起步较早，经过几年的探索已有一定基础，优势相对明显，应该成为湖州市发展信息经济的重点，这样既可以避免各地发展信息经济出现产业同质化，造成恶性竞争，又能以点带面推动湖州信息经济的整体发展。

（二）有利于助推产业转型升级

随着湖州市新型工业化、信息化、城镇化、农业现代化和生态文明建设的深入推进，以及地理信息应用需求在公众日常生产生活中不断增长，湖州市地理信息产业发展面临巨大的市场空间。发展地理信息产业，推进地理信息在数字城市和智慧城市建设中的应用，加大地理信息技术和位置服务产品在智能交通、电子商务、现代物流、文化创意、乡村旅游等领域的应用，可以助推各行各业智能化水平的提高，带动创业就业，推动产业的转型升级。

（三）有利于发挥以点带面效应

目前，各地发展信息经济尚处在探索起步阶段，而湖州市地理信息产业发展起步较早，其重点位于德清的浙江地理信息产业园，自 2012 年开工建设以来，园区建设及地理信息产业发展取得了明显成效。园区平台建设顺利推进，已累计投入资金 22.45 亿元，完成了 30 幢总投资 22.8 亿元的产业大楼建设，浙江国遥、中遥地信、南方测绘等近 70 家地理信息企业集聚园区内，累计产值超过 30 亿元，这为湖州市打造浙江省地理信息产业中心奠定了扎实的基础。地理信息产业覆盖范围广、产业链长，其技术和产品可以广泛应用于智能交通、现代物流、乡村旅游等领域，不仅能带动湖州市文化创意、科技咨询、商务会展等相关产业的发展，而且地理信息产业园建设可以为湖州市全面推进信息经济发展积累可资借鉴的经验。

二　湖州打造浙江省地理信息产业中心的契机与优势

（一）历史机遇难得

2015 年 5 月 6 日，联合国地理信息国际论坛会址永久落户湖州市德清县，2015 年 5 月该项目已开工建设，将于 2018 年建成并投入使用。众所周知，博鳌亚洲论坛让海南琼海市的博鳌小镇一举成名，同样，联合国地理信息国际论坛永久会址落户德清，也将给湖州和德清带来连锁效应，可以使湖州地理信息产业发展与世界相衔接，使湖州以更开阔的视角审视全球地理信息产业的脉络，有更多的机会在产品开发、数据生产、软件研制、应用服务等方面进行国际交流与合作。

（二）发展初现端倪

湖州地理信息产业发展起步较早，目前全市地理信息产业相关企事业单位有近百家，其中拥有测绘资质的约36家。尤其是位于德清的浙江省地理信息产业园，目前建设初具雏形，“一核两翼”的空间格局正逐步形成。“一核”为产业园核心区块，主要为地理信息企业、公共服务平台、科技研发中心集聚区；“两翼”分别为遥感测绘装备制造园和北斗导航装备制造园。截至2015年6月，已有67家企业签约入园，产业集聚初见成效，已成为全国最具影响力的地理信息产业园区之一，联合国地理信息国际论坛会址的落户有助于产业园走出国门、走向世界。而且德清地理信息小镇被列入第一批浙江省特色小镇创建名单。毫无疑问，该园是湖州打造地理信息产业中心的核心区块。各县、区也积极做出反应，湖州经济技术开发区与“中航国际”已经签约，合作共建北斗卫星导航系统产业园。华为云计算产业园已落户于南太湖高新技术产业园，一期30亩数据中心即将开工建设。

（三）基础设施良好

近年来，移动网络建设工程、电信CDMA移动网络建设工程、2014年中国联通浙江宽带综合接入新建工程等湖州市十大通信基础设施项目建设有效实施。截至2015年4月，湖州市拥有全长4.5万公里的光缆15230条，实现光缆覆盖全市所有乡镇，城市家庭20Mbps及以上宽带接入能力和农村家庭4Mbps及以上宽带接入能力分别达到86.6%和95%。4G网络建设得到快速发展，通信企业4G建设经费投入达4亿元，4G移动基站达到3800个，覆盖率基本达到90%。地理信息产业平台建设扎实推进，中国联通华东云数据中心、浙江省测绘与地理信息数据中心等项目已在德清产业园落户，将为地理信息产业提供强大的云计算与存储平台。而且产业园建立了浙江省地理信息产业技术研究院、浙江大学地理信息与遥感技术研究中心、中国科学院地理信息与文化产业发展中心德清分中心等科研院所，为企业提供技术服务支撑。

（四）区位优势明显

湖州地处长三角核心区位，是沪、杭、宁三大城市的共同腹地，是杭州都市圈城市之一，连接长三角南北两翼和东中部地区。104 国道、318 国道、宣杭铁路、杭宁高铁，以及被誉为“东方小莱茵河”的长湖申航道穿境而过，高速公路已形成“三纵”（杭长扬、杭宁、杭湖苏）“两横”（申苏浙皖、申嘉湖）的网络格局。区位优势和便利的交通，为湖州市地理信息产业发展及技术产品的广泛推广应用创造了良好条件。而且湖州紧邻杭州，德清距杭州中心城区仅半小时车程。目前全省近半地理信息企业都集聚在杭州，国内知名的地理信息企业在杭州都设有研发和创新基地，如此无缝对接的区位优势，为湖州市承接地理信息企业、共享数据平台创造了良好的条件。

（五）都市圈互惠多赢

长期以来，湖州一直面临高端要素集聚困难，高附加值、高技术产业发展缓慢等问题，其根本原因是湖州市区作为区域中心城市的首位度不高。近年来，随着杭州都市圈正式成为全国首个都市圈经济转型升级综合改革试点，杭、湖、嘉、绍四市及各节点县（市、区）秉持“互惠多赢、共同发展”的理念，以“协商 + 统筹”为工作机制，联手打造全国科学发展和谐发展先行区和浙江创业创新核心区，在高端要素集聚、产业升级、区域合作等方面日益紧密且不断突破。2015 年 8 月 27 日，四城市市长在杭州都市圈（交通）专题工作会议上对加快建设都市圈现代化综合交通运输体系达成了一致意见。由此可见，杭州都市圈建设步伐的加快，将为湖州吸引高端要素集聚、推动信息经济发展和建设地理信息产业中心创造更好的条件。

三　湖州地理信息产业发展需要关注的问题

（一）整体布局缺乏，产业链的延伸辐射是难点

调研表明，湖州市领导对发展地理信息产业高度重视，多次强调要

“把湖州市建设成全省地理信息产业中心、全国地理信息产业大市”，所以加快发展地理信息产业是湖州市的一项重要工作。然而，实际上湖州市对打造全省地理信息产业中心尚处于确立目标阶段，缺乏全市地理信息产业发展的整体规划和布局。在加快建设德清地理信息产业园和湖州经济技术开发区北斗卫星导航系统产业园这两个产业核心区块的同时，如何带动和辐射全市地理信息产业及相关产业的发展，目前还是难点。

（二）应用推广困难，整体信息化水平不高

调查显示，目前湖州市地理测绘、位置服务、地理空间数据交换和共享等技术与产品的应用推广较困难，应用的范围和领域都非常有限，连湖州本地区都未推开，更不用说长三角及周边城市。究其原因，一方面是企业业务营销和市场开拓力度不够大；另一方面是整体信息化水平不高。一些部门单位对数字地图服务、位置服务等不了解，不习惯接受地理空间数据交换和共享等服务，依然停留在纸质的、平面的状态去处理各项事务，部门间还处于“信息孤岛”状态。从2012年建成的“数字湖州”项目的使用也可看出，目前使用的部门仅12家，低于全省平均水平。打造全省地理信息产业中心，既要加快产业集聚，做大做强地理信息企业，又要拓宽技术产品应用的渠道和领域，要在地理信息产业应用示范上走在全省前列，这样才能相互促进、加快发展。

（三）龙头企业不多，产业链尚处于低端

目前湖州市地理信息相关企业整体呈现小而弱的状态。一是缺乏大企业大项目。尽管德清地理信息产业园已有67家企业签约入园，产业集聚初见成效，但还缺乏一些能够带动整个产业发展、核心竞争力强的骨干企业。二是缺乏科技研发类企业。企业大多数集中在产业链的低端，主要是提供数据采集、数据处理、常规系统开发等低端服务，缺少与地理信息相关的遥感分析、信息挖掘、装备制造、技术研发等类型的高端企业。所以，当前要强化大企业大项目的招商，着力引进航天科技集团、航天科工等龙头企业，以此带动全市地理信息产业向“大、好、高”发展。

（四）专业人才紧缺，本地人才培养不容忽略

一方面，高端地理信息人才比较缺乏。从目前企业引进人才的情况看，由于行政区划等因素，一些高端人才基于社保、环境等方面的考虑，往往引进了却留不住，很多人愿意到杭州等周边大城市，这在一定程度上影响了地理信息经济的发展。另一方面，大量操作性专业人员也比较紧缺。随着湖州市地理信息产业的快速发展，地理信息企业的集聚已成必然，企业不仅需要高端人才，而且要有大量的数据收集、处理等专业操作人员，而目前浙江省具有测绘与地理信息等相关专业的高等院校不多，因此怎样发挥湖州市高校的作用，为本地地理信息产业发展培育人才已是当务之急。

（五）资金压力较大，多元化投融资体系尚未形成

调查显示，无论是德清地理信息产业园建设，还是湖州经济技术开发区北斗卫星导航系统产业园建设，均面临征地拆迁、基础设施、产业大楼等大项目建设，离不开大量资金的支持，目前均面临巨大的资金压力。而且湖州市财政在地理信息发展上投入也偏低，在近年来的基础测绘项目建设中，湖州市每年投入约 300 万元，而浙江省其他地市每年投入均在千万元以上，湖州市排名比较靠后。所以，当前一方面要加大财政资金支持力度；另一方面要建立和完善能够引导和支持社会资本投向地理信息产业发展的多元化投融资体系。

（六）抱团发展不明显，企业家核心作用不容小觑

一个区域的活力在于经济，经济的活力在于企业，而企业的活力在于企业家。从温台一些大企业的发展来看，其产业整合力度大、产业集中度高、品牌叫得响，得益于企业家之间的团结信任，从“小我”抱团到“大我”。湖州市打造浙江省地理信息产业中心，产业集聚是必然，只有将众多企业家团结起来，相互合作、相互信任、抱团发展，才能打响湖州市地理信息品牌，做大做强地理信息产业。目前德清地理信息产业园已成立了地理信息企

业协会和地理信息产业园知联会，下一步要研究如何发挥行业组织的作用，努力在产品互补、平台共享、打造品牌、开拓市场、增强凝聚力等方面发挥积极作用。

四 打造全省地理信息产业中心的总体思路

（一）总体目标

通过3～5年的努力，引进若干个地理信息产业龙头企业，培育一批充满活力的中小型企业，逐步形成以地理信息获取、处理、应用为主的成熟产业链；地理信息及相关产业呈现集群化、规模化发展，德清县省级地理信息产业园升级为国家级地理信息产业园；地理信息应用服务水平明显提高，湖州地理信息技术产品应用走在全省前列，品牌效应明显，技术产品逐步辐射长三角。

（二）基本思路

1. 提升思想认识高度

思想是行动的先导，思想认识的高度决定行动的力度。没有思想认识的高度重视，就很难有科学规划和全面部署。各级各部门要充分认识到湖州市发展地理信息产业是信息经济发展的切入口，是建设智慧城市和数字城市的必由之路。

2. 确立科学的发展目标

目标确定行动的方向，牵引行动的实施，也是检验行动的标准。制定科学可行的发展目标是打造地理信息产业中心的重要环节，其中包括长远目标和近期目标、总目标和分目标。

3. 找准难点抓住重点

“难点”是制约地理信息产业发展的瓶颈，是拦路虎，只有找准难点才能有针对性地突破，才能有的放矢。“重点”是打造地理信息产业中心的核心和着力点，包括路径、项目、企业、平台等，突破难点和突出重点，是打造地理信息产业中心最为有效的路径选择。

4. 拿出切实可行的行动方略

宏观的目标需要与之相匹配的行动方略。对策举措既要“高大上”，具备全局性、系统性和长远性，又要接地气，立足湖州实际，切实可行。只有行动方略各组成部分有机相连、无缝相接，才能将目标任务落到实处、实现行动效益的最大化。

5. 建立推进发展的保障机制

打造地理信息产业中心涉及方方面面，既要改革创新、勇于探索，又要政府、企业及社会的齐心协力。其中政府的引导、服务、激励尤为重要，必须建立一套可持续发展机制，努力争取各个层面的政策支持，在土地、资金、人才等要素上加大对重点项目、优势企业的扶持力度，从而引导地理信息企业做大做强。

6. 营造良好的发展环境

加大地理信息产业的宣传力度，通过举办地理信息知识讲座、培训班、高峰论坛等，提高地理信息知识认知度，提升湖州市地理信息产品的知名度，组织力量对产业发展战略、政策等方面进行深入研究，为产业发展营造良好的社会环境。

五　打造全省地理信息产业中心的对策措施

（一）科学统筹规划，合理布局产业链，辐射带动全市信息产业发展

科学规划具有引领、指导、有序推进地理信息产业发展的功能。当前湖州市确立的“全省地理信息产业中心”“全国地理信息产业大市”的目标定位已经非常清晰，当务之急就是要组织研究力量，利用“十三五”各项专项规划编制的时机，把地理信息产业发展纳入专项规划编制之列。站在打造

浙江省地理信息产业中心的高度，对“十三五”时期湖州市地理信息产业发展总体目标、发展任务、空间布局、重点园区、重点项目、产品应用推广、产业链延伸、产业辐射带动等进行深入调查研究，提出明确的目标任务和具体行动指南。

（二）加强应用推广，助力“数字湖州”建设，提升全市信息化整体水平

要大力发展地理信息产业，必须开拓市场，加强技术产品应用推广。一是政府要成为地理信息技术产品应用的引领者，机关部门要主动进行数据资源的交换和共享，逐步消除“信息孤岛”，实现大数据管理。二是要将地理信息技术产品的应用作为推进“智慧湖州”建设的重要抓手，组织实施地理信息产业若干应用示范工程，可以先在交通、环保、物流、旅游等方面融入“地理信息＋”试点，以点带面发挥示范效应，然后在其他领域分步推进，提升全市信息化整体水平。三是通过政企合作共建、政府购买服务等形式，积极扶持企业做好新技术、新产品的应用推广，以邀标、直接采购等方式，支持企业投标各部门实施的政府采购项目，全力助推湖州市地理信息产业开拓市场。四是定期组织各级各部门考察湖州市地理信息产业发展，了解企业技术产品及服务能力，加深对地理信息产业发展的认识和支持。

（三）强化大企业大项目招商，引导产业链向高端发展，促使地理信息产业整体提升

地理信息产业要实现大发展，离不开龙头骨干企业的引领，目前要强化大企业大项目的招引和集聚。一是按照“突出重点、错位发展”的原则，结合湖州市地理信息产业发展基础，尤其是针对目前德清地理信息产业园的特点，大力引进遥感数据、北斗导航服务和地理信息装备制造等领域的大项目大企业，努力形成比较完整的地理信息产业链和产业集群。二是积极推动地理信息领域的知名企业在湖州市设立研发中心、制造中心和培训中心，承接和吸纳国内外地理信息研发机构的转移，为湖州市地理信息产业发展提供

科研技术支持。三是进一步加强与央企的对接沟通，加大对地理信息产业的基础性、核心配套产品或关键配套环节项目的引进，带动产业体系的完善，提高湖州市地理信息产业的竞争力。

（四）引进高端领军人才，培养技能型专业人才，为产业发展提供智力支撑

产业的核心竞争力在于人才，当前湖州市地理信息产业发展迅猛，人才引领和支撑作用显得尤为重要。一是加大高端人才引进力度。创新人才引进方式，采取“刚柔并济、引才借脑”等多种形式，加大对地理信息产业高层次人才的引进力度。发挥好“南太湖精英计划”在引进高层次地理信息专业人才方面的独特作用，力争在引进海内外领军型地理信息人才方面取得重大突破，推动湖州地理信息产业加速发展。二是拓宽专业人才培养渠道。加强与周边城市相关院校的联系与合作，打造市校（所）合作大平台，通过联合办学、定向培养、实践锻炼等各种途径，培养地理信息专业人才。支持湖州师范学院、湖州职业技术学院和湖州市各类中职院校根据湖州地理信息产业发展方向和人才市场需求，调整专业设置，申报和设立测绘与地理信息等相关专业，培养地理信息产业急需的高技能人才，为湖州地理信息产业发展提供强有力的人才支撑。三是健全专业人才管理制度。建立地理信息产业人才评价体系，设立湖州市地理信息产业年度振兴奖，奖励在地理信息产业发展中有突出贡献的专业人才。同时，地理信息产业有突出贡献的人才在全国测绘与地理信息系统学术带头人工程、浙江省“151 人才工程”、特级专家工程等各类人才工程推荐中具有优先资格。

（五）加大财政支持力度，落实税收相关政策，形成多元化投融资体系

可持续的资金投入是地理信息产业发展的强有力支撑，要在有限的财政支持下，积极探索建立多元化、社会化、公共化的投融资体系。一是加大财政支持力度。加强基础测绘工作，加大政府财政投入，确保每年用于支持测

绘与地理信息发展的经费稳步增长。设立湖州市地理信息产业发展引导专项资金，为地理信息重大项目、技术产品研发创新和示范基地建设等提供资金支持。二是落实相关税收优惠政策。贯彻落实国家促进地理信息产业发展的一系列优惠政策，积极指导地理信息企业申报认定高新技术企业和软件企业。三是加大融资支持力度。鼓励地理信息企业、重大产业项目与以土地要素投入、债券发行、政府担保等形式进行项目融资，建立多元化投融资体系。积极创造有利条件，鼓励地理信息龙头企业上市，支持中小企业进入创业板、新三板市场融资。

（六）发挥行业协会作用，增强企业凝聚力，实现企业抱团发展

行业协会、知联会、联谊会等社会组织在产业内涵发展中发挥着越来越重要的平台作用，地理信息产业的发展必须依靠行业协会的凝聚作用将行业内企业紧密联系起来。一是发挥地理信息企业协会和地理信息产业园知联会等行业组织的作用，由行业协会牵头，定期召开会员企业联席会议，通报行业发展状况，共享行业发展信息，引导会员企业加快行业资源整合，实现抱团经营，打造品牌，增强行业核心竞争力。二是建立“湖州市地理信息企业联谊会”，通过联谊会打造一个湖州市地理信息企业之间横向联系、学习交流的更大平台。联谊会要定期开展“企业家沙龙”“企业家论坛”“地理信息产业高峰论坛”“企业与政府对话”等活动，开阔企业家的视野，增加企业家的市场信息量，激发企业家的创业创新潜力，提高企业家的综合素质，为地理信息企业提供一个更加全面、开放的学习交流与合作多赢的平台。

B.17

湖州发展智慧经济特色项目的模式选择与路径优化

吴国峰　刘丽霞　胡世明　曾益坤*

摘　要：　智慧经济的特色项目建设是信息经济时代湖州发展的重要内容。本文从智慧经济特色项目的价值和服务主体出发，就湖州市智慧经济的智慧物流、智慧旅游、智慧农业、智慧养老等特色项目发展现状和存在问题进行调研，提出了湖州市智慧经济特色项目运营管理的对策建议。

关键词：　特色项目　智慧经济　模式选择　路径优化　湖州

随着“云计算”“大数据”“物联网”等新一轮信息技术在经济社会发展中的广泛应用，人们的生产生活方式也发生了深刻变革。以新一轮信息技术为支撑资源，融合智慧产业化和产业智慧化的“智慧经济”正日趋成为经济新常态下各地政府抢占未来发展制高点的战略选择。当下，杭州都市圈正全面实施《杭州都市经济圈转型升级综合改革试点三年（2014～2016 年）实施计划》，打造成为全国经济转型升级和改革创新先行区。杭州提出要以建设国际电子商务中心、全国云计算和大数据产业中心、物联网产业中心、互联网金融创新中心、智慧物流中心、数字内容产业中心“六大中心”为目标，加快发展信息经济、智慧经济，努力建设成为美丽中国先行区。湖州

* 吴国峰，湖州职业技术学院物流与信息工程学院院长、教授；刘丽霞，湖州职业技术学院讲师；胡世明，湖州职业技术学院教授；曾益坤，湖州职业技术学院教授。

市是杭州都市圈重要的节点城市，区位优势、平台优势、资源优势、产业优势、环境优势凸显。充分依托湖州市现有的发展基础和创新环境的先发优势，做大做强智慧经济特色项目，是提升杭州都市圈智慧经济综合竞争力的重要途径和必然方向。

一　智慧经济特色项目的价值和服务主体

（一）智慧经济特色项目的价值

1. 社会公共价值

社会公共价值是智慧经济特色项目最重要的价值体现。从参与主体看，智慧经济特色项目的建设和运营，离不开各级政府的政策引导，也离不开相关企业和社会公众的参与；从运营体系来看，智慧经济特色项目的建设和运营又涉及基础设施、业务应用、数据资源等诸多方面。通过信息技术与产业发展的深度融合，智慧经济特色项目在为社会公众提供全天候、全方位、多领域的智能服务的同时，其运营体系又与社会公共服务进行着“无缝”对接。譬如，地方政府通过优化智慧经济特色项目的基础设施体系，可以从根本上完善城市功能，优化发展环境；通过优化业务应用体系，可以帮助地方政府和相关企业突破服务能力、工作方法、管理水平等存在的“瓶颈”，最大限度地满足社会公众对“服务型政府”的公共服务需求；数据资源体系的优化，则可以最大限度地提升地方产业发展相关信息资源共享的时、效、度。

2. 经济贡献价值

除社会公共价值外，区域社会智慧经济特色项目的建设和运营在经济新常态下内蕴着巨大的经济贡献价值。随着“互联网＋”在经济社会发展中的“蝴蝶效应”进一步凸显，融合智慧产业化和产业智慧化的“智慧经济”，无论是从市场发展前景的广阔程度看，还是从市场发展潜力的重要程度看，正日益成为地方产业转型升级的重要着力方向。智慧经济特色项目的建设和运营，倒逼地方政府和相关企业必须在政策创新、管理创新、技术创新等维度优化顶层设计，最大限度地满足社会公众对“智慧产品”“智慧服务”日益增长的需求，从而提升区域经济社会发展的水平。从产业发展的关联带动层面来看，智慧经济特色项目的建设和运营，在拓展市场空间的同时，无疑也为区域内第三产业和要素企业带来了“大利好”的发展机遇，也为智慧城市的建设与发展奠定了良好的经济基础。智慧经济特色项目建设和运营作为经济新常态下的一个重要增长点，其经济效益主要体现在经济发展环境的改善、经济增长方式的转变、产业结构的调整、社会就业人数的增加、财政收入水平的提升等方面。同时，智慧经济特色项目建设和运营过程中，其技术、资源、信息等共性要素产生的关联带动作用，势必将在区域社会中不断催生新的产业形态。伴随着这一进程，区域社会的产业发展重心和经济增长点也将不断得到调整，要素行业、企业的协同创新也将日趋深度融合。

3. 产业带动价值

智慧经济特色项目建设和运营的经济贡献价值，主要外显于对区域社会传统产业体系的智慧化改造、带动和提升。无论是智慧产业化还是产业智慧化，除基础设施建设、技术工艺创新外，还有赖于要素制造企业提供与智慧经济特色项目相关的设备和产品。传统模式与智慧技术的深度融合，延长了传统制造产业链的广度、深度，有助于衍生“智慧制造产业链”的新模式。智慧经济特色项目的建设和运营，并没有从本质上改变相关产业的门类，而是通过更加先进的手段、更加高科技的方式，对传统产业不断进行传承和发扬，不断衍生新的产业发展形态，动态适应经济新常态下产业结构转型升级的要求。以智慧旅游为例，电子商务渠道的拓展和新的在线服务模式的发展，使旅游景区、旅行社、酒店等相关要素企业最大限度地降低了运营成本。据不完全统计，依托全球超过 17 万家旅游企业的在线业务平台，旅游产业电子商务近五年的年增长速度均突破了 350%，其销售额更是占电子商务全球销售总额的 20% 以上。

4. 城市发展价值

由于所在区域经济社会发展水平的差异，智慧经济特色项目的建设和运营在经济贡献价值、产业带动价值上也会呈现不同程度的差异。就共性而言，除社会公共价值外，还内蕴于城市发展价值。智慧经济特色项目在城市信息化、现代化的基础上，不断延展城市功能，升华城市形象。同时，智慧经济特色项目的建设和运营往往涉及多个子系统的深度融合和综合运作。譬如，在“智慧制造产业链”的新模式中，随着产业发展形态和方式的转型升级，“智慧制造产业链”的产品和服务的应用范围得到适应性的质的变革，将极大地提升智慧城市公共服务效能和社会治理创新能力的信息化水平，从整体上提升城市发展的软实力，提高社会公众的生活品质。

（二）智慧经济特色项目的服务主体

1. 政府

智慧经济特色项目建设和运营的非单一性、系统性和长远性，决定了地方政府是首要的服务主体；智慧经济特色项目建设和运营要步入良性循环，必须依托地方政府的公信力、权威性来主导并调动相关行业、企业、社会公众等的积极性、主动性。以智慧旅游为例，就国内而言，一般是由旅游主管部门（旅游局或旅游委员会）代表地方政府承担智慧旅游特色项目的顶层设计、常态建设、市场管理等职能；旅游主管部门（旅游局或旅游委员会）此时就兼具行业管理部门、产业发展推动部门的双重角色。政府对智慧经济特色项目建设和运营的主导作用主要体现在以下三个方面。

一是政策调控职能。在智慧经济特色项目建设和运营过程中，地方政府可以通过宏观的政策杠杆调控，或制定中观的实施意见（或发展举措）委托行业主管部门监督实施。同时，就微观层面而言，行业主管部门在国家、省、市相关政策的大框架下，又可以根据智慧经济不同的特色项目通过信息整合、资源共享等方式，吸纳民间资本参与各类特色项目的投资建设，合理引导并确立符合区域发展现实的运营模式，在智慧产业化和产业智慧化的互动融合中提升智慧经济特色项目的市场化运作能力。

二是顶层设计职能。由于“信息孤岛”的存在，区域内智慧经济特色项目的建设和运营往往会存在不同程度的重复建设现象。要合理、科学地规避重复建设，最大限度地发掘培育智慧经济特色项目的社会公共价值、经济贡献价值、产业带动价值、城市发展价值，必须发挥政府的顶层设计职能，对智慧经济特色项目的发展规划、开发管理、空间布局等进行系统规划。同时，政府要统筹各管理部门、行业企业、社会公众的沟通协调，“分众式”发挥其主观能动性和协同创新性。

三是开发投资职能。智慧物流、智慧旅游、智慧农业、智慧养老……智慧经济特色项目的建设门类不尽相同，每个门类在建设和运营过程中的系统性、复杂性不一而足，尤其是诸如土地、厂房、道路等基础设施和公共信息平台的建设，仅仅依靠吸纳民间资本的投入是无法解决的。因此，在智慧经济特色项目开发之初，必须依靠政府资本（地方财政）的大量注入，民间资本进入智慧经济特色项目也需要地方政府投资规划的合理引导和协调推动。

2. 企业

相关要素企业提供的软硬件系统的支持对智慧经济特色项目的建设和运营也是至关重要的。在智慧经济特色项目的开发、建设、运营过程中，提供配套软硬件系统支持的要素企业按其服务内容，大致集中在以下几个领域：项目整体规划、项目瓶颈解决、应用软件（云服务）开发、硬件设备制造等。依托这些要素企业，智慧产业化和产业智慧化通过信息技术的媒介实现深度融合。因此，具备专业实力的要素企业是构成智慧经济特色项目建设和运营的逻辑起点和资源支撑。

随着智慧经济特色项目如雨后春笋般涌现，传统产业领域以公共服务为重点的要素企业通过资本注入、协同创新、产品拓展等途径涉足智慧经济领域，如通信运营商（移动、联通、电信等）、互联网企业、文化传媒广告类企业等。从普遍性角度来看，这些企业或具有“互联网 +”的巨大潜力前景，或经过长时间的运营具备成熟的市场开拓、营销管理渠道，不仅可以满足社会公众的日常生活需求，而且可以协助宣传、营销智慧经济的特色项目，实现利润的边际化。同时，随着都市圈的日趋形成，在经济新常态下，智慧经济特色项目的建设和运营基本摆脱了地域条件的限制，在全省乃至全国范围内面临激烈的竞争。市场的有限性、饱和度和经济利润的潜力度、前瞻性，倒逼公共服务类企业通过政府政策的引导、支持参与智慧经济的建设，以谋求更广阔的市场空间和攫取更深厚的利润空间。

二 湖州市智慧经济特色项目发展现状

（一）智慧物流

智慧物流是伴随智慧城市、大数据、云计算、“互联网+”等“热词”，以促进生产力水平提升和资源利用效率提高为目标，以日新月异的信息技术为媒介，通过物流产业的网络化、智能化达到产业形态的自动化、可视化、可控化的新兴服务业态。早在2009年，国内许多地方政府依托电子商务就开始了智慧物流的项目规划和建设运营试点。由于信息技术条件的限制，当下智慧物流的系统性不强，企业、技术、产业、区域等单独剥离、各自为政的现象非常突出。社会公共服务、工业生产等均离不开物流产业的支撑，加上大数据、云计算、“互联网+”对传统物流业的强势冲击倒逼其提升“智慧”层次，如何使智慧物流从“概念”落地深耕，是地方政府在智慧经济特色项目建设和运营中面临的重点和难点。智慧物流体系建设是以物流园区为载体，通过企业战略联盟，不断推进公共信息平台建设，强化信息技术在物流企业、物流装备企业、其他生产制造企业中的应用，对于提高现代物流业服务效率、提升现代物流服务水平意义重大。近年来，湖州市在杭州都市圈智慧经济特色项目建设和运营过程中，先行先试智慧物流，取得了良好的经济社会效益。

1. 推进智慧园区建设，打造“中国物流谷”

湖州现代物流装备高新区自2013年3月被列入全省9个新建高新园区，并成为省级现代物流装备产业技术创新综合试点以来，紧紧围绕争创国家级高新区目标，按照“又高又新”的要求，充分发挥后发优势，锁定现代物流装备制造这一主导产业，逐步形成产业特色鲜明、科技支撑有力、体制机制灵活的现代物流装备“智造区”。2015 年 1～5 月，高新园区规模以上工业增加值为21.19 亿元，增长10%；战略性新兴产业增加值为5.5 亿元，增长 11.6%；高新技术产业增加值为 8.73 亿元，增长 6.6%；新产品产值为 53.91 亿元。以上指标均居全省同类高新区前列，其中规模以上工业增加值居全省第三，增幅居第四；新产品产值居全省第三，发展势头强劲。

为充分发挥现代物流装备高新区在湖州市本级壮大、经济转型升级方面的重心作用，市、区两级联动，立足将高新区打造成为南太湖产业集聚区核心区，形成长三角乃至全国高新技术产业集聚地、物流装备制造新阵地、转型升级发展示范区。南太湖产业集聚区将“高新区打造行动”列于首位，并制订出台详细推进计划。园区立足自身定位提出“1358”战略目标，即一年展示形象、打开局面，三年形成现代物流装备特色产业链、成为省级高新区，五年成为国家级高新区，八年成为千亿元级高新区，着力成为区域经济发展的“加速器”、湖州经济的“增长极”。

湖州现代物流装备高新区坚持以产业规划指导招商，严格准入门槛，坚持做“减法”，突出高端化、高新化、专业化的现代物流装备制造企业引进，突出投资强度大、附加值高、税利多的项目引进。对一般项目实行 30 亩起步、投资强度每亩 500 万元、亩均税收 20 万元以上政策，对投资强度为 1 亿元以下的项目实行“零土地”招商。对核心地块项目，相应提高亩均税收准入标准，实行一事一议、一案一策，突出项目服务的能动性，全力把好项目“高”“新”关。

湖州现代物流装备高新区完善四方面招商“小分队”队伍，排定国内外 500 强、行业龙头、大型国企、央企，结合物流装备产业发展，坚持“走出去、引进来”，重点引进企业区域总部和带动强、投资大、产值高、上下游一体化的旗舰型项目。截至目前，湖州市已引进朗奥物流、物流绿叶网等 23 个“大好高”项目，总投资 121 亿元。下一阶段，将继续锁定 12 个重点在谈项目，突出精诚光大物流基地、太原刚玉物流等重大项目，进一步加强与德国弗劳恩霍夫物流研究院对接，计划在上海、德国合作举办现代物流装备专场招商。

湖州现代物流装备高新区依托现代物流装备创新综合试点，全面构建产业自主创新体系。不断强化平台承载能力，计划在三年内建成100万平方米的现代物流科研创业园，引进培育100个科技企业、创新团队，引进100名专业技术人才，力争形成100亿元的产值规模。加大投入力度，有序推进德马物流、三一装备、上电科、锐格物流4家省级重点企业研究院建设，久立特材成功创建国家级企业技术中心，累计完成科研投入7400万元。

2. 编织“智慧港航”，助力内河水运转型发展

自2013年浙江省港航系统提出建设“智慧港航”以来，湖州市港航局结合国家公路、水路安全畅通与应急处置系统工程和国家船联网工程建设，建成了一大批具有广泛应用前景的信息化项目，在助力水运转型发展上发挥了重要作用。2014年，湖州市港航部门全力打造“智慧港航”，以湖州段航道智能视频监控一期工程等为抓手，加快推进长湖申线浙江段千吨级航道建设并成功实现了航道视频监控网络全覆盖，船联网技术的管理效能和现代化水平不断提升。

一是动态立体监测，使通航更安全。围绕建设“船联网船舶动态监管系统”，整合雷达、AIS、CCTV、GPS等多种船舶感知手段，接入港口码头、航道设施、电子航道图等空间地理信息数据，建立了一套可视化、主动化、多元化的水上交通动态监测平台。同时，对太湖水上搜救航区和长湖申线繁忙的绕城航段，建设了三维模拟仿真场景，实现了更智能、更逼真的通航监测服务，为湖州水域船舶航行和港口安全生产提供了立体监测保障。

二是智能联动监管，使市场更公平。改变过去船舶靠岸检查的监管模式，变为船舶进出港免停靠自动核查，利用视频智能识别、船舶自动识别、数据动态核查等物联网技术，自动判断是否有船舶经过、船舶是否开启识别系统、是否有逃费或未签证等违法行为，及时提醒监控人员和现场管理人员，确保水运市场公平公正。

三是便捷信息服务，使航运更高效。通过建立港航网站、短信平台、GPS信息发布、12395呼叫中心等互动平台，不断加强与船户的直接对话和沟通。推出手机应用“港航服务站”，方便船户获取航行通告、气象水位等

信息，办理信息查询、船舶电子报告、危险品申报、码头作业报告等业务。同时，积极开展集装箱内支线信息系统和内河物流公共信息服务平台研究，以信息服务促进港航物流发展，提升水运经营效率。

（二）智慧旅游

日新月异的移动互联网应用技术，已然将触角全面伸向了潜力无限的旅游产业，对于游客来说，一个崭新的时代即将到来。从社会公众旅游消费的需求和满意度来看，主要集中在旅游公用信息服务、网络营销水平等方面。湖州市推出的“智慧旅游年”也明确将“推进信息技术在湖州市旅游全行业和全产业链的融合与运用”作为重点工作任务。虽然湖州市发展“智慧旅游”的建设已经全面启动，但它的发展与普及还有相当长的路要走。

1. 以公共服务体系为主导的湖州旅游发展

“假日经济”的兴起，无形中推动了旅游休闲成为社会公众生活品质的重要组成部分。城市旅游公共服务体系和城市旅游配套服务是否完善，日益成为加快智慧旅游特色项目建设和运营的先决条件。近年来，湖州市旅游局（湖州市旅游委员会）充分依托区域内的旅游资源，积极迈上以旅游公共服务体系和城市旅游配套服务为主导的旅游产业智慧化新征程，其核心部分是启动了总投资 3.1 亿元的湖州市旅游公共服务（集散）中心项目建设。就空间布局而言，总占地面积为 9371 平方米，总建筑面积为 33700 平方米（其中地上建筑面积为28000 平方米，地下建筑面积为5700 平方米）的湖州市旅游公共服务（集散）中心基本涵盖了旅游集散、公共服务、商业配套、交通运输等基础设施，综合性平台的服务优势将进一步凸显。项目建成并投入营运后，可以预见，湖州城市旅游形象将得到进一步提升，社会公众的旅游需求和满意度也将有质的飞跃。

以湖州市旅游公共服务（集散）中心项目建设为核心，湖州市组建了湖州菰城旅游客运公司，开辟了水上旅游公交巴士专线，自驾、客运、导服、票务、咨询“五大中心”平台建设正呈现快速有序的发展态势。同时，湖州市主推的南太湖滨湖度假与乡村旅游两大旅游业态，对把旅游业打造成为湖州市战略性支柱产业和人民群众更加满意的现代服务业，全面打造长三角旅游休闲度假中心和重要旅游目的地的定位提出了更高的诉求。“智慧旅游产业链”的形成，也推动湖州市传统的观光游向观光、休闲、度假相结合的深度体验游华丽转身。就旅游业内蕴的公共服务五大体系而言，对产业、行业、企业的覆盖面是非常广阔的，“智慧旅游产业链”的衍生，不仅可以促进旅游业与各大产业门类的深度融合，而且也可以推进旅游业内部要素的交互提升；不仅可以满足社会公众的旅游体验需求，而且在相当程度上也促进了当地居民生产生活环境的提档升级；不仅可以使旅游行业主管部门的公共服务职能得到进一步强化，而且也可以带动相关要素产业、行业及其主管部门将目光聚焦于与旅游业相关的公共休憩、商业、环卫、道路、交通等基础设施的配置上，达到惠民便民的目的。

2. 立足“124”助推智慧旅游提档升级

湖州市以智慧旅游为主题，加强在服务、管理和营销等方面的资源整合，立足“124”助推湖州市智慧旅游提档升级。“1”是开发一个手机 APP 平台，加强与电子商务运营商合作，建立基于二维码的互动智慧旅游服务功能体系。“2”是完善两大旅游网络系统，全面改版升级湖州旅游网和中国乡旅网两大系统，健全网上预订中心、网上购物中心等公共服务功能，推广旅游营销“线上”业务。“4”是开设四个公众微信号，以湖州旅游公众微信平台、“悠游湖州”旅游官方微博为载体，加强智慧旅游基础数据库建设。

智慧旅游是湖州市发起“智慧湖州”计划中五大体系的重要组成部分。根据规划，湖州市将以“美丽中国之旅——2014 智慧旅游年”为主题，按照智慧旅游建设三年行动方案，以服务游客为核心，以公共服务体系建设为重点，加强与旅游电子商务运营商合作，开发一个平台（手机 APP），特别以菰城景区、太湖旅游度假区、南浔古镇为重点，建立基于二维码的互动智慧旅游服务功能体系。

湖州市将改版两个网络（旅游网、游网），全面深化湖州旅游网、中国乡旅网，开设公众微信平台，提升“悠游湖州”旅游官方微博等。以建立中国乡旅网有限公司为载体，在电商平台等开展线上营销，完善网上预订中心、网上购物中心等公共服务功能，推动现代信息技术在旅游产业中的应用。进一步以“湖州旅游e卡通”（“天下湖品e卡通”）为重点，建好“e卡通”服务运作平台并逐步向“湖州市民卡”发展；逐步推进和普及旅游景区电子讲解、微信讲解，促进旅游电子商务产业发展。

此外，湖州市还将建立旅游多媒体触摸屏系统、智慧旅游基础数据库，专门服务已到达湖州的游客，多媒体触摸屏将分布在交通枢纽（如高铁、长途车站等）、星级酒店、景点、商业中心等人流密集地区，为游客提供湖州旅游资讯信息。同时，对“湖州旅游”电子商务网站进行系统改造，完成全流程旅游电子商务整合平台建设，在为游客提供旅游资讯的同时，为游客提供网上咨询、预订、交易、支付、物流配送等电子商务服务。

（三）智慧农业

近年来，湖州市以转变农业发展方式为主线，以国家现代农业示范区、省级现代生态循环农业试点市建设为载体，扎实推进现代农业提升行动，狠抓农业“两区一中心”建设，大力推进农业“4231”产业培育计划，切实加强新型经营主体培育，着力强化农业科技支撑，不断深化体制机制创新，加大政策扶持力度，农业现代化建设高歌猛进。新型职业农民培育、现代生态循环农业等国家级试点启动实施，农业水环境治理、农村“三权”改革、农作物秸秆禁烧与综合利用、渔民陆上安居工程建设等均走在全省前列，农业现代化实现程度名列前茅。

1. “智慧农业”全力开跑，“两区”建设如火如荼

积极推进农业科技体制改革和机制创新。建立了农技推广、动植物疫病防控、农产品质量监管“三位一体”的基层农业公共服务体系，实现了基层农业公共服务中心的全覆盖。在履行好基本职能的基础上，根据农户的现实需要，拓展基层农业公共服务中心功能，提供各类农业产前、产中、产后服务，健全了机构，明确了职能，落实了责任，提高了农技推广效率和科技到位率。加快推进农科教、产学研结合。探索建立现代农业产学研联盟，围

绕十大农业主导产业，按照“1个首席专家团队+1个本地专家团队+若干个现代农业经营主体”产业联盟框架，建立了10个“1+1+N”的主导产业联盟和50个产业分联盟，从省内外高校院所聘请105名专家加盟省级专家组，市、县区、乡镇各级选配228名农技人员组成本地农技推广小组，联结生产主体1193家，建立形成了较为完整的农技推广联盟体系，加速了农业科技成果转化，提高了农业科技到位率。稳步探索农业技术入股激励机制。市政府出台了《湖州市鼓励推行农业技术入股实施办法》（湖政办发〔2013〕163号），鼓励高校专家、农技人员和团队，以专利发明和科研成果等知识产权为要素，入股参与农业产业化经营和分配。目前有粮油、蔬菜、水果、茶叶、水产、畜禽、蚕桑7个市级产业联盟，通过定点技术服务、技术指导等方式，与农业企业、专业合作社和种养大户建立了技术入股合作关系，签订了相关服务协议10个，建立了产业联盟与服务主体之间风险共担、利益共享的合作机制，为加速农业技术成果产业化迈出了重要一步。

按照“建大平台、育大产业”的总体要求，通过引进与合作相结合，加大农业科技创新平台建设力度，加快资源集聚、人才引进和科技提升。一是市校、院地共建农技研发大平台。先后与中国科学院、浙江大学等大院名校共同建设了浙江南太湖农高园区、浙江大学（长兴）农高园区等10个农业科技研发平台，并成功创建了国家级农业科技园区，首创“一区三园”的运行模式。合作共建国家重点渔业健康养殖实验室、省级重点实验室各1个，浙江大学农技推广中心首期十大农业综合服务示范基地有一半落户湖州。二是建设本地主导产业产业化研发平台。与浙江大学、浙江省农业科学院等科研院所建立了渔业、蚕桑两个省级重大科技创新服务公共平台；建立了国家级油菜、蚕桑两大产业技术体系湖州综合试验站和浙江省农作物区试验站；建立了国家级罗氏沼虾遗传育种中心。三是培育农业企业原始创新研发平台。通过“1+1+N”的政产学研联结模式，整合各部门科技资源，大力发展农业科技型企业。着力培育现代种业企业，鼓励和支持农业龙头企业、农民专业合作组织和农业专业协会创建研发中心和企业研究院，支持有条件的农业企业创建院士工作站和博士工作站。力争全市省级农业科技企业达到175家，省级农业科技企业研发中心达到86家，市级农业科技示范基地达到57家，浙江大学新农村发展研究院现代农业新技术示范基地达到5个，并建设省级农业产业技术创新战略联盟1个；建立农业科技企业博士后工作站2个、院士专家工作站2个。通过做大做强科技创新服务平台，为湖州市农业高端人才引进培养、农业高新技术研发提供了良好平台，增强了农业科技自主创新和服务能力。

2. 政企深度融合，“科技兴农”助力丰收

加强农村新型实用人才和职业农民的培养，为现代农业发展提供人才支撑。一是完善“四位一体”的农民大学生培育体系。湖州农民学院从实际出发，根据湖州主导产业发展、生产经营主体的需求，着力培育注重“学历+技能+创业+文明素养”“四位一体”的农民大学生，并形成了“普通培训+中高职教育+本科教育+硕士教育”的人才梯级培养制度。农民学院专科学历大学生在籍总人数为2263人，已毕业1707人。与浙江大学联合培养农业硕士，两届共有93人入学，已获得专业硕士学位的有21人；参加涉农方向的本科学历班学习的有35人；与本地中职学校湖州现代农业技术学校合作培养中高职一体化学员85人。二是加强农村科技实践培训基地建设。充分借助农民学院创业实践平台建设，将人才培养、技术推广和成果转化有机地结合起来，已在全市范围内认定农民大学生创业基地48家；与大院名校共建新型农民实践培育基地，与浙江大学合作建设农民学院八里店教学与培训实践基地，与中国社会科学院农村发展研究所共同建立“湖州现代农业发展与农村新型人才培养实验基地”。三是加快培养新型职业农民。抓住全国新型职业农民培育试点市的契机，以农民学院为培育平台，以农技推广联盟专家为主要师资力量，全力构建湖州市职业农民培育体系，认真制定新型职业农民举办家庭农场的有关政策，重点在金融信贷、土地流转、技术服务、社会保障等方面给予倾斜。“十二五”期间，共培训培养农业企业经营者、农民专业合作社领办人、科技示范户、种养能手等新型农民5万人，2014年培育认定新型职业农民2017人。开展农民专家评选，共评选出两批100名“湖州农民专家”。

“十二五”期间，湖州市实施农业新品种选育和精深加工产业化重大科技专项16个、攻关和公益性项目30项；实施国家星火项目39项、省级农业科技重大专项6项、省级以上农转资金项目11项。以高校院所专家领衔实施的科技项目共194项，其中省部级项目40项、市级重点科技项目49项、其他项目105项。由湖州市农业科学院、湖州新希望种子种苗中心培育成的“太湖春早”大豆、“华东×春晨”家蚕、“湖粳640”晚稻、湖栗1号南瓜、湖甜1号甜瓜、南太湖1号西瓜等新品种已经通过省品种审定。全市引进推广新品种、新技术、新模式近1000个，其中引进新品种800多个，引进推广新技术、新模式100多项，农作物良种覆盖率达到95%以上，主要农业实用新技术覆盖率达到90%以上。《2014年度浙江省农业现代化发展水平综合评价报告》显示，湖州市以综合得分85.43分的好成绩再次获得全省第一名，农业现代化实现程度名列浙江省首位。2014年全市农业总产值达到202.04亿元，农村居民人均纯收入为22404元，城乡居民收入比为1.74∶1，居全省领先地位。

（四）智慧养老

随着湖州市“智慧政务”工程的顺利推进，信息化技术应用于居家养老的成果（“智慧养老”模式），特别是民间资本投入智慧养老亟须引起重视。智慧养老即“智能居家养老”，它是近年来流行的一种养老概念。智能养老系统基于物联网技术，在居家养老设备中植入电子芯片装置，使老年人的日常生活处于远程监控状态，既解决了在养老院养老亲情淡泊的问题，又解决了传统养老服务不足的难题，被称为“没有围墙的养老院”。

2015年10月，民政部官网上公布了首批养老服务和社区服务信息惠民工程试点单位和地区的名单，湖州市长兴县居家养老智慧关怀服务成功入选民政部居家和社区养老信息惠民试点，成为浙江省9个地区之一。自2014年8月开展数字化智慧养老试点以来，湖州市长兴县1000多名低保范围内的大病患者以及残疾、孤寡、失能失智老人和低保范围边缘的失能失智老人家中都免费安装了智能终端，平时有专业护工上门服务，遇到紧急情况，系统还能及时报警呼救。湖州市长兴县民政局掏钱向县社会服务发展中心购买的这套智慧养老系统，除了急报警外，还根据自理能力的差异等不同情况，由县财政向老人提供每月 80 元、90 元、150 元、200 元、400 元五种不同的免费上门服务，就像根据老人的实际需要找了一位“保姆”。例如，根据规定，高龄独居老人每月免费享受 80 元的上门服务，主要包括每周 1～2 次上门打扫卫生、做饭，每一个半月上门理发，还有医生上门检查身体等。政府掏钱为符合条件的老人购买智慧养老服务，由专业机构提供服务，政府负责监管，可以让老人享受更周到的服务。

截至 2014 年底，湖州市长兴县有老年人口 13.0209 万人，占全县户籍总人口的 20.65%，高于全省平均水平，是湖州地区乃至全省老龄化程度较高的一个县，且每年以 4% 左右的比例递增。目前，湖州市长兴县共有城乡社区居家养老服务照料中心（站）137 个（含 2015 年已验收 30 家），覆盖 152 个社区，在建 26 家；其中城市社区有 6 家，覆盖 16 个社区；民非登记 8 家。2012 年至今，湖州市长兴县财政共投入资金 2210.07 万元（含省 515 万元建设补助）用于居家养老服务照料中心建设和运行补助。此外，2015 年，湖州市吴兴区民政部门联合有关公司，共同开发了一款智能助老服务系统，在管理、安防、监管、信息传输等方面实现智能化，全力打造“智慧型养老”新模式。除了实时监管定位，这套智能系统还通过信息网络化管理，让服务对象实现足不出户就能直接申请政府购买服务。

三　湖州市智慧经济特色项目的运营管理

（一）运营原则

1. 政府主导原则

智慧经济特色项目的建设和运营最大的特点是“三跨”，即跨部门、跨行业、跨领域，地方政府（或政府行业管理部门）在推进智慧经济特色项目建设和运营的过程中，必须全方位地发挥主导作用，调动要素企业的积极性、主动性。除概念、规划、监督、管理四个“主导”外，地方政府（或政府行业管理部门）的主导作用在智慧经济特色项目的建设和运营过程中，更加外显为项目开发的实质性的资金投入或引导要素企业投入资金开发项目的操作性的资本带动作用。政府（或政府行业管理部门）必须着力通过顶层设计的政策引导、资源配置的财政支持、潜力市场的优先准入等途径，尽可能引导足够数量的企业成为智慧经济特色项目建设和运营的市场主体。鉴于地方政府（或政府行业管理部门）在政策引导、资源配置、财政支持等方面的强势作用，一定时期或相当长的时间内，由地方政府（或政府行业管理部门）主导的智慧经济特色项目依然会占据主要地位；后期即使步入市场化运作的轨道，地方政府（或政府行业管理部门）也要强化监督、管理、指导的职能，最大限度地保障智慧经济特色项目的社会公共价值。

2. 市场化运作原则

按照市场经济的理论，价格杠杆的调节作用可以优化资源配置，使市场走向并保持供需平衡的有序状态。在中国特色社会主义市场经济新常态下，突破传统的政府主导“管得过死”的桎梏，提高政府（或政府行业管理部门）的行政效率，增强智慧经济特色项目对相关要素企业转型升级的吸引力，提升相关要素企业智慧经济产品或服务在社会公众中的满意度，“市场化”无疑是智慧经济特色项目建设和运营的最有效的途径。尤其是智慧经济特色项目在完成前期建设进入运营阶段的时候，更需要以市场化为核心建构符合项目特质的运营模式，充分兼顾并保障政府（或政府行业管理部门）、相关要素企业、社会公众的利益。同时，符合实际且运营良好的模式在拓展市场空间、提高产品或服务的市场占有率、培育区域内新的经济增长点的同时，也会在很大程度上调动运营主体的积极性，从而形成良性循环，社会公共价值在得到彰显的同时，智慧经济的经济贡献价值、产业带动价值、城市发展价值也将随之更加凸显。

3. 供应链优化原则

“供应链”不仅存在于生产制造业，也存在于其他服务性行业。所谓“智慧经济特色项目供应链”，是指以智慧经济特色项目建设运营相关要素企业为核心，在上游形成涵盖一切前向供应商，在下游涵盖一切后向用户的链条，不断提升社会公众对智慧经济特色项目衍生产品或服务的需求度和满意度是“智慧经济特色项目供应链”的终极旨归，更是相关要素企业的利润来源。在“智慧经济特色项目供应链”上，相关要素企业通过产品或服务的传递、优化分别获得相应的利润。而社会公众对智慧经济特色项目衍生产品或服务的需求，依托“互联网+”“云计算”“大数据”等及时转化成海量的市场信息，“智慧经济特色项目供应链”的要素企业通过信息整合、分析、挖掘、研判，可以有针对性地为社会公众设计和生产个性化、体验式的产品或服务，从而形成完整的价值链。同时，“智慧经济特色项目供应链”的要素企业分布于各个节点，以建立长久的战略合作伙伴关系为依托进行协同创新，可以创造更大的产业价值。

4. 合作共赢原则

智慧经济特色项目建设和运营的特点决定了合作共赢是其重要条件和基本原则。无论是地方政府（或政府行业管理部门），还是相关的要素企业，仅凭一己之力不可能突破智慧经济特色项目联动性强、涉及面广、主体众多、参与者广泛等的现实制约因素。部分地方政府尝试细分智慧经济特色项目的构成，分众式吸纳相关要素企业的参与，规避“短板效应”。在实践过程中，形成了“城市内部合作联盟”和“跨区域合作”联盟两种典型模式。如北京市在推进智慧旅游建设的过程中统筹协调景区、酒店、旅行社、高校、科研院所、网络文化传媒公司等众多主体打造的“智慧旅游联盟”就是其典型代表。与北京市城市内部合作式的“智慧旅游联盟”不同，江苏省的南京市、苏州市、无锡市、常州市、扬州市、镇江市、南通市的“智慧旅游联盟”则呈现鲜明的跨区域合作的特点，以苏南、苏中为核心，通过“点、线、面、网”的连接和融合，推进智慧旅游向“城市群、区域性”的层次发展。

（二）保障体系

1. 组织管理机制

从组织行为学的层面来看，智慧经济特色项目的建设和运营对组织管理机制的高效精简程度要求较高，高效精简的组织管理机制也是项目建设和运营步入良性循环的先决条件，不仅有助于推动地方政府（或政府行业管理部门）顶层设计理念的落地深耕和空间布局的合理优化，而且能够从微观层面建立起相关部门的协调沟通和监督管理机制，提高智慧经济特色项目的建设与运营效率。具体到地方政府（或政府行业管理部门）在推进智慧经济特色项目建设和运营过程中，组织管理机制在保障体系上外显为各种专项工作领导小组（或专门工作组）的建立。各地区的经济发展水平和产业发展规划不尽相同，智慧经济特色项目涉及的产业类别跨度较大，在顶层设计智慧经济特色项目时，通过专项工作领导小组（或专门工作组），可以分门别类地对项目的目标、任务、计划、资金、设施、监督、管理、收益等进行谋划甚或技术咨询、决策支持，以提高项目建设运营的针对性。

2. 信息技术支撑机制

智慧经济特色项目是智慧产业化和产业智慧化的产物，在“互联网+”背景下，智慧经济特色项目建设和运营要步入良性循环，其核心支撑资源是与时俱进的信息技术以及与之配套的基础设施建设，如电子政务、电子商务、物联网等。智慧经济特色项目建设和运营，尤其需要海量信息的搜集、分析、研判、选择，与市场空间、社会公众需求所匹配的专门数据库建设迫在眉睫。大数据、云计算、物联网依托科技创新日新月异，要增强智慧经济特色项目建设和运营的时、效、度，必须第一时间关注、追踪世界范围内信息技术的前沿，搭建技术投入研发平台，集聚信息技术高端人才，加快智慧产业化和产业智慧化的创新、推广。此外，随着网络安全日趋引起世界范围的重视，无论是地方政府（或政府行业管理部门）、相关要素企业，还是普通社会公众，在智慧经济特色项目建设和运营过程中，必须时刻关注网络安全，维护保障合法权益。

3. 试点示范工程带动机制

虽然西方发达国家的智慧经济起步较早，隐隐有引领未来现代产业发展的趋势，但从国内来看，智慧经济基本还处于起步阶段，无论从智慧经济特色项目的数量看，还是从智慧经济特色项目的质量看，均没有寻找到适合我国国情的普适性发展经验和成熟的发展模式，必须通过先行先试，开展试点示范。所谓“试点示范工程带动机制”，指的是在一定的地域范围内，充分考虑样本意义、推广价值，遴选部分智慧经济特色项目进行重点建设和运营，取得可复制的成熟经验、模式后，逐步推广并带动相关要素企业参照、借鉴试点示范工程在技术、人才、管理等方面的经验，积极参与智慧经济特色项目的建设和运营，从规模、数量、质量等方面“多点开花”，促进地域内智慧经济特色项目的产业链整合、运营模式创新、信息技术人才培养等全面提档升级。就全国范围内而言，智慧旅游的“试点示范工程”起步较早，依托“国家智慧旅游服务中心”的带动机制，在“智慧旅游示范城市”“数字景区示范工程”、“智慧酒店示范工程”“IT 上市企业”“智慧旅游购物示范点”五个方面实现了全覆盖。

4. 标准规范与绩效评估机制

与其他产业发展规划一样，智慧经济特色项目的建设和运营，也需要地方政府（或政府行业管理部门）制定一定的规范和标准予以约束、引导，从而规避重复建设，降低项目风险。因此，地方政府（或政府行业管理部门）在推进智慧经济特色项目的建设和运营过程中，必须始终贯彻落实标准化建设。如前所述，智慧经济特色项目除社会公共价值外，还有经济贡献价值、产业带动价值和城市发展价值，在建设与运营的过程中，必须以可以度量的评价指标来评估项目的方向、重点和绩效。以北京市的智慧旅游为例，除了对景区、酒店、旅行社建立统一的“智慧旅游”行业标准外，还以游客满意度为核心，构建了一整套“智慧旅游”的绩效评估机制。

智慧经济特色项目建设和运营的保障体系如果再具体细分，信息技术支撑机制、标准规范与绩效评估机制等属于“硬”保障子系统；而“软”保障子系统则包括组织管理机制、人才培养机制等。诸如试点示范工程带动机制、合作运营等，又明显带有“软”“硬”结合的色彩。这三个子系统之间相互连接、相互渗透、互为补充、有机统一，时刻贯穿于智慧经济特色项目的建设和运营过程中。

四　湖州市智慧经济特色项目运营的模式选择

（一）自主运营模式

所谓“自主运营模式”，是指依靠一个特定的主体单独负责智慧经济特色项目的建设和运营，项目的所有权、管理权、收益权归这一特定的投资主体所有，项目风险也由该主体独立承担的一种运营模式，也叫“一体化运营模式”。按照投资运营主体的不同，“自主运营模式”可以划分为以下两类。

1. 政府自建自营模式（G＋G 模式）

所谓“政府自建自营模式”（Government Investment，Government-run），又可以称为“政府投资运营模式”，即智慧经济特色项目的所有权归地方政府（或政府行业管理部门）所有，项目建设的资金由地方政府（或政府行业管理部门）筹措并负责投入，项目正式运营后的管理权、收益权以及为此所配套的人力、物力、财力也由地方政府（或政府行业管理部门）独立承担。对于社会公共价值大于经济贡献价值且资金需求庞大、推进力度较大、资源整合复杂的带有显著公共服务职能的智慧经济特色项目适用“G＋G 模式”。如智慧养老特色项目中的基础设施建设、智慧旅游中的 WIFI 覆盖服务、智慧物流中的物联网体系建构……在短期内显然无法产生直接的经济效益（或达到盈利的目的），但是从长远来看，上述子系统的完善，无疑为智慧经济特色项目的建设和运营奠定了良好的物质基础，也成为吸引相关要素企业参与智慧经济特色项目建设和运营的刺激因素。此外，从管理学角度来看，“G＋G 模式”对智慧经济特色项目建设和运营从业人员的专业化程度和水平要求较高，需要地方政府（或政府行业管理部门）在前期进行深入的调研，全面、科学地把握项目的进度，倒逼地方政府（或政府行业管理部门）在公共服务的过程中增强风险抵御能力，提高工作效率。

2. 企业投资运营模式（B + B 模式）

所谓“企业投资运营模式”（Business Investment，Business-run），是指智慧经济企业以满足社会公众对智慧经济特色项目的体验式、个性化产品或服务的需求为目标，通过市场化的手段，依靠产品或服务最终达到盈利目的的模式。“B + B 模式”的最主要特点是无须政府承担投资和风险，智慧经济特色项目的建设和运营全部由企业独立完成；社会公众对产品或服务的需求满意度中心地位凸显，市场竞争的色彩浓厚。

“B + B 模式”有两个基本的适用前提：其一，“B + B 模式”的产品或服务必须是区别于“纯公共性物品”的“准公共物品”（或“私有物品”），具有一定程度的排他性、竞争性，从而规避“搭便车”等现象，保障要素企业的盈利能力；其二，“B + B 模式”的产品或服务具有潜在的市场需求或强大的市场潜力，盈利收益应大于或远远大于投资成本，这是刺激要素企业参与智慧经济特色项目建设和运营的基本动力和投资兴趣的现实基础，也是满足要素企业通过智慧产业化和产业智慧化降低生产、管理、营销成本，提高经济效益的必要条件。虽然“B + B 模式”对要素企业的要求非常高，除资金、管理、营销、市场等因素外，还要求要素企业具备较高的风险承担能力。但是，如果要素企业在合理利用现有资源的基础上建设和运营智慧经济特色项目，无疑也会为要素企业的转型升级积累经验、人才、成本等优势。

鉴于智慧经济特色项目的复杂性、系统性和各地经济发展水平的差异性，仅仅依靠地方政府（或政府行业管理部门）的投入和推动是远远不够的。在经济贡献价值远远大于社会公共价值的智慧经济特色项目建设和运营过程中，地方政府（或政府行业管理部门）应采用政策支撑的方式对要素企业加以合理引导、鼓励。以湖州市为例，在智慧旅游特色项目的建设和运营过程中，可以采用“B + B 模式”的子系统不胜枚举。譬如旅游景区的 WIFI 全覆盖、景点定位导航、游客自助导览、旅行社（在线旅行商、酒店）的预定支付系统等。基于“B + B 模式”，旅游业的各类要素企业完全可以依托“互联网 +”平台创新智慧旅游的产品或服务，从而实现盈利的目的。

（二）联合运营模式

受智慧经济特色项目复杂性、系统性的制约，单一的自主运营模式或单靠自主运营模式难以适用于所有的智慧经济特色项目，更难以保障所有智慧经济特色项目建设和运营的良性循环。要规避重复建设，亟待在智慧经济特色项目建设和运营过程中的多主体、多途径、多平台协同创新，即联合运营模式。所谓“联合运营模式”，是指两个或两个以上的主体通过权、责、利的明晰，共同参与智慧经济特色项目的建设和运营。根据现阶段杭州都市圈以及智慧经济发展的实情，湖州市智慧经济特色项目所有的运营模式显然离不开地方政府（或政府行业管理部门）在顶层设计的监督、管理和良性发展环境的营造。按照参与程度的不同，联合运营模式可以分为以下四种。

1. 政府补助，企业特许运营模式

所谓“政府补助，企业特许运营模式”，从本质上而言，是地方政府（或政府行业管理部门）主导，通过与某一特定的要素企业签订相应的协议，以地方政府（或政府行业管理部门）提供补助或以奖代补的形式，委托要素企业以市场化的方式负责智慧经济特色项目的建设和运营。这种模式最大的特点是其资金来源的多渠道化，以及项目建设和运营管理的市场化。社会价值较大且可以为地方经济培育新的增长点的智慧经济项目适用“政府补助，企业特许运营模式”。这种模式在很大程度上可以帮助地方政府（或政府行业管理部门）拓展公共服务平台，赢得社会公共价值。要保障企业的“特许运营”，一是要确保智慧经济特性项目衍生的产品或服务对特定的要素企业有足够大的吸引力，或可以大幅度降低特定要素企业的生产、经营、管理成本，或可以为特定的要素企业通过转型发展带来智慧经济的客观效益。二是地方政府（或政府行业管理部门）对要素企业是否可以被授予相应的建设运营权要做出最优化的选择，可以在明确相应资质的基础上，面向区域内外公开遴选；全方位与待选的要素企业交流、磋商项目资金、市场空间和运营模式等关键问题，最终确定合适的企业予以授权。

2. 政府主导，专门机构运营模式

所谓“政府主导，专门机构运营模式”，是指地方政府（或政府行业管理部门）在国家、省、市政策方针允许的范围内，设立专门机构（或经济实体），负责智慧经济特色项目建设和运营的一种模式。在“政府主导，专门机构运营模式”中，人力、物力、财力大部分来源于地方政府（或政府行业管理部门），相关要素企业则承担提供部分市场资源的职能。智慧经济特色项目建设运营过程中那些规模大、盈利多、侧重经济效益的项目，适用“政府主导，专门机构运营模式”。以智慧农业为例，专门机构（或经济实体）可以将“食品安全”的公益宣传与“无公害”产品的营销推广和在线交易，涉农企业的加盟连锁与产品分销等结合起来，创新盈利模式。“政府主导，专门机构运营模式”在部分地区的智慧旅游特色项目建设和运营中也得到了广泛应用，如大连智慧旅游电子商务有限公司，就是该市智慧旅游特色项目建设和运营的专门机构，其设计、开发、维护、运营的“i 慧游”网，通过旅游电子政务和电子商务的有机融合，以“诚信评价体系”为核心，在强化大连市旅游行业管理部门监管、服务职能的同时，依托“预定”“旅游卡”两大业务，将旅游企业和游客通过市场化的运营有效衔接在一起，提升了智慧旅游的核心竞争力。

3. 政府投资，业务外包模式

所谓“政府投资，业务外包模式”，是指政府（或政府行业管理部门）通过明确权、责、利，将智慧经济特色项目的部分（或全部）任务委托要素企业进行建设和运营的一种模式。在这种模式下，政府（或政府行业管理部门）不直接干预或参与智慧经济特色项目的建设和运营，在承担协调、管理职能的同时，政府（或政府行业管理部门）可以通过制定相应的建设运营的规则、标准对要素企业进行监督、指导，必要时可以通过政策制度和资金投入，支持、帮助要素企业推进项目建设进度。从业务外包的范围、程度来看，这种模式可以分为“全部”外包模式和“部分”外包模式。就风险系数而言，“全部”外包模式风险大、考验大，倒逼地方政府（或政府行业管理部门）在选择所委托的要素企业时，必须全面考虑并认真衡量公司的智慧经济特色项目建设运营经验、专业化程度、商业信誉、盈利能力等诸多因素，从而做出最优选择。“部分”外包模式相对风险系数较小，但无形中也倒逼地方政府（或政府行业管理部门）必须全盘了解并掌握智慧经济特色项目建设和运营的整个过程，也考验着地方政府（或政府行业管理部门）在外包项目方面的规范制定和监督管理的能力。

4. 政企共同投资运营模式

所谓“政企共同投资运营模式”，是指政府（或政府行业管理部门）、企业在智慧经济特色项目建设过程中通过协商，共同承担项目建设资金、共同管理项目运营、共同承担项目收益风险的一种联合运营模式。在操作流程上，具体是由政府相应的行业管理部门与智慧经济特色项目企业组成市场经济的实体，协同推进项目的建设和运营。政企共同投资运营模式，将政府顶层设计和规划指导的优势与要素企业的资本实力、营销管理优势有机整合统筹，项目建设和运营的时、效、度针对性强，有利于智慧经济特色项目的产品或服务最大限度地满足经济社会发展的支撑和社会公众的需求。就适用范围而言，政企共同投资运营模式比较切合投资与收益持平的智慧经济特色项目，譬如地方政府推出的推动公共服务均等化的各种信息化应用，通信运营商、社会公众和智慧经济企业之间的监控、调度等信息化系统。

五　湖州市智慧经济特色项目发展的路径优化

（一）打造人才高地，着力构建智慧经济特色项目智库

人才尤其是高端的信息技术人才，是湖州市智慧经济特色项目建设和运营的首要决定因素，也是关键战略资源。要使湖州市智慧经济特色项目的建设和运营步入良性循环，必须打造人才高地，着力构建智慧经济特色项目智库。

首先，人才引进一次规划，分步实施。一是通过传统媒体、网络媒介面向国内人才高地，如北京、上海、广州、杭州等地，发布“湖州智慧经济

特色项目开发”团队借智引进公告，不求所有，但求所用，按照市场经济的规律，尽可能规划设计并充实量质并举的智慧经济特色项目案例库；二是按照地方政府的产业发展规划，以智慧经济特色项目案例库为依托，再次面向人才高地点、线、面结合发布柔性引进公告，集聚智慧经济特色项目的管理人才和技术精英；三是不断创新以“南太湖精英计划”为核心的人才引进政策、流程，在智慧经济项目实施过程中，重点引进、落户一批真正符合湖州市产业发展规划、熟悉智慧经济项目建设的高端信息化人才。在分步实施的过程中，智慧经济特色项目规划实施的关键节点，不仅决定了湖州市智慧经济特色项目的发展方向、空间布局、市场潜力，而且决定了引进人才的适用程度及智力资本发挥的效用度。

其次，产教融合协同创新，“自我造血”。智慧经济特色项目建设和运营的系统性、复杂性，决定了人才需求的数量性和分众化。除高端信息化人才外，还需要数量众多的一线技术技能人才。湖州市应依托湖州师范学院、湖州职业技术学院和区域内数量众多的中等职业技术学校，在智慧经济框架内积极推动学校对接地方产业、专业对接行业企业、师生对接职业岗位，推进人才培养机构和骨干行业企业之间的产教融合、工学结合，在人才培养方案的修订、教学内容的选择、顶岗实习的安排中融入更多的智慧经济元素，政校企“产学研”一体化，行校企“教学做”一体化，不断创新具有地域特色的智慧经济特色项目的“自我造血”体制机制。

（二）推动“两化”融合，助推智慧经济特色项目转型升级

智慧物流、智慧旅游、智慧农业、智慧养老正日益成为湖州市经济社会发展的新的增长点，也是湖州市融入杭州都市圈智慧经济的资本所在。湖州市传统产业的转型升级，离不开智慧产业化的重要支撑；产业智慧化的发展潜力，也倒逼湖州市行业企业的提档升级。就当前而言，湖州市在智慧经济特色项目的建设和运营中，有两个方面亟须破题。

首先，湖州市智慧经济企业的规模亟须进一步扩大。一定数量的智慧经济企业是湖州市智慧经济特色项目建设和运营的主体条件，据此，湖州市

委、市政府及行业管理部门应充分通过调查研究，充分掌握不同产业类型、不同规模、不同发展阶段企业的“智慧经济”转型需求。在利用政策、制度进行积极引导的同时，也可以利用地方财政的资金注入和税收调节，刺激本地企业加强信息化建设。在制定《湖州市国民经济和社会发展第十三个五年规划》的过程中，要凸显智慧经济特色项目的战略地位、引导力度，以期做大规模、奠定基础。就市场经济的一般规律而言，市场是关键要素，没有无市场的经济，也没有无经济的市场，只有湖州市智慧经济企业的规模达到一定的程度，才能为智慧经济特色项目的建设和运营构建起足够的市场空间，才能引入智慧经济特色项目的良性市场竞争，最终实现湖州市智慧经济特色项目建设运行的良性循环。

其次，湖州市智慧经济企业的专业化程度亟须进一步提高。从湖州市范围内来看，当前建设与运营的智慧经济特色项目，大多非本土企业自创或提供，而是来自周边城市如上海、杭州、苏州等的智慧经济企业。因此，要加大本土企业智慧经济专业化的培育，按照产业分类，编制“智慧经济”特色项目企业名录，实施动态管理；将借智引进的“智慧经济特色项目案例库”利用公共信息平台及时提供给本土企业；利用政策、资金、税收等杠杆效应，引导有意愿的企业选择符合实际的案例进行模型构建；在此基础上形成“智慧经济特色项目模型库”，再扩散、再引导，周而复始，刺激产业智慧化和智慧产业化需求。同时，湖州市委、市政府要通过平台、资源等支撑，合理科学地调动企业参与智慧经济特色项目建设和运营的积极性、主动性，规避恶性竞争、重复建设，将产业智慧化和智慧产业化真正落实到企业自身的转型升级需求上。

B.18

生态文明背景下湖州智慧城市建设实践与路径研究

查建华　王荣德　刘艳云　杨国庆*

摘　要：　工业化和城市化推动经济和社会的快速发展，推动了生产方式的巨大变革，但也带来了资源消耗、环境破坏和城市化过程中“城市病”的高发等后果。如何在生态文明理念的指导下建设智慧城市，转变发展方式，赋予城市新的内涵，提高新型城镇化水平，走出一条中国特色城市发展之路，值得我们研究。本文选取生态文明建设走在全国前列的湖州为研究样本，力求为探索生态型智慧城市建设提供路径思考。

关键词：　智慧城市　生态文明　建设路径　湖州

智慧城市建设有利于推动“新型工业化、信息化、城镇化、农业现代化和绿色化”发展，不仅对优化城市宜居环境，提升城市文化的传承和创新，而且在增强市民的幸福感和城市的可持续发展等方面作用巨大。生态文明背景下的智慧城市，就是以城镇化、智慧化和生态化的有机融合为目标，按照生态学原理进行城市规划设计，把新一代信息技术充分运用在城市各行业之中的高级信息化城市。因此，智慧城市建设是生态文明建设的重要抓

* 查建华，湖州市社会科学院院长、湖州市社会科学界联合会副主席；王荣德，湖州师范学院教授；刘艳云，湖州市委党校讲师；杨国庆，湖州师范学院讲师。

手，而生态文明建设通过改变人类赖以生存的生态环境和经济社会结构，为智慧城市建设过程中各类问题的解决提供一个全新思路。

一 生态文明背景下智慧城市建设的意义

生态文明是人与自然、人与人、人与社会和谐共生、良性循环、全面发展、持续繁荣的现代文明发展的重要体现。在智慧城市建设中引入“生态+”理念，推动信息化、智慧化与生态化的深度融合，通过智慧规划、智慧管理和智慧配置整合城市资源，切实解决城镇化过程中的“城市病”，推动城市可持续发展。

（一）有助于城市治理模式改革，实现城市治理高效精准

城市发展是一个自然的历史过程，城市的治理、建设和发展要同资源环境承载能力相适应。改革开放30多年，我国经济社会迅速发展，城市化进程不断推进，但与此同时城市在公共服务和社会管理等方面面临的压力也越来越大，尤其是在资源和环境等方面付出了巨大的代价：城镇化进程随着人口的增加，日益受到土地、空间、能源和清洁水等资源短缺的约束，城市发展遇到生态问题制约。以杭州都市圈城市（杭州、湖州、嘉兴、绍兴）为例，2014年浙江省GDP为40154亿元，杭州都市圈四城市的GDP达18775亿元，占全省的46.8%。但经济的发展却给环境带来了压力，2014年浙江省环保厅数据显示，杭州都市圈四城市在空气质量（PM2.5）、水质达标方面的排名靠后：空气质量方面，杭州、湖州、嘉兴、绍兴分别列全省的第9位、第9位、第6位和第8位；水质达标率方面，杭州只有52.6%，嘉兴甚至只有14.3%，都远远低于全省平均水平。从中可以分析，当经济发展到一定程度，与环境承载力之间产生制约时，就需要我们探索一条可持续发展之路。因此，推动生态文明与智慧建设的融合发展，有助于对城市公共事务与管理等进行标准化、精细化、动态性和无缝隙的管理。与此同时，通过将数字技术、信息技术、网络技术渗透于城市运行的各个方面，降低城市管理

成本，提高行政管理的效率，使城市治理、监测与运行、突发事件的处理等安全、高效地完成。

（二）有助于经济与社会转型，实现城市绿色发展

生态文明背景下的智慧城市建设，是以生态价值为导向，把工业化过程中人为中断的生态循环链条重新链接起来，以现代科学技术特别是信息技术为手段，形成一种超越传统模式的生态文明之路。据世界银行测算，通过智慧城市建设，一座百万人口以上的城市在同等投入的情况下，实施全方位的智慧管理，能增加城市发展红利2.5~3倍，并促进实现4倍左右的可持续发展目标。在智慧城市建设中伴随而生的智慧产业，是传统服务业智慧化与各产业融合创新发展的产业，是以大数据、云计算、物联网、移动互联网为核心的新一代网络信息产业，将会激活民间投资、促进就业，迅速带动相关产业的发展，促进生产方式的不断改进，促进经济发展模式由劳动密集型向技术、知识密集型转变，催化产业经济结构的调整，提高经济知识含量和产业的科技含量，驱动城市产业安全、低碳、绿色发展，从而提升城市经济的可持续发展。

（三）有助于建设美好宜居型城市，实现城市化发展模式转型

改革开放以来我国城市化发展取得的成就，主要是以巨大的基础设施建设、不可再生资源的过度利用、生态环境的破坏等为代价，这种“粗放型”的城市化与生态文明建设格格不入，必须予以舍弃。湖州历来山清水秀，生态优势明显，近年来又提出了打造“‘富饶、秀美、宜居、乐活’的现代化生态型滨湖大城市”的奋斗目标。要实现目标，从经济的发展和城市建设来看，突出“集约型”的发展模式，使城市化模式朝着提高自然资源的利用率方向发展，保护环境，改善人类与自然和谐共处，实现城市化可持续发展。在关系国计民生的各个领域，充分利用现代网络信息技术，为人们提供畅通无阻、方便快捷的服务。这不仅使城市消费群体不断扩大、消费结构不断升级、消费潜力不断释放，还势必带来城市集聚效应的提高，带来与智慧

城市建设相关的基础设施、公共服务设施和住宅建设等投资需求，释放内需潜力，为经济发展提供持续的动力。从这个角度来看，生态文明建设与智慧城市的融合发展，能够实现从整体规划出发，充分发掘利用各种潜在的资源，充分降低经济发展的负面影响，最大限度地实现经济与环境的和谐发展，推动生态型、智慧型成为城市化发展模式转型的重要平台。

二 生态文明背景下湖州智慧城市建设的实践

湖州地处长三角中心区域，是沪、杭、宁三大城市的共同腹地，是连接长三角南北两翼和东中部地区的节点城市，交通便利、区位优势明显。近年来，湖州始终坚定不移地践行“绿水青山就是金山银山”的发展路子，把生态建设与发展绿色经济、打造生态城市、建设美丽乡村等结合起来，积极探索生态文明与智慧城市协同建设的机制和路径，努力取得人民群众看得见、摸得着、感受得到的实际成效。近 10 年来，全市 GDP 年均增长 11.1%，财政总收入和地方财政收入年均分别增长 16.8%、17.9%，城乡居民人均可支配收入分别是 10 年前的 2.5 倍、3.1 倍。

（一）生态文明先行先试，智慧城市基础设施建设日益完善

湖州是习近平总书记提出“两山”重要思想的诞生地。近年来，湖州市在践行“两山”的生态发展道路上，充分发挥湖州的生态优势，打生态牌、举生态旗、走生态路，积极推进美丽乡村、生态创建、生态休闲旅游之路，形成了生态文明建设的价值品牌体系，努力使产业结构变“新”、发展模式变“绿”、经济质量变“优”，实现了“绿水青山”与“金山银山”相得益彰。先后获得国家环保模范城市、国家卫生城市、国家园林城市、中国优秀旅游城市、中国魅力城市、全国城市综合实力百强市、投资环境百佳城市等荣誉。2014 年，湖州获批成为全国首个地市级国家级生态文明建设先行示范区，这是湖州市历史上第一个国家战略。在推进生态文明建设中，湖州市还围绕打造浙北智慧城市建设，积极推进智慧城市基础设施建设。截至

2015 年 9 月，全市已拥有光缆 15.8 万条，全长 11.7 万公里，光纤接入用户达到 27.8 万户，全市所有的乡镇已全部通光缆；城市家庭 20Mbps 及以上宽带接入能力达到 96.3%，农村家庭 4Mbps 及以上宽带接入能力达 100%。在移动网络覆盖上，建设移动基站 5600 多个，其中 4G 移动基站 3800 多个，拥有无线基站设备 12600 多套。在“无线城市”打造上，大力推进中心城市“ihuzhou”无线网络建设，目前中心城市共布设热点 6400 多个，覆盖 WIFI 的区域达到 827 个。

（二）生态文明建设与城市智慧产业协同发展

多年来，湖州市紧紧把握生态经济的本质要求，将生态文明建设融入经济建设全过程、各领域，树立“以质取胜”的发展理念，结合本土优势，加快推进产业转型升级，着力推进信息产业发展，着力构建高质量、低消耗、可持续的现代产业体系。

1. 着力发展智慧农业

依托“国家现代农业示范区示范市”“国家农业综合开发现代农业园区试点”和浙江省首个“新农村建设体制创新试验区”，实施绿色农产品基地建设工作和“智慧农业”信息化服务平台提升工程，助推一批涉农企业通过淘宝、微信、自建平台等模式开展生鲜农产品 B2C、O2O 业务，截至 2014 年底，全市已累计建成农业物联网试验示范基地 15 个。2015 年，湖州市农业局和中国电信湖州公司签署合作协议，共同推进湖州“智慧农业”建设与发展。

2. 推进“两化”深度融合

以浙江省信息化和工业化深度融合国家示范区建设为总抓手，制定出台了《湖州市信息化和工业化深度融合三大专项行动计划（2014～2016 年)》、“两化”融合《重点项目管理办法》和《示范企业认定管理办法》等，从区域、行业、企业三个层面推进“两化”深度融合，鼓励发展智能制造、绿色制造、服务型制造，加快传统产业改造升级，培育壮大生产性服务业，拓展战略性新兴产业发展空间，带动和促进信息消费，全面提升企业的核心竞争能力，加快建设工业强市，打造湖州经济升级版。2014 年湖州信息化发展指数为 0. 871，“两化”融合指数为 66. 68，均列全省第五位。信息产业培育稳步前行、势头强劲，全市电子信息产业实现产值 563. 6 亿元，居全省第四位。尤其是德清县以地理信息产业为核心，以签约落户项目为载体，将产业、城市、科技三要素纳入小镇规划理念，建设基础设施完善、商务配套一流、高端人才集聚、生态环境优越、绿色休闲宜居、具有鲜明科技特征的新区域已初具规模。

3. 全面推动电子商务

积极参与中国（杭州）跨境电子商务综合试验区建设，全力创建国家电子商务示范城市，先后出台《湖州市促进电子商务加快发展若干扶持政策》，编制《湖州电子商务发展蓝皮书》，设立市本级电子商务专项扶持资金，启动建设跨境电子商务示范园区，全面实施电子商务进企业、进农村、进社区“三进”工程。大力推动电子商务发展。截至 2014 年底，全市拥有天猫加盟店 830 家、各类电商平台 20 个、电子商务产业基地 17 个、电子商务教育培训基地 9 个、跨境电子商务企业 313 家；全年实现网络零售额 135. 01 亿元，同比增长 57. 91%；实现居民网络消费额 117. 38 亿元，同比增长 46. 95%；实现跨境电子交易额 1. 28 亿美元，同比增长 82%。

（三）生态文明建设与城市治理良性互动

近年来，湖州在智慧城市建设中充分运用新一代信息技术，推动生态建设与城市治理的良性互动。

1. 积极培育生态文化

按照全国生态文明先行示范区建设要求，把生态文明建设纳入国民教育体系，出台了《湖州市关于市民参与生态文明建设的办法》，增强全社会绿色发展、绿色消费的生态环保意识。加强宣传教育，倡导绿色生活方式，积极营造全社会参与建设资源节约型、环境友好型社会的良好氛围。全面推进生态城镇创建工作，2015 年湖州通过国家生态市技术评估并将直接进入国家生态市待命程序，全市所辖三县实现国家生态县的“满堂红”。

2. 全面推进生态整治

遵循生态优先、理性规划、人文关怀、持续和谐原则，全面推进城乡人居环境整治。进一步完善了环境监管、环保政务、公共服务和环保应急联动指挥等方面的应用系统建设，逐步实现对湖州生态环境的全方位智能监管和保护。持续抓好治水、治气两大攻坚战，深入实施“五水共治”“四边三化”“三改一拆”，逐步建立智能化水治理系统，形成水源治理电子图，实时监测水源质量，实现动态更新，全面保护湖州市水生态环境。探索建立危险废物产废企业动态数据库，实现各危险废物产生、转运、处置全过程信息跟踪和可追溯。推进污染源在线监控预警处置，实现与环境监察移动执法联动。此外，还加大了科技支撑力度，在环境监测预警、污染防治、资源循环利用等节能环保关键技术方面加大了研发、示范与推广力度。

3. 抓好智能化精细管理

以智慧城市、生态示范区建设为抓手，全面提升城市发展、运行、治理的智能化水平。以湖州市长兴县为例，2012 年该县被浙江省测绘与地理信息局列入全省县（市、区）数字城市地理空间框架建设计划，设立了数字长兴地理空间框架建设项目，在项目建设中完成了数字规划管理信息平台、三维城市景观系统、数字化城市管理系统、重金属污染防治信息平台、数字气象信息平台、水资源综合治理一张图系统建设六个应用示范工程，有效地促进了基础地理信息和各类部门专题信息的共享和应用，提高了政府管理决策的效率和水平，也将为企事业单位和社会公众提供各类丰富、及时、便捷的位置信息服务，使得地理信息资源得到充分应用，具有良好的社会、经济和生态效益。

（四）生态文明建设与城市智慧升级相融合

积极探索开展智慧特色小镇、休闲旅游城市的建设工作，着力推动生态文明与城市智慧的融合发展。

1. 积极探索建设智慧小城镇

湖州市以“织里镇智慧城市建设试点”工作为载体，积极探索中心城镇智慧建设。结合省政府有关智慧城镇试点建设要求，湖州市政府和织里镇分别与中电科海康集团签订了战略合作协议书，确定了夯实信息基础、实施品牌战略、完善公共服务“三步走”的实施路线图。深入推进“332 工程”，积极开展光网织里、无线宽带城市等智能基础设施的优化提升，着力夯实“智慧织里”建设的信息化基础。目前，先后完成了省政府下达的六项建设任务，同时扎实推进教育、医疗、城管、交通、社区、政务等重点领域智能化应用，重点建设新居民卡管理系统、社区家庭服务系统、GIS 综合应用系统、城市移动执法系统、童装电子商务和政民互动等平台，提升城市智慧化管理和服务水平，着力打造“平安、兴业、宜居”的现代化智慧型小城市。

2. 发展生态休闲型智慧城市

2006 年以来，湖州市全域开展宜业宜居宜游的美丽乡村建设，十年来打响了以“美丽乡村、和谐民生”为特色品牌的新农村建设“湖州模式”，同时制定实施了《湖州市旅游发展总体规划（2006～2020 年）》，确定了“一个中心，十个重点发展景区”的旅游发展规划，着力推进生态休闲旅游产业。围绕“名山、湿地、古镇、太湖”以及茶文化、丝绸文化和湖笔文化等县区丰富的旅游资源，着力从信息基础设施、旅游管理、服务和营销等方面构建智慧旅游体系，逐步建立“一云多屏”综合服务平台，在景区、公共休闲场所等配备电子查询设备，为游客提供快速、全面、准确的旅游信息服务。探索建立全市智慧旅游指挥调度中心，打造集旅游综合数据库以及指挥、协调等功能于一体的智慧旅游管理平台。全面推进国际生态休闲度假城市建设，成功打造“中国乡村旅游第一市”，2015 年国际乡村旅游大会永久会址落户湖州，探索形成了“景区＋农庄”“生态＋文化”“西式＋中式”“农庄＋游购”等乡村旅游发展新格局。

三　生态文明背景下湖州智慧城市建设存在的问题

城市的建设发展必须突出以人为本的理念，因此，智慧城市的规划、设计、建设和发展过程，需更重视生态文明建设，重视城市生态环境保护，转变粗放式经济发展模式。未来，智慧城市建设的应用方向将更加多元化，建设过程不可能一蹴而就。湖州多年来的实践探索虽然取得了一定的成绩，但从总体来看，湖州尚处于起步阶段，它的转型升级和可持续发展还存在一定的问题。

（一）智慧城市总体规划尚未出台

从全省层面来看，2012 年，浙江省把开展智慧城市建设试点作为加快经济转型升级、促进发展方式转变、创新社会管理、加强公共服务、提升城市现代化水平的一项重大举措，围绕城市发展中的突出问题，开始启动实施首批试点项目，就杭州都市圈范围来看，唯独湖州还没有纳入首批试点项目，使得湖州智慧城市建设起步相对较晚。从湖州市层面来看，尽管生态文明建设走在前列，但生态文明建设各项规划中关于智慧城市建设的规划较少，而且关于智慧城市建设的专门性规划也尚未出台，现有政策主要是对发展信息经济方面做出的有关规划和部署。

（二）信息资源共建共享尚未真正形成

智慧城市建设核心是信息资源整合、运用，将城市打造成一个宏大的“系统之系统”。对照智慧城市信息资源建设，湖州还有一定的差距。在基础设施投入主体层面，基础设施的投资主体既有各级政府，也有三大电信运营商、广电、电力公司、相关企业等，主体分散难以形成合力。在技术层面，目前缺乏系统建设信息共享机制和标准体系，信息资源部门间共享不仅存在制度壁垒，而且存在不同系统之间接口标准不同、数据交换困难等问题，导致出现“信息孤岛”。在建设层面，由于各系统独立建设开展、条块分割，导致部门之间、县区之间系统各自为政现象较为严重，甚至不少部门内部存在多个系统并行、不能打通的混乱情况，不利于智慧城市基础数据库的建设。在管理层面，政府各部门对于信息资源开发利用的意识相对比较落后，各部门横向协同困难、行政分割、管理分治现象明显，很多信息化往往是技术上容易解决，但在管理体制机制上难以实现，造成硬件设施、软件系统建设和信息资源采集等多方面浪费，影响城市信息共享的协同管理。

（三）社会资本和全民参与程度有待提升

智慧城市建设不仅需要基础设施建设的保障，同样需要发动社会各方力量参与到智慧城市建设中来。从湖州智慧城市的前期基础设施建设来看，基本是以财政性资金投入为主，对多元投融资的激励不足，向民间资本的开放还不够，难以对民间资本形成有效的吸引和拉动，财政资金的乘数效应没有真正地得以发挥。从智慧城市建设的一些项目来看，同样需要全民参与才能顺利实施，如手机终端信息查询、智能家居、城市生活垃圾分类平台、居民医疗信息查询、云教育建设等，都需要全民参与共享。但从全市层面来看，市民对智慧城市的概念还比较模糊，市民信息化程度还不够高，这也极大地制约了智慧城市的发展。同样，在生态文明建设过程中，市民的生态意识薄弱、参与生态文明建设的积极性不高等因素也影响着生态文明先行示范区的建设。

（四）制度保障体系还不够健全

在政策扶持上，虽然对智慧城市、信息产业等已经有了政策框架，明确了主要目标和重点任务，但配套政策还不完备，扶持本地特色产业的针对性也有待提高，有的电商扶持政策门槛过高，成为“玻璃门”。在财政引导上，市级层面尚未建立单独的扶持资金或生态基金，仅在工业发展资金中予以倾斜（约2000万元），电子商务专项扶持资金也只有1000万元，与杭州、嘉兴、金华等地市相比，数量明显偏小。在专业人才上，湖州不仅信息化高端人才和复合型人才紧缺，一般人员的信息化应用能力也显不足。掌握核心技术的专业人才招聘难、成本高、留不住，本地高校培养体系与企业实际需求之间存在差距，特别是智慧装备技术人才本土化困难较大。在评价考核上，现有体系主要集中在“两化”深度融合和电子商务创新应用两个方面，无法适应信息经济发展的新要求，且过于笼统，不能真实反映信息经济核心竞争力水平，容易造成信息化发展指数虚高。

四 生态文明背景下湖州智慧城市建设的思考与建议

智慧城市是一个全新的理念，是城市建设和发展的宏伟蓝图和长期目标，每个城市都是在摸索中发展和前行的。湖州作为正在建设国家生态文明先行示范区的地级市，智慧城市建设必然带有自己的特点。通过对湖州智慧城市建设的实践调查分析，湖州智慧城市建设还应从顶层设计、特色定位、路径模式等方面做系统谋划。

（一）指导思想

以走集约、智能、绿色、低碳的新型城镇化道路为总体要求，以国家新型城镇化、生态文明体制改革、促进智慧城市健康发展等中央和省市规划、建议文件精神为指导，以把城市建成“经济增长的中心、生态涵养的容器、文明传承的薪火、百姓安居的乐园”为目标，牢固树立和切实贯彻“创新、协调、绿色、开放、共享”的发展理念，着力推动信息化与城市发展深入融合，构建绿色低碳的生产生活方式和城市建设运营模式，完善城市治理体系，提高城市治理能力，着力解决“城市病”等突出问题，不断提升城市环境质量、人民生活质量、城市竞争力，为加快建设现代化生态型滨湖大城市、高水平全面建成小康社会、打造生态型智慧湖州奠定坚实基础。

（二）建设目标

以新型城市化为引领，以提升市民幸福感和城市运行效率为目标，以推进国家生态文明先行示范区先行先试为着力点，按照“生态城市、美丽乡村、特色产业、和谐民生”的发展定位，围绕建设“四个湖州”的战略目标，立足“生态、文化、和谐、精致”的城市特色，着力推动新一代信息技术创新应用，并推动与城市经济社会文化等发展的深度融合。强化信息基础设施建设，促进地区、部门、行业在政务信息共享和业务协同的跨界运用。强化信息资源社会化开发利用，促进城市规划管理信息化、产业发展现代化、公共服务便捷化、基础设施智能化、社会治理精细化，率先形成产业结构合理、创新驱动有力、城乡区域统筹、生态环境明显改善的转型升级体制机制，为生态型智慧城市建设提供新路径、积累新经验。

（三）实施路径

1. 加强领导，统筹规划

建设智慧城市，政府负有不可推卸的责任。要充分发挥湖州市智慧城市建设试点工作领导小组的作用，切实履行职责，加强面上工作的指导协调，充分调动各方面的积极性、主动性、创造性，使政府有形之手、市场无形之手、市民勤劳之手同向发力，努力为各方合作创造良好条件，全力支持和推进战略合作实施，共同推进湖州智慧城市建设；各县区政府要健全完善试点工作组织协调机构，有效整合参与各方合作发展协调机制，定期研究部署试点工作，协调解决试点过程中的重点难点问题，督促检查重大项目、重大工程和重大政策的落实。

战略、规划、计划、方案等顶层设计工作是一个城市在创建智慧城市中首先需要解决的问题，它将直接关系到建设起点、建设目标、建设内容和建设路径。结合湖州智慧城市建设实际，制定具有前瞻性、全局性、针对性和可操作性的战略规划，尽快出台《湖州智慧城市建设总体规划》和《湖州智慧城市建设行动纲领》。围绕城市智能运转、企业智能运营、生活智能便捷、政府智能服务等方面，立足顶层设计的高度，规划建设途径、创新方向及发展战略，确定清晰明朗的任务书、路线图和进度表，有效指导建设。在编制过程中，将生态环境基础和生态环境发展目标等生态因子作为前置条件，强化尊重自然、传承历史、绿色低碳等理念，将城市生态建设与智慧城市建设融为一体、协调发展，扎实推进空间布局一体化、规划设计一体化、生态保护一体化、产业协同一体化、基础设施一体化、体制机制一体化，实现生产空间集约高效、生活空间宜居适度、生态空间山清水秀，转变经济发展方式，形成人与自然和谐发展的新型城市化格局。

2. 因地制宜，重点突破

智慧城市建设要以城市发展需求为导向，根据城市区域定位、历史文化底蕴、产业结构特色、信息化基础等，应用先进适用技术科学推进。湖州是“两山”重要思想的发源地，生态优势是湖州最大的优势，当前又正在建设国家生态文明先行示范区，绿色理应成为湖州发展的底色。并且，从发展的趋势看，拼资源消耗和环境透支的传统发展老路已经难以为继，只有坚持绿色发展，才能够发挥湖州的优势，彰显湖州的特色，打造“行遍江南清丽地，人生只合住湖州”的金名片。因此，湖州的智慧城市建设必须因地制宜，与生态文明建设相融合，协同推进，相得益彰。

智慧城市建设的首要目标就是要调整城市产业结构、转变城市发展方式，并以此作为带动城市经济发展的主要抓手。全面推进智慧城市建设“五化”融合，着力推进信息化与工业化的融合，促进传统农业、制造业和服务业向现代农业、制造业和服务业的转型发展。根据湖州构建“4 + 3 + N”现代产业体系（培育发展信息经济、高端装备、健康产业、休闲旅游四大重点主导产业，改造提升金属新材、绿色家居、现代纺织三大传统优势产业，积极培育若干能够引领未来发展的新增长点），鼓励各类技术创新、模式创新、业态创新，促进信息技术与各行业跨界融合，培育信息化环境下的新产业。创新投融资体制，推广政府和社会资本合作模式，形成财政资金与社会资金、自有资金与信贷资金共同投入的格局。重点支持智慧产业发展，实现应用体系建设和信息产业融合发展，实现系统开发、平台打造、人才培养、产品生产、产业培育的良性循环。智慧产业将逐步渗透于工业、农业、社区等生态产业的构成元素中，用智慧的方式完善生态产业的运行状态。对于传统的三大产业，智慧城市通过智慧的互联网、物联网和云计算进行运算和处理，形成城市产业的更新、创造和再分配模型，最终形成一个适宜城市发展、生态环境承载的合理的三次产业配比和各产业规模，让城市发展摆脱对资源条件的长久依赖，实现城市建设与生态环境的可持续发展。

3. 以人为本，惠民优先

智慧城市建设的终极目标是人的全面发展。按照“公共服务便捷化、城市管理精细化、生活环境宜居化、基础设施智能化、网络安全长效化”的要求，创新城市管理及服务方式，更好地为广大市民提供优质的公共服务，围绕与市民生活相关、社会高度关注的领域，率先实现突破，切实提高市民幸福指数。加大环境整治与保护，推进大气污染防治，实施区域联防联控联治，提高城市空气质量。全力推进海绵城市建设，强化环境保护和生态修复，将生态理念融入智慧城市建设，切实推动绿色、循环和低碳发展，减少对自然的干扰和损害。探讨基于生态文明理念的智慧城市建设路径，推动形成绿色低碳的生产生活方式和城市建设运营模式，造福百姓。

智慧城市建设以保障和改善民生为建设的出发点和落脚点。要突出为民、便民、惠民，响应社会对智慧城市不同阶段、不同层次、不同方面的诉求，将公共安全、交通出行、社会福利、医疗教育等民众需求最迫切的公共服务作为智慧城市建设的首选和突破口，促进人与城市的全面感知互动，不断提升市民对信息的获取和利用能力，提高市民在城市建设、城市发展、城市管理中的参与度。加快实施信息惠民工程。建立公共就业信息服务平台，加快推进就业信息全国联网。推进政府办事网上公开，建立完善群众诉求表达和受理信访的网络平台建设。探索推进智慧医院建设工作，通过家政、养老、陪护和社区照料等信息服务体系建设，为广大居民提供综合信息服务。积极推广智慧家庭，推动医疗、教育、安防、政务等社会公共服务设施和服务资源接入家庭，提升家庭信息化服务水平。

4. 健全制度，强化考核

智慧城市建设是事关经济转型升级、社会管理创新和人民生活品质提升的一项系统性、创新性工作，涉及组织领导体系、指导推进体系、评价考核体系、政策促进体系、产业支撑与服务体系、制度与标准体系、应用与人才培养体系和信息安全保障体系，必须尊重城市发展规律，统筹空间、规模、产业三大结构，统筹规划、建设、管理三大环节，统筹改革、科技、文化三大动力，统筹生产、生活、生态三大布局，统筹政府、社会、市民三大主体，坚持依法治市，健全制度，完善城市治理体系。健全组织领导制度，完善统筹协调、咨询指导、信息联络、考核评估、培训交流、人才培养等相关工作制度，建立政策扶持机制，强化决策咨询机制，完善市场推进机制。高技术是一把“双刃剑”，智慧城市建设面临较大的市场风险、兼容性技术风险和信息安全风险。高起点、全方位推进智慧城市建设，需处理好技术标准建设和完善法律规范的关系，坚持标准统一和法规完善先行，为智慧城市高效、安全运行提供必要的制度保障。

从湖州城市定位和自身实际出发，按照指标的可采集性、代表性和可比性原则，科学制定“湖州智慧城市建设评价指标体系”，将生态环境保护、资源能源节约利用、制度与文化等纳入指标体系，定期对智慧城市建设进行评估，为指导推进智慧城市建设提供科学依据。以“湖州智慧城市建设评价指标体系”为核心，制定智慧城市评估考核实施办法，每年定期考核相关责任主体智慧城市建设和应用情况，不断提高人民群众的满意度。

B.19

信息经济背景下嘉兴基础教育发展研究

嘉兴市教育学会课题组*

摘　要：信息经济背景下，以知识存储为目的的教育显然已经无法适应信息经济时代的社会发展需要，教育的功能观、目的观、知识观、教学观等都随之而改变。信息经济发展给基础教育发展带来重大机遇和挑战。本文以嘉兴教育为例，考察研究在信息经济背景下嘉兴基础教育面临的问题与发展难题，结合基础教育与信息经济的深度融合，提出了嘉兴基础教育发展的策略。

关键词：基础教育　信息经济　深度融合　嘉兴

信息经济是基于信息、知识和智力的全新经济，其显性特征是以现代信息技术等高科技为物质基础，信息产业在其中起主导性作用。杭州都市圈正努力建设成为全国科学发展、和谐发展先行区和浙江创业创新核心区，“经济先行圈”“生态文明圈”“生活幸福圈”等理念已深入人心。教育在经济社会发展中处于基础性、全局性、先导性的战略地位，以教育信息化带动教育现代化已经成为杭州都市圈各级政府和教育行政部门的共识，并将建成优质均衡的现代教育体系、实现教育现代化、促进教育公平、提升教育质量作

* 课题组负责人：朱建人，嘉兴教育学院科研与信息处处长，高级教师。课题组成员：管建林（执笔），嘉兴教育学院科研与信息处科研员，高级教师；许国杰，嘉兴市教育局办公室主任；钟长明，嘉兴市教育局办公室副主任科员。

为教育发展的战略目标。以嘉兴市为例，开展信息经济背景下杭州都市圈基础教育的发展研究，旨在通过教育与经济社会发展的适应性研究，考察研究长三角地区杭州都市圈的教育发展现状与信息经济背景下的教育问题与发展思路，以期对以杭州都市圈为基点的长三角地区，乃至整个东部沿海发达地区的教育改革提供可资借鉴的发展策略和思路。

一　信息经济发展为基础教育发展带来重大挑战

信息经济是当今世界发展的大趋势，是我国经济加快发展和社会全面进步的重大战略机遇。信息经济的高速发展在为教育领域的深层次改革带来全新机遇的同时，也带来了重大挑战。《国家中长期教育改革和发展规划纲要(2010～2020年)》明确指出，“信息技术对教育发展具有革命性影响，必须予以高度重视”。同时，要求把教育信息化纳入国家信息化发展的整体战略之中，超前部署教育信息网络。《教育部关于印发〈教育信息化十年发展规划（2011～2020年)〉的通知》强调，“以教育信息化带动教育现代化，是我国教育事业发展的战略选择”。规划同时指出，要通过建设覆盖城乡各级各类学校的教育信息化体系，实现优质教育资源的普及和共享，通过信息技术与教育教学的深度融合，实现教育思想、理念、方法和手段的全方位创新，最终目标是提高教育质量、促进教育公平、构建学习型社会和人力资源强国。基于这样的认识，我们认为，教育信息化是历史的必然选择，在教育领域深度推进信息化发展，特别是基础教育领域的信息化发展，真正实现以教育信息化带动教育现代化发展，是杭州都市圈教育跨越式发展的重要举措。

（一）信息经济理念与基础教育发展观念的对接问题

观念与理念是一切改革的源泉与出发点。信息经济为基础教育信息化发展带来诸多的困难和挑战，如观念层面，广大教育工作者对基础教育信息化的认识和重视程度还有待进一步深化和提高；管理层面，区域性推进基础教育信息化发展的政策环境、管理体制和运作机制等尚未健全，教育管理信息化体系有待集成和整合；资源层面，数字化教育资源的共建共享机制尚未形成，优质教育信息化资源相对匮乏。以信息化带动教育现代化，让前瞻理念助推区域发展，在区域信息化政策引导、教育理念更新、信息化体系建构、信息技术与学科教学深度融合、优质教育资源共建共享、教师信息化培训等层面，能否为基础教育发展注入信息经济理念，是杭州都市圈教育跨越式发展面临的重大挑战之一。

（二）地方经济实力与教育信息化水平的对称问题

杭州都市圈作为长三角城市群的重要组成部分，战略地位重要，产业基础坚实，体制机制灵活，综合实力雄厚，已成为我国发展基础最好、体制机制最优、整体竞争力最强的城市群。以杭州都市圈经济实力审视基础教育的信息化发展水平，基础教育在硬件建设、软件建设、城乡信息化均衡发展、数字化教育服务体系、教育内容、手段和方法的现代化等方面，是否与地方经济发展相匹配，也是杭州都市圈教育跨越式发展的重要问题之一。

（三）信息经济要求与教师信息素养的协调问题

信息经济时代对全体教师提出了全新的信息素养要求，《国家中长期教育改革和发展规划纲要》在强化信息技术应用时指出，要提高教师应用信息技术的水平，包括更新教师的教学观念，以信息化改进教师的教学方法，提高教学效果。信息化教学是以现代信息技术为支撑的全新的教学体系，包括教学管理、教学观念、教学技术、教学环境、教学内容、教学组织、教学模式、教学资源、教学评价等一系列的改革和变化，究其本质，其要素共有六个，基础是信息网络，核心是信息资源，手段是信息技术的应用和信息资源的利用，目的是培养信息化专门人才，保障是信息技术产业的形成和信息化政策、法规和标准的制定，特征是教学过程的信息化设计和学习资源的全息性利用。面对信息化教学的全新要求，需要各级教育行政部门加大培训投入，切实提升教师群体的信息素养。

（四）信息化投入与教育现代化发展的绩效问题

信息经济时代的到来，意味着教育信息化领域的投入，将从以往以校舍改造和教学装备配备为主的硬件建设更多地转向以信息化为导向的软件建设。从基础教育信息化绩效评价的等级目标看，从起步级、应用级、融合级到变革级，信息化投入的重心在不断转变，需要分析信息化总投入与教育投入、硬件建设与软件建设、软硬件建设与教学应用、信息化学习与学习总量这四个维度的比重与发展趋势，以实现信息化投入绩效的最优化，是杭州都市圈教育科学和谐可持续发展的重要问题之一。

二　信息经济背景下嘉兴基础教育的发展现状与面临问题

（一）信息经济背景下教育观念的更新问题

1. 信息经济背景下教育功能观的更新

信息化教学的基本特征是开放性、共享性、交互性与协作性。网络学习、在线课堂、微课学习等，使学习不再仅仅局限于课堂与学校，使教育更具开放性。信息化既能为教学提供丰富的数据文件、软件程序、教学资料等资源，又能建立立体集成、高度综合、类别清晰的教学资源智库，改变了传统的知识中心课程观，更多地体现在以经验分享为主的社会中心课程观和以活动为主的儿童中心课程观，以探究性学习打通课程与学生社会生活的联系，以社会性学习为学生提供学习经验，课堂内师生、生生之间更多维度、更大密度的沟通、交流与互动，使教师有更多的时间和空间开展协作性研究，通过即时反馈把握学生的学习现状，及时改进学教进程，使学生通过网络合作、人机互动等，为完成任务提供更多的人与人、人与计算机协作的机会。

2. 信息经济背景下教育目的观的更新

信息化教学以学生为中心，通过教师创设特定的情境、协作与会话帮助学生实现意义建构，使学生由外部刺激的被动接受者、知识的注入者转变为知识意义的主动建构者和信息加工的主体。教学过程由以教师的“教”为主转变为通过创设情境、探究问题、协商学习、意义建构等以学生的“学”为主体的过程；媒体不仅仅是教师讲解的演示工具，还是学生主动学习、意义建构、解决实际问题的认知工具，学生可以借助媒体进行信息查询、资料搜索、协作学习和会话交流。信息化教学理念在教学层面实现了教学理念的革新化、教学主体的广义化、信息表征的多元化、教学资源的共享化、教学目标的价值化、教学过程的个性化、教学策略的灵活化和教学评价的过程化。教育的目的终将从“让学生学会”转向“使学生会学”。

3. 信息经济背景下教育知识观的更新

知识大爆炸是信息经济时代的典型特征。知识革命是人类大知识系统出现总量扩张和新质飞跃的表现，是知识文明与财富迅速扩张、迅速膨胀的集中表现。信息经济下新的知识观不再把知识看成一成不变的真理，而是把知识视作一个动态的发展过程。随着信息经济的迅猛发展，知识的老化和更新速度将日趋加快。由此，以知识存储为特征的教育已无法适应信息经济社会的发展，培养学生以信息加工能力为核心的信息素养，将是教育必须关注的一项重要教育改革标的。而在信息化教学中自主化的学习、多元化的目标、即时性的反馈、交互性的过程、海量式的资源、虚拟化的环境、多样化的评价等，又有效地更新着师生的知识观。让学生学会学习、学会探究、学会选择等将成为教育的新常态。同时，由于知识观的更新，终身学习也将成为每一位学习者的自觉行动。学习者个体的探索精神与创新意识的培养，以及终身学习能力与意识的培植在信息经济时代显得越发重要。

4. 信息经济背景下教育教学观的更新

互联网思维是信息经济时代的另一个典型特征。“用户思维、精准思维和体验思维”是三个与教学观的更新紧密相关的全新思维角度。“用户思维”要求教学从以“教为中心”走向以“学为中心”，把握学生的发展需求，基于学生的需求确定教学的支点，如以可汗学院为代表的反转教学就是典型的用户思维体现。“精准思维”体现在教学中，教师通过大数据分析即时了解学生，激发学生的内在需求，从而提供更精准的学习经验，设计更符合学生发展实际的学习实践活动，从而提高教学的质效。“体验思维”要求教师通过设置特定的学习场景，提供最好的学习体验，让学生在互动式学习中提高效率。基于“用户思维”的个性学习、基于“精准思维”的经验学习和基于“体验思维”的探究学习，是信息经济背景下教育教学观的全新探索。

（二）信息经济时代的教育信息化水平问题

1. 教育信息化发展水平

2014 年嘉兴市教育技术装备资产总金额为 13.64 亿元，比上年增长 9.9%。全市中小学生均拥有教育技术装备资产 3253 元，小学、中学计算机装备累计 1.78 亿元、2.41 亿元，分别占全市小学教育技术装备总量的 32%、30%。小学、中学装备计算机 46007 台、61756 台，生机比分别为 4.3 人/台、3.8 人/台。中小学多媒体教学设备班套比达 100%。民办外来民工子弟学校班级多媒体班套比为 1∶1；278 所义育学校千兆网接通率达 93.44%。“宽带网络校校通”，班级多媒体普及率达 100%，一条以省厅为中心的省、市、县、校高速互联的教育计算机千兆网已建成，既为“宽带网络校校通”建设奠定了基础，也为“优质资源班班通、学习空间人人通”提供了基础网络环境。以项目建设为契机，不断加强硬件装备建设。从校园千兆升级到无线网络全覆盖；从网络中心核心设备升级改造到数字化云端录播系统；高清自动安防系统、智能机器人实验室等项目不断完善。

2. 教育信息化普及水平

2010～2014 年，嘉兴市教育技术装备购置经费投入总量分别为 0.96 亿元、1.22 亿元、1.40 亿元、1.55 亿元和 1.51 亿元，全市计算机装备总金额分别为 3.23 亿元、1.48 亿元、1.59 亿元、1.68 亿元和 1.78 亿元（见图 1、图 2）。分析教育技术装备购置经费投入总量和计算机装备总金额，发现嘉兴教育信息化投入总量在不断加大，但计算机装备总金额明显下降，这说明软件建设、资源建设和教师培训的投入比重在不断加大，区域内优质教育资源的共享和优质师资的培育成效显著，一个富有活力的教育体系逐步形成。分析嘉兴市教育信息化五年投入的数据可以发现，区域内信息化硬件设施建设已基本普及，软件建设投入的力度不断加大，这说明区域内信息技术的普及水平已经从以硬件建设为主转向以软件建设为主。2012 年，嘉兴所辖县（市、区）均通过“义务教育均衡发展县（市、区）”的评价验收，县级人民政府推进义务教育均衡发展的工作情况、义务教育学校办学基本标准的达标情况、城乡及同类学校的校际均衡状况、公众对本县（市、区）义务教育均衡发展的满意度等各项指标的考核成绩优异。

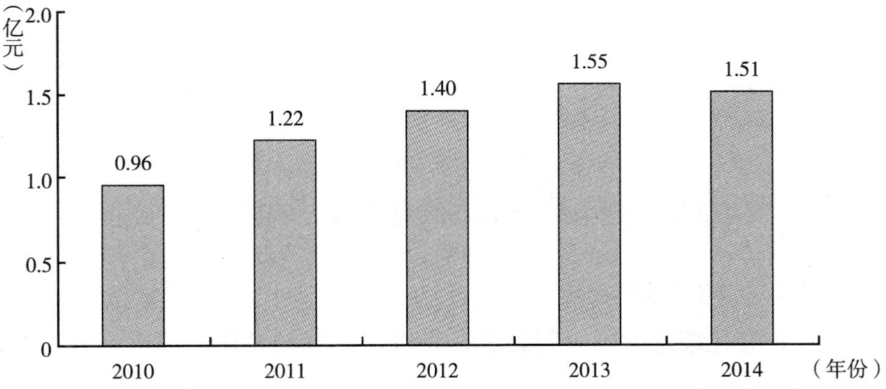

图 1　2010～2014 年嘉兴市教育技术装备购置经费投入总量

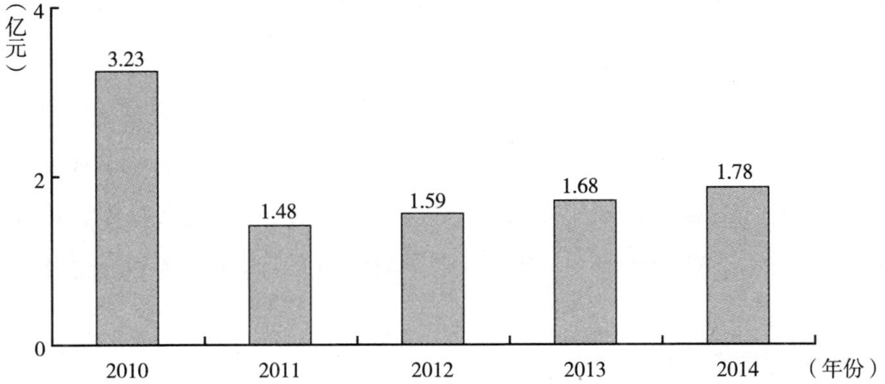

图 2　2010～2014 年嘉兴市计算机装备总金额

3. 教育信息化均衡水平

2014 年基本实现教育现代化县（市、区）创建工作稳步推进，落实创建工作方案和分年度实施计划，建立创建工作定期通报制度。以新一轮省义务教育标准化学校创建为契机，大力提升县域义务教育均值均衡水平，全市标准化学校创建率达 86.17%，居全省第二位。成立嘉兴市教育信息化领导小组，负责统筹、指导和协调全市教育信息化建设工作，通过制定全市性教育信息化工作的方针、政策和规划，开展教育系统信息化工作的组织实施、检查督导和绩效评价，展示和表彰教育信息化建设的先进事迹和单位个人，研究和解决全市教育信息化工作中涌现的各类疑难问题，实现全市教育信息化进程的快速推进。通过大数据分析，杭州都市圈教育信息化水平与经济社会发展水平基本同步，教育信息化的普及水平与均衡性基本符合区域发展的需求。

（三）信息化社会中教师的“信息素养”问题

1. 教师信息化观念转变

教师信息化理念的确立与转变，将决定教师教育能力的提升和教育风格、教学艺术的发展走向与路径，教师群体信息化理念的更新与转变，将决定区域教育发展的纵深程度与改革力度。通过举办嘉兴市教育信息化推进会暨技术应用体验会活动，邀请一线学校做“数字校园环境下网络教学”（E-learning）特色成果介绍和在线课堂展示，现场开展教育信息化技术应用体验活动，在信息技术和教育教学的深度融合体验中转变教师的信息化教学观念。通过“云课堂”课堂教学模式改革实验，以及“中小学数字校园现场会暨电子白板与微课应用研讨”等，探索现代教育新兴媒体与传统课堂教学的融合，在创新教学新模式、展示教学新亮点中转化教师信息化教学观念。

2. 教师信息化技能提升

教师信息化技能提升，既包括信息化教学知识、意识与观念的变革，又包括信息技术操作能力的提升。近年来，嘉兴以“技术引领教育变革”为核心理念，顶层设计和底层创新相结合，着力打造嘉兴市智慧教育的基础设施建设、教育管理信息化、优质教育资源共享、信息技术应用能力提升四大工程建设。通过成立县域教育视频服务中心，全面整合县域优秀教育资源，推送优质教育视频，最大限度地发挥各级名师作用，助力城乡教师信息化技能同步发展。通过“一对一数字化环境下教与学方式的变革课堂展示及互动研讨”、智慧教室与电子书包教学实践等活动，从微观层面上提升学生的学习兴趣，提高课堂教学实效性，扩大课堂的知识容量，从宏观层面上推进教与学、教学模式、作业评价方式等变革，坚持学生的主体地位，在探索无边界、个性化、数据化、交互化的智慧 E 课堂全新模式的同时，着力提升区域内教师群体的信息化技能。

3. 教师信息化资源开发

教师信息化资源开发，包括数字化资源建设、模拟化资源建设和交流平台参与度三大维度。依托嘉兴教育管理公共服务平台，构建并完善优质教育资源库建设。依托浙江教育资源网的共建共享，加快推进人人通工作，优化高中学科基地资源网建设，探索形成优质教育资源应用新机制。开展浙江省普通高中选修课网络课程建设和浙江省职业教育数字资源建设基地学校创建工作。开展名师工程、名校长工作室网站建设，做好特级教师网络工作室、网络教研平台等建设工作。通过召开浙江省基础教育微课程开发活动入围选题辅导会、基础教育微课程开发工作中期交流会、电子白板与短焦投影设备教学应用培训等，完善具有嘉兴特色的教育教学资源库，实现一体化的资源管理，整合知识管理体系，解决资源共享和再利用的问题。

4. 教师信息化课堂变革

信息化环境下的课堂教学变革，包括理念、模式、方式等层面的变革。建立嘉兴“智慧教育·在线课堂”平台，公开展示与共享全市各级名优教师精品课程及优质自建课程。通过嘉兴市云课堂建设暨长三角优质资源共建共享项目推进现场会，基于自主开发网络平台的“翻转课堂”教学实践、职业教育“互联网 + 特区”探索、数字化学习变革教与学方式等，深入探索各类现代教育技术在学校管理、课堂教学、师生成长中的运用策略，依托信息化课堂变革课题研究，植根现场问题，从注重立项、结题等事务性工作转向关注教师的成长、成才，通过“智慧 E 校园”“百度传课”“空中课堂”等数字化教育教学创新应用探索，总结提炼和应用推广普通高中网络选修课程、微课资源等优秀的教育教学成果，推进成果转化，营造“有落差的空间”，厘清与析出信息化技术要素，实现信息化课堂的学教变革。

（四）信息经济时代地方教育经费投入绩效评价

1. 基础教育信息化绩效评价的等级目标

教育信息化效益即教育信息化的投入与产出比，从区域层面看，如果没有教育信息化的投入，就不可能收获教育信息化的效益。同样，如果没有教育信息化的产出，也不可能有教育信息化的效益。教育信息化绩效评价的效益，是指由于教育信息化投入的增量而使教育领域呈现的增益。结合嘉兴区域教育信息化的实际发展水平，教育信息化效益可以理解为区域内教育信息化发展目标的实现程度，其实质是教育信息化所产生的与信息化投入有密切关系，并对教育效益有明显增量的结果。联合国教科文组织提出将信息与通信技术应用于教育教学的发展过程分为兴起阶段、应用阶段、融合阶段和创新阶段，结合嘉兴实际，基础教育信息化的绩效评价等级目标分起步级——硬件建设为主、应用级——硬件建设转向软件建设、融合级——建设转向应用、变革级——信息变革教学四个阶段。

2. 嘉兴基础教育信息化等级的指标体系

嘉兴基础教育信息化绩效评价的指标体系，分为信息化环境、信息化管理、信息化资源建设、信息化应用、信息化素养和信息化人才指标六大一级指标和细化的二级指标。起步级投入重点的信息化环境是实现教育信息化的物质基础和先决条件。信息化管理在基础教育信息化建设和应用中起着非常重要的作用，领导的前瞻思维与领导力、信息化的管理制度、组织机构等均制约着区域信息化的发展，组织与管理是区域教育信息化发展的灵魂。信息化资源开发和使用是基础教育信息化的核心与关键，也是应用级和融合级的基础。以信息化应用促进教学变革，包括信息化教研、教学、设计以及资源共享、课程研究等指标。信息化教师群体是变革级的重要载体，是实现基础教育信息化快速发展的支撑要素。实现区域基础教育的信息化跨越式发展，既需要培养大量信息化管理人才和技术人才，也需要大面积提升区域教师团队的信息化素养，包括信息技术基础知识的掌握、信息技术与学科教学充分融合手段的提升等。

3. 嘉兴基础教育信息化等级的绩效评价

从嘉兴基础教育总投入与教育投入的比重与发展趋势、硬件建设与软件建设的比重与发展趋势、软硬件建设与教学应用的比重与发展趋势、信息化学习与学习总量的比重与发展趋势四大维度来审视，嘉兴市五县（市）二区均通过教育部“义务教育均衡发展县（市、区）”的国家级评价，标准化学校创建率达86.17%，教育现代化县（市、区）创建工作稳步推进，基础教育已经跨越了起步级、应用级，正处在融合级和变革级阶段。以“融合创新、特色发展”为理念开展的市级教育信息化特色应用专题调研，以“解决实际问题，创新特色，重大实践突破”为理念开展的市级基础教育信息化建设创新特色项目申报等，以及区域信息化环境建设、组织建设、资源建设、应用研究、素养提升、人才培养等都进入了良性循环，已经从融合级向变革级过度，信息化发展与区域信息经济发展基本匹配。

三　信息经济背景下嘉兴基础教育发展的策略

为促进嘉兴基础教育与信息经济的深度融合，必须从观念更新、协调发展、素养提升和绩效评价上重新思考，使信息经济发展与基础教育相得益彰。

（一）观念更新：以信息经济理念贯穿基础教育发展全过程

审视嘉兴基础教育发展现状，从领导到教师对数字校园建设、教育信息化变革等重要性还没有提高到应有的认识程度。因此，需要为基础教育发展注入全新的信息经济理念，在改变各级领导、教师、学生、家长对信息化重要性认识的基础上，加快推进基础教育信息化发展的政策环境和体制，形成数字化优质教育资源共建共享机制，实现区域教育政策引导、信息化体系建构、优质教育资源普及共享、信息教育与教育教学深度融合、教师信息化培训深度推进的良性循环。

（二）协调发展：以经济实力助推教育信息化水平的提升

嘉兴基础教育的优质均衡发展走在了全省乃至全国的前列，但是，审视嘉兴教育信息化发展的现状，其信息化发展水平还存在县（市、区）之间和校际发展的不平衡，无论是硬件投入还是平台应用，教学研究和实际绩效都有差异。因此，需要以地方经济实力助推教育信息化水平的区域整体协调发展。针对部分县（市、区）基础教育硬件建设、软件建设、城乡信息化、数字化教育服务体系、教育内容、手段和方法的现代化等方面发展不平衡的现状，通过评价督查、资金帮扶、创建评比等措施，实现基础教育信息化的均衡发展，在此基础上实现区域教学优质资源的共建共享、技术和教学的深度融合。

（三）素养提升：以教师信息素养适应信息经济教育的要求

教师的专业素养决定着基础教育发展的实际水平。教师群体驾驭现代教育技术的能力普遍低于信息经济时代的发展要求，教学资源的开发还未能满足教育教学的现实需要，现代教育技术和教育教学深度融合还有较大差距。以素养提升为目标，以赛带培，以研促培，以展帮培，通过高层次比赛，信息技术考核，高层次、大规模的科研课题研究，“云课堂”“在线课堂”“网络异地远程互动课堂”试点等，加大区域内教师信息化培训的力度，提高区域教师群体的科研创新水平和整体信息素养。

（四）绩效评价：以信息经费投入加速基础教育现代化发展

以信息化带动区域教育的现代化发展，绩效评价是保障。分析信息化总投入与教育投入、硬件建设与软件建设、软硬件建设与教学应用、信息化学习与学习总量四个维度的比重与发展趋势，给起步级、应用级、融合级和变革级确定不同的绩效评价指标，使评价对象主体更明确、评价内容体系更科学、评价方法操作更便捷、评价绩效结果更客观。教育信息化绩效评价是一个与区域教育相匹配、与时代发展相适应的动态过程，评价没有终极结论，只有阶段特征，其目的是通过评价发现问题、透过问题把握方向，从而面向更长远的未来，确定区域教育信息化发展的新起点，实现绩效评价的螺旋式发展，使教育信息化向着效益最大化方向发展。

总之，教育信息化是教育现代化的题中应有之义。在信息经济背景下，积极推进信息技术与教育教学的深度融合，从而实现基础教育理念、方法和手段的不断创新，对于构建学习型社会、建设人力资源强国具有十分积极的现实意义，需要我们加以高度的重视。

B.20
嘉兴智慧图书馆建设历程与发展研究

沈红梅*

摘　要： 嘉兴近年来突破现有体制，率先完成全市公共图书馆系统与农家书屋系统的集群整合，初步建成图书馆数字资源全媒体服务系统以及 RFID 自助图书馆系统，在智慧图书馆建设上取得了一定成绩。但存在跨系统集群整合困难、信息资源深度共享较难、服务模式单向、员工智慧服务能力和读者信息素养亟待提升等问题。未来，嘉兴将进一步强化机制建设，加强信息资源共享，强化智慧服务能力，全面提升读者的信息素养，优化发展环境，促进智慧图书馆健康发展。

关键词： 智慧图书馆　信息共享　智慧服务　嘉兴

智慧城市是全球范围内未来城市发展的新理念和新实践，是信息社会条件下城市发展的必然选择。而智慧图书馆在智慧城市建设进程中承担着重要的社会责任，发挥着智慧宝库作用，对推动城市可持续智慧发展起着积极作用。所以，作为智慧城市重要的一个环节，智慧图书馆建设深受行业内外的高度重视，其理念已经在国内外图书馆界有了初步的探索和实践，并取得了

* 沈红梅，嘉兴市图书馆书记、副馆长，研究馆员。

不少阶段性的成果。

2003 年，“智慧图书馆”（Smart Library）一词最早在芬兰被 Aittola 等人提出，他们在《智慧图书馆：基于位置感知的移动图书馆服务》的论文中，将“智慧图书馆”定义为一个不受空间限制且可以被感知的移动图书馆。而国内对智慧图书馆的研究则从 2005 年开始，从研究图书馆的智能化深入到研究图书馆的智慧化，但“智慧图书馆”确切的定义是什么则众说纷纭，笔者比较认同上海社会科学院信息研究所王世伟先生有关智慧图书馆系列文章中阐述的观点：“智慧图书馆是以数字化、网络化、智能化等信息技术为基础，以互联、高效、便利为主要特征，以绿色发展和数字惠民为本质追求，是现代图书馆科学发展的理念与实践。”①

嘉兴市图书馆作为全国城乡一体化公共图书馆服务体系建设的领头羊之一，近年来，将智慧图书馆建设作为未来图书馆发展的新模式进行探索，通过广泛运用现代信息技术、重构服务模式、强化用户信息素养培训、智慧图书馆员建设等实践，促进了本地区公共图书馆行业整体的智慧演进。

一　智慧图书馆与其他形态图书馆的差别比较

近 10 多年来，随着现代信息技术在图书馆的广泛应用，图书馆界正在发生有史以来最深刻的变化。传统图书馆、数字图书馆、复合图书馆、智慧图书馆等各种图书馆形态以及云计算、大数据、物联网等相关技术手段的概念相继被提出，它们之间既有内在的联系又有各自的特点，下面我们通过对其概念、特征、服务与管理等方面的比较，搞清现阶段图书馆正处于哪个发展阶段，智慧图书馆需要从哪些方面进行构建（见表 1）。

① 王世伟：《论图书馆的三大特点》，《中国图书馆学报》2012 年第 6 期，第 23 页。

表 1　智慧图书馆与其他形态图书馆的差别比较

名称	提出时间	基本概念	特征	服务方式
传统图书馆	伴随着数字图书馆的概念而提出	搜集、整理、保管和利用书刊资料为读者服务的文化教育机构①	纸质印刷型馆藏;通卡片目录和检索刊物揭示馆藏。书刊整理、流通、检索均为手工操作;到馆借阅和送书上门服务	以垂直的纵向层次的管理为主,局限在具体的、物化的资源范围和场所范围之中的服务
数字图书馆	1994 年	数字图书馆,是用数字技术处理和存储各种图文并茂文献的图书馆,实质上是一种多媒体制作的分布式信息系统②	信息量大,载体丰富;使用跨时空,获取便捷;易于存储,永久保存;可多人同时使用	不受制于物理空间,利用互联网迅速传递的数字化服务
复合图书馆	1996 年	是传统图书馆与数字图书馆的并存形式,也是从传统图书馆到数字图书馆的一个过渡阶段	传统馆藏与数字馆藏的并存,但两者的平衡越来越倚重数字型	传统图书馆的阵地式服务;传统服务在数字环境中通过网络、手机等多网络、多终端形式提供的各类服务
智慧图书馆	2003 年	以高质量的全媒体资源为核心,在智能技术推动下实现馆员和用户协同感知与创新的高于数字图书馆的未来图书馆发展模式③	集群整合,共享协同;无线泛在(任何时间、任何地点)、个性互动;全面感知、管理智能;以人为本,绿色发展	多屏全媒体服务;跨时空泛在服务;通过网络智慧化服务

资料来源：①任宝祯主编《图书馆实用百科》，中国环境科学出版社，2001，第 302 页。②魏蔚、张亚君主编《图书馆学基础》，电子科技大学出版社，2013，第 71 页。③李显志、邵波：《国内智慧图书馆理论研究现状分析与对策》，《图书馆杂志》2013 年第 8 期，第 14 页。

云计算即强大的数据处理能力；大数据即巨量数据的强大存储能力。云计算通过对大量分布式数据库和云存储进行分布式、虚拟化技术处理与挖掘，从而产生大量有序化、可供分析和利用的数据流。如果把大数据喻为巨量矿藏，那么云计算就是采矿的工具和手段。物联网则是通过无线射频识别（RFID）、红外感应等技术，在有线网、无线网或互联网上建立起人与物品、物品与物品之间的泛在联系。云计算、大数据和物联网技术是智慧图书馆建设的技术手段。

智慧图书馆是数字图书馆和复合图书馆发展理念与实践的延续、整合与升华,[①] 是在云计算、大数据和物联网技术的支撑下发展的创新形态，是图书馆人追求以人为本、可持续发展的必由之路。

二　嘉兴智慧图书馆建设的实践及特点

（一）嘉兴智慧图书馆建设的实践

1. 基于智慧图书馆集群整合、共享协同要求，建立全市公共图书馆与农家书屋系统的图书馆集群

（1）市、县（市）域范围内互联互通的公共图书馆总分馆体系建设。2007 年以前，嘉兴市公共图书馆的服务只局限于城市和县城，乡镇及以下层级基本无力涉及，乡镇居民看书难是一个长期难以解决的问题。自 2007 年 5 月起，嘉兴市在全国范围内率先探索建设以“政府主导、统筹规划，多级投入、集中管理，资源共享、服务创新”为主要特点，以市、县（市）图书馆为总馆，以乡镇图书馆为分馆的公共图书馆总分馆体系。

分馆的规模与功能。每个乡镇分馆的馆舍面积在 500 平方米以上，藏书 3 ~ 4 万册、计算机 15 ~ 20 台、阅览座位 80 ~ 100 个。设有书刊借阅、亲子天地、电子阅览以及文化共享工程等功能区。

分馆的管理与服务。乡镇分馆与市、县图书馆纳入一个计算机业务管理系统中，实行网络化服务，通借通还；总馆与分馆在业务规范和服务规范上完全统一；书刊、数字资源由总馆统一采购、统一配置，各分馆间书刊定期流转；每周六天开放，节假日照常开放。城乡读者在全市范围内享受完全平等的服务待遇。

---

① 王世伟：《论图书馆的三大特点》，《中国图书馆学报》2012 年第 6 期，第 27 页。

嘉兴的分馆模式真正解决了新中国成立以来一直困扰乡镇图书馆运行和发展的资金、图书、技术和理念等问题，有了可持续发展的基本因素。截至2010年底，嘉兴按照这种新型的总分馆体系模式，建成高标准的乡镇分馆54个，实现乡镇图书馆全覆盖。

2010~2012年，嘉兴以同样的方式，在被撤并乡镇原政府所在地及较大的社区建设了80个村（社区）分馆；全市以嘉兴市图书馆和各县（市）图书馆为管理单元，建成6个独立的由总馆、乡镇分馆、村（社区）分馆组成的紧密总分馆体系，每个独立的总分馆体系内20多个图书馆依托现代信息技术、网络技术，实现图书资源通借通还、一卡通行、数字资源共建共享，成为一个完全融合的小型图书馆集群。

自分馆开放至今，嘉兴的每个乡镇分馆年到馆人数超10万人次，年外借图书平均在4.5万册以上，社会效益达到或超出全国县级公共图书馆平均水平。乡镇图书馆已成为城乡居民、儿童和外来务工人员的乐园。

（2）“联邦制”共享将6个独立的总分馆体系进行集群整合，达到共享协同。“联邦制”共享是将使用同一种图书馆业务管理软件的图书馆进行业务操作整合的一种方法。2010年底，嘉兴各公共图书馆已建成6个相对独立的总分馆体系，而“联邦制”共享的实现，使这6个独立的总分馆体系形成了既联成一体又互相独立的图书馆集群。联合在于：全市形成联合目录；图书可以通借通还，一卡通行。相互独立在于：各成员馆有自己完全独立的计算机业务管理系统，可自主制定借阅规则，处理本馆总分馆业务时在本地独立的系统中完成。

“联邦制”共享模式是在现有管理体制和财政体制不改变的情况下，市馆、县（市）馆之间实现资源平等共享的最佳途径之一，通过这种模式和技术，嘉兴市公共图书馆系统有近150个中小图书馆建成了一个一卡通行、互通有无、协同共享的集郡。

（3）公共图书馆系统和农家书屋系统融合，开发移动客户端APP，用移动终端实现农家书屋的管理。嘉兴地区自2008年以来，按照国家新闻出版总署的要求推进“农家书屋”建设，2012年实现了地区全覆盖。全市812家农家书屋共配备图书73万余册计4800多种，每个书屋配置约1000册图书。农家书屋作为农民身边的图书馆，因资源品种少且基本雷同、难得更新、质量差、管理手段相当落后，所以难以在东部发达地区农村产生预期的社会效应。

2015年上半年，嘉兴地区以文化示范区创建为契机，依托公共图书馆在文献资源上的优势，集合应用移动技术和大数据分析等最新信息技术手段，在全国范围内率先将两者进行融合共建，大大提升了农家书屋的信息化水平，实现了双方资源的通借通还和科学管理。实现步骤具体如下。

第一，农家书屋业务管理平台搭建。采用与本地公共图书馆相同的图书自动化管理系统搭建全市农家书屋管理平台，将各县（市）农家书屋手工登录的图书，按《中国图书馆图书分类法》《图书著录标准》等国家标准统一分编加工，建立书目数据库。通过将各县（市）市民卡作为读者卡全部纳入，建立统一的读者数据库；每个农家书屋成为一个业务终端。

第二，打通公共图书馆和农家书屋两个系统之间的隔阂。将“农家书屋”作为一个整体，即相当于一个县（市）公共图书馆总分馆系统，以“联邦制”的形式，整合进入现有全市公共图书馆系统平台中。形成联合目录，实现图书的通借通还。两大系统平台既相对独立，又能实现相互间的数据交换。农家书屋的图书可以通过借阅流转到公共图书馆，同样，公共图书馆馆藏图书也能畅通无阻地流通到各农家书屋，这对农家书屋现有藏书结构的优化起到了至关重要的作用。

第三，开发移动客户端APP，将现有计算机平台上图书自动化管理系统的常用功能移植到智能移动终端（手机）上。政府统一向运营商购买或租用符合技术要求的智能移动终端，实现农家书屋借书、还书、办证等操作的手机处理，大大节约了成本。

两个系统的整合，为农家书屋这一座座“文化孤岛”架设起了图书流通的桥梁，实现了跨系统文献资源的有效流转，双方都扩大了服务对象和范围，促进了农家书屋的现代化管理，增强了其引领农民阅读的服务能力，实现了可持续发展。

嘉兴公共图书馆系统与农家书屋系统集群整合结构见图1。

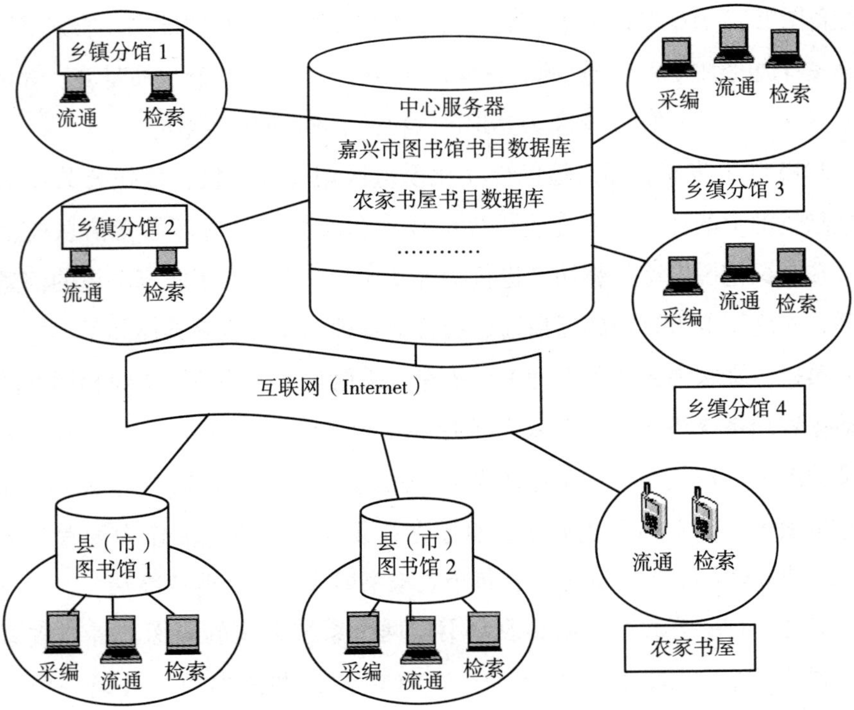

图 1　嘉兴公共图书馆系统与农家书屋系统集群整合结构

小结：从 6 个单体市、县（市）图书馆发展到 6 个独立总分馆系统，再整合成 1 个从市图书馆、县（市、区）图书馆、乡镇分馆、村（社区）分馆城乡一体化公共图书馆服务体系，再跨系统与农家书屋系统全面整合，嘉兴在八年内有效地利用现代信息技术和网络技术，建成了一个由近千个中、小、微图书馆融合共享的图书馆集群，为全市百姓提供了便捷的书刊服务。

2. 基于智慧图书馆无线泛在、个性互动的要求，建设嘉兴数字图书馆、移动图书馆等全媒体数字文献服务系统

读者在任何时间（包括白天、晚上、节假日）、任何地点（如办公室、家里、公交车上）都可以通过图书馆进行信息的获取与利用，是智慧图书馆的基本要求之一。而嘉兴数字图书馆、嘉兴移动图书馆、数字电视学习中心（嘉兴电视图书馆）、嘉兴图书馆网上学习中心的建成并开通服务，正是嘉兴市图书馆不断采用现代新媒体技术，突破地域、时间、设备的限制，为

全市读者提供基于互联网、移动终端、电子触控体验和电视媒体的“一站式”图书馆数字资源全媒体服务。

（1）嘉兴数字图书馆建设。嘉兴数字图书馆（网址：www. jxelib. com）是由嘉兴市图书馆联合五县（市）公共图书馆、中小学图书馆、嘉兴教育装备与信息中心、嘉兴农业科学院、嘉兴科委等共建共享，打破地域与专业的限制，为全市读者提供的“一站式”资源检索与文献服务平台。

嘉兴市图书馆采用方合作共建的办法，以单体馆最少的投入获得整体最大的数字文献共享。主要做法如下：①嘉兴市图书馆负责数字图书馆技术平台的建设，整合国家、省资源，建立“一站式”检索，与各县（市）馆的专线连接；②外购数字文献由各馆、各系统根据用户数量，共同投入，集体采购，高等院校图书馆可补充提供文献互借和传递；③各参与馆建设特色文献数据库，先后建设嘉兴名人数据库、血防数据库等 32 个数据库，全市可共享访问。嘉兴地区市民，只要通过登录市民卡号或新居民号，便可随时随地通过互联网访问嘉兴数字图书馆的全部资源。

嘉兴数字图书馆的资源主要有：390 万种中文图书书目信息，其中 150 万种可提供全文阅读、下载；1 万多种电子期刊、7600 余万篇中文期刊原文下载或文献传递；50 万部各门类、各学科学习视频和讲座资源；国研网、新东方英语学习、贝贝国学等 50 余个专业数据库，数据资源总量超过 90T，每天不断更新海量数据。嘉兴数字图书馆为全市读者提供文献资源的全文检索、浏览、下载、文献传递等服务。

嘉兴数字图书馆自 2010 年 12 月 29 日正式运行服务以来，深受全市读者的喜爱，读者访问、检索量逐年提高。2015 年，嘉兴数字图书馆读者访问量突破 77 万人次，数据库页面访问量达 823 万次，文献传递 29. 2 万次。

（2）嘉兴移动图书馆及电子书借阅系统建设。2012 年，嘉兴移动图书馆正式开通，嘉兴数字图书馆服务有了延伸和升级。全市读者只需一张市民卡、新居民卡或借阅证，或任何一款能上网的手机，在任何时间、任何地点都能轻松地获取文献服务。依托超星云服务架构，读者通过手机就可以查找 330 万种中文图书书目信息、120 多万种电子图书、1 万多种电子期刊在线全文阅读或下载、10 万余集学习视频观看。

嘉兴移动图书馆还提供个性化互动的服务，在个人空间中设置与嘉兴市图书馆 OPAC 系统对接，读者就可以在移动端进行馆藏查询、续借、预约、挂失等自助服务，还可以选择还书时期提醒、新书推荐、预约取书通知等信息交流功能。

2014 年，电子书借阅机在嘉兴总分馆的普遍使用，使移动图书馆有了借阅最新图书的“加油站”，目前嘉兴地区的各公共图书馆及部分乡镇分馆，嘉兴市、海宁市的各大医院、火车站等公共场所都设有图书馆电子书借阅机，旅客、就医病人、陪客、医务人员，只要有智能手机或 iPad 就能方便在借阅机上通过扫描图书二维码，几秒钟就能将一本电子书借到移动终端上，在等待中或旅途上读书消遣。

（3）嘉图网上市民学习中心建设。嘉图网上市民学习中心是由嘉兴市图书馆推出的一个新型开放式网上学习平台，它以嘉兴数字图书馆为基础，以嘉兴市图书馆实体馆为依托，利用现代远程教育技术，向全体嘉兴市民提供完全免费的各门类的多媒体网络教学服务。设有图书阅读中心、视频点播中心、Mooc 课程中心，实现在线自主选课、学习过程监控、学习参考书推荐、在线答疑、在线作业及考试、管理员课程审核等，帮助读者完成自主学习全过程。

嘉图网上市民学习中心还设有个人学习空间，可以记录读者个人学习历程，对自身进行学习规划和学习管理，同时又能够在空间中与其他读者实现实时互动交流。既有个人空间，又有大家的共同的社区。这两个功能相互依附，相互交错，共同保障学习者的个人学习和相互间的沟通交流。嘉图网上市民学习中心自 2015 年 4 月开通半年多来，读者登录参与各类学习的总课时达到了 10.3 万小时。

（4）嘉图电视学习中心（电视图书馆）建设与服务。数字电视作为一种最为普及的信息传播工具，已走进了千家万户，与计算机、手机相比，电视机普及率更高、更易于操作，它的便捷、泛在与智慧图书馆建设的要求产生了很大的交集，于是基于数字电视网络平台的电视图书馆应运而生。

嘉图电视学习中心（电视图书馆）将图书馆馆藏文献资源通过视频、音频、背景音乐、文字等形式呈现给电视用户，有最新出版的畅销图书3000多种，5万小时的视频学习课程、讲座讲坛等，是数字化阅读、数字化学习的新平台。设有“阅读园地”“讲座讲坛”“课外学习”“职场充电”“科普园地”“嘉禾往事”等12个版块。还配有手机阅读平台、云书签，实现电视、手机同步看的功能。嘉图电视学习中心（电视图书馆）已于2015年8月正式上线服务。

嘉兴数字图书馆、嘉兴移动图书馆依托网络、资源、技术优势，深入分析图书馆各类读者需求，帮助任何读者在任何时候、任何地点获取任何图书馆的任何信息资源和学习资源。嘉兴地区的读者只要凭市民卡或嘉兴各公共图书馆借阅证，通过任何一台上网的电脑、任何一款上网手机，便可24小时免费获得各种数字资源和文献服务，享受到无处不在的、个性互动的智慧服务。

而嘉图网上市民学习中心、嘉图电视学习中心（电视图书馆）则充分发挥了图书馆的教育功能，为全体市民提供了在任何时间、任何地点以任何方式享受学校教育以外的终身教育的课堂，读者在此学习、休闲，成为嘉兴智慧图书馆无线泛在、个性互动的具体体现。

3. 基于智慧图书馆全面感知、管理智能要求，建设RFID自助图书馆系统。

（1）应用RFID技术，实现总分馆图书自助借还。RFID技术与图书馆业务的结合产生了最早期的也是狭义的“智慧图书馆”。目前RFID技术已经被广泛应用于图书馆业务的多个领域，包括图书自助借还、馆外24小时自助还书、馆藏书刊的快速清点以及图书排架、顺架的自动提醒等，极大地提升了图书馆现代化管理水平。

图书借还智能自助。RFID系统通过智能的读写技术，将书刊借还程序实现全自动化，不仅提高了借还信息读写的可靠性，而且大大提高了借还图书的速度，提高了图书的使用效率。

书库管理与典藏智慧化。RFID系统所具有的非接触、长距离、高速读取多个标签的优势，使书库整理和典藏工作高效简易；上架、顺架图书时，系统可呈示书库图形化路线，馆员只需按指示图正确位置上架、下架图书，书库管理实现全面智能化。

服务更具人性化。RFID 技术在图书馆的应用，使图书馆服务更体现出以人为本的宗旨：延长了服务时间；操作简易方便；保护了读者的隐私性、选择性和独立性。

自 2012 年底开始，嘉兴市图书馆总分馆系统采用 RFID 技术，图书实现全面感知，读者可自助借还，大大提高了工作效率和管理水平。RFID 的使用成为智慧图书馆的一个标准配置。

（2）街区 24 小时无人值守自助图书馆建设。街区 24 小时自助图书馆就是最早被称作“智慧图书馆”的项目，是 RFID 技术在图书馆应用的延伸。集自助办证、查询、预约、借书、还书、续借、电子书借阅等功能于一体，通过网络成为图书馆的一个服务端口。

2013 年以来，通过组合、开发、设计、调试，嘉兴在多个社区建成了面积为 30 平方米左右的 24 小时自助图书馆。图书由总馆统一配置、调拨与管理，与总分馆间实现通借通还。无须工作人员办证、帮着借还图书和管理，自动化水平高，利用率高，基本达到可无人值守的智慧程度。

2015 年底，面积达 120 平方米、藏书量逾 8000 册的少年路 24 小时自助图书馆以休闲温馨的阅读空间、智能高效的自助管理服务于广大读者，初步实现 24 小时无人值守自助图书馆建设在服务规模、服务内容上的突破。

24 小时街区自助图书馆的逐步铺开，是嘉兴市智慧图书馆建设的又一次成功探索，它把智慧服务的触角延伸到城市社区，深入到市民日常生活，全天候服务于周边居民。

（3）汽车流动图书馆。汽车流动图书馆是图书馆业务进一步向社区、企业、外来民工集聚地、学校及部队等有需求的区域延伸的一个重要手段，它最大限度地缩短了图书馆与读者之间的距离，是对嘉兴公共图书馆体系服务盲点的重要补充。

嘉兴汽车流动图书馆以大型客车为载体，内设书架，配备有包括笔记本电脑、投影仪、监控器、RFID 借还等先进设备在内的自动化管理服务系统，采用无线上网、移动定位等现代技术，与总分馆互联，通借通还，并可现场办证、查询、下载所需信息。它打破地域的限制，利用汽车的可流动性，将图书、期刊、多媒体视听资料源源不断地送进社区、学校、企业、新居民集聚区及军营，为市民提供流动、就近借阅服务。

嘉兴智慧图书馆结构见图 2。

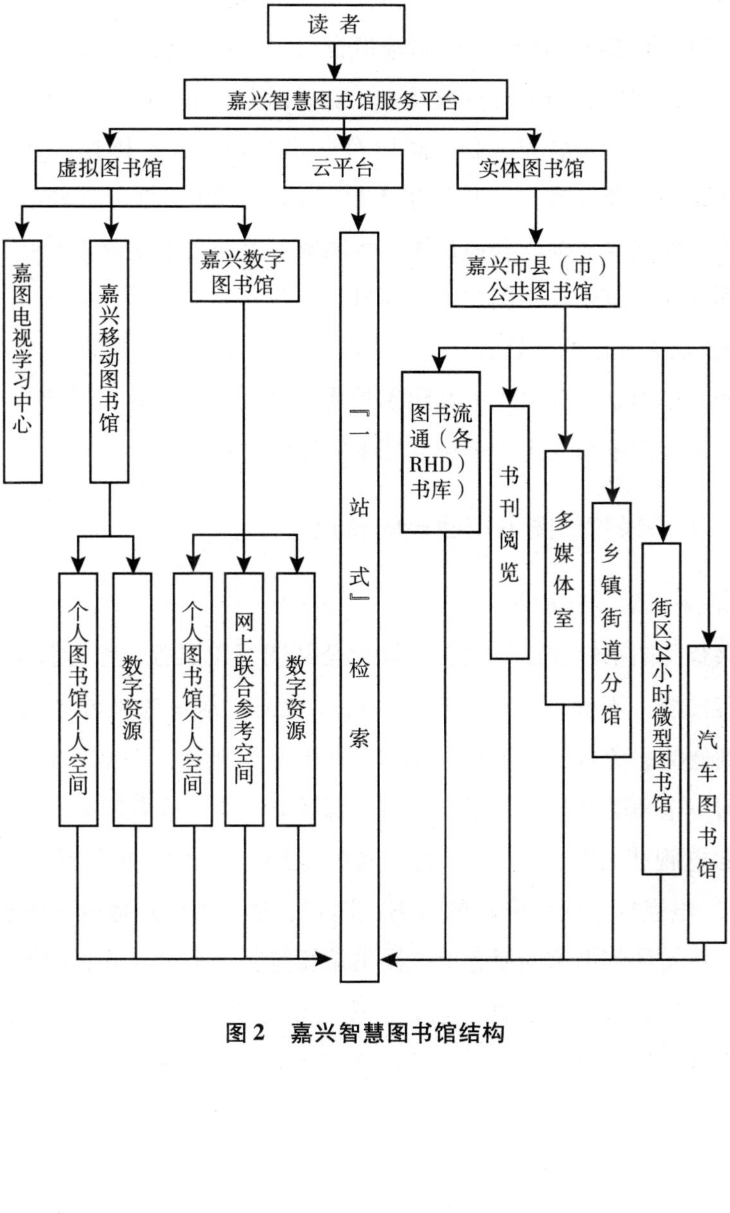

图 2　嘉兴智慧图书馆结构

嘉兴在智慧图书馆建设探索中不断创新，以公共图书馆服务体系建设为抓手建立起全市通借通还的中小图书馆集群；以众筹思维建立起嘉兴数字图书馆、嘉兴移动图书馆、嘉图网上市民学习中心和嘉图电视学习中心，为读者提供跨时空服务；以 RFID 技术为切入点，建设总分馆自助借还系统、街区 24 小时自助图书馆和自助服务的汽车流动图书馆，提供全面感知的泛在服务。这些创新举措促使图书馆从以馆藏为中心转向了以读者为中心，提供的服务更具智慧化、多元化和人性化，大大激发了市民阅读的兴趣。根据《2013～2014 年浙江省居民阅读调查报告》，在个人阅读指数项中，嘉兴列全省第三位；在居民阅读总指数项中，嘉兴列全省第二位；在公共阅读服务指数项中，嘉兴列全省第一位。2012 年，嘉兴市城乡一体化公共图书馆服务体系建设荣获浙江省“十佳民生工程”称号。2013 年，嘉兴市又以总排名全国第一的优异成绩顺利通过第一批国家示范项目验收评审并受到文化部表彰，同年获得第十届中国艺术节项目类“群星奖”。

“希望嘉兴地区的百姓，无论您是年轻还是年老，无论是在白天还是黑夜，都能便捷地享受到嘉兴公共图书馆带来的阅读、学习的乐趣！”这就是多年来，嘉兴图书馆人致力于智慧图书馆探索的心声。

（二）嘉兴智慧图书馆建设的特点

1. 城乡一体，普遍均等

嘉兴智慧图书馆建设与城乡一体化公共图书馆服务体系建设紧密结合，全市所有民众，不管是城市、乡镇、村（社区）居民还是外来新居民，都能享受到便捷、免费、均等和优质的公共图书馆服务。在数字化服务方面，嘉兴任何一个角落的居民，只要拥有一部智能手机，或者家里有一台具有点播功能的电视机，或者有一台能上网的电脑，就都能享受到数字图书馆（手机屏、电视屏、网络屏）的看书、读刊、学习视频点播等全方位的数字化服务。在实体图书馆的服务上，图书馆智慧服务平台充分利用现代网络技术、现代物流系统等，实现了嘉兴市图书馆总馆、县（市）总馆、各乡镇分馆及农家书屋书刊资源和活动的整合和共享。在进入门槛上，只要凭市民卡、新居民卡或在总分馆任何一个馆中办理的借阅证，全市所有公共图书馆和农家书屋之间一卡通行，通借通还，书目统一检索，基本实现了普遍均等、惠及全民的图书馆智慧服务。

2. 多元参与，高度共享

嘉兴智慧图书馆的建设具有多元参与的优势，采取了跨市、县公共图书馆合作，跨系统图书馆（中小学校图书馆、医院图书馆、农业科学院图书馆等）合作，各方分担全区域的数字图书馆建设和运行经费，以单体馆最少的投入获得整体最大的数字文献共享。参与方一般按购书经费的相同比例加入，共同获得最大量的、最优化的服务。在传统书刊的利用上，每一位读者可通过一卡通、预约的方式借阅到嘉兴地区各公共图书馆服务体系内的所有文献；通过物流，嘉兴市馆和五县（市）二区公共图书馆的600余万册图书得到流通和高度的共享；通过馆际互借的方式可获得嘉兴各高校图书馆、上海图书馆、浙江图书馆及省内其他兄弟馆的文献服务。

3. 虚实结合，全媒体服务

当前正处于传统图书馆与现代图书馆、实体图书馆与虚拟图书馆共存并逐步向智慧图书馆演化、迈进的阶段，嘉兴的智慧图书馆正是通过虚实结合，以全媒体的服务来推进智慧化建设的。由于人们阅读习惯不会轻易改变，传统纸质书刊仍将是图书馆长期的重要的馆藏和服务手段。我们通过对图书馆总馆和分馆中书库的智能化改造以及RFID技术的运用，使传统图书的借阅插上了智慧化的翅膀；24小时无人值守自助图书馆的建设和开放、汽车图书馆的无线定位智能服务、农家书屋手机借还等，不仅使城乡居民能就近方便地借阅到所需的纸质书刊，而且在借阅过程中充分享受智慧服务带来的人文关怀。而嘉兴数字图书馆、嘉兴移动图书馆、嘉兴电视图书馆等通过全方位虚拟服务满足读者随时随地以任何方式获得所需信息，同时补充实体图书馆资源的不足，而当传统图书馆与数字图书馆都无法满足读者需要时，通过超星云图书馆，实现与国内众多高校图书馆、公共图书馆等的互联互通、共建共享，最终通过原文链接和云服务模式，帮助读者找到、得到所需文献资源。

三　嘉兴智慧图书馆建设中存在的主要问题与难点

（一）存在的主要问题

1. 资金问题

嘉兴市有各类型图书馆（室）2000多个。而全面的智慧图书馆建设所需的RFID电子标签、智能化网络系统、电子设备、馆舍、后期软硬件维护、人员培训等都需要大量的资金投入。

2. 标准问题

当前数字图书馆、移动图书馆、智慧图书馆建设与发展缺乏统一的国家标准和行业标准，导致现有数字图书馆系统、自动化系统与物联网技术的整合标准、各专用网的通信标准没有具体可行的架构依据，从而影响了行业的技术创新与发展。

3. 数字资源整合问题

数字资源是支撑智慧城市和智慧图书馆最基础的元素，一方面，我国在国家层面对图书馆数字资源建设缺乏统一的规范；另一方面，各数据库提供商出于对自己利益的考虑，人为地使数据资源难以整合或整合度降低，而图书馆自建资源更是缺乏标准，这也成为图书馆信息资源共享、智慧服务的一大瓶颈。

4. 人才问题

智慧图书馆体系中的技术与管理，以及智慧化多层次、全方位的服务的实现都离不开图书馆员的智慧参与。图书馆员的智慧素养是图书馆智慧的内涵与外延的表现。英国图书情报学专家约翰逊（Ian M. Johnson）认为“智慧馆员”需要具备以下的特质：基本资质（Level of Qualification）、致力于终身学习（Affinity to Life-long Learning）、社会与种族的多元性（Social and Ethnic Plurality）、灵活性（Flexibility）、创造性（Creativity）、思想开放（Cosmopolitanism/Open－mindedness）、参与公众生活（Participation in Public Life）。现有的馆员离这个要求还有一段距离。

（二）面临的主要难点

1. 更广度、深度的图书馆集群整合较难

（1）同一市域范围内，图书馆行业分属不同系统管理，主要有公共图书馆系统、农家书屋系统、中小学图书馆系统、高校图书馆系统、医院图书馆系统、企业图书馆系统（名存实亡）。嘉兴智慧图书馆仅在嘉兴地域内公共图书馆之间以及与农家书屋跨系统全面整合，与其他系统同行业间如嘉兴高校图书馆、医院图书馆等的集群整合还存在一定困难。

（2）跨地区集群整合，由于管理体制的制约和传统思想的束缚，同行业跨地区困难更大。如与杭州都市圈内公共图书馆的集群整合，目前仅依托超星云平台实现部分数字资源传递服务，与全面的互联互通还有很大距离。

2. 信息资源深度整合共享面临技术和人为的障碍

（1）全市同行业各系统图书馆发展不均衡，图书资源建设缺乏统一规划和分工协作，整合共享度不高。数字资源方面，因数据商利益保护以及整合平台技术限制，不同数据库整合度较低，降低了读者“一站式”获取的效率。

（2）智慧城市各部门间跨部门数据整合较难。智慧图书馆作为智慧城市建设的一个部分，与其他参与部门之间应该实现资源共享和数据交换。但各基础数据库、综合数据库等所需数据隶属不同的部门管理，跨部门整合共享几乎没有实质性进展。

3. 智慧图书馆相关的法规、技术标准、服务标准严重滞后

由于国内外智慧图书馆领域可借鉴的法规、技术标准、服务标准很少，加上法规、标准的制定工作难度大、周期长，规范设施、信息共享、信息安全等方面的法规、标准短时期内难以在国家、行业或地方层面出台。这与智慧图书馆基础设施、智慧应用体系快速发展的要求不相适应，在一定程度上影响了智慧图书馆的建设和发展。

4. 服务模式单向、个性化需求满足率低等方面仍较难改变

（1）现有的智慧服务模式仍以图书馆为中心向读者提供单向服务为主，

这样的单向服务有时候会略显被动，也缺乏针对性，不能满足读者的需求。与提供高效、便捷的图书馆服务的要求相比，尚存在差距，特别是在快速提供文献服务、免费无线上网范围、有线网络速度等方面都还有较大的提升空间。

（2）现有的智慧服务仅能简单满足读者的自助服务，离在深入调查和真正了解公众需求的基础上进行推送服务、双向互动服务存在很大距离；在以读者利益为中心上做得还不是很到位，读者需求的发展与变化还没能得到即时的积极的响应，在基本满足普通的大众化需求时较难兼顾个性的小众化需求。

5. 读者的信息素养需全面提升

智慧图书馆建设的目的就是为读者提供更好的服务。而随着现代信息技术的突飞猛进和信息量的急剧增加，读者获取和利用信息的难度与日俱增，信息鸿沟越来越显现。笔者曾对嘉兴市乡镇居民信息素养情况做过一次由各年龄段成年读者参与的调查（3000 人，乡镇分馆读者）。在数据库/信息平台利用方面，使用过嘉兴数字图书馆、农业经济类等信息平台的受访者仅占 12.0%；23.8% 的受访者对身边可以利用的数字资源有所了解，但极少使用；64.2% 的受访者对可以利用的数字资源浑然不知。读者利用信息为自己的生产生活服务的意识较弱，获取信息的能力也很缺乏，现有的信息资源使用率较低。

四　嘉兴智慧图书馆建设的发展趋势

智慧图书馆是一个新生事物，其建设和发展是一个复杂的动态过程，目前国内外可借鉴的成功案例并不多。作为探索性的建设，嘉兴智慧图书馆现阶段取得的只是初步性的成果，“十三五”期间乃至以后很长一段时期内，嘉兴智慧图书馆建设仍将是探索过程，但智慧图书馆在集群化整合的深度和广度、智慧化服务水平的提升以及绿色发展诸方面将有更多、更大的突破。

（一）图书馆智能基础设施将大幅度改善，智慧服务水平不断提升

“十三五”期间，嘉兴公共图书馆和高校图书馆将建成一批新馆或者对旧馆进行改造升级。在新一轮的图书馆基础设施建设中将充分体现绿色、智能理念，在服务空间的布局、网络信息技术的应用等方面有智慧化的新突破。图书馆通过实施“智慧+”策略，如“智慧+借阅流程”“智慧+数字阅读”“智慧+知识服务”“智慧+终身教育”等，提升图书馆整体的资源和服务能力，将智慧服务嵌入图书馆服务的各个环节。同时，图书馆从社会和民众的需求出发，创新传统服务模式，升级服务平台，实现人与资源、人与人、资源与资源的互联互通，使图书馆在信息服务、交互体验、创新开发等方面迸发出新的活力。

（二）全市跨系统、协同共享的图书馆集群整合程度提高，并向更广层次延伸

目前，嘉兴已经完成了公共图书馆系统以及与农家书屋系统的全面融合，做大做强了市及县（市）公共图书馆作为总馆的优势，建立起全地区各级公共图书馆的集群，集群利用结构上的协同、互动关系，推动了文献资源、服务资源的全面共建共享，形成了群体竞争优势。下一步将进行同行业跨系统的合作，以及同行业跨地区的合作。通过价值目标趋同共识，在图书馆行业内激发潜在发展活力并形成深度合作的优势，特别是通过全省讲座联盟、技术协作联盟、长三角参考咨询联盟等形式，拓展和深化服务的空间和内容，运用智慧的力量推动图书馆服务融入全社会。嘉兴智慧图书馆的建设将经过自我发展、合作拓展和跨地区跨行业结合三个阶段来推动图书馆从局部智能向更高层次的智慧演变。

（三）作为智慧城市的一部分将发挥更大作用

在现有图书馆官方网站、微博的基础上，进一步将服务入口前置，主动

接入支付宝、微信等移动平台的城市服务，图书馆服务将成为政府公共服务的组成部分。智慧图书馆作为智慧城市建设的重要组成部分，一方面，其服务效能的良好发挥需要同行间的联合、共享与协作，即挖掘单体图书馆自身优势，有机结合图书馆集群优势，并且在社会上形成行业优势；另一方面，通过为全市各类组织、各类读者提供更人性化、更高效便捷的信息服务和资源共享，从而培养更多的智慧组织和智慧人群，进一步促进智慧城市建设与发展。

五　嘉兴智慧图书馆建设的对策措施

（一）强化机制建设，优化发展环境

把智慧图书馆建设作为智慧城市建设的重要部分，对智慧图书馆建设进行整体的科学规划。政府在其中要发挥主体作用。在嘉兴智慧城市建设的框架下确保智慧图书馆建设组织机构和制度的完善，资金、人员等的到位，相关技术标准的统一与协调，以及与参与智慧城市建设的其他部门之间联系与协作的顺畅，实现数据处理和数据资源的共建共享，避免重复建设，全面保障和推动嘉兴智慧图书馆建设的顺利进行。

（二）多部门联手，整合资源

1. 本地区同行业整合

由市政府牵头，建立全市各系统图书馆联盟，通过政府协调、各联盟馆行业价值认同，突破体制限制，力争在“十三五”期间整合建成全市各系统图书馆大集群。建立起本地区文献感知服务系统和整合集群管理系统，实现馆馆相连、网网相连、库库相连。

2. 逐步进行跨地区跨行业整合

通过整合进入嘉兴智慧城市的共享平台，逐步实现本地区跨行业的资源集约建设、弹性扩展、动态分配和资源共享，最大限度地发挥智慧图书馆的

作用。通过省级文化部门的协调，进行跨地区跨行业合作，不断拓展和深化服务的空间和内容。

3. 推动标准、规范出台

通过嘉兴智慧图书馆及智慧城市其他项目的试点与实践，推动智慧城市领域地方性立法工作，推动地方性、行业性信息共享和信息安全等方面的管理办法及规章制度的制定。

（三）强化智慧图书馆员的培养

1. 强化馆员队伍的智慧服务意识

智慧图书馆建设不仅是网络信息技术的进步，而且是图书馆服务理念、思想观念的进步，所以要培养馆员与时俱进、智慧服务的意识，把智慧图书馆建设与服务作为实现自我价值的平台，增强使命感和责任感。

2. 稳定人才队伍

注重现有图书馆员的培养，适当引进高素质人才，外聘高层次专家作为智囊，同时通过建立激励竞争机制，保持馆员队伍的稳定与高效。

3. 建设“学习型组织”，培养“智慧型馆员”

首先，在终身学习的理念下，努力营造全员学习、全程学习的机制和环境，鼓励员工参与项目、组成团队，营造学习的氛围。其次，明确目标，制定图书馆发展的长期目标和短期目标，同时让员工了解目标，使员工学习的目标与图书馆发展的目标相一致。最后，维护员工学习的权利，激发员工学习的热情，形成个体学习与单位工作相辅相成的局面，实现工作与学习相互促进的良性机制。为智慧馆员掌握和利用数字化、网络化、智能化、云计算等信息技术，推动图书馆智慧服务稳定高效运行提供可靠保证。

（四）强化智慧服务能力，增强智慧体验

1. 强化智慧服务基础

坚持以人为本，以提高读者满意度为根本出发点和着力点，树立智慧服务理念。借助云存储、云服务等信息化手段，在充分利用自身馆藏的基础

上，借助集群内外兄弟馆的馆藏，在和谐共生的前提下，扩容自身信息资源量，巩固智慧服务基础，满足更广大读者的需求。

2. 服务个性化、精细化

在满足大众需求的同时，运用大数据等先进技术手段，通过对读者行为数据的分析、挖掘，掌握不同年龄段、不同学历、不同职业等多维度划分的各类读者的资源使用偏好和阅读方式偏好，在此基础上为读者提供个性化资源推荐、个性化信息定制等新服务方式；通过对读者阅读内容、方法和途径等行为数据进行跟踪为其画像，为读者推送个人阅读报告等精细化服务，加强与读者的互动。

3. 加强智慧体验

利用好图书馆信息技术体验馆、宣传媒体、操作培训班等载体，创新内容和形式，宣传推广嘉兴数字图书馆、移动图书馆、电视图书馆等智慧应用系统的建设成果，提高智慧图书馆建设的公众认知度，从而提高智慧图书馆的利用率。

（五）提升全社会读者的信息素养

1. 强化培训扶持机制

全面提升公众信息化素养是提高全社会公民素质的重要内容，是关乎社会发展的教育项目，是各级政府应整体科学规划并实施的一项长期复杂的系统工程。各相关部门应统筹协调，将本地区居民特别是农村居民的信息素养提升作为智慧城市建设的一项重要工作来抓。通过出台相关政策、措施，吸引各级成人教育机构等部门积极参与，同时调动居民特别是农村居民参加培训学习的积极性。

2. 加强对居民的信息技能培训

（1）举办信息技术利用的各类公益性培训班。各级成人教育机构开设信息基础知识的各种培训班；图书馆通过举办智慧图书馆进学校、进机关、进企业、进社区系列培训，在总馆和分馆长期举办新居民信息素养系列培训、“夕阳红”E族电脑培训班、市民E课堂等针对社会各阶层读者的培训班，提升居民的信息素养。

（2）在嘉图网上学习中心、嘉图电视学习中心、嘉兴学习网等市民学习平台上开设大量各层次信息技术课程。根据读者的年龄段、文化水平、内容需求等按类别、分阶段、分层次设计学习课程，让读者根据自身的兴趣爱好和学习需求自主制订个性化学习方案，让读者能够在任何时间、任何地点方便地进行主动学习、远程学习和自主学习信息课程。

（3）提高智慧图书馆平台的泛在、易用性。智慧图书馆的平台应建设得更加触手可及、易于操作、易于推广，后台能与读者保持全天候的信息交流互动，形成人人参与的信息共享环境，以吸引读者信息利用的心理反应和自觉兴趣，发挥智慧图书馆的优势。总之，智慧图书馆建设是图书馆生存与发展的必然选择，在今后很长时期内，智慧图书馆仍将是嘉兴市各级图书馆建设的重要任务，是行业建设的目标，是图书馆界实现科学发展、转型发展和可持续发展的方向。

参考文献

王世伟：《论未来图书馆的新模式———智慧图书馆》，《图书馆建设》2011 年第 12 期。
刘迁：《台北市智慧图书馆的实践探索》，《图书馆建设》2015 年第 9 期。
郎玉林：《智慧图书馆发展策略研究》，《图书馆》2015 年第 4 期。

Abstract

It is an information era of the present world and the information concepts have been the familiar concepts and languages such as information economy, smart city, information-based office, network marketing, e-commerce, industry 4.0, mobile internet, cloud computing and internet of things etc. *The National 13th Five Year Planning Outline* has paid much attention to the development and construction of the regional economy and information economy. The implementation of the three strategies of Beijing-Tianjin-Hebei Region Synergetic Development, One Belt And One Road and Yangtze River Economic Zone has played important role in group area coupling and shaft driving. The action plans of intelligent manufacturing and internet + have been a point of strength for the industrial transformation and all kinds of internet innovations will be of greater concern and attention such as the innovations in the industrial organization, business model, supply chain and logistics chain. Furthermore, it will be the content in the period of 13th Five Year to promote the synergetic development of the regional economy so as to implement the information economy with internet + as the main body.

It has continuously explored the path of urban cooperation and development and experienced the development stages of coordination mechanism innovation, cooperation platform construction, project cooperation development and full integrative development etc since it officially launched in 2007 of Hangzhou metropolitan circle. It has walked out a deep interactive development path with its own characteristics with the Eight Joint Strategies of plan co-making, transportation co-union, market co-construction, industry co-construction, brand co-promotion, environment co-construction, social sharing and system co-construction. In 2015, the domain area of Hangzhou metropolitan circle was 34585 square kilometers accounting for 33.97% of the total area of Zhejiang province with the permanent resident population of 21.5205 million. The GDP of

Hangzhou metropolitan circle is 2. 012156 trillion yuan accounting for 47% of the GDP in Zhejiang province (MYM 4. 28865 trillion); The GDP per capita was 87821. 65 yuan, 9959. 45 yuan higher that that of Zhejiang province of 77862. 20 yuan. In March 2014, National Development and Reform Commission formally approved that Hangzhou metropolitan area was the only comprehensive reform pilot for transformation and upgrading. It was shown in *The Development Planning Mid-stage Assessment Report of Hangzhou Metropolitan Circle* in 2015 that all indicators have gone well and major constructions have made big progress in the development planning of Hangzhou metropolitan circle. After ten years of promotion, it is moving towards the purpose of "smart metropolitan circle" from the constructions of "leading economic circle", "happy life circle" and "green ecological circle". The key construction is "smart metropolitan circle" according to the "digital Zhejiang" and "intelligent Zhejiang" built by Zhejiang Provincial Committee and Provincial Government. It plans to realize and promote the highly integrative development of the information economy and smart city by seizing the opportunity of the permanent settlement in Wu Town of the site of World Internet Conference in the sharing and co-construction of the degree of economic contribution, regional fusion and life happiness.

It is great significant of the integrative development of the information economy and smart city in Hangzhou metropolitan circle. It is an important measure for the governance system perfection and the governance ability improvement and it is an inevitable path for the economic transformation and upgrading promotion and even the city transformation and upgrading promotion. It is the best combining site for promoting the synergetic development of the Five Plan of industrialization, informatization, urbanization, agricultural modernization and greenization. It is the best juncture for promoting the fusion of the main engines of urbanization and high technology. Moreover, it is the booster and an trump card for promoting the comprehensive integrative development of the four cities in Hangzhou metropolitan circle.

Annual Report on the Development of Hangzhou Metropolitan Circle (2016) is made up of three parts of main reports, city piece and special subjects piece with the main contents and views as follows:

The main report one *On the Integrative Development of the Information Economy and Smart City Promotion in 13th Five Year of Hangzhou Metropolitan Circle* is made on the background of information economy and smart city construction and combines its current situation. The report analyzes the problems and difficulties in the integrative development and realizes the integrative development trend of information economy and smart city with the quick and ecological economic development mode by combing the exploration of intelligent and effective regional management mode. It builds the basic model and operating system for the integrative development of the information economy and smart city in Hangzhou metropolitan circle and makes a deep analysis focusing on the aspects of industrial chain of the information economy, infrastructure construction, factor input, development demand and output contents of the smart city. Finally, it puts forward countermeasures and suggestions for the integrative development of the information economy and smart city so as to form the intelligent metropolitan circle in Hangzhou metropolitan circle.

The main report two *On the Infrastructure Construction Synergetic Mechanism of the Smart city in Hangzhou Metropolitan Circle* combines the development reality of the smart city in Hangzhou metropolitan circle. It considers that the infrastructure construction of the smart city is an important cornerstone for the information integration construction in Hangzhou metropolitan circle, whose synergetic mechanism is related to the aspects such as information resources sharing, information connectivity and the urban public service cooperation, etc. It analyzes the current status of the infrastructure construction synergetic mechanism of the smart city in Hangzhou metropolitan circle according to the requirements of the information construction of the country and Zhejiang province. It finds out the problems and reasons in the development and puts forward the major policies and measures for the infrastructure construction synergetic mechanism of the smart city in Hangzhou metropolitan circle providing the decision-making reference for the smart city construction of the metropolitan circle.

The city piece concludes that the integration of the information economy and smart city is a development trend with an interactive relationship between them from the reality of the four cities in Hangzhou, Huzhou, Jiaxing and Shaoxing in

Hangzhou metropolitan circle. The interactive relationship is the manifestation of the new economy to lead the new change of the city as a driving force of the structure transformation and upgrading and an optimal way of economic development stabilization. The report analyzes the current situation, characteristics and problems of the integrative development of the information economy and smart city respectively. In addition, it puts forward the relevant policies and suggestions from the aspects of the top design, industry development, systems and mechanisms, urban management and service and the talent and capital guarantee.

The four cities have their own characteristics in the integrative development of the information economy and smart city in Hangzhou metropolitan circle. Firstly, Hangzhou has the Number One Project of building the information economy and promoting the intelligence application sticking to the intelligence industrialization and industry intelligence so as to provide a new momentum for the competition of Hangzhou by the deep integration of Two Plans of informatization and industrialization. Secondly, Huzhou has carried out hundreds of pilot enterprises and key projects constructions with attention to the Two Plans integration pilot around the key circles such as high-end digital design, information promotion and production automatic control, etc. It promotes the deep integration of the Two Plan from levels of region, enterprise and industry and from the links of research and development design, production and manufacturing and management and marketing. Thirdly, Jiaxing targets the nationwide novel smart city model construction oriented towards electronic components, photovoltaic (PV), light electrical and communications industry. It will prioritize the eight fields such as intelligent terminal, equipment electronics, photovoltaic, LED lighting, new electron components and electron materials, integrated circuits, Internet of Things, software and information technology services so as to become the important base of the information industry clusters in Zhejiang province. Fourthly, Shaoxing hugs "Internet +" with the traditional economy focusing on the high-end textile, advanced equipment manufacturing, information economy, life health, cultural tourism and other industries striving to form the hundred billion level mid and high-end industry clusters in 2020.

The special subject piece respectively studies the aspects such as the information economy spatial agglomeration, intelligent environmental protection, intelligent manufacturing, retail business informatization, traditional industries transformation and upgrading with information technology, integrative brand building with old and new media, the county economy integrated in the metropolitan circle, intelligent tourism, geographic information industry center, intelligent economy special programs, intelligent city construction, basic education development and intelligent library, etc. In Hangzhou metropolitan circle, the information economy has become the new economic growth point. In 2014, the information industry revenue of Hangzhou metropolitan circle was 536. 764 billion yuan accounting for 64. 72% of the information industry in the province and rising 9. 41% from a year earlier, among which Hangzhou ranks first in Zhejiang province. The holding of the first world internet conference in Wuzhen has fully showed the powerful internet development power of Hangzhou metropolitan circle. The opportunity of "national independent innovation demonstration zone" and "China (Hangzhou) cross-border e-commerce comprehensive experimental zone" has been grasped by Hangzhou to actively develop the information economy and promote the intelligent application. The added value of information economy totaled 166. 864 billion yuan increasing by 18. 3%, which accounts for 18. 1% of the GDP in the city; The online value of retail sales in the city was 208. 845 billion yuan increasing by 37. 0% accounting for forty percent of the province ranking the first. The online value of retail sales has grown 37. 4% ranking the third in the province of Jiaxing. It has respectively grown 57. 9% and 65. 5% of Huzhou and Shaoxing with the growth rate respectively 10. 3 and 17. 9 percent points higher than the average level of the whole province. The application of the technologies such as the optical network city, the mobile internet, internet of things and big data has impelled the quickly development of the intelligent city infrastructure of Hangzhou metropolitan circle. Hangzhou has walked in the forefront of the national urban intelligence in the application of the intelligent city such as the first free WIFI in the country, paying after the diagnosis and treatment in the hospital, e-government, intelligent community and intelligent tourism, etc. The intelligent city pilot projects constructions are highly effectively in the intelligent safety supervision and city management of Hangzhou, the intelligent power grid and transportation of Jiaxing, the intelligent JoJo of Huzhou, the intelligent settlement of Shaoxing, etc. It has formed the features that the intelligent industry development and economic transformation development are pulled with the breakthrough of livelihood for the intelligent city construction in the metropolitan circle. In 2014, the information infrastructure development index is 120. 61, which is 2. 63 higher than the average development index of 117. 98.

The active butt joint between the county and the city accelerates the development of information economy and smart city in Hangzhou metropolitan circle. In Tonglu, Alibaba and Tonglu county has worked together to develop the rural market through the official signature of the e-commerce rural development strategy implement cooperation agreement; In Deqing, the information industry has been listed as "the number one project" to promote the development of industries such as cloud computing, 3D printing, internet finance, etc; In Anji, the intelligent Anji construction has been accelerated; In Haining, Haining leather city has participate the stock of Chines Leather Online platform so as to realize the online sales of leather.

Above all, the online shopping has become an engine to pull the consumption. The Alibaba in Hangzhou has held the dominant position with the online sales and online users accounting for more than 90% of the whole country. The national bureau of statistics data showed that the national physical goods online value of retail sales was 3. 2424 trillion yuan with only Alibaba reaching 3 trillion yuan in 2015. The online users reached MYM 413 million with only Alibaba accounting for 407 million households covering almost all active users online. Meanwhile, Alibaba mobile terminal has become the world's first mobile electric company with monthly active users in the first quarter reaching 393 million in 2016 accounting for 60% of the whole Chinese mobile Internet users. Consumption patterns have changed from the source and the supply end reform of consumption and service industries driven by information technology has become the core growth point of the new economy in China.

In a word, the new economic reform leading by the information technology is the direction of future development and the integration of the information economy and intelligent city is the general trend of future development. The processes include more opening and sharing of the government data, more quick big data and cloud computing, more solid of the intelligent city infrastructure construction, more frequent of the connectivity among cities and more attention to the development of the information economy and intelligent city, etc. Therefore, Hangzhou metropolitan circle should seize the opportunity to strengthen the city cooperation in order to achieve the win-win development of the metropolitan integration.

Contents

Ⅰ General Report

Abstract: It is the direction of future development of Hangzhou metropolitan circle to explore an intelligent and efficient urban management mode so as to realize the integrative development of the information economy and the smart city construction with a quick and ecological economic development mode. The paper analyzes the problems and difficulties in the integrative development with the context of information economy and smart city construction by combining the present situation of the information economy and the smart city development of Hangzhou metropolitan circle. It builds the basis model and operating system of the integrative development of the information economy and the smart city of Hangzhou metropolitan circle by combining the development trend. In addition, it focuses on the deep analysis of the industrial chain of the information economy, the infrastructure construction, factor input, development demand and export contents etc. of the smart city. In the end, it puts forward the countermeasures and suggestions for the integrative development of the information economy and the smart city of Hangzhou metropolitan circle so as to form a smart metropolitan circle.

Keywords: Information Economy; Smart City; Integrative Development; Smart Metropolitan Circle; Hangzhou Metropolitan Circle

B. 2 On the Coordination Mechanism of the Smart City Infrastructure Construction of Hangzhou Metropolitan Circle

Research Group of Hangzhou / 047

Abstract: The smart city infrastructure is an important cornerstone of the information integration construction of Hangzhou metropolitan circle and its coordination mechanism construction is related to the important aspects of in formation resources sharing, information interconnection and urban public service cooperation etc. The research analyzes the current situation of the smart city mechanism construction of Hangzhou metropolitan circle, captures the problems and reasons in the development process by combining the smart city development reality of Hangzhou metropolitan circle according to the requirement of the information construction of the country and province. The research puts forward the major policy measures for the smart city mechanism construction of Hangzhou metropolitan circle so as to provide the decision reference for promoting the smart city construction of the metropolitan circle of the government.

Keywords: Smart City; Infrastructure Construction; Regional Cooperation; System and Mechanism; Hangzhou Metropolitan Circle

Ⅱ Urban Topic

Abstract: with the upcoming of the information era, the information economy is becoming a strong power of the economic growth. Meanwhile, the smart city is leading the new reform of the city based on the information economy to become a future development trend of the city. There should be an interactive relationship between the information economy and the smart city. The paper proposes the integration development mode and the suggestion on the basis of the development status of the information economy and the smart city of Hangzhou.

Keywords: Information Economy; Smart City; Integrative Model; Hangzhou

Abstract: The information economy is gradually become the driving force of the structure transformation and upgrading and the optimal path of economic development stabilization. The smart city construction is closely related to the information economy development. The paper briefly analyzes the current status and the main problem of the integrative development of the smart city and information economy of Huzhou. In addition, it puts forward several counter measurements for promoting the integrative development of the smart city and information economy of Huzhou.

Keywords: Information Economy; Smart City; Hangzhou Metropolitan Circle; Integrative Development

B. 5 On the Information Economy and the Smart City Development of Jiaxing City

Abstract: The subject expounds the basic situation and the problem of the integrative development and analyzes the development trend of information economy and the smart city from the survey of the two in Jiaxing City. Then, it analyzes the key areas and the pattern of the development and finally proposes the development path and the supporting measures of the information economy and the smart city.

Keywords: Information Economy; Smart City; Forecast of Development; Jiaxing

B. 6 On the Integrative Development Path of the Information Economy and the Smart City of Shaoxing City

Abstract: The paper makes prediction of the integrative development trend of the information economy and the smart city of Shaoxing city in the 13th Five Year period through reviewing and summarizing the development situation and the problems of that of in the 12th Five Year period. Then, it puts forward some relevant strategic suggestions in the four aspects of top design, industrial development, city management and service and talent and fund support by combining the relevant experience of the integrative development of the information economy and the smart city at home and abroad.

Keywords: Information Economy; Smart City; Integrative Development; Shaoxing

Ⅲ Special Topic

Abstract: The paper researches with the background of the philosophy of innovation, coordination, green, open and sharing and the synergetic development of industrialization, urbanization, informatization, agricultural modernization and greenization that the central government has proposed. It analyzes the development situation, the spatial aggregation model and the influence factors of Hangzhou metropolitan circle with the research object of Hangzhou metropolitan circle important in Yangtze River delta. Then, it makes the empirical research based on the extended Cobb-Douglas production function according to the index data of the ten years of information elements and information industry. In addition, it analyzes the relationship of the information economy aggregation and regional economic growth and reveals the influence of the information economy aggregation on the regional macroeconomic growth and the regional integration. The paper proposes useful references for clearing the economic development direction and the methods and strategies of the metropolitan circle.

Keywords: Information Economy; Aggregation Patterns; Economic Growth; Reversing N Model; Hangzhou Metropolitan Circle

Abstract: The intelligent environmental protection is an important content of the smart city construction. There is an important significance of the city development promotion and the metropolitan circle construction of the research of intelligent environmental protection and the environmental protection intelligence cooperation among cities. The paper makes thorough investigation of the construction situation and the environmental protection information cooperation situation of recent years of the intelligent environmental protection in the four cites of Hangzhou, Huzhou, Jiaxing and Shaoxing in Hangzhou metropolitan city. Then, it systematically analyzes the problems and bottlenecks in the development of the current intelligent environmental protection. In addition, it predicts the development and cooperation trend of the intelligent environment protection of Hangzhou metropolitan circle in the future and proposes the countermeasures and suggestions so as to make some contribution for the joint construction and sharing of the smart city in Hangzhou metropolitan circle.

Keywords: Smart Environment Protection; Informatization; Co-construction and Sharing; Hangzhou Metropolitan Circle

Abstract: The paper review and summarizes the intelligent manufacturing progress of the four cites of Hangzhou, Huzhou, Jiaxing and Shaoxing in Hangzhou metropolitan circle in the 12th Five Year period and combines the relevant experience of the intelligent manufacturing of the metropolitan circle at home and abroad. It predicts the development trend of the intelligent manufacturing of Hangzhou metropolitan circle on the background of the information economy in the 13th Five Year period aiming at its problems and the gaps. In addition, it proposes some relevant strategic suggestions from the four aspects of industrious synergetic development, industry intelligence, business intelligence and the talents and system construction of Hangzhou metropolitan circle.

Keywords: Intelligent Manufacturing; Information Economy; Hangzhou Metropolitan Circle

B. 10 The Retail Business Information Research Report in Hangzhou Metropolitan Circle from the Visual Field of Comparison between China and Foreign Countries

Retail Business Information Research Group / 226

Abstract: The paper researches the retail business of Hangzhou metropolitan circle, a combination of the internet and retail business as a traditional industry of the information reconstruction from the visual field of the comparison between China and foreign countries. It analyzes the obstacles that impede the synergetic and scientific development of the retail business in Hangzhou metropolitan circle through the investigation and research of the retail business development especially the information application of the typical retail businesses in Hangzhou metropolitan circle. It summarizes the main models and experience references of the retail business information from the visual field of comparison between China and foreign countries through the comparison with the development trend of the retail business of the developed countries and regions and the information strategies and technology applications of the famous retail businesses. It puts forward the direction and countermeasures of the retail business information in Hangzhou metropolitan circle by combining the development features of Hangzhou metropolitan circle.

Keywords: Retail Business; Informatization; Comparison between China and Foreign Countries; Hangzhou Metropolitan Circle

B. 11 On Traditional Industries Transformation and Advancement with the Information Technology in Hangzhou Metropolitan Circle

Yang Fengmin, Wen Feng, Jin Zhuiqiao and Li Wenxia / 250

Abstract: The information technology can promote the economic development of Hangzhou metropolitan circle. The paper puts forward that it is still in the initial stage of using the information technology to promote the traditional industries in Hangzhou metropolitan circle after analyzing the economy of Hangzhou metropolitan circle. There are mainly problems of worse matching degree of the central cities and the surrounding cities in the metropolitan circle, weak radiation on surrounding of the central cities, little cooperation and many competitions among the local governments in the circle and more competition than cooperation with other metropolitan circles etc. In addition, there are some special cases that Hangzhou metropolitan circle is the first comprehensive reform pilot circle with the transformation and upgrading of metropolitan circle. It puts forward seven measures comparing with the development status of the metropolitan circle at home and abroad and the development trend of the economy of the metropolitan area such as infrastructure sharing, traditional economic upgrading acceleration, the guiding role performance of the e-commerce, talent training model innovation, government behavior standardization, administrative costs reduction, headquarter economy construction, Hangzhou-centered scientific and technical information exchange network construction.

Keywords: Information Economy; Traditional Industries; Transformation and Advancement with the Technology; Hangzhou Metropolitan Circle

Abstract: It is vital important to promote and upgrade the tradition industries with information technology in Hangzhou metropolitan circle. It has obtained certain results to promote and upgrade the traditional industries with the information economy promoted by the method of some relevant plans and policies preparation and project establishment etc in the metropolitan circle. However, there are a series of problems. The paper puts forward some countermeasures and protection suggestions combing with the problems, difficulties, and the application and development trend of information technology. For instance, it should be increased of the breadth, depth, effects of the industry information technology application of the traditional industries in the metropolitan circle. It should be strengthened of the industrial linkage of the traditional industries and information technology. Furthermore, it should be established of the coordination mechanism of the information industry.

Keywords: Information Technology; Traditional Industries; Promoting and Enhancing; Hangzhou Metropolitan Circle

Abstract: The paper researches base on the development trend perspective of city internationalization and regional development integration by combining with the new situation faced by and from the situation of the brand building of Hangzhou metropolitan circle. It makes a selective analysis of the successful experience and the main bottleneck of the brand building of the Hangzhou metropolitan circles. Then, it proposes the direction, principles and countermeasures of the brand building of Hangzhou metropolitan circle under the new situation aiming at the development trend of the brand building of the Hangzhou metropolitan circle in the future so as to provide some beneficial experience and enlightenments for the development of the metropolitan circles of whole province and the country.

Keywords: New Media; Brand Building; Hangzhou Metropolitan Circle; Hangzhou

Abstract: The county economy is integrating with the central city rapidly and gradually forming a circular economic structure in Hangzhou metropolitan circle on the background of the development of information economy. The paper analyzes the situation of the county economy integrated into Hangzhou metropolitan circle and expounds the county economic scale and structure, industrial structure and its spatial distribution in Hangzhou metropolitan circle of the information economic era on the basis of the investigation and search to collect some relevant data. It makes the forecast analysis of the GDP growth trends and the industrial structure evolution trends in county in the arrangement and analysis of the relevant data at the same time. Furthermore, it puts forward the major problem faced by the county economy integrated into Hangzhou metropolitan circle. It combines the experience and inspiration of the economic development of

Hangzhou metropolitan circle at home and abroad to draw the conclusion that the county economy integrated into Hangzhou metropolitan area needs the rapid development of the information industry-oriented modern service industry. In addition, it should be strengthened of the industry collaboration among counties to break the system barriers and promote the adjustment and transformation and upgrading of the traditional industrial structure so as to realize the factors collection of talents, capitals and technology etc.

Keywords: Information Economy; County Economy; Economic Integration; Hangzhou Metropolitan Circle

B. 15 On the Method of Intelligent Tourism System Construction for Hangzhou in the Visual Field of Metropolitan Circle

Intelligent Tourism Research Group / 349

Abstract: There are rich tourism resources, convenient transportation and high level of information infrastructure construction in Hangzhou metropolitan circle. During the 13th Five Year Plan, Hangzhou metropolitan circle will concentrate its efforts in many aspects through the new techniques of cloud computing, internet + and internet of things etc. It should be done in the aspects of the transformation and upgrading of tourism industry promotion, tourism public information service enhancement, active tourism e-commerce development, and tourism information management system and mechanism transformation. In addition, it should be done to promote the information and the smart city construction of Hangzhou metropolitan circle with the intelligent tourism. The paper makes a deep analysis of the connotation and the practical experience of the intelligent tourism and its system and investigates and studies the development situation and problems of the intelligent tourism of Hangzhou metropolitan circle. It makes a deep analysis of the feasibility of the development of the intelligent tourism in Hangzhou metropolitan circle and on this basis to puts forward the path of intelligent tourism system construction of Hangzhou metropolitan circle.

Keywords: Intelligent Tourism; Subject Construction; Object Construction; Hangzhou Metropolitan Circle

Abstract: It is the focal point of the information industry development in Huzhou to build the geographical information industry center of Zhejiang province. The paper makes an analysis of the opportunities, advantages and the problems worthy of concern of the geographical information industry center construction in Huzhou from the perspective of the strategic significance of the geographical information industry development. In the end, it puts forward the general ideas and specific countermeasures of building the geographical information industry center of the province.

Keywords: Geographical Information; Industry Center; Information Economy; Huzhou

Abstract: The feature item construction of the intelligent economy is an important content of the development in Huzhou of the information economy era. The paper makes investigation and research of the development situation and the problems of the features items such as intelligent logistics, tourism, agriculture and endowment of the intelligent economy in Huzhou from the perspective of the value and service subject of the feature items of the intelligent economy. In the end, it proposes the countermeasures and suggestions for the operation and management of the feature items of intelligent economy in Huzhou.

Keywords: Feature Items; Intelligent Economy; Model Selection; Path Optimization; Huzhou

Abstract: The industrialization and urbanization promote the economic and social development leading to the great change of the production mode. They also bring the consequences of environmental pollution, ecological destruction and the high incidence of " city disease". It is worth our study how to build the intelligent city guided by the ecological civilization idea by transforming the development mode, adding a new meaning to the city, improving the lever of new urbanization so as to walk out a city development road with Chinese characteristics. The paper selects Huzhou in the forefront of the country of the ecological civilization construction as the research sample and makes every effort to provide the path thought for the ecological intelligent city construction exploration.

Keywords: Smart City; Ecological Civilization; Path of Construction; Huzhou

B. 19 Research on Basic Education Development in Jiaxing at the Background of the Information Economy

Jiaxing Education Association Research Group / 419

Abstract: The education with the purpose of knowledge storage is obviously unable to meet the needs of the social development in the information economic era on the background of information economy with the change of functional view, purpose view, knowledge-based view and teaching view. Information economy development has brought great opportunities and challenges to the development of basic education. The issue makes observational research of the problems and development problems faced by the basis education in Jiaxing on the background of information economy taking the education in Jiaxing as example. It puts forward the strategy of the basis education development in Jiaxing combing with the deep fusion of the basis education and information economy.

Keywords: Basic Education; Information Economy; Deeply Integrated; Jiaxing

B. 20 On the Construction Process and Development of the Intelligent Library in Jiaxing

Shen Hongmei / 432

Abstract: Jiaxing has broken through the existing system in recent years and it is the first to finish the group integration of the public library system and peasant bookstore system in the city. The library digital resources all media service system and RFID self-service library system have been built preliminarily. There is certain achievement in the intelligent library construction. However, there are problems of cross-system group integration difficulty, information resource deep sharing difficulty, one-way service pattern, staff intelligence service ability and urgent promotion of the reader information literacy etc. In the future, it should be done of further reinforcement of the mechanism construction, information resources sharing, intelligence service ability, the comprehensive promotion of the information literacy of the readers, the development environment optimization so as to promote the healthy development of the intelligent library.

Keywords: Intelligent Library; Information Sharing; Intelligent Services; Jiaxing

法律声明